स्वतंत्र भारत में शिक्षा का विकास

स्वतंत्र भारत में शिक्षा का विकास

जगदीश चन्द

उप शिक्षा निदेशक (सेवानिवृत), शिक्षा निदेशालय, दिल्ली
कार्यकारी निदेशक (सेवानिवृत), पाठ्य पुस्तक ब्यूरो, दिल्ली

ANSHAH अंशः पब्लिशिंग हाउस

Rs. 550

ISBN: 978-81-8364-033-6

2014 Impression
(2009, 2008)

Swatantra Bharat Mein Shiksha Ka Vikas

Published by:
ANSHAH PUBLISHING HOUSE
LG 18-19, Pankaj Central Market,
Patparganj, Delhi 110092, Ph. 22235152, 22236152
Br. Off.: 4617/18, Ansari Road, Daryaganj,
New Delhi 110002; Ph.9650028065, 9810522367
Email: info@shiprapublications.com
Website: www.shiprapublications.com

प्राक्कथन

लगभग दो सौ वर्षों के अंग्रेजी शासन से 1947 में भारत ने मुक्ति प्राप्त की। भारत को आर्थिक सांस्कृतिक, जनतान्त्रिक तथा शैक्षिक विकास का अवसर प्राप्त हुआ। राष्ट्रीय जीवन के प्रत्येक पक्ष के विकास के लिए भारत ने अपनी आकांक्षाओं, आदर्शों तथा जीवन मूल्यों के अनुरुप नीतियां बनाना तथा उनका कार्यान्वयन आरम्भ किया। शिक्षा के क्षेत्र में विभिन्न स्तरों तथा वर्गों के लिए उपयुक्त शिक्षा व्यवस्था संबंधी शैक्षिक आयोगों तथा समितियों का गठन किया। उनकी संतुतियों पर गहन विचार किया तथा विकास के लिए अनेक योजनाएँ बनायीं। समय-समय पर इनका मूल्यांकन किया तथा इसमें संशोधन किए। प्रस्तुत पुस्तक में इन सभी पक्षों का गहरायी से विवेचन किया गया है।

इस पुस्तक में लेखक द्वारा लिखित 'भारत में शिक्षा व्यवस्था का विकास' पुस्तक से सामग्री ली गई है। पुस्तक में दिये गये तथ्य तथा आंकड़े नवीनतम तथा विश्वसनीय हैं क्योंकि यह संदर्भ पुस्तकों में से विशेषकर सरकारी दस्तावेज़ों से लिए गए हैं।

आशा है कि यह पुस्तक विद्यार्थियों, अध्यापकों तथा शिक्षा में रुचि रखने वाले सभी वर्गों के लिए अत्यन्त लाभदायक सिद्ध होगी।

जगदीश चन्द

विषय सूची

1

राधाकृष्णन अथवा विश्वविद्यालय शिक्षा आयोग (1948-49)

(Radhakrishnan or University Education Commission 1948-49)

विश्वविद्यालय आयोग (1948-49) आयोग की नियुक्ति
(Appointment of the University Education Commission)

देश की स्वतन्त्रता के पहले से ही भारतीय नेताओं का ध्यान शिक्षा में अमूल सुधारों की ओर गया था। यह इसी धारणा का परिणाम था कि गाँधी जी ने देश की आवश्यकताओं को ध्यान में रख कर बेसिक शिक्षा योजना का प्रतिपादन किया था। स्वतन्त्रता प्राप्त होते ही यह अनुभव किया जाने लगा कि विश्वविद्यालय शिक्षा का स्तर बहुत निम्न है। इसमें अनेक सुधारों की आवश्यकता है। इसी बात को ध्यान में रखते हुए केन्द्रीय शिक्षा सलाहकार बोर्ड ने भारत सरकार के समक्ष एक अखिल भारतीय विश्वविद्यालय शिक्षा आयोग की नियुक्ति का प्रस्ताव रखा। भारत सरकार ने इस प्रस्ताव को स्वीकार किया तथा 4 नवम्बर सन् 1948 को विश्वविद्यालय शिक्षा आयोग की नियुक्ति की। इस आयोग के अध्यक्ष प्रसिद्ध दार्शनिक तथा शिक्षाविद् डॉ. सर्वपल्ली राधाकृष्णन थे जो बाद में भारत के उपराष्ट्रपति तथा फिर राष्ट्रपति बने। डॉ. राधाकृष्णन के नाम से इस आयोग को डॉ. राधाकृष्णन आयोग भी कहा जाता है। प्रोफेसर निर्मलकुमार सिद्धान्त आयोग के सचिव थे। सदस्यों में डॉ. ताराचन्द, डॉ. जाकिर हुसैन, डॉ. लक्ष्मण स्वामी मुदालियर, डॉ. मेघनाद साहा, डॉ. कर्मनारायण बहल जैसे दिग्गज विद्वान थे। दो अमरीकी तथा एक अंग्रेज विद्वान भी इसके सदस्य थे।

आयोग की नियुक्ति के मुख्य उद्देश्य – आयोग के अपने शब्दों में, "भारतीय विश्वविद्यालय शिक्षा के विषय में रिपोर्ट देना तथा उन सुधारों एवं विस्तारों के संबंध में सुझाव प्रस्तुत करना, जो देश की वर्तमान और भावी आवश्यकताओं के लिए वांछनीय हों।"

विश्वविद्यालय शिक्षा आयोग ने जोरदार शब्दों में कहा कि केवल तकनीकी तथा व्यावसायिक उद्देश्य निर्धारित करने से हम 'राक्षसी राज्य' को जन्म देंगे।

आयोग की जाँच के विषय
(Terms of Reference of the Commission)

1. भारत में विश्वविद्यालयी शिक्षा एवं संधान के उद्देश्य एवं लक्ष्य।
2. भारत में विश्वविद्यालयों के संगठन, विधान, अधिकार एवं कार्यक्षेत्र में आवश्यक परिवर्तन तथा उनका केन्द्र एवं राज्य सरकार से सम्बन्ध।
3. शिक्षा तथा परीक्षा का उच्चतम स्तर-निर्माण।
4. विश्वविद्यालयों की अर्थव्यवस्था।
5. पाठ्यक्रम तथा विभिन्न संकायों में तालमेल।
6. विश्वविद्यालयों में प्रवेश का स्तर और भारतीय संविधान में समानता के सिद्धान्त का प्रतिपालन।
7. विश्वविद्यालयी शिक्षा की माध्यम भाषा।
8. भारतीय संस्कृति, साहित्य, इतिहास, दर्शन, ललितकला तथा भाषाओं की उच्चतर शिक्षा।
9. नये विश्वविद्यालयों की स्थापना का आधार।
10. विश्वविद्यालयों तथा उच्च शिक्षा-संस्थानों में सभी विषयों के ज्ञानार्जन तथा अनुसंधान का ऐसा प्रबन्ध कि अपव्यय न हो।
11. विश्वविद्यालयों में धार्मिक शिक्षा।
12. भारत सरकार के अधीन विश्वविद्यालयों एवं उच्च शिक्षा-संस्थानों की समस्याएँ।
13. अध्यापक-वेतन, सेवा नियम तथा उनके द्वारा अनुसंधान।
14. छात्र-अनुशासन एवं ट्यूटोरियल व्यवस्था, छात्रावास आदि।

आयोग ने अपनी रिपोर्ट 25 अगस्त, 1949 को भारत सरकार को प्रेषित की। आयोग का प्रतिवेदन 18 अध्यायों में विभक्त है तथा 747 पृष्ठों पर लिखा गया है।

आयोग की महत्त्वपूर्ण संस्तुतियाँ
(Significant Recommendations of the Commission)

I. विश्वविद्यालय शिक्षा के उद्देश्य (Objectives of University Education) – विश्वविद्यालय शिक्षा आयोग ने विश्वविद्यालय शिक्षा के उद्देश्यों पर प्रकाश डालते हुए लिखा, "हम न्याय, स्वतन्त्रता, समानता एवं बन्धुता की प्राप्ति द्वारा प्रजातन्त्र की खोज में संलग्न हैं। अत: हमारे विश्वविद्यालयों को अनिवार्यत: इन आदर्शों का प्रतीक एवं संरक्षक होना चाहिए।"

आयोग ने उच्च शिक्षा के निम्नलिखित उद्देश्य निर्धारित किए–

1. छात्रों में आध्यात्मिकता का विकास करना।
2. छात्रों को भारतीय संस्कृति का ज्ञान देना।
3. छात्रों को सुनागरिक बनाना।
4. छात्रों का शारीरिक तथा मानसिक विकास करना।
5. छात्रों में "वसुधैव कुटुम्बकम्" तथा "कृण्वन्तोविश्वमार्यम्" की भावना उत्पन्न करना।

6. छात्रों को विभिन्न क्षेत्रों में नेतृत्व के लिए तैयार करना।
7. जीवन तथा ज्ञान की विभिन्न शाखाओं में समन्वय स्थापित करना।
8. छात्रों के जन्मजात गुणों को खोज निकालना तथा प्रशिक्षण द्वारा उन गुणों को विकसित करना।
9. छात्रों का चारित्रिक इस प्रकार विकास करना जिससे वे अनुशासित जीवन व्यतीत करना सीख जाएँ।
10. छात्रों को समाज के साथ समन्वय स्थापित करने के योग्य बनाना।

II. विश्वविद्यालय शिक्षा का स्तर (Standard of University Education) – शिक्षा के स्तर को बढ़ाने के लिए आयोग ने निम्न सुझाव दिए।

1. ***छात्र संख्या*** – छात्रों की बढ़ती हुई भीड़ को रोकने के लिए, शिक्षण-विश्वविद्यालयों में 3,000 और उनसे सम्बद्ध कॉलेजों में 1,500 से अधिक छात्र नहीं होने चाहिए।
2. ***कार्य दिवस*** – कॉलेजों और विश्वविद्यालयों में परीक्षा-दिवसों को छोड़कर, एक वर्ष में कम-से-कम 180 दिन शिक्षण-कार्य करना चाहिए।
3. ***पाठ्यक्रम*** – (i) कॉलेजों और विश्वविद्यालयों में उन्हीं छात्रों को प्रवेश दिया जाना चाहिए, जो 12 वर्ष की विद्यालय-शिक्षा समाप्त कर चुके हों।
   (ii) स्नातक की उपाधि प्राप्त करने के लिए अध्ययन की अवधि 3 वर्ष की होनी चाहिए।
   (iii) स्नातकोत्तर उपाधि–स्नातक बनने के 2 वर्ष पश्चात् और "ऑनर्स कोर्स" के 1 वर्ष पश्चात् दी जानी चाहिए।
   (iv) विशेषीकृत शिक्षा के दोषों का निवारण करने के लिए विश्वविद्यालयों और माध्यमिक स्कूलों में "सामान्य शिक्षा के सिद्धान्त एवं प्रयोग" का शिक्षण आरम्भ किया जाना चाहिए।
   (v) शिक्षा के विभिन्न क्षेत्रों में सामान्य और विशेषीकृत शिक्षा में समन्वय स्थापित किया जाना चाहिए।
4. ***शोध कार्य*** – 1. विश्वविद्यालयों में शोध की सुविधाओं में वृद्धि की जाए।
   2. विश्वविद्यालयों में ऐसे प्राध्यापक रखने चाहिए जो शोध करने वाले विद्यार्थियों को प्रशिक्षित कर सकें।
5. ***शिक्षा का माध्यम*** – 1. उच्च शिक्षा के माध्यम के लिए किसी प्रादेशिक भाषा का प्रयोग किया जाए।
   2. प्रादेशिक भाषाओं के विकास पर पूरा-पूरा बल दिया जाए।
6. ***परीक्षाएँ*** – आयोग ने विश्वविद्यालयों की परीक्षा-प्रणाली को सबसे अधिक दोषपूर्ण पाया है। अत: "आयोग" ने यह विचार प्रकट किया है–"हमें इस बात का विश्वास है कि यदि हमें विश्वविद्यालय शिक्षा में केवल एक बात के बारे में सुझाव देने को कहा जाए, तो वह सुझाव-परीक्षाओं के सम्बन्ध में होगा।"

इन परीक्षाओं को दोष-मुक्त करने के लिए, "आयोग" ने निम्नलिखित सिफारिशें कीं–

1. छात्रों की प्रगति का मूल्यांकन करने के लिए यथाशीघ्र "वस्तुनिष्ठ प्रगति-परीक्षाओं" का भण्डार तैयार किया जाना चाहिए।
2. त्रिवर्षीय डिग्री कोर्स की परीक्षा, 3 वर्ष पश्चात् लेने के स्थान पर, प्रत्येक वर्ष के अन्त में ली जानी चाहिए। यह परीक्षा–"स्वत: पूर्ण इकाईयों" में ली जानी चाहिए और छात्रों के लिए प्रत्येक इकाई अर्थात् प्रतिवर्ष की परीक्षा में उत्तीर्ण होना अनिवार्य होना चाहिए।
3. प्रत्येक विश्वविद्यालय में कम-से-कम 5 वर्ष के शिक्षण का अनुभव रखने वाले 3 सदस्यों का एक पूर्णकालीन बोर्ड संगठित किया जाए। इस बोर्ड के निम्नांकित मुख्य कार्य होने चाहिए–
   (i) विश्वविद्यालयों एवं उनसे सम्बद्ध कॉलेजों के शिक्षकों को वस्तुनिष्ठ परीक्षाओं की नवीन योजनाएँ बनाने में सहायता देना।
   (ii) उक्त शिक्षकों को पाठ्यक्रम में संशोधन करने के लिए सामग्री की व्यवस्था करना।
   (iii) सम्बद्धित कॉलेजों के छात्रों की प्रगति का समय-समय पर "प्रगति-परीक्षाओं" द्वारा मूल्यांकन करना।

III. अध्यापक (Teacher) – ***A. अध्यापकों में गुण:*** अध्यापकों में ये गुण होने चाहिएं–

(i) छात्रों में ज्ञान के प्रति अभिरुचि जाग्रत करना।
(ii) विद्यार्थियों में अपने सांस्कृतिक मूल्यों के प्रति आदर का भाव उत्पन्न करना।

B. अध्यापकों की सेवा-शर्तें : 1. विश्वविद्यालय के प्राध्यापकों के वेतनमान एवं सेवा की शर्तों में सुधार किया जाए ताकि सुयोग्य तथा चरित्रवान् व्यक्ति शिक्षक के पद पर नियुक्त हो सकें।

2. अध्यापकों का प्रॉविडेंट फण्ड की उपयुक्त सुविधा दी जाए।
3. अध्यापकों के निवास की व्यवस्था विश्वविद्यालय के समीप ही की जाए।
4. अध्यापक अपने पद पर 60 वर्ष की आयु तक रहें। यदि उनका स्वास्थ्य अच्छा है तो उन्हें 64 वर्ष की आयु तक कार्य करने दिया जाए।
5. अध्ययन के लिए अध्यापकों को एक बार में 1 वर्ष का वेतन सहित अवकाश तथा सम्पूर्ण सेवाकाल में 3 वर्ष का अवकाश दिया जाए।
6. अध्यापकों को एक सप्ताह में अधिक से अधिक 18 घण्टे (Periods) का अध्यापन कार्य दिया जाए।
7. अध्यापकों को विश्वविद्यालय में चार वर्गों में बाँटा गया तथा वेतनमान इस प्रकार दर्शाए गए।

(i)	प्रोफेसर	800	50	1250 रूपये
(ii)	रीडर	600	30	900 "

(iii)	लेक्चरर	300	25	600	"
(iv)	इंस्ट्रक्टर	250	25	500	"

V. धार्मिक शिक्षा (Religious Education) – "आयोग" ने यह मत व्यक्त किया कि यद्यपि भारत धर्म-निरपेक्ष राज्य है, तथापि इसका अभिप्राय यह नहीं है कि शिक्षा-संस्थाओं में धार्मिक शिक्षा नहीं दी जा सकती है। इसका अभिप्राय–धार्मिक कट्टरता और संकीर्णता का निषेध करना है, न कि व्यक्तिगत धार्मिक स्वतन्त्रता का। आयोग ने धार्मिक शिक्षा के विषय में अनेक व्यावहारिक सुझाव दिए–

1. सब शिक्षा-संस्थाओं को अपना दैनिक कार्य कुछ मिनट के मौन चिन्तन के पश्चात् आरम्भ करना चाहिए।
2. डिग्री कोर्स के प्रथम वर्ष में विश्व के सुप्रसिद्ध धार्मिक नेताओं की जीवनियाँ पढ़ाई जाएं यथा–बुद्ध, ईसा, गाँधी, शंकर, कबीर, नानक, माधव, सुकरात, रामानुज, मुहम्मद एवं कनफ्यूसियस।
3. डिग्री कोर्स के द्वितीय वर्ष में विश्व के प्रसिद्ध धार्मिक ग्रन्थों में से सार्वभौमिक महत्त्व के कुछ चुने हुए भाग पढ़ाए जाने चाहिए।
4. डिग्री कोर्स के तृतीय वर्ष में धर्म-दर्शन की मुख्य समस्याएँ पढ़ाई जानी चाहिए।

VI. स्त्री शिक्षा (Women Education) — स्त्री शिक्षा के महत्त्व तथा बल पर प्रकाश डालते हुए आयोग ने लिखा, "शिक्षित स्त्रियों के बिना शिक्षित राष्ट्र नहीं हो सकता। यदि सामान्य शिक्षा पुरुषों अथवा स्त्रियों तक सीमित रखी जाती है तो यह अवसर स्त्रियों को दिया जाए, क्योंकि ऐसा करने से शिक्षा को भावी पीढ़ी को हस्तान्तरित किया जा सकेगा।" आयोग ने स्त्री शिक्षा संबंधी निम्नलिखित संस्तुतियाँ दीं–

1. स्त्रियों को शिक्षा उनकी प्रकृति तथा आवश्यकतानुसार दी जाए।
2. सह-शिक्षा कॉलेजों में स्त्रियों को वह सभी सुविधाएँ दी जाएँ जो पुरुषों को उपलब्ध हैं।
3. स्त्रियों का पाठ्यक्रम इस प्रकार का हो कि वे समाज में अपना उचित स्थान ग्रहण कर सकें।
4. समान कार्यों के अध्यापिकाओं को उतना ही वेतन तथा अन्य भत्ते मिलें जो पुरुष शिक्षकों को दिए जाते हैं।

VII. व्यावसायिक शिक्षा (Vocational Education) — आयोग ने व्यावसायिक शिक्षा को सुधारने के लिये व्यापक सिफारिशें कीं–

1. कृषि: कृषि के राष्ट्रीय महत्त्व को स्वीकार करते हुए कृषि-शिक्षा को सभी स्तरों पर बल मिलना चाहिए। कृषि-शिक्षा ग्रामीण वातावरण में दी जानी चाहिए। नये खुलने वाले कृषि-कॉलेजों को ग्रामीण विश्वविद्यालयों से सम्बन्धित कर देना चाहिए। देश में प्रायोगिक कृषि-फार्मों का एक जाल बुन देना चाहिए।

भारतीय कृषि शोध समिति (Indian Council of Agricultural Research) का मुख्य कार्य कृषि-सम्बन्धी सूचनाओं को किसानों तक पहुँचाना और किसानों की समस्याओं पर कॉलेजों तथा विश्वविद्यालयों में शोध करना होगा। विश्वविद्यालयों के कृषि-विभागों

का मुख्य कार्य शोध होगा। इसके व्यय के लिए कृषिकर (Cess) तथा 'विश्वविद्यालय अनुदान आयोग' के अनुदानों से व्यवस्था होगी।

देश में कृषि नीति निर्धारण संस्थान (Institute of Agricultural Policy) स्थापित होनी चाहिए।

मत्स्य-पालन भी कृषि का अंग माना जाना चाहिए।

2. कॉमर्स: कॉमर्स की शिक्षा को अधिक उपयोगी बनाने के लिए कमीशन ने सिफारिश की कि बी.कॉम. के विद्यार्थियों को तीन-चार प्रकार की फर्मों का यथार्थ अनुभव कराया जाए ताकि वे बाद में अधिक कुशल कार्यकर्त्ता सिद्ध हों।

स्नातकोत्तर पाठ्यक्रम में एकाउंटेंसी जैसी शाखाओं के विशेष अध्ययन की सुविधा होनी चाहिए। एम. कॉम. का पाठ्यक्रम थोड़े से विद्यार्थियों के लिए हो। यह किताबी कम, प्रायोगिक अधिक हो।

3. अध्यापक प्रशिक्षण: शिक्षा-सम्बन्धी पाठ्यक्रमों में छात्राध्यापकों के स्कूली पाठों को अधिक महत्त्व देना चाहिए। व्यावहारिक शिक्षा के लिए स्कूल उपयुक्त ढंग के होने चाहिए और वहाँ छात्राध्यापकों को वर्तमान शिक्षण-पद्धतियों को ही सुधारकर प्रयोग में लाना चाहिए। प्रशिक्षण-विद्यालयों के अध्यापकों को स्कूलों में पढ़ाने का अनुभव होना चाहिए।

एम. एड. करने की सुविधा स्कूलों में कुछ समय पढ़ाने के बाद ही मिलनी चाहिए।

इस क्षेत्र में शोधकार्य की योजना अखिल भारतीय स्तर पर होनी चाहिए ताकि थोड़े ही समय में अधिक ठोस कार्य किया जा सके।

VIII. शिक्षा का माध्यम – 1. उच्च शिक्षा का माध्यम-अंग्रेजी के बजाय प्रादेशिक भाषाएँ होनी चाहिएँ, पर संघीय भाषा (हिन्दी) को शिक्षा का माध्यम बनाने की स्वतन्त्रता होनी चाहिए।

2. संघीय भाषा के लिए केवल देवनागरी लिपि का प्रयोग किया जाना चाहिए और इस लिपि के दोषों को यथाशीघ्र दूर किया जाना चाहिए।
3. उच्चतर माध्यमिक एवं विश्वविद्यालय-स्तर पर छात्रों को 3 भाषाओं की शिक्षा दी जानी चाहिए–
   (i) मातृभाषा अर्थात् प्रादेशिक भाषा,
   (ii) हिन्दी अर्थात् संघीय भाषा, और
   (iii) अंग्रेजी।
4. संघीय और प्रादेशिक भाषाओं का विकास करने के लिए शीघ्र ही ठोस कदम उठाए जाने चाहिए।
5. विद्यार्थियों को नवीन ज्ञान के सम्पर्क में रखने के लिए हाई स्कूलों, कॉलेजों और विश्वविद्यालयों में अंग्रेजी की शिक्षा को बनाए रखना चाहिए।

IX. छात्र-अनुशासन (Students Discipline) — आयोग ने अनुशासन के विभिन्न पक्षों का गहन अध्ययन किया। आयोग के विचारों का सार नीचे दिया जा रहा है–

1. *अनुशासन का अर्थ*–अनुशासन का अर्थ केवल नियमों का पालन करना नहीं है, अपितु व्यवहार में उचित परिवर्तन लाना है तथा अपने उत्तरदायित्वों को अच्छी तरह समझना है।

अनुशासनहीनता के कारण–आयोग ने अनुशासनहीनता के निम्नलिखित कारणों का उल्लेख किया है–

(i) शैक्षिक संस्थाओं में सुविधाओं का अभाव।

(ii) छात्रों की अधिक संख्या।

(iii) अध्यापकों का छात्रों की मनोवैज्ञानिक स्थितियों को न समझना।

(iv) दोषपूर्ण परीक्षाएँ तथा इनका सम्पूर्ण शिक्षा व्यवस्था पर हावी होना।

(v) छात्रों की निर्धनता।

(vi) अधिकारियों का मनमानी करना।

अनुशासन संबंधी सुझाव – आयोग ने इस प्रकार विचार व्यक्त किए, "नवयुवकों को उचित मार्ग पर लाने की कुंजी उन पर अनेक प्रकार के अंकुश लगाना नहीं है, अपितु उनमें सामाजिक चेतना जागृत करने की आवश्यकता है। उनके सम्पूर्ण दृष्टिकोण को समझदारी से बदलने की आंवश्यकता है।" आयोग ने निर्माणात्मक अनुशासन के लिए निम्नलिखित सुझाव दिए–

1. संस्थाओं में एक-दूसरे पर विश्वास की भावना के विकास पर बल दिया जाए।
2. छात्रों के 'अहम्' अथवा 'आत्मसम्मान' की भावना पर ध्यान दिया जाए।
3. शैक्षिक संस्थाओं में छात्रों के कल्याण संबंधी व्यापक सुविधाओं का प्रावधान किया जाए।
4. विश्वविद्यालयों को राजनीति से पृथक् किया जाए।
5. अनुशासन की समस्या सभी वर्गों के सहयोग से हल की जा सकती है। इसका उत्तरदायित्व केवल अध्यापकों तथा शैक्षिक प्रशासकों पर ही नहीं है।
6. परीक्षाओं में क्रान्तिकारी सुधार किए जाएँ।
7. पाठ्यक्रमों को रोचक तथा व्यावहारिक बनाया जाए।

आयोग की सिफारिशों का मूल्यांकन
(Evaluation of Recommendations of the Commission)

विश्वविद्यालय आयोग ने सशक्त, व्यावहारिक तथा रचनात्मक सुझाव दिए। शिक्षा आयोग (1964-66) की रिपोर्ट आने तक तो विश्वविद्यालय आयोग की सिफारिशों के आधार पर उच्च शिक्षा के क्षेत्र में कार्य होता रहा। विश्वविद्यालय आयोग की सिफारिश पर विश्वविद्यालय अनुदान आयोग (University Grants Commission) नियुक्त किया गया।

तत्कालीन राष्ट्रपति डॉ. राजेन्द्र प्रसाद ने आयोग की सिफारिशों को अमूल्य बताया। उन्होंने आयोग की सिफारिशों में यह गुण भी पाया कि आयोग ने आधुनिकता के साथ-साथ अतीत की सर्वोत्तम उपलब्धि के गुणों को भी सुरक्षित रखने पर बल दिया।

आयोग ने जोर देकर कहा कि यदि हमें 'राक्षस राज्य' स्थापित नहीं करना है तो अवश्य ही हमें नैतिक मूल्यों पर बल देना होगा।

आयोग ने कॉलेजों में अनुशासन के संबंध में कहा कि हमें अधिक से अधिक छात्र-कल्याण सुविधाएँ छात्रों को प्रदान करनी चाहिए ताकि उनकी शक्ति का सदुपयोग हो सके। अनुशासन केवल कड़े नियमों पर ही आधारित नहीं रहता। विश्वविद्यालय छात्रों के लिए हैं न कि छात्र विश्वविद्यालय के लिए। अत: यह तथ्य हमें भली प्रकार से समझ लेना चाहिए।

आयोग ने ग्रामीण क्षेत्रों में उच्च शिक्षा की ओर सरकार तथा जनता का ध्यान आकर्षित किया। सरकार ने इस संस्तुति को स्वीकार करके 1954 में 'ग्रामीण उच्चतर शिक्षा समिति' (Rural Higher Education Institute Committee) का गठन किया।

तत्कालीन भारत के राष्ट्रपति डॉ. राजेन्द्र प्रसाद ने विश्वविद्यालय आयोग की संतुतियों के बारे में अपने विचार इस प्रकार प्रगट किए, "विश्वविद्यालय आयोग के प्रतिवेदन का महत्त्व अधिकांश रूप में इस बात में है कि वह इस देश की वर्तमान शिक्षा प्रणाली में आधारभूत परिवर्तन की आवश्यकता का अनुभव करता है और इस आधार पर उसकी शिक्षा संबंधी समस्याओं का विवेचन करता है। यही कारण है कि प्रतिवेदन में अनेक क्रान्तिकारी सुझाव देने पड़े हैं। साथ ही प्रतिवेदन का एक गुण यह भी है कि वह अतीत से पूर्ण संबंध-विच्छेद नहीं करता है, अपितु उसमें उपलब्ध सर्वोत्तम गुणों को सुरक्षित रखना चाहता है।"

अत्यन्त खेद का विषय है कि अन्य आयोगों तथा समितियों की भाँति इस आयोग ने भी वित्तीय साधनों की अवहेलना की। इन पर कोई ध्यान नहीं दिया गया। संस्तुतियों का क्रियान्वयन करने के लिए कितना धन चाहिए, इस का स्रोत क्या होगा–इस प्रकार की आधारभूत बातों पर कोई ध्यान नहीं दिया गया।

2

माध्यमिक शिक्षा आयोग (1952-53)
(Secondary Education Commission, 1952-53)

माध्यमिक शिक्षा आयोग की नियुक्ति की पृष्ठभूमि (Background of the Appointment of the Secondary Education Commission)

स्वतन्त्रता प्राप्ति के पश्चात् भारतीयों के हृदयों में देश की शीघ्र प्रगति के लिए असीम उत्साह था। देश के स्वतन्त्रता संग्राम के नेताओं ने देश के चहुंमुखी विकास के लिए बड़े-बड़े स्वप्न संजोए हुए थे। अब उन्हें साकार रूप में परिवर्तित करने का अवसर मिला। शिक्षा को प्रगति का एक सक्षम माध्यम माना जाता रहा है। अत: स्वाभाविक था कि इस क्षेत्र पर उचित ध्यान दिया जाए। उच्च शिक्षा के विकास के लिए विश्वविद्यालय आयोग की संस्तुतियाँ आ चुकी थीं। प्राथमिक शिक्षा के क्षेत्र पर भी पर्याप्त समीक्षा की गई थी। परन्तु माध्यमिक शिक्षा के क्षेत्र में इस प्रकार के किसी आयोग का गठन नहीं किया गया था। केन्द्रीय शिक्षा सलाहकार बोर्ड ने भारत सरकार को सुझाव दिया कि माध्यमिक शिक्षा के पुनर्गठन की आवश्यकता है। अत: एक आयोग का इस कार्य की समीक्षा के लिए गठन किया जाए, भारत सरकार ने बोर्ड के इस सुझाव को स्वीकार किया तथा 23 सितम्बर, 1952 को मद्रास विश्वविद्यालय के उपकुलपति डॉ. लक्ष्मणस्वामी मुदालियर की अध्यक्षता में माध्यमिक शिक्षा आयोग की नियुक्ति की। अध्यक्ष के नाम पर इस आयोग को मुदालियर शिक्षा आयोग (Mudialar Education Commission) भी कहा जाता है।

आयोग के सदस्य-सचिव केन्द्रीय शिक्षा संस्थान के प्रिंसिपल ए.एन. बसु थे।

आयोग की जाँच के विषय
(Terms of Reference of the Commission)

आयोग की जाँच के दो मुख्य विषय थे–

1. भारत की तत्कालीन माध्यमिक शिक्षा की स्थिति की समीक्षा करना तथा उस पर प्रकाश डालना।

2. माध्यमिक शिक्षा के पुनर्गठन एवं सुधार के लिए निम्नलिखित के संबंध में सुझाव देना।
(i) माध्यमिक शिक्षा के उद्देश्य, संगठन एवं विषयवस्तु।
(ii) माध्यमिक शिक्षा का प्राथमिक, बेसिक तथा उच्च शिक्षा से संबंध।
(iii) विभिन्न प्रकार के माध्यमिक स्कूलों का पारस्परिक सम्बन्ध।
(iv) माध्यमिक शिक्षा से सम्बन्धित अन्य समस्याएँ।

माध्यमिक शिक्षा आयोग की रिपोर्ट

माध्यमिक शिक्षा आयोग ने विभिन्न राज्यों का भ्रमण किया। शिक्षाविदों तथा शिक्षा से जुड़े वर्गों से साक्षात्कार किया। विस्तृत प्रश्नावली जारी की। आयोग को अनेक प्रतिवेदन तथा सुझाव प्राप्त हुए। तदुपरान्त 28 अगस्त 1953 को आयोग ने अपनी रिपोर्ट भारत सरकार को प्रेषित की। आयोग ने माध्यमिक शिक्षा के प्रत्येक पक्ष का अध्ययन करके उस पर अपने विचार दिए तथा संस्तुतियाँ की।

माध्यमिक शिक्षा के दोष
(Defects of the Secondary Education)

1. स्कूलों में दी जाने वाली शिक्षा का जीवन से कोई सम्बन्ध नहीं है।
2. स्कूलों से शिक्षा प्राप्त छात्र वास्तविक जीवन में अपने को असहाय समझते हैं।
3. शिक्षा बच्चे का सर्वांगीण विकास नहीं करती है।
4. माध्यमिक शिक्षा का पाठ्यक्रम जीवन की समस्याओं से कोसों दूर है।
5. माध्यमिक शिक्षा संकीर्ण है।
6. माध्यमिक शिक्षा एक पक्षीय है।
7. माध्यमिक शिक्षा का छात्रों की रुचि से कोई लेना-देना नहीं है।
8. माध्यमिक पक्ष चरित्र निर्माण के पक्ष की ओर कोई ध्यान नहीं देती है।
9. अंग्रेजी भाषा को अनिवार्य रूप से पढ़ाया जाता है और यह शिक्षा का माध्यम भी है। अतः इस का प्रभुत्व छात्रों पर रहता है। जो छात्र इस भाषा का समुचित ज्ञान नहीं रखते, वे अन्य विषयों में भी पीछे रह जाते हैं।
10. शिक्षण विधियाँ नीरस हैं।
11. शिक्षण विधियाँ छात्रों को शिक्षण-अधिगम प्रक्रिया में भागीदार नहीं बनाती है।
12. कक्षाओं में छात्रों की अधिक संख्या होने के कारण अध्यापकों तथा छात्रों में व्यक्तिगत सम्पर्क स्थापित नहीं हो पाता है।
13. परीक्षा प्रणाली में अनेक दोष हैं।

माध्यमिक शिक्षा आयोग की प्रमुख संस्तुतियाँ
(Major Recommendations of the Secondary Education Commission)

1. माध्यमिक शिक्षा के उद्देश्य – माध्यमिक शिक्षा आयोग ने इस बात पर बल दिया कि ज्यों-ज्यों राजनीतिक, सामाजिक तथा आर्थिक परिस्थितियों में परिवर्तन होता है,

उसी के अनुरूप माध्यमिक शिक्षा के उद्देश्य माध्यमिक शिक्षा के विभिन्न स्तरों पर बदलते हैं।

संविधान में निर्देशित गणतान्त्रिक आवश्यकताओं को ध्यान में रखकर माध्यमिक शिक्षा आयोग ने माध्यमिक शिक्षा के चार उद्देश्य बताए।

1. छात्रों में गणतान्त्रिक नागरिकता का विकास।
2. छात्रों में व्यावसायिक क्षमता का विकास।
3. छात्रों में व्यक्तित्व का विकास।
4. छात्रों में नेतृत्व के गुणों का विकास।

1. ***गणतान्त्रिक नागरिकता का विकास (Development of Democratic Citizenship)***–इसके अन्तर्गत इन गुणों का व्यक्ति में निर्माण करना है।

(i) स्पष्ट विचार;
(ii) नए विचारों को स्वीकार करने की क्षमता;
(iii) लिखने तथा पढ़ने में विचारों की स्पष्टता;
(iv) समाज में रहने की कला;
(v) सामाजिक जागरूकता;
(vi) सहनशीलता;
(vii) देश प्रेम की भावना तथा;
(viii) अन्तर्राष्ट्रीय भावना।

2. ***व्यावसायिक क्षमता का विकास (Developmental of Vocational Efficiency)***–शिक्षा का दूसरा उद्देश्य छात्रों में व्यावसायिक क्षमता को बढ़ाना है। इसके अन्तर्गत हैं–

(क) कार्य के महत्त्व को समझने की भावना।
(ख) कार्य को यथाशक्ति अच्छा तथा सुन्दर बनाना।

3. ***व्यक्तित्व का विकास (Development of Personality)***–इसके अन्तर्गत हैं–विद्यार्थियों में सृजनात्मक शक्तियों का विकास करना जिससे वे अपनी सांस्कृतिक परम्पराओं के प्रति गर्व अनुभव कर सकें। साथ ही कला-कौशल आदि विषयों में स्थान देकर उनकी सौन्दर्य शक्ति का विकास करना।

4. ***नेतृत्व के गुणों का विकास (Development of Qualities of Leadership)***–गणतन्त्र की सफलता के लिए आवश्यक है कि शिक्षा ऐसे गुणों का निर्माण करे जिससे छात्रों में नेतृत्व के गुणों का विकास हो। जहाँ एक ओर अनुयायी बनने के गुणों का होना आवश्यक है वहाँ दूसरों का आवश्यकतानुसार नेतृत्व करना जरूरी है।

2. **शैक्षिक ढाँचा** – इसका विवरण अलग से दिया गया है।

3. **पाठ्यक्रम** – पाठ्यक्रम का विभिन्नीकरण किया जाए तथा इसे सशक्त बनाया जाए। (विस्तार से विवरण आगे दिया गया है)।

4. **पाठ्य पुस्तकें** – पाठ्य-पुरतकों के स्तर को ऊँचा उठाने के लिए प्रत्येक राज्य में एक "उच्चस्तरीय पाठ्य-पुस्तक समिति" का संगठन किया जाना चाहिए।

एक विषय में एक पाठ्य-पुस्तक निर्धारित करने के स्थान पर पाठ्य-पुस्तकों की पर्याप्त संख्या निश्चित की जानी चाहिए। विद्यालयों को इन पाठ्य-पुस्तकों में से किसी एक को चुनने का अधिकार प्रदान किया जाना चाहिए।

5. स्फूर्तिपूर्ण शिक्षण विधियाँ – "क्रिया विधि" एवं "योजना विधि" को महत्त्वपूर्ण स्थान दिया जाना चाहिए।

प्रभावी शिक्षण-विधियों को लोकप्रिय बनाने के लिए "प्रयोगात्मक" एवं "प्रदर्शनात्मक" विद्यालयों की विभिन्न स्थानों पर स्थापना की जानी चाहिए।

6. धार्मिक शिक्षा – "आयोग" का विचार है कि चरित्र के निर्माण में धार्मिक शिक्षा का महत्त्वपूर्ण स्थान है। अत: उसने धार्मिक शिक्षा संबंधी निम्नलिखित सुझाव दिए हैं–

(i) धार्मिक शिक्षा–विद्यालयों में दी जा सकती है।

(ii) धार्मिक शिक्षा–विद्यालय के शिक्षण के समय से पहले या बाद में दी जानी चाहिए।

(iii) धार्मिक शिक्षा–छात्रों के अभिभावकों की अनुमति प्राप्त करने के बाद दी जानी चाहिए।

7. चरित्र-निर्माण की शिक्षा – "आयोग" ने चरित्र-निर्माण की शिक्षा पर अत्यधिक बल दिया है और निम्नलिखित सुझाव दिए–

(i) छात्रों में उत्तम अनुशासन की भावना का विकास करने के लिए उनमें और शिक्षकों में घनिष्ठ सम्बन्ध स्थापित किए जाने चाहिए।

(ii) विद्यालयों में स्वशासन-प्रणाली को महत्त्वपूर्ण स्थान दिया जाना चाहिए।

8. निर्देशन तथा परामर्श – (i) छात्रों को व्यवसायों के विषय में सूचना देने के लिए, विद्यालय में समय-समय पर "जीविकोपार्जन सम्मेलनों" का आयोजन किये जाना चाहिए।

(ii) विद्यालयों में "निर्देशन-अधिकारियों" और "जीविकोपार्जन शिक्षकों" की नियुक्ति की जानी चाहिए।

9. छात्रों का शारीरिक कल्याण – (i) सब राज्यों में "स्कूल-स्वास्थ्य-सेवा" (School Medical Service) की सुसंगठित योजना क्रियान्वित की जानी चाहिए।

(ii) सब विद्यालयों के सब छात्रों की एक वर्ष में कम-से-कम एक बार स्वास्थ्य परीक्षण अवश्य किया जाना चाहिए।

(iii) रोगी छात्रों एवं छात्राओं का "विद्यालय-स्वास्थ्य-अधिकारी" (School Health Officer) द्वारा मुफ्त उपचार किया जाना चाहिए।

10. परीक्षा एवं मूल्यांकन – (i) बाह्य परीक्षाओं की संख्या में कमी की जानी चाहिए।

(ii) माध्यमिक शिक्षा का सम्पूर्ण पाठ्यक्रम समाप्त करने के पश्चात् केवल एक "सार्वजनिक परीक्षा" होनी चाहिए।

(iii) परीक्षाओं में पूछे जाने वाले प्रश्न निबन्धात्मक ढंग के न होकर वस्तुनिष्ठ प्रकार के होने चाहिएं, ताकि परीक्षाओं के "आत्मगत-तत्त्वों" का अन्त किया जा सके।

(iv) छात्रों के कार्य का अन्तिम मूल्यांकन करते समय अग्रलिखित उचित महत्त्व दिया जाना चाहिए–आन्तरिक परीक्षाएँ, नियतकालिक परीक्षाएँ (Periodical Tests) एवं विद्यालय-अभिलेख (School Records)।

(v) बाह्य व आन्तरिक परीक्षाओं का मूल्यांकन अंकों में न करके प्रतीकों (Symbols) में किया जाना चाहिए।

11. विभिन्न प्रकार के स्कूल – (i) बहुउद्देश्यीय स्कूलों (Multi-purpose Schools) की स्थापना की जानी चाहिए। इन स्कूलों में पाठ्यक्रम का विभिन्नीकरण (Diversification) किया जाना चाहिए, ताकि छात्र अपने विभिन्न उद्देश्यों, रुचियों और योग्तयताओं के अनुसार पाठ्यक्रम का चयन कर सकें।

(ii) ग्रामीण स्कूलों में कृषि-शिक्षा की सुविधाओं में विस्तार किया जाना चाहिए। अतः इन स्कूलों में उद्यान-विज्ञान (Horticulture), पशु-पालन (Animal Husbandry) एवं कुटीर उद्योग-धन्धों की शिक्षा की व्यवस्था की जानी चाहिए।

(iii) औद्योगिक क्षेत्रों में तकनीकी स्कूलों की बहुत बड़ी संख्या में स्थापना की जानी चाहिए।

(iv) बड़े नगरों में प्रौद्योगिक संस्थानों (Technological Institutes) का निर्माण किया जाना चाहिए।

माध्यमिक शिक्षा आयोग की सिफारिशों की समीक्षा
(Evaluation of the Report of the Secondary Education)

माध्यमिक शिक्षा आयोग (1952-53) तथा प्राथमिक शिक्षा – इस आयोग का मुख्य कार्यक्षेत्र माध्यमिक शिक्षा था। प्राथमिक शिक्षा के बारे में इसके सुझाव इस प्रकार हैं–

1. बेसिक शिक्षा प्रणाली के सिद्धान्तों को अपनाया जाए।
2. मिडिल अथवा जूनियर माध्यमिक अथवा सीनियर बेसिक स्तर तीन वर्ष का होना चाहिए। इस स्तर पर पढ़ने वाले बच्चों की आयु सामान्यतः 11 से 14 वर्ष होनी चाहिए।
3. कक्षा 1 से कक्षा 8 तक की शिक्षा पूरक हो।
4. शिक्षण विधियाँ क्रियाओं पर आधारित हों।
5. मिडिल स्तर की शिक्षा का उद्देश्य मुख्यतः छात्रों को मोटे तौर पर मानवीय ज्ञान तथा अभिरुचि से परिचित कराना है।
6. मिडिल स्तर की शिक्षा सामान्य शिक्षा है, किसी प्रकार का विशेषीकरण नहीं।
7. मिडिल स्तर पर ये विषय होने चाहिए–
   (i) भाषाएँ,
   (ii) सामाजिक ज्ञान,
   (iii) सामान्य विज्ञान,
   (iv) आर्ट तथा संगीत,
   (v) हस्तकला और
   (vi) शारीरिक शिक्षा।

मुदालियर शिक्षा आयोग की सिफारिशों के बारे में विभिन्न विचार हैं। सैद्धान्तिक दृष्टिकोण से इस आयोग की संस्तुतियों को 'बेजोड़' माना जा सकता है परन्तु व्यावहारिक रूप से नहीं, क्योंकि सिफारिशों के क्रियान्वयन के खर्चे के बारे में कोई भी अनुमान प्रस्तुत नहीं किए गए। कुल मिलाकर कह सकते हैं कि सिफारिशें 'कागजी कार्यवाही' बन कर रह गई।

माध्यमिक शिक्षा तथा माध्यमिक शिक्षा आयोग – 1. आयोग ने माध्यमिक शिक्षा के उद्देश्यों को निर्धारित करके बड़ा सराहनीय कार्य किया है। इस बात में कोई मतभेद नहीं है कि हमारी शिक्षा का प्रमुख उद्देश्य–लोकतान्त्रिक नागरिकता का विकास करना होना चाहिए।

2. पाठ्यक्रम की विविधता का माध्यमिक शिक्षा के क्षेत्र में एक क्रान्तिकारी सुझाव था। सभी छात्रों की अभिरुचियाँ तथा अभियोग्यताएँ समान नहीं होती हैं। अतः पाठ्यक्रम को उनकी अभिरुचियों एवं अभियोग्यताओं के अनुसार होना आवश्यक है।
3. बहु-उद्देशीय स्कूलों की स्थापना का उद्देश्य अच्छा था क्योंकि इससे छात्र अपनी व्यक्तिगत योग्यताओं के अनुसार विषयों का चयन करके अपने व्यक्तित्व का विकास कर सकते हैं।
4. भारत जैसे कृषि-प्रधान देश के ग्रामीण स्कूलों में कृषि की शिक्षा को अनिवार्य बनाये जाने का सुझाव महत्त्वपूर्ण है।
5. स्वतन्त्रता-प्राप्ति के पश्चात् देश का औद्योगीकरण तीव्र गति से किया जाना था। नए उद्योगों की आवश्यकताओं की पूर्ति करने के लिए प्राविधिक शिक्षा की व्यवस्था का सुझाव सराहनीय है।
6. आयोग की इस संस्तुति को प्रायः सभी शिक्षाविदों ने माना है। शिक्षण की विधियों में क्रिया-रीतियों को स्थान दिया जाए और पाठन-सामग्री के प्रयोग से उनको सजीव बनाया जाए।
7. माध्यमिक स्कूलों के छात्रों के चरित्र-निर्माण के सम्बन्ध में जो सुझाव दिए गए, प्रशंसनीय हैं।
8. छात्रों के मार्ग-प्रदर्शन का सुझाव अद्वितीय है। बहुधा छात्र अपनी योग्यताओं से परिचित न होने के कारण व्यवसायों तथा कार्यक्षेत्रों में प्रवेश करके असफल रहते हैं। छात्र प्रशिक्षित व्यक्तियों से मार्ग-प्रदर्शन का लाभ उठाकर अपनी शक्तियों का उचित दिशाओं में प्रयोग कर सकते हैं।
9. परीक्षा एवं शैक्षिक मूल्यांकन के विषय में आयोग के सुझाव माध्यमिक शिक्षा के क्षेत्र में अति उत्तम हैं।
10. आयोग ने शिक्षकों की सेवा-प्रतिबन्धों (Service Conditions), वेतन, प्रशिक्षण आदि के सम्बन्ध में बहुमूल्य सुझाव दिए हैं।

आयोग की सिफारिशों के दोष – 1. माध्यमिक शिक्षा के प्रशासन के सम्बन्ध में दिए गए सुझाव व्यावहारिक नहीं हैं। निजी विद्यालयों की प्रबन्धकारिणी समिति के सदस्यों की योग्यता के विषय में आयोग ने कोई संस्तुति नहीं दी।

2. आयोग ने बालिकाओं की शिक्षा के विस्तार के सम्बन्ध में कोई भी महत्त्वपूर्ण सुझाव नहीं दिया है।
3. इण्टरमीडिएट कक्षा को तोड़ने का सुझाव अनुपयुक्त प्रतीत होता है।
4. योजना के कार्यान्वित करने में एक बड़ी धनराशि की आवश्यकता होगी इस पर आयोग ने विचार नहीं किया। आयोग ने कहा कि माध्यमिक स्तर पर प्रत्येक छात्र को तीन भाषाओं का अध्ययन करना आवश्यक है–मातृभाषा अथवा क्षेत्रीय भाषा, हिन्दी और अंग्रेजी। तीन भाषाओं के अतिरिक्त विषयों का भी अध्ययन अनिवार्य 'कोर' माना गया। इस प्रकार, छात्रों के लिए पाठ्यक्रम बहुत भारी हो जाता है।
5. छात्र तथा छात्राओं के पाठ्यक्रम में भेद नहीं किया गया है।

उपसंहार – माध्यमिक शिक्षा के निर्देशन तथा परामर्श संबंधी सुझाव लाभदायक सिद्ध हुए तथा देश में इस दिशा में शैक्षिक संस्थाओं में कार्य होने लगा।

माध्यमिक शिक्षा की सिफारिशें बहुत ही महत्त्वपूर्ण थीं परन्तु उन संस्तुतियों के क्रियान्वयन के लिए धनराशि की व्यवस्था पर कोई विचार नहीं किया गया था। इस कारण रिपोर्ट का माध्यमिक शिक्षा पर कोई विशेष प्रभाव नहीं पड़ा।

माध्यमिक शिक्षा आयोग द्वारा माध्यमिक शिक्षा का प्रस्तावित ढाँचा (Proposed Structure of Secondary Education by the Secondary Education Commission)

माध्यमिक शिक्षा आयोग 1952-53 ने माध्यमिक शिक्षा का ढाँचा इस प्रकार प्रस्तावित किया–

1. विस्तृत रूपरेखा का ध्यान रखते हुए माध्यमिक शिक्षा की नवीन संरचना प्राथमिक अथवा जूनियर बेसिक विद्यालय की 4 या 5 वर्ष की शिक्षा के पश्चात् आरम्भ हो।
2. इसमें मिडिल स्कूल या जूनियर सेकेण्डरी या सीनियर बेसिक स्तर पर 3 वर्ष का पाठ्यक्रम हो।
3. हायर सेकेण्डरी स्तर पर 4 वर्ष का पाठ्यक्रम हो।

   आयोग ने विद्यमान इन्टरमीडिएट को हायर सेकेन्डरी प्रणाली से बदलने की बात कही जो चार वर्ष की हो एवं इन्टरमीडिएट का एक वर्ष इसमें सम्मिलित किया जाए।
4. तीन वर्ष का पाठ्यक्रम डिग्री प्राप्त करने के लिए हो।

इस प्रकार सम्पूर्ण माध्यमिक स्तर दो भागों में विभक्त हो जाता है–

1. कक्षा 6 से 8 तक जूनियर माध्यमिक स्तर।
2. कक्षा 9 से 11 तक उच्चतर माध्यमिक स्तर।

5. आयोग ने स्पष्टतः इन्टरमीडिएट परीक्षा को दोषपूर्ण बताया। उसके अनुसार इन्टरमीडिएट परीक्षा का बड़ा दोष यह है कि यह कॉलेज की निरन्तरता को समाप्त करत है एवं डिग्री पाठ्यक्रम के नियोजन को विषम बनाती है।

माध्यमिक विद्यालय स्तर पर एक वर्ष जोड़ने से कुशलता बढ़ेगी एवं एक वर्ष डिग्री पाठ्यक्रम के साथ जोड़ने से शैक्षणिक कुशलता का निर्माण होगा। इस प्रकार तीन वर्ष के समय में अनवरत विकास होता रहता है।

जिन स्थानों पर हायर सेकेण्डरी पाठ्यक्रम न पढ़ाया जा सके तथा जिन कॉलेजों में चार वर्ष का पाठ्यक्रम अर्थात् दो वर्ष का इन्टरमीडिएट एवं दो वर्ष का डिग्री पाठ्यक्रम पढ़ाया जा रहा हो, वहाँ पर प्री-यूनिवर्सिटी का एक वर्ष का पाठ्यक्रम विश्वविद्यालय में प्रवेश से पूर्व का प्रशिक्षण प्राप्त करने के लिए हो। प्री-यूनिवर्सिटी का पाठ्यक्रम कॉलेजों में आरम्भ हो।

आयोग का विचार था कि इन्टरमीडिएट कक्षा को समाप्त करके माध्यमिक तथा उच्च शिक्षा स्तर को ऊँचा किया जा सकता है।

माध्यमिक शिक्षा आयोग की सिफारिशों का क्रियान्वयन तथा समीक्षा (Implementation of the Recommendations and Evaluation)

माध्यमिक शिक्षा आयोग की रिपोर्ट के बाद यह निर्णय लिया गया कि स्कूली कक्षाओं का एक देशव्यापी रूप हो जाए जिसकी संपूर्ण अवधि 11 वर्ष की हो–5 वर्ष अपर प्राथमिक शिक्षा के लिए, 3 वर्ष माध्यमिक शिक्षा के लिए तथा 3 वर्ष उच्चतर माध्यमिक शिक्षा के लिए। इसके अन्त में तीन वर्ष का कला तथा विज्ञान की प्रथम डिग्री का पाठ्यक्रम रखा गया। इस योजना के फलस्वरूप दो महत्त्वपूर्ण परिवर्तन लाने थे। प्रथम तो हाई स्कूलों को हायर सेकेण्डरी के ढाँचे में परिणत करना तथा द्वितीय, विश्वविद्यालयों में त्रिवर्षीय प्रथम डिग्री पाठ्यक्रम का लाना। त्रिवर्षीय प्रथम डिग्री पाठ्यक्रम तो उत्तर प्रदेश तथा बम्बई विश्वविद्यालय को छोड़कर सभी जगह चालू हो गया; परन्तु हाई स्कूलों को हायर सेकेण्डरी स्कूलों में परिणत करने में उतनी सफलता नहीं मिल सकी। केन्द्रीय सहायता देने पर भी केवल 5 राज्य उक्त प्रस्ताव को कार्यान्वित कर सके; शेष राज्यों ने या तो प्रस्ताव माने नहीं या पहले मानकर बाद में वे अपने निश्चयों से पीछे हट गए। तृतीय योजना के अंत तक केवल 25 प्रतिशत हाई स्कूल ही हायर सेकेण्डरी स्कूलों में परिणत हो सके। इनमें से अनेक परिणतियाँ केवल विचार रूप में ही हुई; अर्थात्, उनमें अध्यापकों, पुस्तकालयों तथा प्रयोगशालाओं की अपेक्षित सुविधाएँ उपलब्ध न की जा सकीं। विशेषत: यह ध्यान देने योग्य बात है कि पुनर्गठन के परिणामस्वरूप स्कूल एवं कॉलेज शिक्षा का एक समान कोई भी स्वरूप प्राप्त नहीं हो सका। आयोग ने सुझाव दिया था कि उच्चतर माध्यमिक स्कूलों को ऊपर की दो कक्षाओं को पढ़ाने वाले अध्यापकों की न्यूनतम शिक्षा एम.ए. अथवा प्रथम श्रेणी बी.ए. प्रशिक्षण डिग्री होनी चाहिए, परन्तु प्रशिक्षित पोस्ट-ग्रेजुएट अध्यापक पर्याप्त संख्या में प्राप्त नहीं हुए। उच्चतर माध्यमिक स्कूलों में क्राफ्ट तथा सामान्य विज्ञान जैसे विषय आरम्भ करने से अध्यापकों के मिलने की समस्या और भी कठिन हो गई।

माध्यमिक शिक्षा को वित्तीय सहायता देने के सम्बन्ध में आयोग का विचार था कि उससे पहले के आयोगों की सिफारिशों को वित्तीय आधार पर कार्यरूप नहीं दिया जा सका। माध्यमिक शिक्षा आयोग ने भी देश की वित्तीय अवस्था का ध्यान नहीं रखा। दुर्भाग्य की बात यह है कि इस आयोग की सिफारिशों का भी यही हाल हुआ।

इस आयोग ने अपनी सिफारिशों को कार्यरूप में परिणत करने के लिए कोई अल्प तथा दीर्घकालीन योजना प्रस्तुत नहीं की।

माध्यमिक शिक्षा का पाठ्यक्रम
(Curriculum for Secondary Education)

प्रचलित पाठ्यक्रम के दोष – माध्यमिक शिक्षा आयोग ने प्रचलित पाठ्यक्रम को छात्र तथा समाज कीं आवश्यकतानुसार न पाया और इस प्रकार आलोचना की–

1. वर्तमान पाठ्यक्रम संकीर्ण है।
2. यह पुस्तकीय एवं सैद्धान्तिक है।
3. इसमें विषय-सूची लम्बी है एवं उपयोगी नहीं है।
4. इसमें व्यावहारिक तथा अन्य प्रकार की क्रियाओं की गुंजाइश नहीं है एवं व्यक्तित्व के सर्वांगीण विकास की सुविधाएँ भी नहीं हैं।
5. यह किशोरों की आवश्यकताओं एवं योग्यताओं का विकास नहीं करता।
6. परीक्षाओं द्वारा पाठ्यक्रम अधिकतम रूप से हावी है।
7. इसमें टेक्नीकल तथा व्यावसायिक विषयों का अभाव है जो विद्यार्थियों के लिए आवश्यक है एवं आर्थिक विकास के लिए भी।

पाठ्यक्रम का उचित स्वरूप – माध्यमिक शिक्षा आयोग ने पाठ्यक्रम का नया विचार देते हुए कहा–"पहली बात यह है कि यह स्पष्टत: समझ लेना चाहिए कि सर्वोत्तम शैक्षिक विचारों के अनुसार पाठ्यक्रम परम्परा के अनुसार विद्यालयों में पढ़ाए जाने वाले विषयों का नाम नहीं है, अपितु यह तो छात्रों द्वारा बहुमुखी क्रियाओं से प्राप्त अनुभवों का योग है जो उन्हें विद्यालय, कक्षा, पुस्तकालय, प्रयोगशाला, कार्यशाला, खेल के मैदान एवं अध्यापक तथा छात्रों के आपसी संबंधों से प्राप्त होता है, इस प्रकार विद्यालय का सम्पूर्ण जीवन पाठ्यक्रम बन जाता है जो विद्यार्थियों की सभी बिन्दुओं पर उनके व्यक्तित्व के विकास में सहायता करता है।"

आयोग के विचार में हाई स्कूल एवं हायर सेकेण्डरी स्तर पर छात्रों की मनोवृत्तियों का स्वरूप निर्धारित हो जाता है, इसलिए हाई स्कूल एवं हायर सेकेण्डरी स्कूल स्तर पर अपनी रुचियों के अनुसार पाठ्यक्रम लेने में सुविधा होनी चाहिए।

प्रस्तावित पाठ्यक्रम – आयोग ने पाठ्यक्रम को दो भागों में बाँटा–

1. कोर विषय (Core Subjects),
2. वैकल्पिक विषय (Optional Subjects)

कोर विषयों का अध्ययन सब छात्रों के लिए अनिवार्य होगा। "वैकल्पिक विषयों" के 7 समूह होंगे जिनमें से छात्रों को किसी एक समूह के विषयों का अध्ययन करना होगा। इन्हीं विषयों का पाठ्यक्रम का विभिन्नीकरण किया गया है।

"आयोग" के अनुसार, "आन्तरक" एवं "वैकल्पिक" जो सभी बालकों एवं बालिकाओं के लिए अनिवार्य हैं वे इस प्रकार हैं–

A. (i) मातृभाषा या प्रादेशिक भाषा या मातृभाषा और शास्त्रीय भाषा (Mother Tongue or Regional Language or Mother Tongue and Classical Language)।

(ii) निम्नलिखित में से चुनी जाने वाली कोई एक और भाषा–

(a) हिन्दी (उन छात्रों के लिए, जिनकी मातृभाषा हिन्दी नहीं है)।

(b) प्रारम्भिक अंग्रेजी (उन छात्रों के लिए, जिन्होंने जूनियर माध्यमिक स्तर पर इसका अध्ययन नहीं किया है)।

(c) प्रारम्भिक अंग्रेजी (उन छात्रों के लिए, जिन्होंने जूनियर माध्यमिक स्तर पर अंग्रेजी का अध्ययन किया है)।

(d) हिन्दी के अतिरिक्त एक अन्य आधुनिक भारतीय भाषा।

(e) अंग्रेजी के अतिरिक्त एक अन्य आधुनिक विदेशी भाषा।

(f) एक शास्त्रीय भाषा।

B. (i) **सामाजिक अध्ययन**–सामाजिक अध्ययन की शिक्षा केवल प्रथम दो वर्षों में।

(ii) **गणित और सामान्य विज्ञान**–इन विषयों की शिक्षा केवल प्रथम दो वर्षों में।

C. निम्नलिखित में से चुना जाने वाला कोई एक शिल्प (Craft)–

1. कताई और बुनाई,
2. धातु का काम,
3. दर्जी का काम,
4. लकड़ी का काम,
5. मुद्रण का काम (Typography),
6. वर्कशॉप-अभ्यास (Workshop Practice),
7. मॉडल बनाना,
8. उद्यान-विज्ञान, और
9. कसीदा एवं क्रोशिया का काम।

D. निम्नलिखित में से तीन विषय – छात्रों को किसी एक समूह के 3 विषयों का अध्ययन करना होगा।

समूह 1–मानव विज्ञान (Humanities)–

(1) एक शास्त्रीय भाषा या 'अ 2' में से न ली गई एक भाषा,

(2) इतिहास,

(3) भूगोल,

(4) प्रारम्भिक अर्थशास्त्र और नागरिकशास्त्र,

(5) मनोविज्ञान और अर्थशास्त्र,

(6) गणित,

(7) संगीत,

(8) गृह-विज्ञान।

समूह 2–विज्ञान (Science)

(1) भौतिकशास्त्र,

(2) रसायनशास्त्र,
(3) जीवशास्त्र,
(4) भूगोल,
(5) गणित,
(6) शरीर-विज्ञान और स्वास्थ्य-विज्ञान।

समूह 3-प्राविधिक (Technical)-

(1) व्यावहारिक गणित (Applied Mathematics) और रेखिकीय ड्राइंग (Geometrical Drawing),
(2) व्यावहारिक विज्ञान,
(3) मैकेनिकल इंजीनियरिंग,
(4) विद्युत इंजीनियरिंग।

समूह 4-वाणिज्य (Commercial)-

(1) वाणिज्यिक प्रयोग (Commercial Practice),
(2) बहीखाता,
(3) वाणिज्य-भूगोल या अर्थशास्त्र और नागरिकशास्त्र,
(4) शॉर्टहैण्ड और टाइपराइटिंग।

समूह 5-कृषि (Agriculture)-

(1) सामान्य कृषि,
(2) पशु-पालन,
(3) औद्योगिक (Horticulture) और बागवानी,
(4) कृषि-रसायन (Agriculture Chemistry) और वनस्पति-विज्ञान।

समूह 6-ललित कलाएँ (Fine Arts)-

(1) कला का इतिहास,
(2) ड्राइंग और डिजाइन बनाना,
(3) चित्रकला,
(4) मॉडल बनाना,
(5) संगीत,
(6) नृत्य।

समूह 7-गृह-विज्ञान (Domestic Science)-

(1) गृह-अर्थशास्त्र,
(2) पोषण और पाक-कला (Nutrition & Cookery),
(3) मातृकला और शिशु-पालन,
(4) गृह-प्रबन्ध और गृह-उपचारण (Home Nursing)।

समीक्षा – पाठ्यक्रम का सीधा संबंध शिक्षा के प्रस्तावित ढाँचे से था। चूँकि जैसा पहले लिखा जा चुका है, ढाँचे का प्रस्ताव प्रायः लोकप्रिय न हो पाया, इस कारण प्रस्तावित पाठ्यक्रम का भी क्रियान्वयन न हो सका।

बहुउद्देशीय विद्यालय (Multipurpose Schools)

बहुउद्देशीय विद्यालय का अर्थ–माध्यमिक शिक्षा आयोग 1952-53 ने बहुउद्देशीय विद्यालय की परिभाषा इस प्रकार दी है, "बहुउद्देशीय विद्यालय से तात्पर्य उस विद्यालय से है जो छात्रों की योग्यता, रुचि तथा उद्देश्य पूर्ति हेतु सभी पाठ्यक्रमों के शिक्षण की व्यवस्था करता है। यह छात्रों को उनकी रुचि के अनुसार विषय चुनने तथा अध्ययन करने की प्रेरणा देता है।"

बहुउद्देशीय विद्यालय की आवश्यकता – 1. आयोग ने पाया कि इस प्रकार के विद्यालय अमेरिका में बहुत सफल हुए हैं अतः भारत में भी ये सफल हो सकते हैं।

2. इन विद्यालयों में छात्रों को अपनी रुचि तथा योग्यता के अनुरूप विषय अध्ययन के लिए मिल जाते हैं।
3. जो विद्यार्थी किसी एक विषयों के समूह में नहीं चल पाते, उन्हें किसी विद्यालय में दूसरे समूह में स्थानान्तरित किया जा सकता है।
4. बहुउद्देशीय विद्यालयों में छात्रों के सर्वांगीण विकास पर अधिक बल दिया जा सकता है।
5. बहुउद्देशीय विद्यालय देश में व्यावसायिक तथा तकनीकी शिक्षा के अभाव की पूर्ति करते हैं।

बहुउद्देशीय विद्यालयों का भारत में न पनपना – बहुउद्देशीय विद्यालयों की स्थापना पर बहुत व्यय की आवश्यकता थी जो कि उपलब्ध न हो सका। छात्रों के विषय-चुनाव के लिए बहुत कम अवसर प्राप्त थे। उचित मात्रा में शैक्षिक परामर्श तथा मार्गदर्शन की सुविधाएँ स्कूलों में न दी जा सकीं। परम्परागत मनोवृत्ति ने भी इसके क्रियान्वयन में बाधा डाली। इन कारणों से देश में बहुउद्देशीय विद्यालय पद्धति असफल रही।

संक्षेप में बहुउद्देशीय विद्यालयों की असफलता के निम्नलिखित कारण थे–

1. हाई स्कूलों को बहुउद्देशीय स्कूलों में बदलने में अनेक कठिनाइयाँ।
2. अभिभावकों का विरोध।
3. समयविभाग चक्र बनाने में कठिनाइयाँ।
4. उचित पाठ्य-पुस्तकों का अभाव।
5. आर्थिक कठिनाइयाँ।
6. प्रशिक्षित अध्यापकों की कमी।

अध्यापकों की सामान्य स्थिति में सुधार
(Improvement in General Conditions of Teachers)

अध्यापकों की स्थिति में सुधार की आवश्यकता पर बल देते हुए माध्यमिक शिक्षा आयोग ने लिखा, "हमें विश्वास हो गया है कि यदि अध्यापकों की वर्तमान मनोस्थिति तथा निराशा को दूर करना है तथा शिक्षा को राष्ट्र निर्माण का वास्तविक साधन बनाना है तो यह अत्यन्त आवश्यक है कि उनकी स्थिति तथा सेवा-शर्तों में सुधार किया जाए।" इस सन्दर्भ में आयोग ने नीचे लिखे सुझाव दिए–

1. देश के माध्यमिक स्कूलों में अध्यापकों के चुनाव एवं नियुक्ति की विधि समान बनाई जाए।

2. अध्यापकों को उचित वेतन देने के लिए विशिष्ट समितियों की नियुक्ति की जाए। जो उनके लिए उपयुक्त वेतनमान की संस्तुतियाँ दें।
3. सब अध्यापकों के लिए "त्रिमुखी लाभ-योजना" (Triple Benefit Scheme) आरम्भ की जानी चाहिए। इस योजना के अन्तर्गत उनको पेंशन, जीवन-बीमा एवं प्रॉविडेण्ट फण्ड की सुविधाएँ प्रदान की जाएँ।
4. अध्यापकों की विशेष कठिनाइयों का समाधान करने और उनकी शिकायतों को सुनने के लिए, "निर्णायक मण्डल" (Arbitration Board) की नियुक्ति की जाए।
5. अध्यापकों को ये सुविधाएँ प्रदान की जाएँ–उनके बच्चों को निःशुल्क शिक्षा, उनको स्वास्थ्यवर्द्धक स्थानों व शिक्षा के सम्मेलनों में जाने के लिए अवकाश एवं यात्रा के किराये में कमी और चिकित्सालयों में मुफ्त चिकित्सा आदि।

अध्यापक-प्रशिक्षण (Teacher Training)

आयोग ने यह विश्वास प्रकट किया है कि माध्यमिक शिक्षा की जिस नवीन संरचना को वह भारत में देखने का अभिलाषी है, उसके लिए विशेष प्रकार का प्रशिक्षण प्राप्त अध्यापकों की आवश्यकता है। भारत की तत्कालीन प्रशिक्षण-संस्थाएँ अपने सीमित दृष्टिकोण के कारण इस प्रकार के शिक्षकों का निर्माण करने में सफल नहीं हो सकती है। अतः 'आयोग' ने अध्यापक-प्रशिक्षण के सम्बन्ध में निम्नांकित हैं–

1. एक उनके लिए जिन्होंने उच्चतर माध्यमिक परीक्षा पास की है। उनके लिए दो वर्ष का प्रशिक्षण।
2. स्नातकों के लिए एक वर्ष का प्रशिक्षण। आयोग ने इस संबंध में कहा कि दीर्घकाल कार्यक्रम में यह प्रशिक्षण दो वर्ष का हो जाना चाहिए।
3. स्नातकों की प्रशिक्षण संस्थाएँ विश्वविद्यालय के अधीन रहें तथा उन्हीं से संबंधित किया जाना चाहिए।
4. छात्र-अध्यापकों को एक अथवा एक से अधिक पाठान्तर सहगामी क्रियाओं (Co-Curricular Activities) में प्रशिक्षण दिया जाए।
5. प्रशिक्षण-संस्थाओं के छात्रों से शुल्क नहीं लिया जाना चाहिए और उनको राज्य द्वारा छात्रवृत्तियों के रूप में पर्याप्त आर्थिक सहायता दी जानी चाहिए। जो अप्रशिक्षित शिक्षक-विद्यालयों में काम कर रहे हैं, उन्हें प्रशिक्षण प्राप्त करने के लिए पूर्ण वेतन पर अवकाश दिया जाना चाहिए।
6. प्रशिक्षण-काल में छात्राध्यापकों का प्रशिक्षण-संस्थाओं से सम्बद्ध छात्रावासों में रहना अनिवार्य होना चाहिए और उनके लिए सामाजिक जीवन से सम्बन्धित क्रियाओं का आयोजन किया जाना चाहिए।
7. प्रशिक्षण कॉलेजों अर्थात् स्नातकों की प्रशिक्षण-संस्थाओं में निम्नलिखित की व्यवस्था की जानी चाहिए–"अभिनवन पाठ्यक्रम" (Refresher Courses), "अल्पकालीन गहन पाठ्यक्रम" (Short Intensive Courses) एवं "कार्यशाला में व्यावहारिक प्रशिक्षण" (Practical Training in Workshops)।

8. प्रशिक्षण कॉलेजों में शिक्षण-शास्त्र के महत्त्वपूर्ण अंगों के सम्बन्ध में अनुसंधान किया जाना चाहिए। इस कार्य को सुविधाजनक बनाने के लिए प्रत्येक प्रशिक्षण कॉलेजों के अधीन एक "प्रदर्शनात्मक स्कूल" (Demonstration School) होना चाहिए।
9. प्रशिक्षण कॉलेजों के अध्यापकों, माध्यमिक स्कूलों के कुछ विशेष प्रधानाध्यापकों एवं विद्यालय-निरीक्षकों का समय-समय पर प्रशिक्षण के सम्बन्ध में विचार-विनिमय होना चाहिए।
10. एम.एड. कक्षाओं में उन्हीं को प्रवेश दिया जाना चाहिए, जो प्रशिक्षित स्नातक हों और किसी विद्यालय में कम-से-कम तीन वर्ष तक शिक्षण का अनुभव रखते हों।
11. अध्यापिकाओं की कमी को दूर करने के लिए विशिष्ट अल्पकालीन प्रशिक्षण-पाठ्यक्रम (Special Part-Time Training Courses) की व्यवस्था की जानी चाहिए।

3

भारतीय शिक्षा आयोग (1964-66) अथवा कोठारी आयोग

(Indian Education Commission 1964-66 or Kothari Commission)

भारतीय शिक्षा आयोग (1964-66) की नियुक्ति की पृष्ठभूमि (Background to the Appointment of the Education Commission)

स्वतन्त्रता प्राप्ति से ही भारत सरकार ने परिवर्तित स्थिति के अनुकूल राष्ट्रीय शिक्षा प्रणाली के विकास की ओर अपना ध्यान केन्द्रित किया था। यह भली प्रकार से अनुभव किया गया कि देश के आर्थिक विकास, प्रभावी जनतन्त्र का निर्माण तथा राष्ट्रीय एकता बनाए रखने में शिक्षा 'रीढ़ की हड्डी' की तरह कार्य करती है। शिक्षा को राष्ट्रीय सम्पन्नता तथा कल्याण की कुंजी माना गया। इसी दिशा में 1948 में विश्वविद्यालय शिक्षा की समीक्षा के लिए विश्वविद्यालय आयोग का गठन किया गया और 1952 में माध्यमिक शिक्षा आयोग का। बेसिक शिक्षा प्रणाली का अध्ययन भी राष्ट्रीय स्तर पर 1955-56 में किया गया। संस्कृत आयोग की नियुक्ति 1956 में की गई। 1957 में बेसिक कमेटी ने बेसिक शिक्षा की समीक्षा की। 1957 में ही बहुउद्देशीय स्कूलों पर विचार प्रकट किया गया। स्त्री शिक्षा के संबंध में 1957 में राष्ट्रीय कमेटी ने संस्तुतियाँ दीं। 1959 में धार्मिक तथा नैतिक शिक्षा पर कमेटी बनाई गयी। इसी वर्ष शारीरिक शिक्षा की एक कमेटी ने समीक्षा की। 1960 में छात्र-अनुशासन संबंधी विषयों पर एक समिति ने विचार किया। 1961 में भावात्मक एकता कमेटी का गठन हुआ। इसी प्रकार विभिन्न शिक्षा से संबंधित विषयों पर अन्य कई कमेटियाँ गठित की गईं। परन्तु शिक्षा के सभी पक्षों की समीक्षा करने के लिए किसी कमेटी की नियुक्ति नहीं की गई थी। ऐसा अनुभव किया गया कि सम्पूर्ण शिक्षा के सभी स्तरों तथा पक्षों की समीक्षा के बिना वांछित सुधार नहीं किए जा सकते। इसी विचार को ध्यान में रखते हुए भारत सरकार ने 14 जुलाई 1964 को पारित प्रस्ताव के अनुसार एक आयोग के गठन की घोषणा की।

आयोग की जाँच के विषय
(Terms of Reference of the Commission)

"यह आयोग सरकार को शिक्षा संबंधी नीतियों, शिक्षा के राष्ट्रीय प्रतिमान (Pattern) एंव शिक्षा के हर क्षेत्र में विकास की सम्भावनाओं पर विचार करने एवं अपनी सलाह सरकार को देने के लिए गठित किया गया है।"

आयोग के सदस्य –17 सदस्यों का आयोग गठित किया गया। प्रो. दौलत सिंह कोठारी जो कि विश्वविद्यालय अनुदान आयोग के अध्यक्ष थे, इस आयोग के भी अध्यक्ष बनाए गए। श्री जे.पी. नायक जो कि शिक्षा नियोजन, गोखले इन्स्टीट्यूट, पूना के अध्यक्ष थे, शिक्षा आयोग के सदस्य सचिव थे। एक-एक सदस्य अमेरिका, इंग्लैण्ड, फ्रांस तथा रूस से लिया गया। भारतीय शिक्षा आयोग 1964-66 को इसके अध्यक्ष के नाम पर कोठारी आयोग भी कहा जाता है।

आयोग की रिपोर्ट – दो वर्ष के पश्चात् आयोग ने अपनी रिपोर्ट दी। आयोग की रिपोर्ट का शीर्षक है–'*Education and National Development*' (शिक्षा और राष्ट्रीय विकास)।

कोठारी शिक्षा आयोग की महत्त्वपूर्ण संस्तुतियाँ
(Significant Recommendations of the Education Commission)

1. **भारत के भाग्य का निर्माण शिक्षा द्वारा**–आयोग ने राष्ट्रीय निर्माण में शिक्षा के महत्त्व पर इस प्रकार प्रकाश डाला। "इस समय भारत के भाग्य का निर्माण उसके अध्ययन-कक्षों में किया जा रहा है। विज्ञान और प्रौद्योगिकी पर आधारित आज के संसार में शिक्षा ही व्यक्तियों की सम्पन्नता, समृद्धि और सुरक्षा के स्तर को निर्धारित करती है। राष्ट्रीय पुनर्निमाण के श्रेष्ठ कार्य में हमारी सफलता–हमारे स्कूलों और कॉलेजों से निकलने वाले छात्रों के गुणों और संख्या पर निर्भर है।"

2. **शिक्षा और राष्ट्रीय विकास**–जो शिक्षा वैज्ञानिक, औद्योगिक और सांस्कृतिक पृष्ठभूमि की मान्यताओं पर आधारित होती है, वह नये आधुनिक समाज के निर्माण में विशेष सहयोगी हो सकती है, और उससे भारतीय संविधान के अनुसार प्राप्त व्यक्तिगत स्वतन्त्रता, समानता और सामाजिक न्याय की प्राप्ति हो सकती है।

3. **शिक्षा तथा राष्ट्रीय उद्देश्य**–शिक्षा में सबसे महत्त्वपूर्ण और आवश्यक सुधार यह है कि इसको सामाजिक आवश्यकताओं और आकांक्षाओं के साथ जोड़ा जाए।

4. **शिक्षा और उत्पादकता**–भारत में कृषि शिक्षा के विकास की प्रमुख आवश्यकता है और इसे राष्ट्रीय समस्या के रूप में स्वीकार किया जाना चाहिए। शिक्षा व्यवस्था में कृषि शिक्षा को महत्त्वपूर्ण स्थान दिया जाना चाहिए। कृषि पोलीटेक्निक्स और विश्वविद्यालयों की देश में आवश्यकता है तथा कृषि क्षेत्र में अनुसंधान कार्य पर भी जोर दिया जाना चाहिए।

5. **शिक्षा और उद्योग**–देश में औद्योगिक शिक्षा का प्रसार अपेक्षित है। इस क्षेत्र में उद्योगों से घनिष्ठ सम्बन्ध रखने से औद्योगिक अनुसंधान और प्राविधिकों के प्रशिक्षण में सहायता मिलेगी।

6. **वैज्ञानिक शिक्षा**–विज्ञान की शिक्षा को शिक्षा के सभी स्तरों पर प्राथमिकता दी जाएगी और उसको टेक्नोलॉजी, कृषि उत्पादन तथा उद्योगों से परस्पर सम्बन्धित रखा जाएगा।

7. **व्यावसायिक शिक्षा**–व्यावसायिक शिक्षा को माध्यमिक स्तर पर विशेषकर प्राथमिकता दी जाएगी। आगामी 20 वर्षों में ऐसी शिक्षा के छात्रों की भर्ती में बढ़ावा दिया जाएगा। 20 प्रतिशत छात्रों को पूर्व माध्यमिक स्तर पर तथा 50 प्रतिशत छात्रों को उच्चतर माध्यमिक स्तर पर व्यावसायिक शिक्षा प्रदान की जाएगी। विश्वविद्यालय स्तर पर 30 प्रतिशत छात्रों को ही व्यावसायिक शिक्षा में प्रवेश मिलेगा।

8. **गुणात्मक शिक्षा के विकास में अध्यापकों की स्थिति तथा शिक्षण में सुधार**–गुणात्मक सुधार ही बिन्दु केन्द्र है और इस क्षेत्र में अध्यापन पेशे का सुधार लाभकारी हो सकता है ताकि इसमें कुशाग्र बुद्धि वाले स्त्री-पुरुष आकर्षित हों। इस कार्यक्रम की तथ्यपूर्ति में अध्यापकों के वेतन में सुधार उनकी उन्नति का खुला क्षेत्र, अनुकूल सेवाएँ, प्रशिक्षण सुविधाओं में बढ़ावा देना तथा सेवा काल में शैक्षिक योग्यता बढ़ाने का खुला अवसर देना है।

9. **सर्वोत्तम शिक्षा संस्थाओं की श्रृंखला (Streak of Excellence Institutions)**–इस उद्देश्य की पूर्ति के लिए दस वर्ष में दस प्रतिशत विद्यालयों को सर्वोत्तम दक्षता के स्तर पर ले जाया जाए, ताकि दक्षता में अन्य विद्यालयों के लिए पुनः आदर्श प्रस्तुत हो सकें। प्रारम्भिक विद्यालयों के 10 प्रतिशत विद्यालयों को सर्वोत्तम दक्षता का रूप दिया जाए। माध्यमिक स्तर पर एक विकास खण्ड में एक विद्यालय हो। उच्चतम शिक्षा क्षेत्र में जिले में एक आदर्श महाविद्यालय (डिग्री कॉलेज) हो और कम से कम 6 विश्वविद्यालयों को विस्तृत किया जाए। इसके अतिरिक्त प्रयोगात्मक स्कूल और स्वतन्त्र (Autonomous) कॉलेजों के खोलने की भी सुविधा रहे। जो परीक्षा की दृष्टि से किसी बाहरी संस्था के दबाव में न हों। उनमें प्रवेश योग्यता के आधार पर हो।

10. **सभी प्राप्त सुविधाओं से पूर्ण उपयोगिता**–इस क्षेत्र में विद्यालयों में पढ़ाई के दिन बढ़ाए जाएँ। दिन में कार्याविधि में वृद्धि हो। शैक्षिक कार्यक्रमों का नियोजन उन्नत किया जाए। कार्य में समर्पण तथा निरन्तार कठिन कार्य करने की क्षमता उत्पन्न की जाए। यह सभी शैक्षिक संस्थाओं में किया जाए। स्कूल पाठ्यक्रम में 1 साल की अवधि बढ़ा दी जाए। यह कार्यक्रम 10-15 साल की अवधि तक पूरा किया जाए।

11. **अध्यापकों का विकास**–यह अध्यापिकाओं के सेवाकाल में ही किया जाए। मुख्य साधन हैं–अध्यापन की सहायक सामग्री के निर्माण का विकास, निरीक्षण पद्धति में सुधार तथा अध्यापन की नई पद्धतियाँ विकसित की जाएँ।

12. **मापन के अच्छे उपाय**–मापन के प्रमुख तरीके ये हैं–आन्तरिक अंकन में सुधार तथा बाह्य परीक्षा में सुधार, माध्यमिक शिक्षा स्तर की परीक्षा कार्यक्रम में सुधार, राष्ट्रीय स्तर पर विश्वविद्यालय परीक्षा आयोग।

13. **विद्यालय संकुलन का निर्माण**–स्कूल संकुलन पद्धति का प्रयोग वहाँ होगा जहाँ एक हाई स्कूल दूसरे उच्च माध्यमिक विद्यालयों तथा निकटवर्ती प्राथमिक विद्यालयों के सहयोग से कार्य करें।

14. **स्थानीय समुदायों का विद्यालयों से सम्बन्ध**–विद्यालयों का स्थानीय समुदायों से घनिष्ठ सम्बन्ध अपेक्षित है और उसमें आवश्यक निधि की योजना हो जो विशिष्ट

कार्यक्रमों में खर्च की जाए, ताकि स्थानीय परिस्थितियों के अनुसार उससे विशेष लाभ हो। अस्त:, यह व्यवस्था परमावश्यक है।

15. **मानव संसाधन का मूल्यांकन**–प्राइमरी से ऊपर की सभी शिक्षा का मानव संसाधन शक्ति के आधार पर प्रसार हो और रोजगार की सुविधा भी हो।

16. **बड़ी संस्थाओं का निर्माण**–ऐसी बड़ी संस्थाओं का निर्माण किया जाये जो आर्थिक दृष्टि से पूर्ण हों।

17. **आंशिक शिक्षा का आयोजन**–आंशिक शिक्षा एवं स्वयं शिक्षा का प्रसार सभी स्तरों पर तथा क्षेत्रों में विस्तृत किया जाए।

18. **बुद्धि की पहचान**–सभी स्तरों पर बुद्धि की पहचान एवं विकास के लिए विशेष प्रयत्न किए जाएँ विशेषकर माध्यमिक स्तर पर।

19. **चुनाव के आधार पर छात्रों के प्रवेश**–माध्यमिक तथा उच्च स्तर के छात्रों का प्रवेश विद्यालय में प्राप्त सुविधाओं के आधार पर किया जाए ताकि उनका न्यायपूर्ण स्तर कायम किया जा सके। यह सभी स्तरों पर किया जाए। सभी विद्यालय अपने लिए अच्छे छात्रों का चुनाव प्रार्थियों की सूची में से करेंगे।

21. **सामान्य स्कूल पद्धति**–सारे देश में एक समान स्कूल पद्धति हो। पब्लिक स्कूल धीरे-धीरे बन्द किए जाएँ तथा सामान्य स्कूलों का स्तर ऊँचा उठाया जाए।

22. **शैक्षिक अवसरों की शैक्षिक समानताएँ**–इस संबंध में आयोग ने शैक्षिक अवसरों की समानता के लिए निम्नलिखित सुझाव दिए:

(i) नि:शुल्क शिक्षा दी जाए।
(ii) छात्रवृत्तियाँ प्रदान की जाएं।
(iii) स्कूलों में बुक बैंक स्थापित किए जाएँ।
(iv) छात्रों के लिए स्कूल आने जाने की अधिक से अधिक सुविधाएँ दी जाएँ।
(v) निर्धन छात्रों को नि:शुल्क वर्दी दी जाए।

22. **दस वर्ष की सामान्य शिक्षा**–शिक्षा में विशिष्टीकरण कक्षा 11 में किया जाए, न कि कक्षा 9 में। कक्षा 10 तक सभी छात्र एक जैसे विषय पढ़ें।

23. **शिक्षा संरचना**–स्कूली शिक्षा 12 वर्ष की हो तथा विश्वविद्यालय शिक्षा तीन वर्ष की। ऐसा करने से शिक्षा का स्तर बढ़ेगा।

24. **सुविधाओं का उपयोग**–पुस्तकालयों, प्रयोगशालाओं तथा कार्यशालाओं का अधिक से अधिक उपयोग किया जाए।

25. **पढ़ाई के घण्टे**–स्कूल में परीक्षा आदि का समय निकाल कर कम से कम 1,000 घण्टे की पढ़ाई की जाए। कमजोर छात्रों के लिए और समय दिया जाए।

26. **कार्यानुभव**–व्यावसायिकता के गुणों का विकास करने के लिए कार्यानुभव को सामान्य शिक्षा के अभिन्न तत्त्व के रूप में स्थान दिया जाए।

27. **निरक्षरता को दूर करना**–शीघ्र से शीघ्र देश में निरक्षरता को समाप्त किया जाए क्योंकि यह तत्त्व देश तथा व्यक्ति की उन्नति में बहुत बाधक हैं।

28. **शिक्षकों की गुणवत्ता को सुधारना तथा अच्छे वेतनमान**–आयोग ने इन दोनों तत्त्वों पर विशेष बल दिया।

29. **जनशक्ति नियोजन**–विभिन्न स्तरों पर शिक्षा सुविधाएँ इस प्रकार की प्रदान की जाएँ जिस प्रकार की जनशक्ति की देश के आर्थिक विकास में सहायक हो।

30. **भारतीय शिक्षा सेवा की स्थापना**–राष्ट्रीय स्तर पर शिक्षा का स्तर ऊँचा उठाने के लिए भारतीय शिक्षा सेवा (Indian Education Service) का गठन किया जाए।

31. **शिक्षा पर व्यय**–20 वर्ष की अवधि में अर्थात् 1986 तक शिक्षा पर व्यय कुल आय का 6 प्रतिशत किया जाए।

शिक्षा पुनर्गठन का आठ-सूत्री कार्यक्रम – (i) प्रारम्भिक शिक्षा क्षेत्र में चतुर्मुखी विकास करना।

(ii) सामान्य शिक्षा क्षेत्र में श्रम की महत्ता का अनुभव करना।

(iii) माध्यमिक शिक्षा को व्यावसायिक बनाना।

(iv) प्रारम्भिक विद्यालय से लेकर विश्वविद्यालय स्तर तक के अध्यापकों की योग्यता तथा सामान्य स्तर बढ़ाना।

(v) निरक्षरता को समाप्त करना।

(vi) विशिष्ट शिक्षा संस्थाओं को बढ़ावा देना तथा कतिपय विश्वविद्यालयों का स्तर विश्वव्यापी बनाना।

(vii) अध्यापन और अनुसंधान के संयोग पर विशेष ध्यान देना।

(viii) कृषि विज्ञान की शिक्षा तथा अनुसंधान पर अधिक ध्यान देना।

आयोग की सिफारिशों का सामान्य मूल्यांकन
(General Evaluation of Commissions Recommendations)

आयोग की सिफारिशों के प्रशंसक 1. "एक अद्वितीय (Unique) रिपोर्ट"–श्री एम.सी. छागला, भू.पू. केन्द्रीय शिक्षा मन्त्री। जून 3, 1966 (लगभग सभी समाचार पत्रों में प्रकाशित)।

2. "उचित तथा साहसपूर्ण"–जुलाई 1, 1966 के 'इण्डियन एक्सप्रेस' समाचार पत्र में।
3. "देश-व्यापी शिक्षा-प्रणाली का" (विस्तृत) आलोचनात्मक तथा रचनामक अवलोकन–1 जुलाई, 1966 के 'हिन्दुस्तान टाइम्स' समाचार पत्र में।
4. "एक अच्छा दस्तावेज" (Document)–14 जुलाई, 1966 के 'हिन्दुस्तान टाइम्स' में–श्री चञ्चल सरकार।
5. "साहसपूर्ण, स्पष्ट तथा वास्तविक"–12 जुलाई, 1966 को कलकत्ता से 'हिन्दुस्तान स्टैण्डर्ड सं. प. में अभिलेख।
6. "एक ऐतिहासिक दस्तावेज"–जुलाई, 1966 के मसौलीपटम से प्रकाशित मासिक पत्र 'दि एजूकेशनल इण्डिया' में।
7. "निश्चय ही एक शास्त्रीय दस्तावेज" (Classical Document)–पूना से प्रकाशित जुलाई, 1966 के 'दि प्रोग्रेस ऑफ एजूकेशन' नामक मासिक पत्र में।
8. "क्रान्तिकारी सिफारिशें"–चण्डीगढ़ से प्रकाशित जुलाई 7, 1966 की साप्ताहिक पत्रिका 'आवाजे उस्ताद' में।

9. "शिक्षा में एक क्रान्ति"–दिल्ली से प्रकाशित 7 जुलाई, 1966 की साप्ताहिक पत्रिका 'नेशनल सोलिडेरिटी' में।
10. "शिक्षा-शास्त्री तथा शिक्षक वर्ग द्वारा सिफारिशों का स्वागत है।"–1 जुलाई, के 1966 की 'हिन्दू' पत्रिका में।
11. "विज्ञान के शिक्षक द्वारा आयोग की रिपोर्ट का स्वागत है"–11 जुलाई, 1966 'इण्डियन नेशन' में।
12. "शिक्षक शिक्षायोग की रिपोर्ट का स्वागत"–13 जुलाई, 1966 के 'पेट्रिऑट' समाचारपत्र में।
13. "मौलिक तथा महत्त्वपूर्ण देन"–डॉ. डी.एस. रेड्डी के विचार, 17 जुलाई, 1966 के 'दक्खिन क्रॉनिकल' पत्रिका में।
14. "शिक्षा की रिपोर्ट का स्वागत"–2 जुलाई, 1966 के 'स्टेट्समैन' पत्र में श्री एस.एल. चोपड़ा के विचार।
15. "क्रान्तिकारी सुझाव"–'नवभारत टाइम्स' जुलाई 1, 1966।

आयोग की संस्तुतियों के आलोचक – 1. "बेसिक शिक्षा का मरण-पत्र" (Death Certificate of Basic Education)–जी.एन. आचार्य, 6 जून, 1966 के ब्लिट्ज में।

2. "अस्पष्ट सुधार"–अमृत बाजार पत्रिका, 13 जून, 1966।
3. "एक जमघट"–एम.एन. आचार्य, 6 जून, 1966।
4. "सुझावों की कार्यान्विति असम्भव"–डॉ. वी.के. राव।
5. संस्कृत की अवहेलना–प्रकाशवीर शास्त्री, 1 जुलाई, 1966 'नवभारत टाइम्स'।

शिक्षा आयोग की रिपोर्ट के मुख्य गुण – 1. स्वतन्त्र भारत में यह पहला आयोग था जिसने सम्पूर्ण शिक्षा की समीक्षा की।

2. आयोग ने राष्ट्र की समस्याओं के सन्दर्भ में शैक्षिक उद्देश्यों की व्याख्या की है।
3. आयोग ने तत्कालीन भारतीय शिक्षा प्रणाली की समीक्षा वस्तुनिष्ठ रीति से की है।
4. आयोग ने शिक्षा को जीवन से जोड़ने का प्रयास किया है।
5. शैक्षिक स्तर में सुधार के लिए आयोग ने अनेक व्यावहारिक सुधारों की संस्तुति की है।
6. अध्यापकों की दशा सुधारने के लिए वेतनमान एवं उनकी सेवा-शर्तों में सुधार की संस्तुति की है।
7. विज्ञान की शिक्षा तथा अनुसंधान पर बल दिया है।
8. तकनीकी शिक्षा एवं कृषि-शिक्षा में सुधार एवं विकास की सिफारिश की है।
9. छात्र-समस्याओं के समाधान के लिए व्यावहारिक सुझाव दिए हैं।
10. स्त्री-शिक्षा तथा विकलांगों के लिए शिक्षा एवं अन्य विशिष्ट शिक्षा की ओर ध्यान आकृष्ट किया।
11. प्रौढ़ शिक्षा के सम्बन्ध में राष्ट्रीय आवश्यकताओं के आधार पर सिफारिश की है।
12. आयोग ने राष्ट्रीय आय का 6 प्रतिशत शिक्षा पर खर्च करने की संस्तुति की।

13. आयोग ने राष्ट्रीय शिक्षा सेवा स्थापित की संस्तुति दी जो कि शिक्षा नियोजन तथा प्रशासन में बहुत महत्त्वपूर्ण स्थान रखती है।

आयोग की रिपोर्ट में कमियाँ – उपर्युक्त गुणों के अतिरिक्त दोषों को भी देखना आवश्यक है–

1. अंग्रेजी को अनिवार्य बनाने की संस्तुति करना।
2. संस्कृत एवं अन्य प्राचीन भाषाओं की एक प्रकार से अवहेलना करना।
3. उच्च शिक्षा में मुख्य विश्वविद्यालयों की स्थापना का सुझाव जो ईर्ष्या, भेदभाव एवं अस्वस्थ प्रवृत्तियों का जनक दे सकता है।
4. राज्य तथा केन्द्रीय स्तर पर अनेक प्रकार की शैक्षिक संस्थाओं की स्थापना की सिफारिश शिक्षा क्षेत्र में भ्रम उत्पन्न होने की संभावना होना।
5. विज्ञान पर अत्यधिक बल की सिफारिश करना तथा मानविकी की उपेक्षा करना।
6. संस्कृत भाषा की अवहेलना करना।
7. बेसिक शिक्षा को एक प्रकार से समाप्त करना।

उपसंहार – आमतौर पर शिक्षा आयोग 1964-66 की सिफारिशों का देश भर में स्वागत हुआ तथा इससे शिक्षा के क्षेत्र में सुधारों की भरपूर आशा बँधी।

भारतीय शिक्षा के उद्देश्य
(Objectives of Indian Education)

शिक्षा आयोग के अनुसार शिक्षा में जिस सबसे महत्त्वपूर्ण और जरूरी सुधार की आवश्यकता है, वह है उसका स्वरूप बदलने की, उसे लोगों के जीवन, आवश्यकताओं तथा आकांक्षाओं से सम्बन्धित करने की और इस प्रकार उसे राष्ट्रीय लक्ष्यों की प्राप्ति के लिए आवश्यक सामाजिक, आर्थिक और सांस्कृतिक परिवर्तन का एक शक्तिशाली साधन बनाने की। इस प्रयोजन के लिए, शिक्षा का विकास इस तरह होना चाहिए कि उत्पादकता बढ़े, सामाजिक और राष्ट्रीय एकीकरण सम्भव हो सके, आधुनिकीकरण की प्रक्रिया में तेजी आए और सामाजिक, नैतिक तथा आध्यात्मिक मूल्य विकसित हो। आयोग ने भारतीय संदर्भ में शिक्षा के निम्नलिखित उद्देश्य बताए हैं।

I. शिक्षा द्वारा उत्पादिता बढ़ाना।
II. शिक्षा द्वारा सामाजिक और राष्ट्रीय एकीकरण करना।
III. शिक्षा द्वारा भारत का आधुनिकीकरण करना।
IV. शिक्षा द्वारा सामाजिक, नैतिक और आध्यात्मिक मूल्यों का विकास करना।

I. शिक्षा और उत्पादिता – शिक्षा का सम्बन्ध उत्पादिता से जोड़ने के लिए निम्नलिखित कार्यक्रम आवश्यक हैं–

1. ***विज्ञान की शिक्षा***–विज्ञान की शिक्षा स्कूली शिक्षा का एक अभिन्न अंग बन जाना चाहिए और अंत में जाकर यह विश्वविद्यालय स्तार पर सभी पाठ्यक्रमों का एक भाग बन जाए।

2. ***कार्य-अनुभव***–कार्य-अनुभव को सभी प्रकार की शिक्षा के एक अभिन्न अंग के रूप में प्रारम्भ किया जाए। कार्य-अनुभव को शिल्पविज्ञान तथा औद्योगिकरण की ओर उन्मुख करने तथा उत्पादक प्रक्रियाओं, जिनमें कृषि भी शामिल है, में विज्ञान के उपयोग के लिए हर प्रयत्न किया जाना चाहिए।
4. ***व्यवसायीकरण***–माध्यमिक शिक्षा का अधिकाधिक तथा बड़े पैमाने पर व्यवसायीकरण होना चाहिए तथा उच्चतर शिक्षा में कृषि और तकनीकी शिक्षा पर अधिक जोर दिया जाना चाहिए।

II. सामाजिक और राष्ट्रीय एकीकरण – शिक्षा प्रणाली का एक महत्त्वपूर्ण लक्ष्य सामाजिक तथा राष्ट्रीय एकीकरण है। राष्ट्रीय चेतना और एकता को मजबूत बनाने के लिए निम्नलिखित कदम उठाए जाने चाहिए–

1. ***समान स्कूल***–लोक शिक्षा प्रणाली के रूप में समान स्कूल प्रणाली को राष्ट्रीय लक्ष्य के रूप में अपनाया जाना चाहिए और उसे 20 वर्षों की अवधि में क्रमबद्ध कार्यक्रम के रूप में प्रभावपूर्ण ढंग से अमल में लाया जाना चाहिए।
2. ***सामाजिक और राष्ट्रीय सेवा***–सामाजिक और राष्ट्रीय सेवा सभी स्तरों पर सभी विद्यार्थियों के लिए अनिवार्य बना दी जानी चाहिए। स्कूलों और कॉलेजों में अध्ययन-विषयों के साथ इन कार्यक्रमों का आयोजन किया जाना चाहिए।

III. शिक्षा और आधुनिकीकरण – आयोग ने इस संबंध में इस प्रकार सुझाव दिए–

1. आधुनिक समाज में, ज्ञान की वृद्धि बड़ी तेजी से होती है और सामाजिक परिवर्तन भी बहुत जल्दी होता है। इस कारण शिक्षा-प्रणाली में क्रान्तिकारी परिवर्तन की आवश्यकता पड़ती है। शिक्षा को अब केवल ज्ञान प्रदान करने या किसी तैयार वस्तु का उत्पादन करने से ही नहीं सीमित रखना चाहिए किन्तु जिज्ञासा उत्पन्न करने, उचित रुचियों, प्रवृत्तियों तथा मूल्यों के विकास तथा स्वतन्त्र अध्ययन और स्वयं विचार और निर्माण करने की क्षमता विकसित करने से मुख्यतः सम्बन्धित माना जाता है। इसके लिए अध्ययन के तरीके तथा शिक्षकों के प्रशिक्षण में भी क्रान्तिकारी परिवर्तन आवश्यक चाहिए।
2. अपने को आधुनिक बनाने के लिए, किसी भी समाज को अपने आपको शिक्षित बनाना होता है। औसत नागरिक का शैक्षिक स्तर ऊँचा उठाने के अतिरिक्त, शिक्षा को समुचित आकार और क्षमता वाला ऐसा बुद्धिजीवी वर्ग उत्पन्न करने का प्रयत्न करना चाहिए जिसकी निष्ठा तथा आकांक्षाओं की जड़ें भारतीय भूमि में हों।

IV. सामाजिक, नैतिक और आध्यात्मिक मूल्य –शिक्षा प्रणाली को मूलभूत सामाजिक, नैतिक और आध्यात्मिक मूल्यों के विकास पर जोर देना चाहिए। इस दृष्टि से–

1. केन्द्रीय तथा राज्य सरकारों को अपने (या स्थानीय प्राधिकार के) नियंत्रण की सभी शिक्षा संस्थाओं में नैतिक, सामाजिक और आध्यात्मिक मूल्यों की शिक्षा विश्वविद्यालय शिक्षा आयोग तथा धार्मिक और नैतिक शिक्षण समिति की सिफारिशों के अनुसार प्रारम्भ करना चाहिए।
2. गैर-सरकारी प्रबंध की शिक्षा संस्थाओं से भी यह आशा की जाए कि वे भी ऐसा ही करेंगी।
3. इस प्रकार के मूल्यों की शिक्षा को स्कूल कार्यक्रमों का सामान्यत: अभिन्न अंग बनाने के अतिरिक्त, इस प्रयोजन के लिए टाइम-टेबल में कुछ घण्टे अलग रखे जाने चाहिए। ये घण्टे विशेष रूप से भर्ती किए गए शिक्षकों द्वारा नहीं, अपितु इस प्रयोजन के लिए उपयुक्त समझे गए सामान्य शिक्षकों द्वारा लिए जाएं और यदि वे विभिन्न समुदायों के हों, तो अधिक अच्छा होगा। शिक्षकों के प्रशिक्षण में लक्ष्य इस प्रकार के शिक्षकों को तैयार करना भी होना चाहिए।
4. तुलनात्मक धर्मों सम्बन्धी विश्वविद्यालयों के विभागों का यह खोज करना विशेष कार्य होना चाहिए कि किन तरीकों से इन मूल्यों की शिक्षा बुद्धिमत्तापूर्वक एवं प्रभावशाली ढंग से धारण कर सकें।

समीक्षा – कोठारी आयोग ने भारत की वास्तविक स्थिति का आर्थिक, सामाजिक, जनतान्त्रिक तथा सांस्कृतिक परिवेश में अध्ययन किया तथा शिक्षा के योगदान पर उचित प्रकाश डाला। लक्ष्यों की प्राप्ति के उचित सुझाव दिए।

शिक्षा की संरचना तथा अवधि
(Structure and Duration of Education)

शिक्षा आयोग ने शिक्षा की संरचना तथा अवधि निम्न चार बातों को ध्यान में रख कर प्रस्तावित की–

1. शिक्षा प्रणाली के ढाँचे का विभिन्न स्तर में विभाजन तथा उनका पारस्परिक संबंध।
2. विभिन्न स्तरों की कुल अवधि।
3. काम करने वालों की योग्यता तथा गुण जैसे शिक्षक, पाठ्यक्रम, शिक्षण विधियाँ, मूल्यांकन, इमारतें आदि।
4. उपलब्ध सुविधाओं का उपयोग।

प्रस्तावित शैक्षिक ढाँचा – 1. 1 से 3 वर्ष की पूर्व-विद्यालय शिक्षा।

2. 4 या 5 वर्ष की निम्न प्राथमिक शिक्षा।
3. 3 या 2 वर्ष की उच्च प्राथमिक शिक्षा।
4. 3 या 2 वर्ष की निम्न माध्यमिक शिक्षा।
5. 2 वर्ष की उच्चतर माध्यमिक शिक्षा।
6. 3 वर्ष का प्रथम डिग्री कोर्स।
7. 2 या 3 वर्ष का द्वितीय डिग्री कोर्स।
8. 2 या 3 वर्ष का स्नातकोत्तर कोर्स।

प्रस्तावित तथा विद्यमान संरचना में अन्तर

प्रस्तावित रूप	तत्कालीन विद्यमान रूप
1. पूर्व प्राथमिक	1. पूर्व प्राथमिक, 2. पूर्व बुनियादी, 3. किंडर गार्टन, 4. मान्टेसरी आदि।
2. प्राथमिक (कक्षा I से VII या VIII तक) (i) निम्न प्राथमिक कक्षा I-IV या कक्षा II-V	1. प्राइमरी (कुछ राज्यों में)–पंजाब 2. लोअर प्राइमरी कुछ राज्यों में–गुजरात आदि 3. जूनियर बेसिक 4. लोअर एलीमेंट्री कुछ राज्यों में–जैसे मद्रास
(ii) उच्च प्राइमरी कक्षा V से VII या कक्षा VI से VIII	1. मिडिल (कुछ राज्यों–पंजाब आदि में) 2. जूनियर हाई स्कूल (उत्तर प्रदेश) 3. अपर प्राइमरी स्कूल (गुजरात) 4. सीनियर बेसिक स्कूल 5. हायर एलीमेंट्री स्कूल (मद्रास)
3. सेकेण्डरी कक्षा VIII से XII या IX से XII	1. हाई स्कूल, 2. हायर सेकेन्डरी स्कूल
(a) निम्न माध्यमिक शिक्षा कक्षा VIII-X या कक्षा IX-X	1. हाई स्कूल
(b) उच्चतर माध्यमिक शिक्षा कक्षा XI-XII	1. XI or PUC, 2. जूनियर कॉलेज (केरल), 3. इण्टरमीडिएट कॉलेज–उत्तर प्रदेश, बम्बई, 4. प्री प्रोफेशनल, प्री मैडिकल, प्री इंजीनियरिंग।

प्रस्तावित रूप	तत्कालीन विद्यमान रूप
4. उच्च शिक्षा 1. प्रोफेशनल डिग्री 2. सामान्य डिग्री 3. अन्डर ग्रेजुएट 4. पोस्ट ग्रेजुएट	एम.ए., एम.एस.सी, एम.कॉम., एम.एड., बी.ई., एम.बी.बी.एस., बी.एड., बी.टी., एल.एल.बी., बी.ए., बी.एस.सी., बी.कॉम. आदि। इनमें प्रोफेशनल डिग्री नहीं है। ये सभी पाठ्यक्रम जो पहली डिग्री दिलाते हैं। पहली डिग्री के बाद के सभी कोर्स जैसे एम.ए., एल-एल. बी., बी.एड. आदि।
5. सामानय 1. फर्स्ट लेविल एजुकेशन 2. सेकेण्ड लेविल एजुकेशन 3. थर्ड लेविल एजुकेशन	1. इसमें प्री स्कूल तथा प्री प्राइमरी स्कूल सम्मिलित है। 2. हाई स्कूल तथा हायर सेकेण्डरी स्कूल 3. अन्डर ग्रेजुएट तथा पोस्ट ग्रेजुएट

संरचना संबंधी अन्य संस्तुतियाँ – 1. कक्षा 1 में प्रवेश की आयु सामान्यतः 6 वर्ष से कम न रखी जाए।

2. प्रथम सार्वजनिक बाह्य परीक्षा 10 वर्ष की विद्यालय-शिक्षा के बाद ली जाए।
3. 9वीं कक्षा से पृथक् विद्यालयों की स्थापना करने की प्रचलित विधि को समाप्त किया जाए।
4. 10वीं कक्षा तक किसी विषय में विशिष्टीकरण की आज्ञा न दी जाए।
5. माध्यमिक स्कूल केवल दो प्रकार के रखे जाएँ–
   (i) हाई-स्कूल–जिनमें शिक्षा की अवधि 10 वर्ष की हो; और
   (ii) हायर सेकेण्डरी स्कूल–जिनमें शिक्षा की अवधि 11 या 12 वर्ष की हो।
6. प्रत्येक सेकेण्डरी स्कूल को हायर सेकेण्डरी स्कूल बनाने का प्रयास न किया जाए। केवल बड़े और अच्छे स्कूलों को ही हायर सेकेण्डरी बनाया जाए, पर इनकी संख्या ऐसे कुल स्कूलों की 1/4 से अधिक न हो।
7. जो विद्यालय हायर सेकेण्डरी कहलाने के अधिकारी नहीं हैं, उनको हाई-स्कूल बना दिया जाए।
8. कक्षा 11 से प्रारम्भ होने वाले नये हायर सेकेण्डरी स्कूलों की स्थापना की जाए। इनमें कक्षा 11 और 12 में विभिन्न विषयों की विशिष्ट शिक्षा दी जाए।
9. उच्चतर माध्यमिक शिक्षा के बाद प्रथम डिग्री कोर्स की अवधि 3 वर्ष रखी जाए।
10. द्वितीय डिग्री कोर्स की अवधि 2 या 3 वर्ष की जाए।
11. द्वितीय डिग्री कोर्स के पश्चात् 2 या 3 वर्ष का स्नातकोत्तर कोर्स।

समीक्षा – आयोग द्वारा प्रस्तावित विभिन्न स्तरों की अवधि बहुत लचीली थी। 'या' शब्द का प्रयोग संकेत देता है कि आयोग की नीति ठोस नहीं थी।

आयोग ने सामान्य शिक्षा की अवधि 10 वर्ष की रखी। जो आज भी है। इस संस्तुति के आधार पर 1975 में वर्तमान शिक्षा प्रणाली का सूत्रपात हुआ।

आयोग ने सभी राज्यों में समान शिक्षा-संरचना पर उचित बल नहीं दिया। परिणामस्वरूप भारत में अनेक वर्षों तक विभिन्न स्कूल संरचनाएँ रहीं।

स्कूली शिक्षा का पाठ्यक्रम
(Curriculum of School Education)

प्रचलित कार्यक्रम में दोष – कोठारी शिक्षा आयोग ने शिक्षा को सम्पूर्ण पाठ्यक्रम का पुनः अवलोकन किया और अनुभव किया कि स्कूल पाठ्यक्रम में जड़ता आ गई जिसके निम्नलिखित कारण हैं–

1. शिक्षा एक तिहरी प्रक्रिया है जो ज्ञान देती है, योग्यता का विकास करती है और उचित रुचि, अभिवृत्ति और मूल्य संबंधी भावना जागृत करती है। अधिकतर हमारे स्कूल और कॉलेज भी इस प्रक्रिया के पहले भाग से अर्थात् ज्ञान देने से ही अपने को सम्बन्धित रखते हैं और यह कार्य भी संतोषजनक रीति से नहीं करते। पाठ्यचर्या में किताबी ज्ञान और रटने पर अधिक बल दिया जाता है।
2. कार्यकलापों तथा कार्य-अनुभवों की पर्याप्त व्यवस्था नहीं की जाती है।
3. बाह्य व आन्तरिक परीक्षाओं को महत्त्व दिया जाता है।

4. छात्रों उपयोगी कौशलों के विकास और उचित रुचियों, अभिवृत्तियों और मूल्यों की भावना जगाने पर पर्याप्त बल नहीं दिया जाता है।
5. पाठ्यचर्या ने केवल आधुनिक ज्ञान से दूर है, अपितु लोगों के जीवन से भी उसका सम्बन्ध कट गया है। इसलिए इस बात की अत्यन्त आवश्यकता है कि स्कूल पाठ्यचर्या का स्तर ऊँचा उठाया जाए और उसमें आवश्यक सुधार किया जाए।
6. पाठ्यचर्या बनाने में ध्यानपूर्वक कोई अनुसंधान नहीं किया गया है। ये विशेष अनुसंधान पर पर्याप्त रूप से आधारित नहीं हैं।
7. पाठ्यचर्या का निर्माण राज्य-स्तर पर किया जाता है और उसे राज्य के सभी स्कूलों के लिए समान रूप से निर्धारित कर दिया जाता है। इस तरीके को अपनाने से मुख्याध्यापकों और अध्यापकों की स्वतन्त्रता मारी जाती है और प्रायोगिक कार्य बिल्कुल असंभव हो जाता है।
8. पाठ्यचर्या में संशोधन करना कठिन हो जाता है और वह संशोधन भी लम्बे अर्से के बाद ही हो पाता है।

प्रस्तावित पाठ्यक्रम – आयोग ने निम्नलिखित सुझाव दिए–

1. ***दस वर्षों के लिए सामान्य पाठ्यक्रम***–सामान्य तथा गैर-व्यावसायिक स्कूलों में स्कूल शिक्षा के पहले दस वर्षों के लिए सामान्य शिक्षा की समान पाठ्यचर्या की व्यवस्था करनी चाहिए, और विषयों का विविधीकरण और विशेषीकरण उच्चतर माध्यमिक अवस्था में ही शुरू करना चाहिए।

प्रत्येक उप-अवस्था पर उपलब्धि का स्तर स्पष्ट शब्दों में सूचित किया जाना चाहिए।

2. ***सरल तथा गहन पाठ्यक्रम***–पाठ्यचर्या को सरल रखना चाहिए, इसके लिए अवर प्राथमिक अवस्था में नियमित विषयों का भार कम किया जाए और भाषा, प्रारम्भिक गणित और पर्यावरण विषयक अध्ययनों पर बल दिया जाए। प्रारम्भिक पठन से सम्बन्धित समस्याओं के अध्ययन और अवर प्राथमिक अवस्था पर पठन शिक्षण को सुधारने के जोरदार कार्यक्रम पर अधिक बल दिया जाना चाहिए।

उच्चतर प्राथमिक अवस्था पर पाठ्यचर्या अधिक व्यापक और गहन हो, शिक्षण-पद्धतियाँ अधिक प्रणालीबद्ध हों और ज्ञान का स्तर अधिक निश्चित हो।

अवर माध्यमिक अवस्था में विषयों के अध्ययन में अधिक कठिनाई और गहराई आए।

3. ***उच्चतर माध्यमिक अवस्था में किन्हीं तीन विषयों पर गहरा अध्ययन***–उच्चतर माध्यमिक अवस्था में पाठ्यक्रमों में इस प्रकार की विविधता लाई जाए कि छात्र किन्हीं तीन विषयों के समूह का गहरा अध्ययन कर सके और विषयों के समूह बनाने में उसे काफी स्वतन्त्रता और ढील रहे। किशोरों के समस्त व्यक्तित्व के संतुलित विकास के लिए पाठ्यचर्या में इस अवस्था पर, आधा समय चुने जाने वाले विषयों के लिए दिया जाना चाहिए, एक-चौथाई समय भाषा के लिए और बचा हुआ एक-चौथाई शारीरिक शिक्षा, कला और हस्तकला और नैतिक तथा आध्यात्मिक शिक्षा के लिए।

4. ***प्रतिभाशाली छात्रों के लिए समृद्धि पाठ्यक्रम***–उच्चतर प्राथमिक अवस्था पर प्रतिभाशाली छात्रों के लिए समृद्धि कार्यक्रम की व्यवस्था करनी चाहिए। यह एक अतिरिक्त भाषा या एक ही विषय में अधिक गहराई के रूप में हो सकती है।

5. ***साधारण तथा उच्च पाठ्यक्रम***–जहाँ संभव हो, पाठ्यक्रम के दो स्तर हों, साधारणतया उच्च यह प्रक्रिया कक्षा नौ से प्रारम्भ की जाए।

उच्चतर माध्यमिक पाठ्यक्रम में विषय-क्षेत्र – 1. कोई सी दो भाषाएँ–इनमें कोई एक आधुनिक भारतीय भाषा, कोई सी आधुनिक विदेशी भाषा और कोई सी प्राचीन भाषा सम्मिलित होगी।

2. निम्नलिखित विषयों में से कोई तीन विषय–

(क) एक अतिरिक्त भाषा।
(ख) इतिहास।
(ग) भूगोल।
(घ) अर्थशास्त्र।
(ङ) तर्कशास्त्र।
(च) मनोविज्ञान।
(छ) समाज विज्ञान।
(ज) कला।
(झ) भौतिकी।
(ञ) रसायन।
(ट) गणित।
(ठ) जीव-विज्ञान।
(ड) भू-विज्ञान।
(ढ) गृह-विज्ञान।

3. कार्य-अनुभव और सामाजिक सेवा।
4. शारीरिक शिक्षा।
5. कला या शिल्प।
6. नैतिक या आध्यात्मिक मूल्यों की शिक्षा।

लोअर स्तर पर पाठ्यक्रम (कक्षाएँ I से IV) – 1. एक भाषा–मातृभाषा या क्षेत्रीय भाषा।

2. गणित।
3. पर्यावरण अध्ययन।
4. कक्षा तीन तथा चार में विज्ञान तथा सामाजिक ज्ञान का अध्ययन।
5. सृजनात्मक क्रियाएँ।
6. कार्य-अनुभव तथा समाज सेवा।
7. स्वास्थ्य शिक्षा।

उच्चतर प्राथमिक स्तर का पाठ्यक्रम (कक्षा 5-7) – 1. **दो *भाषाएँ***–

(i) मातृभाषा या प्रादेशिक भाषा,
(ii) हिन्दी या अंग्रेजी।

2. गणित।
3. विज्ञान।
4. सामाजिक अध्ययन (या इतिहास, भूगोल और नागरिक शास्त्र)।
5. कला (Art)।
6. कार्य-अनुभव और समाज-सेवा।
7. शारीरिक शिक्षा।
8. नैतिक एवं आध्यात्मिक मूल्यों की शिक्षा।

नोट–एक तीसरी भाषा (अंग्रेजी, हिन्दी या प्रादेशिक भाषा) का अध्ययन वैकल्पिक आधार पर किया जा सकता है।

निम्न माध्यमिक स्तर का पाठ्यक्रम (कक्षा 8-10) – 1. तीन भाषाएँ।

2. कोठारी आयोग ने दो प्रकार के पाठ्यक्रमों की संस्तुति की परन्तु इस पर उचित कार्यवाही नहीं की जा सकी।
3. कक्षा दस तक एक समान पाठ्यक्रम का सुझाव बहुत सराहनीय है। इस प्रकार का पाठ्यक्रम आज भी उतना ही सार्थक है।
4. शिक्षा आयोग का कार्य अनुभव का सिद्धान्त बेसिक शिक्षा के उत्पादक-श्रम की भाँति है।
5. आयोग ने गणित तथा विज्ञान पर उचित बल दिया।
6. आयोग ने विषय-चुनाव के दायरे का बहुत विस्तार किया।
7. त्रिभाषा सूत्र वाद-विवाद का विषय बन गया।

त्रि-भाषा सूत्र (Three Language Formula)

त्रि-भाषा सूत्र का अर्थ–त्रिभाषा सूत्र का अर्थ है स्कूल स्तर पर तीन भाषाओं का पढ़ना तथा किस स्तर पर किस भाषा का अध्ययन करना। स्कूल स्तर पर पढ़ायी जाने वाली ये तीन भाषाएँ इस प्रकार हैं।

1. मातृभाषा या क्षेत्रीय भाषा।
2. केन्द्र सरकार की सरकारी तथा सह-सरकारी भाषा (जब तक चले)।
3. एक आधुनिक भारतीय या यूरोपीय भाषा जो (i) तथा (ii) में न आई हो तथा जो शिक्षा के माध्यम के रूप में प्रयोग की जाती हो।
4. विभिन्न स्तरों पर भाषाएँ–
   (i) लोअर प्राइमरी स्तर पर सामान्य रूप से एक भाषा पढ़ाई जाये। वह मातृभाषा या क्षेत्रीय भाषा हो।
   (ii) हायर प्राइमरी स्तर पर दो भाषाएँ पढ़ाई जायें, मातृभाषा या क्षेत्रीय भाषा एवं सरकारी भाषा।
   (iii) लोअर सेकेण्डरी स्तर पर तीन भाषाएँ पढ़ाई जायें
      (i) मातृभाषा या क्षेत्रीय भाषा,
      (ii) सरकारी या सह-सरकारी भाषा,
      (iii) आधुनिक भारतीय भाषा।
   (iv) हायर सेकेण्डरी स्तर पर दो भाषाएँ अनिवार्य होंगी।

भाषा संबंधी अन्य संस्तुतियाँ – 1. आधुनिक साहित्यिक भाषाओं (अंग्रेजी को छोड़कर) का अध्ययन चुने हुए स्कूलों में कराया जाए। अहिन्दी भाषी क्षेत्रों में हिन्दी तथा अंग्रेजी शिक्षा की व्यवस्था की जाए।

2. हिन्दी या अंग्रेजी को सरकारी तथा सह-सरकारी भाषा के रूप में तीन और छः वर्ष तक पढ़ाया जाना चाहिए।
3. उच्च शिक्षा में भाषा का अध्ययन अनिवार्य न हो।

4. राष्ट्रीय स्तर पर हिन्दी के प्रसार तथा प्रचार के प्रयत्न किए जाएँ। लेकिन अनिच्छुक व्यक्तियों पर इसका अध्ययन न थोपा जाए।
5. देवनागरी तथा रोमन लिपि में अच्छा साहित्य प्रकाशित किया जाए।
6. अंग्रेजी की शिक्षा 5वीं कक्षा से पहले आरम्भ न की जाए।
7. शास्त्रीय भाषा (संस्कृत, अरबी, फारसी आदि) को 8वीं कक्षा में विकल्प भाषा के रूप में लागू किया जाए।

व्यावहारिक त्रिभाषा-सूत्र का आधार – स्कूलों के लिए व्यावहारिक त्रिभाषा-सूत्र के निर्माण में निम्नलिखित मार्गदर्शी सिद्धान्तों से सहायता मिल सकती है।

1. हिन्दी संघ की राज-भाषा है, और आशा है कालान्तर में वह देश की जन-भाषा बन जाएगी। अन्ततोगत्वा, भाषा-पाठ्यचर्या में मातृभाषा के बाद इसका ही स्थान होगा।
2. जब तक अंग्रेजी विश्वविद्यालय-स्तर पर शिक्षा का मुख्य माध्यम और केन्द्र तथा अनेक राज्यों में प्रशासन की भाषा बनी रहेगी तब तक उसको ऊँचा स्थान मिलता रहेगा। विश्वविद्यालयों में प्रान्तीय भाषाओं के उच्चतर शिक्षा का माध्यम बन जाने के बाद भी सभी छात्रों के लिए अंग्रेजी का व्यावहारिक ज्ञान बहुत ही उपयोगी होगा और विश्वविद्यालय में प्रवेश पाने वालों के लिए उसमें काफी योग्य होना आवश्यक होगा।
3. स्कूल में किसी भाषा के अध्ययन में कितनी योग्यता प्राप्त की जा सकती है यह बात केवल इस बात पर निर्भर नहीं है कि कोई भाषा कितने वर्षों तक सीखी जाती है, अपितु इस पर भी निर्भर है कि छात्र के सामने क्या अभिप्रेरण है, भाषा किस अवस्था पर सीखी जा रही है, तथा उपलब्ध शिक्षक, उपस्कर और शिक्षण-पद्धतियाँ किस प्रकार की हैं। उचित सुविधाओं के अभाव में लम्बी अवधि तक भाषा पढ़ाने से भी अच्छे परिणाम नहीं निकलते जबकि अनुकूल परिस्थितियों के होने पर कम समय में भी अच्छे परिणाम निकल सकते हैं। यद्यपि बहुत कम आयु में ही बच्चे को दूसरी भाषा सिखाने के पक्ष में तर्क दिए जा सकते हैं, लेकिन हमारे विचार से प्राथमिक स्कूलों में लाखों छात्रों को भाषा की शिक्षा देने के लिए योग्य शिक्षकों की व्यवस्था करना बहुत दुष्कर काम होगा।
4. तीन भाषाओं के अध्ययन को अनिवार्य बनाने के लिए अवर माध्यमिक अवस्था (कक्षा आठ से दस तक) सबसे उपयुक्त प्रतीत होता है, क्योंकि, उस अवस्था पर भाषा की शिक्षा पाने वाले छात्रों की संख्या कम होती है और बेहतर सुविधाओं और शिक्षकों का प्रबन्ध किया जा सकता है। दो नई भाषाओं के शुरू करने में समय का अन्तर रखना भी वांछनीय है ताकि उनमें से एक उच्चतर माध्यमिक अवस्था में शुरू की जाए और दूसरी पहली-अतिरिक्त-भाषा पर कुछ सीमा तक अधिकार पा लेने के बाद, अवर माध्यमिक अवस्था में जबकि पहली अतिरिक्त भाषा पर छात्र का कुछ अधिकार हो गया हो। एक अच्छे स्कूल में, तीसरी भाषा का व्यावहारिक ज्ञान प्राप्त करने के लिए तीन साल तक

का अनिवार्य अध्ययन, शायद काफी होगा; लेकिन ऐच्छिक आधार पर अधिक समय तक भी इसके पढ़ने का प्रबन्ध होना चाहिए।

5. हिन्दी या अंग्रेजी को दूसरी भाषा के रूप में अनिवार्यतः किस अवस्था से शुरू किया जाए और वह कितनी अवधि तक सिखाई जाए, यह स्थानीय अभिप्रेरण और आवश्यकता पर निर्भर करता है, और इसे प्रत्येक राज्य के विवेक पर छोड़ देना चाहिए।
6. किसी भी अवस्था पर चार भाषाओं का अध्ययन अनिवार्य नहीं होना चाहिए, लेकिन स्वेच्छा से चार या और भी अधिक भाषाओं के अध्ययन की सुविधाएँ होनी चाहिए।

समीक्षा – राजनीतिक कारणों से त्रिभाषा सूत्र का सुझाए रूप में कार्यान्वयन न हो सका। अहिन्दी भाषा क्षेत्रों में हिन्दी पर वाद-विवाद चला तथा संस्कृत के समर्थकों ने भी इस का विरोध किया क्योंकि इसके बारे में कोई ठोस नीति नहीं बनायी गयी। हिन्दी भाषा क्षेत्रों में दक्षिण भारत की भाषाएँ सीखने में पर्याप्त रुचि न थी।

व्यावसायिक शिक्षा पर शिक्षा आयोग की संस्तुतियाँ (Recommendations of the Education Commission on Vocational Education)

व्यावसायिक शिक्षा का महत्त्व–शिक्षा आयोग ने व्यावसायिक संबंधी भारत सरकार के 1958 के प्रस्ताव से पूर्ण सहमति जताई। एक राष्ट्र की समृद्धि, औद्योगीकरण द्वारा उसके मानवीय तथा भौतिक साधनों के प्रभावशाली उपयोग पर निर्भर है। औद्योगीकरण के लिए मानवीय तत्त्वों का उपयोग शिक्षा में विज्ञान तथा प्राविधिक कुशलताओं में प्रशिक्षण की माँग कर सकता है। उद्योग द्वारा व्यक्ति की आशाओं को पूर्ण करने के लिए अधिक अवसर मिलते हैं। भारत की विशाल-शक्ति आधुनिक विश्व में केवल तभी लाभप्रद सिद्ध हो सकती है जब उसको प्रशिक्षित एवं शिक्षित बना दिया जाए। इस कारण आयोग ने व्यावसायिक, प्राविधिक और इन्जीनियरिंग शिक्षा पर बल देते हुए उनके संबंध में महत्त्वपूर्ण सुझाव दिए।

व्यावसायिक शिक्षा के लक्ष्य – 1. स्कूल स्तर पर व्यावसायिक पाठ्यक्रम लागू हो।

2. 1986 तक लोअर सेकेण्डरी स्तर पर 20%, हायर सेकेण्डरी स्तर पर 50% छात्र व्यावसायिक प्रशिक्षण प्राप्त करें।
3. कुशल तथा अर्द्धकुशल कारीगरों के प्रशिक्षण की व्यवस्था की जाए। इसके लिए निम्न प्रकार की संस्थाएँ खोली जाएँ।
   (i) आई.टी.आई.,
   (ii) जूनियर टेक्नीकल स्कूल,
   (iii) टेक्नीकल हाई स्कूल
4. कुशल कारीगर कोर्स में दसवीं कक्षा से नीचे के पाठ्यक्रम को पॉलीटेक्नीक में सम्मिलित किया जाए।
5. इन पाठ्यक्रमों में संकीर्णता का त्याग किया जाए।

समीक्षा – आयोग ने व्यावसायिक शिक्षा के महत्त्व को स्वीकार करके इसके विकास के लिए उपयोगी सुझाव दिए। आयोग की इस संस्तुति को कार्यान्वित करने के लिए अनेक प्रयत्न भी किए गए। परन्तु निराशा हुई है। आज भी आयोग द्वारा व्यावसायिक शिक्षा के लक्ष्य पूरे नहीं हो पाए हैं।

कोठारी शिक्षा आयोग तथा अध्यापक
(Kothari Education Commission and Teachers)

अध्यापक शिक्षा के दोष – शिक्षा आयोग 1964-66 ने इस बात पर खेद प्रकट किया है कि स्वातन्त्र्योत्तर काल में अध्यापकों की वृत्तिक शिक्षा अपेक्षाकृत अपेक्षित हो रही है। यद्यपि विश्वविद्यालय आयोग (1949), माध्यमिक शिक्षा आयोग (1953) और माध्यमिक स्कूलों के अध्यापकों और पाठ्यचर्याओं से सम्बन्धित अन्तर्राष्ट्रीय कार्य दल (1954) आदि सभी ने इसके महत्त्व पर जोर दिया है। कई प्रारम्भिक और माध्यमिक विद्यालयों के शिक्षकों की शिक्षा में सुधार के विषय में अनेक सेमिनार भी हुए और अध्ययन दल भी नियुक्त हुए, पर उन सबकी सिफारिशों पर कार्यान्वियन नगण्य रूप में ही किया गया है। शिक्षा आयोग के विचार में अध्यापक शिक्षा में निम्नलिखित दोष हैं–

(i) साधारणत: प्राथमिक और माध्यमिक स्कूलों के अध्यापकों की शिक्षा संस्थाएँ विश्वविद्यालयों के शैक्षिक जीवन की धारा से अलग रही हैं।
(ii) साधारणत: प्राथमिक और माध्यमिक स्कूलों के अध्यापकों की शिक्षा संस्थाएँ स्कूलों की दैनिक समस्याओं से अलग रही हैं।
(iii) थोड़े-से अपवादों को छोड़ दिया जाए तो सामान्यत: शिक्षा संस्थाएँ मध्यम या घटिया कोटि की ही होती हैं।
(iv) योग्य अध्यापक इन संस्थाओं में आने के लिए उत्सुक नहीं होते।
(v) पाठ्यक्रम अधिकतर परम्परागत होते हैं।
(vi) कार्यक्रम अधिकतर परम्परागत हैं।
(vii) कार्यक्रमों में वास्तविकता बहुत कम है।
(viii) कार्यक्रमों में सजीवता नहीं होती है।
(ix) शिक्षण के अभ्यास के लिए नीरस तकनीकें हैं।
(x) शिक्षण के अभ्यास के लिए परम्परागत पद्धतियाँ अपनाई जाती हैं।
(xi) आज की आवश्यकताओं पर बहुत कम ध्यान रखा जाता है।

अध्यापक-प्रशिक्षण सम्बन्धी शिक्षा आयोग की सिफारिशें – इन सिफारिशों को बारह भागों में बाँटा जा सकता है–

(i) प्रशिक्षण संस्थाओं को विश्वविद्यालयों के शैक्षिक जीवन की धारा से जोड़ना।
(ii) शिक्षण संस्थाओं का स्कूलों के साथ घनिष्ठ सम्बन्ध स्थापित करना।
(iii) शिक्षण संस्थाओं का आपसी अलगाव दूर करना।
(iv) शिक्षण संस्थाओं का आपसी अलगाव दूर करना।
(v) प्रशिक्षण कार्यक्रमों और प्रशिक्षण संस्थाओं में गुणात्मक सुधार लाना।
(vi) प्रशिक्षण सुविधाओं का विस्तार करना।

(vii) अध्यापकों की शिक्षा के स्तर को बनाए रखने के लिए केन्द्र और राज्य सरकारों द्वारा उपयुक्त अभिकरणों का निर्माण करना।
(viii) सभी अध्यापकों के सतत वृत्तिक शिक्षण की समुचित व्यवस्था करना।
(ix) प्रशिक्षण केन्द्रों के मानदण्ड तथा उनमें संशोधन करना।
(x) स्वतन्त्र वातावरण की व्यवस्था करना।
(xi) शोध कार्यों की पर्याप्त व्यवस्था करना।
(xii) व्यर्थता की समस्या का उचित समाधान करना।
(xiii) प्रवेश के लिए उचित नीति का निर्माण करना।

प्रशिक्षण की अवधि (Period of Training) — आयोग के विभिन्न प्रशिक्षण-स्तरों की अवधि के विषय में अधोलिखित विचार दिए हैं–

1. प्राथमिक स्कूलों के उन अध्यापकों के लिए, जिन्होंने सेकेण्डरी स्कूल कोर्स पास किया है, प्रशिक्षण की अवधि 2 वर्ष की होनी चाहिए।
2. माध्यमिक स्कूलों के उन अध्यापकों के लिए, जो स्नातक हैं, प्रशिक्षण की अवधि अभी तो 1 वर्ष की होनी चाहिए, पर कुछ समय के पश्चात् 2 वर्ष की कर दी जानी चाहिए।
3. शिक्षा में स्नातकोत्तर (M.Ed.) पाठ्यक्रम की अवधि $1\frac{1}{2}$ वर्ष की होनी चाहिए।

प्रशिक्षण-संस्थाओं की उन्नति (Improvement in Training Institutions) — आयोग ने प्रशिक्षण-संस्थाओं की गुणात्मक उन्नति करने के लिए निम्नांकित सिफारिशें की हैं–

1. ट्रेनिंग कॉलेजों के अध्यापकों के पास शिक्षा की उपाधि (Degree in Education) के अतिरिक्त दो स्नातकोत्तर उपाधियाँ (Post Graduate Degrees) होनी चाहिए।
2. ट्रेनिंग कॉलेजों के अध्यापकों में "डॉक्टर" (Doctorate) की उपाधियों वाले शिक्षकों की संख्या उचित अनुपात में होनी चाहिए।
3. गणित, विज्ञान, मनोविज्ञान एवं समाजशास्त्र ऐसे विषयों को शिक्षा देने के लिए विशेषज्ञों की नियुक्ति की जानी चाहिए, चाहे उन्होंने प्रशिक्षण प्राप्त न किया हो।
4. प्रत्येक प्रशिक्षण-संस्था से एक प्रयोगात्मक स्कूल संलग्न होना चाहिए।
5. प्रशिक्षण-संस्थाओं में छात्राध्यापकों से किसी प्रकार का शुल्क नहीं लिया जाना चाहिए और उनको ऋण एवं छात्रवृत्तियों के रूप में आर्थिक सहायता देने की व्यवस्था की जानी चाहिए।
6. वर्तमान प्रशिक्षण-संस्थाओं के पुस्तकालयों, प्रयोगशालाओं आदि में सुधार किया जाना चाहिए, क्योंकि उनकी दशा अत्यधिक असन्तोषजनक है।
7. विद्यालयों में कार्य करने वाले अप्रशिक्षित शिक्षकों को प्रशिक्षण देने के लिए केन्द्रीय स्थानों पर "ग्रीष्मकालीन संस्थाओं" (Summer Institutes) की योजना आरम्भ की जानी चाहिए।

8. प्राथमिक स्कूलों के शिक्षकों को प्रशिक्षण देने वाली संस्थाओं के अध्यापकों के पास या तो "शिक्षा" में एम.ए. (M.A. in Education) की उपाधि होनी चाहिए या बी.एड. (B.Ed.) की उपाधि के साथ-साथ कोई स्नातकोत्तर (M.A., M.Sc.) उपाधि होनी चाहिए।

प्रशिक्षण-सुविधाओं का विस्तार (Expansion of Training Facilities) — आयोग ने प्रशिक्षण-सुविधाओं का विस्तार करने के उद्देश्य से निम्नांकित विचार व्यक्त किए हैं–

1. प्रशिक्षण-संस्थाओं के आकार में एक निश्चित योजना के अनुसार पर्याप्त विस्तार किया जाना चाहिए।
2. पत्र-व्यवहार द्वारा शिक्षा एवं अल्पकालीन प्रशिक्षण की सुविधाओं में विस्तार किया जाना चाहिए।
3. शिक्षकों की माँग की पूर्ति करने और शिक्षण-कार्य में संलग्न अप्रशिक्षित शिक्षकों को प्रशिक्षण देने के लिए प्रत्येक राज्य को प्रशिक्षण की सुविधाओं में विस्तार करने के लिए योजना तैयार करनी चाहिए।
4. स्कूल-शिक्षकों को अध्यापन-कार्य करते हुए शिक्षा तथा प्रशिक्षण प्राप्त करने की सुविधाएँ प्रदान करने के लिए विश्वविद्यालयों तथा प्रशिक्षण-संस्थाओं को विभिन्न प्रकार के कार्यक्रमों का आयोजन करना चाहिए।

अध्यापकों का स्तर (Status of Teachers) — अध्यापकों का स्तर बढ़ाने की दिशा में कोठारी आयोग ने उनके वेतन तथा सेवा-शर्तों के सुधार की पुरजोर सिफारिश की।

कमीशन द्वारा प्रस्तावित वेतनमान

क्रम	अध्यापक	वेतन तथा वेतनमान
1.	प्राईमरी स्कूल का अध्यापक जिसने सेकेण्डरी कोर्स के साथ दो वर्ष का प्रशिक्षण प्राप्त किया हो	रु. 150-250 अधिकतम बेतन 20 वर्ष की सेवा के पश्चात्।
2.	सेलेक्शन ग्रेड (प्राइमरी स्कूल अध्यापक) नोट–(प्राइमरी स्कूल के अप्रशिक्षित अध्यापक को 100 रुपया वेतन मिलेगा। 5 वर्ष में 125 रु. हो जायेगा। प्रशिक्षित होने पर उसके वेतनमान में परिवर्तन किया जाएगा।)	250-300 15% अभ्यर्थियों के लिए।
3.	एक वर्ष का प्रशिक्षण प्राप्त ग्रेजुएट अध्यापक	220-400 (20 वर्ष की सेवा)
4.	सेलेक्शन ग्रेड 15% के लिए	400-500
5.	ग्रेजुएट के लिए न्यूनतम वेतन (प्रशिक्षण प्राप्त करने तक)	220-400
6.	सेकेण्डरी स्कूलों में पढाने वाले एम.ए. उत्तीर्ण अध्यापक नोट–ट्रेन्ड होने पद एक इन्क्रीमेंट और मिलेगा।	300-600

(क्रमशः)

क्रम	अध्यापक	वेतन तथा वेतनमान
7.	सेकेण्डरी स्कूलों के प्रधानाध्यापक	यह वेतन क्रम स्कूलों के आकार तथा स्कूल के गुण पर निर्भर करेगा। इनका वेतनमान इस प्रकार होगा– (i) 300-25-600 (ii) 400-30-640-40-800
8.	सम्बद्ध (Affiliated) कॉलेजों के अध्यापक	
	(i) जूनियर स्केल	(i) 300-25-600
	(ii) सीनियर स्केल	(ii) 400-30-640-40-800
	(iii) सीनियर लेक्चरार तथा रीडर	(iii) 700-40-1100
9.	सम्बद्ध कॉलेजों के प्रिंसिपल	
	(i) A ग्रेड	(i) 700-40-1100
	(ii) B ग्रेड	(ii) 800-50-1250
	(iii) C ग्रेड	(iii) 1000-50-1500
10.	विश्वविद्यालय के विभिन्न विभागों के	
	(i) लेक्चरार	(i) 400-40-800-50-950
	(ii) रीडर	(ii) 700-50-1250
	(iii) प्रोफेसर	(iii) (A) 1100-50, 1300-60, -1600
	A ग्रेड	
	B ग्रेड	(B) 1600-1800
	(सरकार विश्वविद्यालयों में यह वेतन क्रम दे रही है)	

समीक्षा – प्राय: इन सिफारिशों की सराहना की गई। इसे अध्यापकों का महाधिकार पत्र (Magna Carta) कहा गया।

माध्यमिक शिक्षा में गुणात्मक सुधार के लिए कोठारी आयोग की संस्तुतियाँ (Recommendations of the Kothari Commission on the Qualitative Improvement of Secondary Education)

देश में सभी प्रकार की शिक्षा के सुधार के लिए तथा माध्यमिक शिक्षा में सुधार का दूसरा अवसर 1964-66 में आया जबकि शिक्षा आयोग ने देश के सम्पूर्ण ढाँचे में सुधार लाने के लिए शिक्षा के सभी पक्षों तथा स्तरों का सर्वेक्षण करके अपनी संस्तुतियाँ प्रस्तुत कीं। माध्यमिक शिक्षा में गुणात्मक सुधार लाने के लिए निम्नलिखित सुझाव दिए–

1. **दस वर्षों की सामान्य शिक्षा**–आयोग की संभवत: सबसे महत्त्वपूर्ण संस्तुति है कि विज्ञान, कार्यानुभवों, चारित्रिक एवं आध्यात्मिक मान्यताओं के क्षेत्रों तथा अन्य कुछ क्षेत्रों की नई व्यवस्था में सामान्य शिक्षा को अधिक शक्ति सम्पन्न बनाने की आवश्यकता है। किसी क्षेत्र में विशिष्टीकरण प्रारंभ करने से पूर्व सामान्य शिक्षा के लिए स्कूल में दस साल का समय होना चाहिए। सामान्य शिक्षा, व्यावसायिक शिक्षा से इतनी जल्दी पृथक् नहीं होनी चाहिए।

2. **विज्ञान की शिक्षा पर बल**–विज्ञान की शिक्षा को शिक्षा का एक अभिन्न अंग बनाया जाना चाहिए। विज्ञान के शिक्षण में भी काफी गुणात्मक सुधार किया जाना आवश्यक है।

3. **शिक्षा का व्यावसायीकरण**–शिक्षा को उत्पादिता से जोड़ने के लिए यह जरूरी है कि माध्यमिक शिक्षा को प्रबल व्यावसायिक मोड़ दिया जाए।

4. **कार्य अनुभव (Work Experience)**–शिक्षा आयोग ने सिफारिश की कि शिक्षा को जीवन और उत्पादिता से जोड़ने के लिए कार्य अनुभव को सभी प्रकार की शिक्षा के एक अभिन्न अंग के रूप में शुरू किया जाए। कार्य अनुभव की परिभाषा आयोग ने इस प्रकार की "स्कूल, घर, कारखाने, खेत, फैक्ट्री या अन्य किसी भी उत्पादक स्थिति में उत्पादक काम में भाग लेना।"

5. **पाठ्यक्रम में सुधार**–आयोग ने पाठ्यक्रम को प्रभावी बनाने के लिए अनेक सुझाव दिए जिनका विवरण अलग से दिया गया है।

प्राय: यह देखा गया है कि शिक्षा में सुधारों की चर्चा तो बहुत की जाती रही है परन्तु उनके क्रियान्वयन के समय उदासीनता आ जाती रही है। सुधारों की गति बहुत सुस्त रहती है। लगभग अगले 9 वर्षों तक माध्यमिक शिक्षा के सुधार में कोई उल्लेखनीय प्रगति न हो सकी।

सामान्य स्कूल पद्धति पर शिक्षा आयोग की संस्तुतियाँ (Recommendations of the Education Commission on Common School System)

लोक शिक्षा की समान स्कूल पद्धति का अर्थ–आयोग के अनुसार लोक शिक्षा की समान स्कूल पद्धति में सभी सरकारी स्कूल, स्थानीय स्वायत्त निकायों के सब स्कूल और सभी सहायता प्राप्त गैर-सरकारी स्कूल शामिल होंगे।

आयोग की सिफारिशें – 1. शिक्षा सम्बन्धी नीति का यह उद्देश्य होना चाहिए कि अगले बीस वर्षों की अवधि में लोक शिक्षा की समान स्कूल पद्धति का विकास किया जाए जो देश के सभी भागों को अपनी परिधि में लेगी। सभी बालकों को प्रवेश पाने का समान अधिकार देगी और अपना स्तर ऐसा बनाकर रखेंगी कि एक आम आदमी अपने बच्चे को किसी पब्लिक स्कूल में भेजने की जरूरत महसूस नहीं करेगा।

2. लोक शिक्षा की समान स्कूल पद्धति के निर्माण के लिए निम्नलिखित उपाय आवश्यक है–
   - (i) विभिन्न प्रबन्धक संस्थाओं के अधीन कार्य करने वाले अध्यापकों की वेतनमान आदि के बीच इस समय जो भेद हैं उसे खत्म कर दिया जाना चाहिए।
   - (ii) एक चरणबद्ध कार्यक्रम के अन्तर्गत प्राइवेट शिक्षा खत्म कर दी जानी चाहिए। प्राथमिक स्तर पर चौथी योजना के अन्त तक और अवर माध्यमिक स्तर पर पाँचवीं योजना के अन्त तक।
   - (iii) विभिन्न प्रबन्धक संस्थाओं के अधीन चलने वाले स्कूलों के बीच इस समय जो भेद हैं उसे घटाकर कम-से-कम कर दिया जाए और अच्छी शिक्षा के लिए आवश्यक न्यूनतम अनिवार्य परिस्थितियाँ सभी स्कूलों में उत्पन्न की जाएं।

(iv) पड़ोसी पाठशाला योजना अवर प्राथमिक अवस्था में अपनाई जाए ताकि सम्पन्न वर्गों के स्कूलों और निर्धन वर्गों के स्कूलों के बीच का अलगाव दूर किया जा सके। (v) सरकारी स्कूलों में शिक्षा के स्तर बढ़ाए जाएँ।

शिक्षा आयोग द्वारा प्रस्तावित पाठ्यक्रम तथा माध्यमिक शिक्षा आयोग द्वारा पाठ्यक्रम में अन्तर (Difference in the Curriculum as Suggested by the Education Commission 1964-66 and Secondary Education Commission 1952-53)

1. माध्यमिक शिक्षा आयोग ने छात्रों के लिए समान पाठ्यक्रम कक्षा आठ तक रहने का प्रस्ताव दिया, जबकि शिक्षा आयोग ने कक्षा 10 तक।
2. माध्यमिक शिक्षा आयोग ने विषय चुनाव के लिए कक्षा 9 की संस्तुति की जबकि शिक्षा आयोग ने कक्षा 11 की।
3. माध्यमिक शिक्षा आयोग के अनुसार विषयों के 7 समूह (Streams) थे जिनमें से कुछ विषयों का चुनाव कर सकते थे परन्तु शिक्षा आयोग ने इस प्रकार के 7 समूह नहीं दिए। अब दिए गए विषयों में से किन्हीं तीन विषयों का चुनाव कर सकते थे।

उच्च शिक्षा पर आयोग की संस्तुतियाँ – 1. चुने हुए छात्रों को प्रवेश दिया जाए।

2. अंश काल शिक्षा का प्रावधान किया जाए।
3. कॉलेजों में कम से कम 500 तथा 1000 से अधिक छात्र न हों।
4. नारी शिक्षा का विस्तार किया जाए।
5. अच्छे विश्वविद्यालयों में 30 कॉलेजों से अधिक कॉलेज न सम्बद्ध किए जाएँ।
6. डिग्री कोर्स में विषयों के मेल (Combination) में लचीलापन हो।
7. नवीन विश्वविद्यालयों की स्थापना तभी की जाए जब कि इस बात का विश्वास हो जाए कि विश्वविद्यालय की स्थापना से शिक्षा का स्तर बढ़ेगा और उच्च स्तर का अनुसंधान कार्य सम्पन्न होगा।
8. सभी पाठ्यक्रमों का पुनर्गठन किया जाए।
9. शैक्षिक अनुसंधान के विकास और अनुसंधान को शिक्षा के क्षेत्र में उपयोगी बनाने हेतु आवश्यक कदम उठाए जाने चाहिए।

समीक्षा – छात्रों के प्रवेश संबंधी चुनाव का सुझाव उपयुक्त नहीं था क्योंकि उच्च शिक्षा में प्रवेश लेने की चाह स्वतन्त्रता प्राप्ति के पश्चात् बहुत बढ़ गई थी।

आयोग ने पाठ्यक्रम को लचीला बनाने का जो सुझाव दिया, वह उचित ही है।

शिक्षा आयोग की सिफारिशों का क्रियान्वयन (Implementation of the Report of the Education Commission)

1. शिक्षा आयोग की सिफारिशों को लागू करने के लिए केन्द्र तथा राज्यों में विशेष अनुभाग खोले गए।

2. शैक्षिक राज्यों में विशेष अनुभाग खोले गए।
3. छात्रवृत्तियों की संख्या में बढ़ोतरी हुई।
4. राष्ट्रीय शिक्षा नीति प्रस्ताव 1968 में पास किया जाए जिसके अनुसार शिक्षा के क्षेत्र में नए दिशा-निर्देशों के अनुसार कार्य होने लगा।
5. देश में 10+2+3 शैक्षिक ढाँचे का सूत्रपात हुआ।
6. शिक्षा के व्यावसायीकरण को बल मिला।
7. 'कार्य अनुभव' को स्कूल के पाठ्यक्रम में उचित स्थान दिया गया।
8. दो स्तर के पाठ्यक्रम कई विषयों में कई स्कूलों में आरम्भ किए गए।
9. अध्यापकों के वेतनमान तथा सेवा-शर्तों में सुधार हुआ।
10. शिक्षा में वित्तीय साधन बढ़ाने को बल मिला।

शिक्षा आयोग की संस्तुतियाँ जिन पर विशेष कार्य न हो सका

1. श्रेष्ठतम शैक्षिक संस्थापनों की श्रृंखला स्थापित करना।
2. स्कूल परिसरों की स्थापना का कार्यक्रम।
3. पड़ोसी स्कूलों की स्थापना की योजना।
4. मानव संसाधन आवश्यकताओं तथा उनको रोजगार की संभावनाओं का समन्वय स्थापित करने की संस्थाएँ।
5. सभी स्तरों पर छात्रवृत्तियों का वृहद् कार्यक्रम।
6. भारतीय शिक्षा सेवा का गठन।
7. जिला शिक्षा बोर्डों की स्थापना।
8. स्वायत्त संस्थाओं को स्कूल स्तर पर मान्यता देना।
9. उद्योग तथा शिक्षा में भागेदारी।
10. पब्लिक स्कूलों को प्रोत्साहित न करना।
11. राष्ट्रीय आय का शिक्षा पर 6 प्रतिशत खर्च करना।
12. एक जैसी स्कूल प्रणाली की स्थापना।

4

राष्ट्रीय शिक्षा नीति (1986) तथा कार्य योजना
(National Policy on Education (1986) and Programme of Action)

राष्ट्रीय शिक्षा नीति (1986) के निर्माण की भूमिका
[Formulation of The National Policy on Education (1986)]

I. 1986 से पूर्व शिक्षा विकास तथा नीति का सिंहावलोकन – 1. नई राष्ट्रीय शिक्षा नीति 1986 में बनाई गई। इसकी दो बार–1990 तथा 1992 में–समीक्षा की गई। तदुपरांत इसके कार्यान्वयन के लिए एक कार्यक्रम बनाया गया जिसके अनुसार शिक्षा में सुधार लाए जा रहे हैं।

2. भारत का संविधान जनवरी 1950 में लागू किया गया था। संविधान में देश की शिक्षा नीतियों का मोटे तौर पर उल्लेख किया गया था। इस संबंध में छूटे हुए अन्य विवरण देने भी अपेक्षित थे। केन्द्रीय शिक्षा सलाहकार बोर्ड (सैंट्रल एडवाइजरी बोर्ड ऑफ एजूकेशन) ने 1951 में हुई अपनी 18वीं बैठक में, देश में माध्यमिक शिक्षा की प्रचलित प्रणाली की जाँच और इसके पुनर्गठन और सुधार के उपाय सुझाने के लिए एक आयोग की स्थापना करने पर जोर दिया था। तद्नुसार भारत सरकार ने 23 सितंबर, 1952 के एक प्रस्ताव द्वारा माध्यमिक शिक्षा आयोग की स्थापना की। इस आयोग के अध्यक्ष, मद्रास विश्वविद्यालय के उपकुलपति डॉ. ए. लक्ष्मणस्वामी मुदालियर थे। उन्होंने अपनी रिपोर्ट जून 1953 में पेश की।
3. शिक्षा आयोग की रिपोर्ट (1964-66) में बीस वर्षों के लिए शिक्षा के विकास की रूपरेखा दी गई थी और उसमें सरकार को सभी चरणों में और सभी पहलुओं में, शिक्षा के सामान्य सिद्धांतों तथा नीतियों पर सलाह दी गई थी। आयोग ने सिफारिश की थी कि भारत सरकार को शिक्षा की राष्ट्रीय नीति पर वक्तव्य जारी करना चाहिए जिसमें राज्य सरकारों और स्थानीय अधिकारियों का उनके कार्यक्षेत्र में शिक्षा नीतियों को तैय्यार व कार्यान्वित करने की दिशा में मार्गदर्शन किया जाए।

4. 1967 में, भारत सरकार ने शिक्षा पर संसद सदस्यों की एक समिति गठित की थी, जिसका काम शिक्षा संबंधी राष्ट्रीय नीति पर एक वक्तव्य का मसौदा तैयार करना था। हमारे हाल के इतिहास में यह पहला अवसर था जब समिति देश के विभिन्न राजनीतिक दलों के सदस्यों को एक जगह लाई। वे सर्वाधिक समान उपायों पर सहमत हुई और उन्होंने शिक्षा पर एक राष्ट्रीय नीति का मसौदा तैयार किया। इस मसौदे को केन्द्रीय शिक्षा सलाहकार बोर्ड के सामने पेश किया गया, जिसकी बैठक 1967 में हुई। बैठक में राष्ट्रीय नीति तैयार करने पर विचार-विमर्श किया गया। बोर्ड के विचार-विमर्श के दौरान शिक्षा की राष्ट्रीय नीति पर आम सहमति पाई गई। विचार-विमर्श और समझौते के फलस्वरूप, भारत सरकार ने शिक्षा की राष्ट्रीय नीति पर प्रस्ताव जारी किया। अन्य बातों के अलावा इस प्रस्ताव में कहा गया था, "देश के सभी भागों में मोटे तौर पर एक जैसा शैक्षिक ढाँचा होना लाभदायक रहेगा।" अंतिम उद्देश्य 10+2+3 प्रणाली को अपनाना होना चाहिए, दो साल का उच्चतर माध्यमिक चरण जो स्थानीय परिस्थितियों के अनुसार स्कूलों, कॉलेजों या दोनों में जोड़ा जा सकता है।
5. नवम्बर 1973 में भारत सरकार के शिक्षा मंत्रालय ने 10+2+3 शिक्षा के ढाँचे पर एक राष्ट्रीय समिति की नियुक्ति की। इसका उद्देश्य देश के सभी राज्यों और संघीय क्षेत्रों के स्कूल और कॉलेजों में 10+2+3 की एक जैसी प्रणाली को अपनाया के लिए व्यावहारिक कदम सुझाना था।
6. शिक्षा के केन्द्रीय सलाहकार बोर्ड ने अपनी नवम्बर 1974 की बैठक में एक प्रस्ताव पास किया जिसमें पाँचवीं पंचवर्षीय योजना अवधि में शिक्षा की 10+2+3 प्रणाली को अपनाने की सिफारिश की गई।
7. 1974 में बच्चों के उचित विकास पर पर्याप्त ध्यान देने के लिए, शिक्षा और कल्याण मंत्रालय, समाज कल्याण विभाग ने बच्चों के लिए राष्ट्रीय नीति दस्तावेज प्रकाशित किया।

1975 में राष्ट्रीय शैक्षिक अनुसंधान तथा प्रशिक्षण ने 'द करीकुलम फोर द टेन इयर स्कूल–ए फ्रेमवर्क' (दस साल की स्कूली अवधि का पाठ्यक्रम–एक ढाँचा) (*Curriculum for Ten Year School—A Framework*) का प्रकाशन किया। राष्ट्रीय शैक्षिक अनुसंधान तथा प्रशिक्षण परिषद् ने अपने निर्धारित ढाँचे के अंतर्गत, अनुभवी अध्यापकों, विषय-विशेषज्ञों तथा शिक्षा व विज्ञान शिक्षा के राज्यों, संस्थानों के प्रतिनिधियों के साथ सलाह-मशवरे के बाद पाठ्यक्रम, पाठ्यपुस्तकें तथा अन्य सामग्री तैयार की। केन्द्रीय माध्यमिक शिक्षा बोर्ड ने परिषद् द्वारा तैयार की गई कुछ पाठ्यपुस्तकें कक्षा 9 और 10 के छात्रों के लिए निर्धारित कीं, जिन्हें बोर्ड द्वारा ली जाने वाली दसवीं कक्षा के अंत में अप्रैल 1977 में माध्यमिक परीक्षा में बैठना था।

9. राष्ट्रीय शैक्षिक अनुसंधान तथा प्रशिक्षण परिषद् द्वारा तैयार किए गए पाठ्यक्रम और पुस्तकों की, जो विशेष रूप से कक्षा 9 और 10 के लिए तैयार की गई थीं, जनता, अध्यापक, अभिभावक और बच्चों द्वारा आलोचना की गई। आलोचना के प्रमुख मुद्दे थे कि परीक्षा में अध्ययन के लिए बहुत अधिक

विषय रखे गए थे, पाठ्यपुस्तकें भी बहुत अधिक थीं और थीं भी बहुत मोटी, जिससे बच्चों को अपने आप अध्ययन करने और शारीरिक गतिविधियों के लिए कुछ समय नहीं बच पाता था। दूसरी मुख्य आलोचना यह थी कि नई शिक्षा प्रणाली के लागू होने के बाद अध्यापन-अध्ययन में कार्य-अनुभव (वर्क ऐक्सपीरियन्स) को कोई स्थान नहीं दिया गया था, जिसे कि सभी चरणों में पाठ्यक्रम के एक अभिन्न अंग के रूप में माना गया था।

1977–78 के अंत तक नई शिक्षा प्रणाली 19 राज्यों/केन्द्रशासित प्रदेशों में, यानि असम, आंध्र प्रदेश, गुजरात, जम्मू-कश्मीर, कर्नाटक, केरल, महाराष्ट्र, सिक्किम, तमिलनाडु, त्रिपुरा, पश्चिम बंगाल, अण्डमान और निकोबार द्वीप समूह, अरुणाचल प्रदेश, चण्डीगढ़, दादरा और नगर हवेली, दिल्ली, दमन और दीव, लक्षद्वीप और पाण्डिचेरी में लागू की गई।

10. अब सभी राज्यों और केन्द्र शासित प्रदेशों ने 10+2+3 वाली शिक्षा प्रणाली (10+2+3 Pattern of Education) अपना ली है। हरियाणा और हिमाचल प्रदेश ने इस प्रणाली को शैक्षिक सत्र 1985–86 के दौरान अपनाया।

11. केन्द्र के तत्कालीन शिक्षा तथा समाज कल्याणमंत्री डॉ. पी.सी. चुंदर ने अनुभव किया कि पाठ्यक्रमों और पाठ्यपुस्तकों का वस्तुनिष्ठ मूल्यांकन किया जाए और इसीलिए जून 1977 में उन्होंने गुजरात विश्वविद्यालय के उपकुलपति श्री ईश्वर भाई जे. पटेल की अध्यक्षता में एक समीक्षा समिति की नियुक्ति की। इस समीक्षा समिति में 30 सदस्य थे जो निम्नलिखित का प्रतिनिधित्व करते थे—केन्द्रीय माध्यमिक शिक्षा बोर्ड, माध्यमिक शिक्षा के राज्य बोर्ड, राज्य सरकारें, अध्यापकों के संघ, अभिभावक-अध्यापक संघ, शिक्षाशास्त्री, सेवारत अध्यापक तथा राष्ट्रीय शैक्षिक अनुसंधान तथा प्रशिक्षण परिषद्। इस समिति ने अपनी सिफारिशें नवम्बर 1977 में पेश कीं। इसने 10 वर्षीय स्कूल पाठ्यक्रम पर विचार किया।

12. राष्ट्रीय शैक्षिक अनुसंधान तथा प्रशिक्षण परिषद् ने 1976 में 'हायर सेकेण्डरी एजूकेशन एण्ड वोकेशनलाइजेशन' (उच्चतर माध्यमिक शिक्षा तथा व्यावसायीकरण) नामक पुस्तक का प्रकाशन किया, जिसमें अनेक महत्त्वपूर्ण और प्रगतिशील विशेषताएँ थीं; जैसे—व्यवसाय के चयन में लचीलापन, किसी जिले या कुछ जिलों के समूह के संदर्भ में व्यवसाय का निर्णय करना, आर्थिक गतिविधियों तथा सम्भावनाओं का जिलेवार सर्वेक्षण और फलस्वरूप काम के अवसर, जिला स्तर पर सूक्ष्म योजना, जनशक्ति की आवश्यकताओं का मूल्यांकन, ग्रामीण क्षेत्रों में जीवन-स्तर को सुधारना व सुविधाएँ देना, विद्यार्थियों आदि के लिए दिशा-निर्देश की व्यवस्था और उन्हें उनके भावी पेशे और पाठ्यक्रमों के बारे में सलाह देना। जिस पर पुनर्विचार की आवश्यकता थी।

13. अक्टूबर 1977 में तत्कालीन शिक्षा मंत्री, डॉ. पी.सी. चुंदर ने राष्ट्रीय शैक्षिक अनुसंधान व प्रशिक्षण परिषद् के अध्यक्ष की हैसियत से, मद्रास विश्वविद्यालय के उपकुलपति डॉ. मैलकाम एस. आदिशेषैया की अध्यक्षता में राष्ट्रीय शिक्षा समिति की नियुक्ति की, जिसका उद्देश्य शिक्षा में व्यावसायीकरण के विशेष

संदर्भ में स्कूली शिक्षा के +2 चरण के पाठ्यक्रम की समीक्षा करना था। इसके सदस्य संयोजक केन्द्रीय माध्यमिक शिक्षामंडल के अध्यक्ष डॉ. आर.पी. सिंहल थे। इसके सदस्य संयोजक केन्द्रीय माध्यमिक शिक्षामंडल के अध्यक्ष डॉ. पी. आर. सिंहल थे। समिति ने अपनी रिपोर्ट 'लर्निंग टु डू-टुवर्डस ए लर्निंग एण्ड वर्किंग सोसाइटी' प्रस्तुत की।

14. उपर्युक्त विकास के फलस्वरूप राष्ट्रीय शिक्षा नीति के मूल्यांकन की आवश्यकता अनुभव की गई। केन्द्रीय सरकार ने फरवरी 1979 में राज्यों को 'शिक्षा पर राष्ट्रीय नीति का मसौदा' भेजा, जिसका उद्देश्य अगले दशक में सर्वव्यापी साक्षरता फैलाना था तथा शिक्षा को प्रभावपूर्ण बनाना था।
15. राज्य सरकारों और केन्द्रीय मंत्रियों की टिप्पणियों को ध्यान में रखते हुए नीति के मसौदे की समीक्षा की गई और उसे 30 अप्रैल, 1979 को संसद् के सामने रखा गया। परन्तु इस पर कोई निर्णय नहीं लिया जा सका।
16. भारत सरकार ने अपने प्रस्ताव नं. फ 23-1/81-पी एन-2 ता. 16 फरवरी, 1983 के अनुसार अध्यापकों के लिए दो आयोगों की नियुक्ति की, जिनका काम अध्यापन समुदाय से संबंधित विभिन्न पहलुओं पर सलाह देना था। पहले आयोग के अध्यक्ष डॉ. डी.पी. चट्टोपाध्याय थे और इसे स्कूली चरण में अध्यापकों से संबंधित मामलों पर विचार करना था। दूसरे आयोग के अध्यक्ष विश्वविद्यालय अनुदान आयोग के उपाध्यक्ष प्रो. रईस अहमद थे तथा इसे उच्चतर शिक्षा-स्तर, जिसमें तकनीकी शिक्षा भी शामिल थी, से संबंधित पहलुओं पर विचार करना था।
17. आयोगों ने 17 जून 1984 में अपनी अंतरिम रिपोर्ट तथा फरवरी 1985 में अंतिम रिपोर्टें पेश कीं।

II. तत्कालीन प्रधानमंत्री श्री राजीव गाँधी की शिक्षा नीति बनाने की घोषणा –

18. श्री राजीव गाँधी ने प्रधानमंत्री बनते ही राष्ट्र के नाम अपने संदेश में 5 जनवरी, 1985 को एक ऐसी शिक्षा नीति का वचन दिया जो कि राष्ट्र को 21वीं सदी में प्रवेश के लिए वैज्ञानिक तथा आर्थिक दृष्टि से तैयार करे। उन्होंने कहा, "शिक्षा ऐसी हो जो राष्ट्रीय संबद्धता तथा 'कार्य-नैतिकता' को बढ़ावा दे। प्रत्येक विद्यार्थी को हमारे शानदार स्वतंत्रता संग्राम तथा राष्ट्रीय एकता में उसके महत्त्व के विषय में सम्यक् रूप से अवगत कराना चाहिए। हमारे स्कूलों और कॉलेजों को भारत की प्राचीन विरासत तथा संस्कृति के विषय में युवा पीढ़ी को जानकारी देनी चाहिए। पाठ्यक्रम और पाठ्यपुस्तकें ऐसी हों जो हमारी समन्वित संस्कृति की प्रान्तीय और साम्प्रदायिक व्याख्याओं का दमन करें।

इस क्षेत्र की कुछ नीतियों तथा कार्यक्रमों का मैंने उल्लेख किया है। मैंने नई राष्ट्रीय शिक्षा नीति का मसौदा तैयार करने के लिए कहा है।

हम अपने स्कूलों में बड़े पैमाने पर नई संचार प्रौद्योगिकी (टेक्नोलॉजी) के प्रयोग के लिए कार्यक्रम तैयार कर रहे हैं। सरकारी नौकरियों का डिग्रियों से संबंध न हो, इस बात पर भी सक्रिय रूप से विचार किया जा रहा है। आम आदमियों के लिए उच्च शिक्षा को

सुलभ करने के उद्देश्य से खुले विश्वविद्यालय की स्थापना के लिए कदम उठाए जा रहे हैं। केन्द्रीय स्कूल संघटन का और भी विस्तार किया जाएगा। ये स्कूल देश के प्रत्येक जिले में उत्कृष्ट केन्द्र के रूप में काम करेंगे।

मैं समाज की उत्पादक शक्तियों के शिक्षा के साथ सुगठित संपर्क पर बहुत जोर दूँगा। हम व्यावसायिक शिक्षा को पुनर्गठित करेंगे ताकि हम इसका उद्योग, कृषि, संचार तथा अपने अर्थतंत्र के अन्य उत्पादक क्षेत्रों के साथ तालमेल बैठा सकें।"

19. तत्कालीन शिक्षा मंत्री श्री कृष्णचंद्र पंत ने प्रधानमंत्री को 20 अगस्त, 1985 को शिक्षा पर 'स्टेटस रिपोर्ट' पेश की, जिसका शीर्षक था 'शिक्षा की चुनौती–नीति संबंधी परिप्रेक्ष्य' (*Challenges of Education: A Perspective*)। इस दस्तावेज की प्रतियाँ संसद में रखी गई तथा सभी राज्य सरकारों और संघीय क्षेत्र प्रशासनों को परिचालित की गई। यह परिप्रेक्ष्य 29–30 अगस्त, 1985 का हुए राज्यों के शिक्षा मंत्रियों के सम्मेलन में विचार-विमर्श का आधार भी बना। इस दस्तावेज का अनुवाद, राज्य सरकारों द्वारा लगभग सभी प्रादेशिक भाषाओं में किया गया और इसे व्यापक रूप से परिचालित किया गया। इसके अतिरिक्त, मंत्रालय द्वारा प्राप्त अनुरोधों पर तथा विभिन्न संघटनों को भी, इस दस्तावेज की अंग्रेजी में 5,80,000, हिन्दी में 2,40,000 तथा उर्दू में 4,000 प्रतियाँ वितरित की गई। इस दस्तावेज का उद्देश्य, शिक्षा नीति तथा विकल्पों से संबंधित विषयों पर व्यापक और गहन राष्ट्रीय परिचर्चा को प्रोत्साहित करना था। नई शिक्षा नीति पर राष्ट्रव्यापी परिचर्चा के एक भाग के रूप में, भारत सरकार तथा इसकी एजेंसियों द्वारा बारह राष्ट्रीय सेमिनार तथा सत्रह प्रायोजित सेमिनार आयोजित किए गए। नई शिक्षा नीति पर परिचर्चा के आयोजन में सभी राज्य सरकारों ने गहरी रुचि ली। राज्य स्तर के सेमिनारों के अतिरिक्त, विभिन्न शैक्षिक संस्थाओं में तथा ब्लॉक स्तर पर भी अनेक सेमिनार-विचार गोष्ठियाँ तथा परिचर्चाएँ हुई। नई शिक्षा नीति तैयार करने पर हुई परिचर्चाओं से अखिल भारतीय स्तर के अनेक शिक्षक संगठनों तथा छात्र संगठनों के प्रतिनिधि भी संबद्ध रहे हैं।

20. नई शिक्षा नीति तैयार करने से संबंधित प्रधानमंत्री की घोषणा की प्रतिक्रियास्वरूप कई संघटनों तथा व्यक्तियों से अनेक सुझाव शिक्षा मंत्रालय में प्राप्त हुए। मंत्रालय में प्राप्त सभी पत्र-व्यवहारों को, जिनकी संख्या 6,000 से भी अधिक है और जिनमें पत्र, ज्ञापन, सेमिनारों की सिफारिशें एवं राज्य सरकारों की सिफारिशें भी शामिल हैं, ध्यानपर्वूक संक्षिप्त और वर्गीकृत किया गया। राष्ट्रीय शैक्षिक आयोजना तथा प्रशासन संस्थान द्वारा सभी सुझावों का विस्तृत विषय-विश्लेषण तैयार किया गया तथा तेरह खण्ड प्रकाशित किए गए।

राष्ट्रीय शिक्षा नीति निर्माण की अंतिम कढ़ी – 21. राज्यों के शिक्षामंत्रियों के सम्मेलन की सिफारिशों के अनुसरण में, नई शिक्षा नीति तैयार करने से संबंधित विभिन्न विषयों की गहराई से जाँच करने तथा उनके कार्यान्वयन के लिए नीतियाँ तैयार करने के लिए मानव संसाधन विकास मंत्री की अध्यक्षता में, शिक्षामंत्रियों के तीन राष्ट्रीय दल बनाए गए:

(1) जन-शक्ति प्रक्षेपण और व्यावसायीकरण,

(2) वित्तीय संसाधन, तथा

(3) परीक्षा सुधार।

22. नई शिक्षा नीति पर परिचर्चा में सभी वर्गों के लोग शामिल हुए और बहुत से उपयोगी विचार तथा दृष्टिकोण उभरकर आए। 23-24 जनवरी, 1986 को हुए राज्यों तथा संघशासित क्षेत्रों के प्रशासनों के शिक्षा मंत्रियों के सम्मेलन के विचारार्थ, विभिन्न वर्गों से प्राप्त सुझावों पर आधारित नई शिक्षा नीति से संबंधित विषय तैयार किए गए।

23. नई शिक्षा नीति के निर्माण के लिए अप्रैल 1986 में राज्यों के शिक्षा मंत्रियों का सम्मेलन हुआ जिसमें मानव संसाधन विकास मंत्रालय, भारत सरकार (शिक्षा विभाग) द्वारा 'राष्ट्रीय शिक्षा नीति, 1986–एक प्रस्तुति' नामक दस्तावेज पर विचार-विमर्श हुआ।

नई राष्ट्रीय शिक्षा नीति प्रारूप पर राष्ट्रीय विकास परिषद् (National Development Council) तथा केन्द्रीय सलाहकार बोर्ड (Central Advisory Board of Education) द्वारा विचार किया गया।

24. लोकसभा ने शिक्षा नीति के प्रारूप को तीन दिन की बहस के बाद 8 मई 1986 को स्वीकृति दी। तत्पश्चात् दो दिन की बहस के उपरान्त राज्यसभा ने 13 मई 1986 को शिक्षा नीति के प्रारूप को मंजूरी दी। इस प्रकार नई शिक्षा नीति 1986 का निर्माण हुआ।

राष्ट्रीय शिक्षा नीति 1986 की प्रमुख विशेषताएँ
(Salient Features of The National Policy on Education—NPE 1986)

1. **शिक्षा का सार और उसकी भूमिका**–हमारे राष्ट्रीय परिप्रेक्ष्य में "सबके लिए शिक्षा" हमारे भौतिक और आध्यात्मिक विकास की बुनियादी आवश्यकता है।

शिक्षा सुसंस्कृत बनाने का माध्यम है। यह हमारी संवेदनशीलता और दृष्टि को प्रखर करती है, जिससे राष्ट्रीय एकता पनपती है, वैज्ञानिक तरीके से अमल की सम्भावना बढ़ती है और समझ और चिंतन में स्वतंत्रता आती है। साथ ही शिक्षा हमारे संविधन में प्रतिष्ठित समाजवाद, धर्मनिरपेक्षता और लोकतंत्र के लक्ष्यों की प्राप्ति में अग्रसर होने में हमारी सहायता करती है।

शिक्षा के द्वारा ही आर्थिक व्यवस्था के विभिन्न स्तरों के लिए जरूरत के अनुसार जनशक्ति का विकास होता है। शिक्षा के आधार पर ही अनुसन्धान और विकास को सम्बल मिलता है जो राष्ट्रीय आत्मनिर्भरता की आधारशिला है।

कुल मिलाकर, यह कहना सही होगा कि शिक्षा वर्तमान तथा भविष्य के निर्माण का अनुपम साधन है। इसी सिद्धान्त को राष्ट्रीय शिक्षा नीति के निर्माण की धुरी माना गया है।

2. **शिक्षा में समानता**–बिना किसी जाति, धर्म, वर्ग अथवा लिंग के भेदभाव के शिक्षा सुलभ होनी चाहिए। महिलाओं, अनुसूचित जाति, अनुसूचित जनजाति, पिछड़े वर्ग, अल्पसंख्यकों एवं विकलांगों की विशेष शिक्षा की इस नीति में व्यवस्था है। पाठ्यक्रम तथा पुस्तकों में लिंग-भेद को समाप्त करके महिला-शिक्षा को विशेष प्रोत्साहन दिया जाएगा।

15-35 वर्ष के आयुवर्ग के प्रौढ़ों के लिए साक्षरता-कार्यक्रम और सतत शिक्षा की व्यवस्था के अन्तर्गत वाचनालयों का विस्तार, रेडियो, दूरदर्शन, फिल्म, दूर-शिक्षा आदि सम्मिलित हैं।

3. **कमजोर वर्गों के लिए शिक्षा व्यवस्था**—समाज के कमजोर वर्गों में महिलाएँ, अनुसूचित जाति, अनुसूचित जनजाति, विकलांग आदि सदस्य आते हैं। इस शिक्षा नीति में इनके लिए विकास हेतु विशेष व्यवस्थाएँ की गई हैं। शिक्षा संस्थानों में स्थान आरक्षित किए गए हैं, नये खुलने वाले नवोदय विद्यालयों में भी इस बात का ध्यान रखा गया है।

4. **देश के सभी राज्यों के लिए एक समान शैक्षिक संरचना**—10+2+3 की व्यवस्था का प्रयास किया जाएगा।

5. **राष्ट्रीय कोर पाठ्यक्रम**—राष्ट्रीय पाठ्यक्रम की ओर ध्यान दिया गया है। सम्पूर्ण देश के लिए 'कोर पाठ्यक्रम' की कल्पना की गई है जिसमें आवश्कतानुसार स्थानीय माँगों के आधार पर छोटे-मोटे परिवर्तन किए जा सकते हैं। कोर पाठ्यक्रम के अन्तर्गत भारतीय स्वातन्त्र्य संघर्ष का इतिहास, राष्ट्रीय पहचान के तत्त्व, यथा—लोकतन्त्र, धर्मनिरपेक्षता, समाजवाद, पर्यावरण, राष्ट्रीय एकता आदि का समावेश होगा।

6. **दिवा देखभाल केन्द्रों की स्थापना**—प्राथमिक शिक्षा को जन-जन तक पहुँचाने के लिए सहायता सेवा के रूप में शिशुओं की देखभाल के लिए 'दिवा देखभ़ाल केन्द्र' खोले जायेंगे जिससे छोटे भाई-बहनों की देखभाल करने वाली लड़कियों को स्कूल जाने की सुविधा मिल सके। साथ ही निर्धन तबके की कामकाजी महिलाओं को भी इन केन्द्रों से सहायता मिल सकेगी। इस कार्यक्रम में स्थानीय समुदाय का पूरा सहयोग लिया जाएगा।

7. **शिक्षा का सार्वभौमीकरण**—संविधान में लिए गए निर्णय के बावजूद चार दशक बीत जाने के बाद भी हम देश में शिक्षा का लोकव्यापीकरण नहीं कर पाए हैं। नई राष्ट्रीय शिक्षा नीति में इसे गम्भीरता से लिया गया है तथा इस बात का संकल्प लिया गया है कि सन् 1990 तक 6 से 11 वर्ष तथा 1995 तक 11 से 14 वर्ष तक की आयुवर्ग के सभी बच्चों के लिए निःशुल्क अनिवार्य शिक्षा की व्यवस्था कर दी जाएगी। यही नहीं, नई शिक्षा नीति उन बच्चों के लिए, जो बीच में ही पढ़ाई छोड़कर शाला से चले जाते हैं, शाला में ठहराव को प्राथमिकता देती है तथा 14 वर्ष तक की शिक्षा को सफलतापूर्वक पूर्ण कराने के प्रयास करती है।

8. **औपचारिकेतर शिक्षा**—9 से 14 वर्ष के ऐसे बच्चे, जिन्होंने बीच में शाला छोड़ दी या जो कामकाम में लग जाने के कारण शाला में नहीं जा पाए अथवा जो इसलिए शाला नहीं गए कि जहाँ वे रहते थे, वहाँ स्कूल ही नहीं थे, नई शिक्षा नीति में औपचारिकेतर शिक्षा-केन्द्रों के माध्यम से शिक्षित किए जाएँगे। इन्हें आधुनिक तकनीकी सामग्री की सहायता से स्थानीय योग्यता एवं निष्ठावान युवा पुरुष अथवा महिलाओं के द्वारा शिक्षा दी जाएगी। नई राष्ट्रीय शिक्षा-व्यवस्था में उदारतापूर्वक अनुदान देकर इन केन्द्रों को विकसित करने की योजना है।

9. **'ऑपरेशन ब्लैक बोर्ड'**—नई राष्ट्रीय शिक्षा नीति में प्राथमिक विद्यालयों को दी जाने वाली सुविधाओं के अन्तर्गत "ऑपरेशन ब्लैक बोर्ड" शब्द का प्रयोग किया गया है। सीधे-सादे अर्थ में इससे तात्पर्य है—"न्यूनतम शैक्षिक साधनों एवं उपकरणों का प्रावधान"।

इसके अन्तर्गत प्राथमिक शालाओं में कम से कम दो सामान्यतः बड़े आकार के कमरे, टाटपट्टी, नक्शे, चार्ट, श्यामपट्ट तथा अन्य शैक्षिक सामग्री की व्यवस्था आवश्यक होगी।

10. **महिला शिक्षा**–नई राष्ट्रीय शिक्षा नीति में महिला शिक्षा को बहुत प्रोत्साहन दिया गया है। विभिन्न स्तरों पर तकनीकी और व्यावसायिक शिक्षा में भी महिलाओं की भागीदारी पर जोर दिया जाएगा ताकि पुरुषों और महिलाओं के बीच किसी प्रकार के भेदभाव की स्थिति न रह जाए। पाठ्यक्रम तथा पुस्तकों में भी जो लिंग-भेद दिखाई देता है, नई शिक्षा नीति में उसे समाप्त किया जाएगा।

11. **प्रौढ़ शिक्षा**–15 से 35 वर्ष के आयु-वर्ग के प्रौढ़ों के लिए साक्षरता-कार्यक्रम के साथ-साथ सतत शिक्षा का एक व्यापक कार्यक्रम नई राष्ट्रीय शिक्षा नीति के अन्तर्गत निर्धारित किया गया है। इसके अन्तर्गत ग्रामीण क्षेत्रों में सतत शिक्षा-केन्द्रों की स्थापना, नियोक्ताओं द्वारा श्रमिकों की शिक्षा, पुस्तकों तथा वाचनालयों का विस्तार, रेडियो, दूरदर्शन तथा फिल्मों के माध्यम से शिक्षा, दूर-शिक्षण कार्यक्रम तथा आवश्यकता और रुचि पर आधारित व्यावसायिक प्रशिक्षण कार्यक्रमों का आयोजन किया जाएगा।

12. **व्यावसायिक शिक्षा**–राष्ट्रीय शिक्षा नीति में स्पष्ट रूप से प्रस्तावित किया गया है कि 10+2 में प्रवेश लेने वाले कुछ छात्रों में से 10% व्यावसायिक शिक्षा की ओर मोड़ दिए जाएंगे। सातवीं योजना के अन्त तक औसतन प्रत्येक जिले में 10 अतिरिक्त विद्यालय खोले जाएंगे जो +2 स्तर पर व्यावसायिक शिक्षा प्रदान करेंगे। प्रत्येक विद्यालय में ऐसे छात्रों की प्रवेश क्षमता 40 होगी। राज्य के व्यावसायिक विभागों की सहायतार्थ पाठ्यक्रम-आधारित उपयुक्त मॉडल एन. सी. ई. आर. टी. द्वारा उपलब्ध कराए जाएँगे तथा 100 अतिरिक्त औद्योगिक प्रशिक्षण केन्द्र स्थापित किए जाएंगे।

13. **नवोदय विद्यालयों की स्थापना**–राष्ट्रीय शिक्षा नीति के दस्तावेज में कहा गया है कि जिन बालक-बालिकाओं में विशेष प्रतिभा या अभिरुचि हो, उन्हें अच्छी शिक्षा उपलब्ध कराकर द्रुत गति से आगे बढ़ने के अवसर दिए जाने चाहिए। कहीं ऐसा न हो कि आर्थिक स्थिति के कारण प्रतिभावान छात्र अच्छी शिक्षा से वंचित रह जाएँ। इन उद्देश्यों की पूर्ति के लिए देश के विभिन्न भागों में गति-निर्धारक (पेस सेटिंग) विद्यालयों की स्थापना की जाएगी, जो नवोदय विद्यालय कहलाएँगे। इन विद्यालयों में नवाचार की छूट रहेगी। अनुसूचति जातियों तथा अनुसूचित उपलब्ध जनजातियों के लिए इनमें आरक्षण रहेगा। देश के विभिन्न भागों में मुख्यतः ग्रामीण क्षेत्रों में रहने वाले प्रतिभाशाली बालक-बालिकाएँ एक साथ रहकर पढ़ेंगे जिससे उनमें राष्ट्रीय एकता की भावना का संचार होगा।

14. **परीक्षा प्रणाली में सुधार**–सम्पूर्ण शिक्षा में परीक्षा प्रणाली में सुधार महत्त्वपूर्ण स्थान रखता है। नई शिक्षा नीति में अंकों के स्थान पर ग्रेड दिया जाएगा। एक वार्षिक परीक्षा पर ही परीक्षाफल निर्भर नहीं करेगा–कई सामयिक परीक्षाएँ ली जाती रहेंगी–इससे विद्यार्थी में नियमित रूप से पढ़ने की आदत का विकास होगा। बाह्य परीक्षाओं के महत्त्व को कम करने पर भी आग्रह है।

15. **शिक्षण-प्रशिक्षण**–शिक्षकों में विश्वास किया गया है। यह कहा गया है कि शिक्षकों की चुनाव-विधि में सुधार करना है, उनके कार्य करने एवं सेवा-शर्तों में सुधार करना है, शिक्षक-प्रशिक्षण संबंधी प्रभावी मशीनरी का विकास करना है, शिक्षा-नियोजन

में शिक्षकों को भागीदार बनाना है, शिक्षक-संघों को व्यावसायिक दुराचरण पर रोक लगाने एवं व्यावसायिक गरिमा में वृद्धि करने के लिए प्रोत्साहित करना है, शिक्षकों की एक आचार-संहिता का विकास करना है तथा शिक्षकों में नवाचार की स्थितियों का विकास करना है। क्रियात्मक शोध तथा प्रयोग की व्यवस्था तथा जिला शिक्षा एवं प्रशिक्षण संस्थान (डी. आई. ई. टी.) के संगठन पर नई शिक्षा में बल दिया गया है।

16. **तकनीकी एवं प्रबन्ध शिक्षा**–अखिल भारतीय तकनीकी शिक्षा परिषद् द्वारा गठित बोर्ड ऑफ स्टडीज को इतना सशक्त बनाया जाएगा कि हमारी अर्थव्यवस्था, उद्योग व्यवस्था तथा सामाजिक पर्यावरण में आने वाले समस्त परिवर्तनों और उत्पन्न नवीन आवश्यकताओं को हमारी तकनीकी शिक्षा आत्मसात् कर सके।

17. **प्रतिभावान छात्रों के लिए अवसर**–उच्च शिक्षा, विशेषकर, तकनीकी शिक्षा के संदर्भ में हर प्रतिभावान छात्र को बराबरी का अवसर दिए जाने की व्यवस्था की जाएगी और एक क्षेत्र से दूसरे क्षेत्र में अध्ययन करने की सुविधा दी जाएगी। इस बात पर विशेष ध्यान दिया जाएगा कि विश्वविद्यालयों और उच्च शिक्षा संस्थाओं का सारभौमिक रूप बरकरार रहे।

18. **शोधकार्य**–शोध व विकास तथा विज्ञान व तकनीकी शिक्षा के विषयों में देश की विभिन्न संस्थाओं के बीच व्यापक तानाबाना स्थापित करने के लिए विशेष उपाय किए जाएँगे ताकि ये राष्ट्रीय महत्त्व की परियोजनाओं में अपने-अपने संसाधन जुटाकर भाग ले सकें।

19. **जीवनपर्यन्त शिक्षा**–जीवनपर्यन्त शिक्षा, शैक्षिक-प्रक्रिया का मूलभूत लक्ष्य है। इस दृष्टि से सार्वजनिक साक्षरता–युवा-वर्ग, गृहणियों, किसानों, मजदूरों, व्यवसायियों आदि को अपनी पसन्द व सुविधा के अनुसार शिक्षा प्राप्त करने के लिए अवसर प्रदान करवाए जाएँगे। भविष्य में खुली शिक्षा एवं दूर-शिक्षण की दिशा में अधिक ध्यान दिया जाएगा।

20. **राष्ट्रीय संस्थाओं को मजबूत बनाना**–विश्वविद्यालय अनुदान आयोग, अखिल भारतीय तकनीकी शिक्षा परिषद्, भारतीय कृषि अनुदान परिषद् और भारतीय चिकित्सा परिषद् जैसी संस्थाओं को और अधिक मजबूत बनाया जाएगा ताकि वे नई राष्ट्रीय शिक्षा व्यवस्था को सँवारने में महत्त्वपूर्ण भूमिका अदा कर सकें। इन सभी संस्थाओं को एक समेकित योजना द्वारा जोड़ा जाएगा ताकि इनमें आपस में कार्यात्मक सहयोग स्थापित हो और अनुसंधान और स्नातकोत्तर शिक्षा के कार्यक्रम मजबूत बन सकें। इन संगठनों तथा राष्ट्रीय शिक्षा शोध एवं प्रशिक्षण परिषद् और शैक्षणिक योजना एवं प्रशासन संस्थान को शिक्षा नीति के कार्यान्वयन में सहभागी बनाया जाएगा।

21. **सार्थक सहभागिता**–वर्ष 1976 में संवैधानिक संशोधन के द्वारा शिक्षा को समवर्ती सूची में शामिल किया गया। इसमें यह निहित है कि शैक्षिक, वित्तीय तथा प्रशासनिक दृष्टि से राष्ट्रीय जीवन के इस महत्त्वपूर्ण पहलू के सम्बन्ध में केन्द्र और राज्यों के बीच एक नए प्रकार की सहभागिता स्थापित हो। शिक्षा के क्षेत्र में राज्यों की भूमिका और उत्तरदायित्व में मूलतः कोई परिवर्तन नहीं होगा, परन्तु शिक्षा के राष्ट्रीय तथा समाकलनात्मक (Integrative) रूप को बल देने, गुणवत्ता एवं स्तर बनाए रखने जिसमें सभी स्तरों पर शिक्षकों के शिक्षण प्रशिक्षण की व्यवस्थाएँ शामिल हैं। विकास के निमित्त जनशक्ति की आवश्यकताओं के लिए शैक्षिक व्यवस्थाओं के अध्ययन और उसकी देख-रेख रखने, शोध एवं उच्च अध्ययनों की जरूरतों को पूरा करने, शिक्षा, संस्कृति और

मानव संसाधन विकास के अन्तर्राष्ट्रीय पहलुओं की देखभाल करने और सामान्य तौर पर शिक्षा में प्रत्येक स्तर पर उत्कृष्टता लाने के लिए केन्द्रीय सरकार अधिकांश दायित्व स्वीकार करेगी। समवर्तता एक ऐसी सहभागेदारी है जो स्वयं में सार्थक व चुनौतीपूर्ण है और राष्ट्रीय शिक्षा नीति इसे हर मामले में पूरा करने की ओर उन्मुख रहेगी।

22. **राष्ट्रीय परीक्षण सेवा (National Testing Service)**–नई शिक्षा नीति में यह परिकल्पना की गई है कि उम्मीदवारों की उपयुक्तता निर्धारित करने के लिए और पूरे देश में तुलनीय सक्षमता के प्रतिमान तैयार करने के लिए स्वैच्छिक आधार पर परीक्षा लेने के उद्देश्य से एक राष्ट्रीय प्रशिक्षण सेवा की स्थापना की जाए। इस प्रकार की परीक्षा का मुख्य लाभ यह होगा कि भले ही लोगों के पास औपचारिक डिग्रियाँ हों या न हों, वे दिखा सकेंगे कि वे बहुत-सी अनेक नौकरियाँ, जो परम्परागत तौर पर स्नातकों तक सीमित रही हैं, उनको प्राप्त करने के लिए उनमें दक्षता है। ऐसे परीक्षा सेवारत कर्मचारियों को भी पदोन्नति प्राप्त करने के लिए अर्हता प्राप्त करने में सहायक होगी।

विशेष तौर पर इस प्रकार तैयार की हुई परीक्षा विभिन्न स्तरों पर शिक्षा संस्थाओं में प्रवेश के प्रयोजन के लिए भी राष्ट्रीय स्तर पर लागू की जा सकती है।

23. **स्थानीय समुदाय का योगदान (People's Involvement in Education)**–शिक्षा के प्रसार और विशेषकर अनिवार्य प्राथमिक शिक्षा (Universalisation of Elementary Education) के सभी पक्षों में समुदाय सक्रिय योगदान दे। सभी व्यावहारिक उद्देश्यों के लिए, प्राथमिक स्कूल तथा गैर-औपचारिक केन्द्र इसके प्रति उत्तरदायी हों। यह भी सुनिश्चित करने के लिए अपेक्षित ध्यान दिया जाए कि महिलाएँ, युवक तथा समाज के ऐसे वर्ग जो शैक्षिक लाभों से वंचित रहे हैं उनकी आवाज प्रतिभाशाली हो। ऐसी सभी एजेंसियाँ तथा व्यक्ति जिन्हें समाज का विश्वास प्राप्त है और जो यू. ई. ई. के लिए एक सक्रिय सहयोग दे सकते हैं, शामिल किए जाएँ। इनमें युवा क्लब, महिला मण्डल, स्वैच्छिक एजेन्सियाँ और सामाजिक कार्यकर्त्ता दल तथा स्थानीय, विकास कार्यकर्त्ता, सेवानिवृत्त शिक्षक, भूतपूर्व कर्मचारी आदि शामिल हों। वे सब कदम से कदम मिलाकर चलें।

24. **दक्षता एवं प्रभावकारिता को प्रोत्साहन (Promotion of Efficiency and Effectiveness)**–शिक्षा से सभी स्तरों पर दक्षता लाने और प्रभावकारिता को प्रोंत्साहन देने के लिए शिक्षा नीति में मानदण्डों का निर्धारण किया गया है। संस्थाओं और व्यक्तियों के उत्कृष्ट कार्य को मान्यता दी जाएगी और पुरस्कृत किया जाएगा, वहीं घटिया स्तर की संस्थाओं का उभरना रोका जाएगा। नई शिक्षा नीति में शैक्षिक स्तरोन्नयन को क्रियान्वित करने पर विशेष बल दिया गया है।

25. **डिग्री को नौकरी से अलग करना (Delinking Degrees from Jobs)**–कुछ चुने हुए क्षेत्रों में डिग्री को नौकरी से अलग करने के लिए कदम उठाए जाएँगे।

विशिष्ट व्यावसायिक क्षेत्रों, जैसे इंजीनियरी, चिकित्सा, कानून, शिक्षण आदि में इस प्रस्ताव को लागू नहीं किया जा सकता। इसी प्रकार मानविकी, सामाजिक विज्ञान और विज्ञान आदि में, जहाँ विशेषज्ञों की सेवाओं की आवश्यकता होती है, अकादमिक अर्हताओं की आवश्यकता बनी रहेगी।

डिग्री को नौकरी से अलग करने की योजना उन सेवाओं में शुरू की जाएगी जिनमें विश्वविद्यालय की डिग्री आवश्यक नहीं होनी चाहिए। इस योजना को लागू करने से विशेष कार्यों को अपेक्षित कुशलताओं पर आधारित नये पाठ्यक्रम बनने लगेंगे और इससे उन प्रत्याशियों के साथ अधिक न्याय हो सकेगा जिनके पास किसी विशेष काम को करने की क्षमता तो है लेकिन उन्हें वह काम इसलिए नहीं मिल सकता क्योंकि उसके लिए स्नातक प्रत्याशियों को अनावश्यक रूप से तरजीह दी जाती है।

नौकरियों को डिग्री से अलग करने के साथ-साथ क्रमिक रूप में एक राष्ट्रीय परीक्षण सेवा प्रारम्भ की जाएगी। इसके द्वारा स्वैच्छिक रूप से विशिष्ट कामों के लिए प्रत्याशियों की उपयुक्तता की जाँच की जाएगी। और इससे देश-भर में समतुल्य योग्यताओं के मानक स्थापित हो सकेंगे।

26. **भारतीय शिक्षा सेवा (Indian Education Service)**–भारतीय शिक्षा सेवा का गठन किया जाए जो कि शिक्षा को प्रभावशाली बनाने में महत्त्वपूर्ण भूमिका निभाएगी। भारतीय शिक्षा सेवा लगभग उसी प्रकार की होगी जैसी कि भारतीय प्रशासनिक सेवा (Indian Administrative Service)।

27. **स्वैच्छिक एजेन्सियाँ तथा सहायता प्राप्त संस्थाएँ (Voluntary and Aided Institutions)**–गैर-सरकारी तथा स्वैच्छिक प्रयासों को, जिनमें समाजसेवी सक्रिय समुदाय भी शामिल हैं, प्रोत्साहन दिया जाएगा और वित्तीय सहायता भी मुहैया करवाई जाएगी बशर्ते कि उनकी प्रबन्ध व्यवस्था ठीक हो। इसके साथ ही ऐसी संस्थाओं को रोका जाएगा जो शिक्षा को व्यापारिक रूप दे रही हैं।

28. **संसाधन**–आठवीं पंचवर्षीय योजना के शुरू में राष्ट्रीय आय का 6 प्रतिशत से अधिक शिक्षा पर खर्च किया जाए।

29. **समीक्षा**–नई शिक्षा नीति के विभिन्न पहलुओं के कार्यान्वयन की समीक्षा प्रत्येक पाँच वर्षों में अवश्य की जाएगी। कार्यान्वयन की प्रगति और समय-समय पर उभरती हुई प्रवृत्तियों की जाँच करने के लिए मध्यावधि मूल्यांकन भी होंगे।

नई शिक्षा नीति के संदर्भ में कुछ विद्वानों के विचार
(Views of Some Scholars on NPE)

1. **धन संबंधी सुझाव** – (i) कृषि आय पर कर, जिसका उपयोग केवल शिक्षा के लिए ही हो।

(ii) धनी ग्रामीणों को प्रत्येक जिले में कम से कम पाँच हाई स्कूल दान करने के लिए प्रेरित किया जाए। **–रघुनंद ठुकराल**

(iii) कम फीस रखना बहुत ही बड़ी गलती है। हमें सामान्य फीस लेनी चाहिए।

(iv) हमें शिक्षा के लिए और अधिक गैर-सरकारी सहायता को प्रोत्साहन देना चाहिए।

–डॉ. एल.के. झा

(v) प्रत्येक राज्य में शिक्षा आयोग स्थापित किया जाना चाहिए जो धन के गलत इस्तेमाल और बरबादी का पता लगाए और किफायत से धन खर्च करने की योजना बनाए।

–डॉ. मैलकम एस. आदिशेषैया

(vi) बहुत कम फीस होने के कारण ऐसी शिक्षा (तकनीकी तथा डॉक्टरी) से लाभान्वित होने वाले कॉलेज और विश्वविद्यालय को 'विश्रामगृह' समझने लगते हैं.....पूरे खर्च के बराबर फीस देते समय उन्हें सोचना पड़ेगा कि आगे पढ़ना ठीक है या नहीं। **–डॉ. डी.एम. नंजुंदप्पा**

2. मॉडल स्कूल (नवोदय स्कूल) – ***पक्ष में***–जिलों में अच्छे स्कूलों की व्यवस्था करने से वास्तव में विषमताएँ कम होंगी।–**डॉ. एल.के. झा**

विपक्ष में – (i) क्यों न अपनी हर जिले में मॉडल स्कूल परियोजना से 'मॉडल' का दुमछल्ला हटा दें क्योंकि यह कुछ भ्रामक-सा लगता है। **–प्रधान संपादक, 'योजना'**

(ii) जिले में एक मॉडल स्कूल बनाने की योजना से शोषण ही बढ़ेगा, राष्ट्रीय विकास नहीं। ये स्कूल सुविधाभोगी वर्ग के हाथ में शोषण करने का हक और हथियार साबित होंगे। **–डॉ. पी.एम. भार्गव**

(iii) स्पष्ट है कि शिक्षा का पूरा केन्द्रीय बजट ये स्कूल ही निगल जाएँगे। **–डॉ. आर.के. पोद्दार**

(iv) मॉडल स्कूल खोलना केंद्रीकरण को बढ़ावा देना है। **–डॉ. आदिशेषैया**

3. राष्ट्रीय मूल पाठ्यक्रम – (i) राष्ट्रीय मूल पाठ्यक्रम तय करने का विचार काफी अच्छा है। **–डॉ. पी.एम. भार्गव**

(ii) राष्ट्रीय कोर पाठ्यक्रम विकसित करना केन्द्रीयकरण को बढ़ावा देना है। **–डॉ. आदिशेषैया**

(iii) एक समय ढाँचे के भीतर सबके लिए समान एक मुख्य पाठ्यक्रम अपनाया जाना चाहिए। **–प्रो. एस.एन. मेहरोत्रा**

4. डिग्री और रोजगार – (i) रोजगार से डिग्री का रिश्ता समाप्त करना होगा। **–डॉ. भार्गव**

(ii) मैं तो नौकरी को डिग्री से अलग की बात काफी समय से कहता आ रहा हूँ। **–डॉ. झा**

(iii) शिक्षा को नौकरी से अलग करने का सुझाव उन लोगों को पसंद आएगा जो संभ्रांत वर्गीय ढंग से समस्या सुलझाना चाहते हैं। विश्वविद्यालय में शिक्षा का अच्छा स्तर और अनुशासन बनाए रखने में विफलता के बाद अब हताशा में यह छोटा रास्ता सुझाया गया है। **–डॉ. डी.एम. नंजुंदप्पा**

5. उच्च शिक्षा – (i) उच्च शिक्षा पर किए जा रहे अत्यधिक खर्च को कम किया जाए।–**प्रेम कृपाल**

(ii) विश्वविद्यालय की प्रतिष्ठा पुनः स्थापित करने का एक अप्रिय परंतु अपरिहार्य उपाय यह हो सकता है कि छात्रों के प्रवेश पर पाबंदियाँ लगाई जाएँ।

(iii) विभिन्न स्तरों पर अखिल भारतीय परीक्षाएँ आयोजित की जाएँ जिनमें विभिन्न विश्वविद्यालयों के छात्र अपनी इच्छा से बैठ सकें। **–डॉ. श्रीमती माधुरी आर. शाह**

(iv) स्नातकोत्तर शिक्षा केवल विश्वविद्यालयों द्वारा ही दी जानी चाहिए। **–प्रो. रामलाल पारिख**

6. शिक्षा किस सूची में – (i) मैं इस बात से सहमत हूँ कि शिक्षा को संविधान की केन्द्रीय सूची में लाया जाए।–**डॉ. भार्गव**

(ii) शिक्षा में विशेषकर उच्च शिक्षा में केन्द्र महत्त्वपूर्ण भूमिका निभा सकता है। –**डॉ. झा**

(iii) शिक्षा राज्य-सूची में शामिल हो। –**डॉ. पोद्दार**

(iv) शिक्षा को केन्द्रीय सूची में शामिल करना केवल केन्द्रीकरण को बढ़ावा देना होगा। –**डॉ. आदिशेषैया**

(v) शिक्षा को केन्द्रीय विषयों की सूची में रखा जाए। –**प्रो. एस.एन. मेहरोत्रा**

7. भारतीय शिक्षा-सेवा – भारतीय शिक्षा-सेवा स्थापित करना केन्द्रीकरण को बढ़ावा देना है।–**डॉ. आदिशेषैया**

8. इच्छा-शक्ति – (i) शिक्षा सुधार के लिए राजनीतिक इच्छा-शक्ति की कमी सबसे बड़ा बंधन रहा है।–**प्रेम कृपाल**

(ii) जरूरत है इच्छा-शक्ति की।–**प्रो. रईस अहमद**

लेखक परिचय – 1. रघुनंद ठुकराल–प्रधान संपादक 'योजना'।

2. ***डॉ. एल.के. झा***–प्रशासनिक सुधार संबंधों पर प्रधानमंत्री का परामर्शदाता।
3. ***डॉ. मैलकम एस. आदिशेषैया***–मद्रास विश्वविद्यालय के भूतपूर्व उपकुलपति।
4. ***डॉ. डी.एम. नंजुंदप्पा***–योजना सचिव, कर्नाटक।
5. ***डॉ. पी.एम. भार्गव***–निदेशक-कोशिकीय एवं आणविक जीव विज्ञान केन्द्र, हैदराबाद।
6. ***प्रो. एस.एन. मेहरोत्रा***–उपकुलपति, जोधपुर (विश्वविद्यालय)।
7. ***डॉ. प्रेम कृपाल***–भूतपूर्व सचिव, शिक्षा मंत्रालय, नई दिल्ली।
8. ***न्यायमूर्ति पी.एन. सिंघल***–सर्वोच्च न्यायालय के भूतपूर्व न्यायाधीश।
9. ***डॉ. श्रीमती माधुरी शाह***–भूतपूर्व अध्यक्ष, विश्वविद्यालय अनुदान आयोग।
10. ***डॉ. रामलाल पारिख***–उपकुलपति, गुजरात विद्यापीठ।
11. ***प्रो. रईस अहमद***–भूतपूर्व, अध्यक्ष, विश्वविद्यालय अनुदान आयोग। ('योजना'–26 जनवरी, 1986, विशेषांक शिक्षा)।

राष्ट्रीय शिक्षा नीति की विवेचना
(Critical Review of National Policy on Education)

राष्ट्रीय शिक्षा नीति की महत्त्वपूर्ण सिफारिशें तथा गुण – 1. ***शिक्षा का कार्य*** – मानव संसाधन विकास के राष्ट्रीय प्रयास में शिक्षा की महत्त्वपूर्ण भूमिका को स्वीकार किया गया है।

2. ***राष्ट्रीय शिक्षा प्रणाली***–नई शिक्षा नीति में देश की अखण्डता और एकता के लिए राष्ट्रीय शिक्षा प्रणाली के विकास पर पर्याप्त बल दिया है और इसके मुख्य तत्त्वों पर विस्तृत प्रकाश डाला गया है।

3. ***समान शिक्षा संरचना***–सारे देश में शिक्षा प्रणाली एवं संरचना एक ही प्रकार की होगी।

4. ***राष्ट्रीय मूल पाठ्यक्रम***–राष्ट्रीय मूल पाठ्यक्रम तय करने का विचार काफी अच्छा है।

5. ***डिग्री एवं रोजगार का रिश्ता समाप्त***–डिग्री और रोजगार का रिश्ता समाप्त करने का प्रस्ताव सराहनीय है।

6. ***नवोदय विद्यालयों की स्थापना***–नवोदय विद्यालयों का प्रस्ताव समयानुकूल है। इससे अमीर-गरीब की विषमता होगी, गाँवों के प्रतिभाशाली छात्रों को निःशुल्क तथा बढ़िया शिक्षा प्राप्त हो सकेगी।

7. ***केन्द्रीय सरकार की अधिक भूमिका***–नई शिक्षा नीति में केन्द्रीय सरकार की महत्त्वपूर्ण भूमिका पर उचित बल दिया गया है।

8. ***वित्तीय सुझाव***–नई नीति में अन्य बातों के अलावा फीस बढ़ाकर और उच्च शिक्षा द्वारा तैयार की गई जनशक्ति का उपयोग करने वाले विभागों से अंशदान लेकर धन जुटाने को जो सुझाव दिए गए हैं, वे उचित ही प्रतीत होते हैं।

9. ***शिक्षा समानताएँ***–नई नीति के अनुसार उन वर्गों एवं व्यक्तियों की विशेष शैक्षिक आवश्यकताओं पर ध्यान दिया जाएगा जो अब तक समानता के अवसर से वंचित रहे हैं।

10. ***दक्षता तथा प्रभावशीलता को प्रोत्साहित करना***–अच्छे कार्य सम्पादन के लिए प्रेरणा देने के लिए उपयुक्त मानदण्ड निर्धारित किए जाएँगे और साथ ही कार्य-निष्पादन न करने के लिए भी।

11. ***भारतीय शिक्षा सेवा***–भारतीय शिक्षा सेवा का गठन किया जाएगा जो कि शिक्षा को प्रभावशाली बनाने में महत्त्वपूर्ण भूमिका निभाएगी।

12. ***व्यावसायीकरण***–व्यावसायीकरण पर उचित बल दिया गया है तथा इसके लक्ष्य निर्धारित किए गए।

नई शिक्षा नीति की सीमाएँ एवं कमियाँ – 1. ***नवोदय स्कूलों की आलोचना***–जहाँ एक ओर नवोदय स्कूलों के प्रस्ताव की सराहना की गई है वहाँ दूसरी ओर उनकी भरपूर आलोचनाएँ भी की जा रही हैं; जो निम्न प्रकार हैं–

(i) क्यों न अपने हर जिले में मॉडल स्कूल (नवोदय स्कूल) परियोजना से 'मॉडल' का दुमछल्ला हटा दें, क्योंकि यह कुछ भ्रामक-सा लगता है।

प्रधान सम्पादक 'योजना', 26 जनवरी, 1986 विशेषांक।

(ii) जिले में एक मॉडल स्कूल बनाने की योजना से शोषण ही बढ़ेगा, राष्ट्रीय विकास नहीं। **–डॉ. पी.एम. भार्गव**

(iii) स्पष्ट है कि शिक्षा का पूरा केन्द्रीय बजट ही (ये विद्यालय) निगल जाएँगे और 99 फीसदी सामान्य छात्रों के स्कूल आज से भी बुरी स्थिति में पहुँच जाएँगे।

–डॉ. आर.के. पोद्दार

2. ***आश्वासन का अभाव***–नई शिक्षा नीति में इस बात का बहुत ही कम संकेत मिलता है कि 21वीं शताब्दी में हमारे प्रत्येक स्कूल के पास ब्लैक बोर्ड और सही सलामत छत होगी।

3. ***उच्च शिक्षा पर खर्च***–नई शिक्षा नीति में उच्च शिक्षा पर किये जा रहे अत्यधिक खर्च को कम करने की कोई बात नहीं कही गई है।

4. ***पड़ोसी विद्यालय (Neighbourhood School) विचारधारा की अवहेलना***–कोठारी शिक्षा आयोग ने शिक्षा में समानता तथा स्तर सुधारने के लिए पड़ोसी विद्यालय व्यवस्था पर बल दिया था, परन्तु नई शिक्षा नीति में इस पर उचित विचार नहीं किया गया है।

5. ***पब्लिक स्कूलों के बारे में चुप्पी***–बड़ी हैरानी की बात है कि इस महत्त्वपूर्ण प्रकरण का शिक्षा नीति में कोई उल्लेख नहीं है।

6. ***गैर-सरकारी वित्तीय साधन***–नई शिक्षा नीति में धन जुटाने के लिए गैर-सरकारी साधनों की बात की गई है। इसमें कोई सन्देह नहीं कि स्वाधीनता से पहले गैर-सरकारी संस्थाएँ शिक्षा के क्षेत्र में महत्त्वपूर्ण योगदान किया करती थीं। परन्तु धीरे-धीरे उनका योगदान कम होता गया। स्थिति बिल्कुल स्पष्ट है। आज का दानी वर्ग राजनीतिक कार्य के लिए दान देने के लिए तो अग्रसर है, परन्तु शिक्षा के लिए उदासीन है क्योंकि राजनीतिक दान से दानी वर्ग की भौतिक सिद्धि होती है अतः शिक्षा में खर्च करने का साधन मुख्यतः केन्द्रीय तथा राज्य सरकारें ही होंगी।

नई शिक्षा नीति 1986 में शिक्षा पर वित्तीय संसाधनों संबंधी संस्तुतियाँ (Recommendations of NPE on Financial Resources for Education)

नई शिक्षा नीति में वित्तीय व्यवस्था – नई शिक्षा नीति में शिक्षा के विकास के लिए धन संबंधी विषय पर गहन विचार किया गया। जिस हद तक सम्भव होगा, इन विभिन्न तरीकों से साधन जुटाए जाएँगे–चंदा इकट्ठा करना, इमारतों का रख-रखाव तथा रोजमर्रा काम में आने वाली वस्तुओं की पूर्ति में स्थानीय लोगों की मदद लेना, उच्च शिक्षा स्तर पर फीस बढ़ाना तथा उपलब्ध साधनों का बेहतर उपयोग करना। वे संस्थाएँ जो अनुसंधान में या वैज्ञानिक जनशक्ति के विकास के क्षेत्र में काम कर रही हैं, अपने काम का उपयोग करने वाली एजेंसियों पर उपकार या प्रभार लगा कर कुछ साधन जुटा सकती हैं। इन एजेंसियों में सरकार और उद्योगों को शामिल किया जा सकता है। ये सभी उपाय न केवल राज्य संसाधनों पर बोझ को कम करने के लिए किए जाएँगे, अपितु शैक्षिक प्रणाली में जनता के प्रति जवाबदेही की व्यापक भावना को पैदा करने के लिए भी कारगर होंगे। तथापि, साधनों की समूची वित्तीय आवश्यकता के मुकाबले में इन उपायों से थोड़े ही अंश में योगदान हो पाएगा। वास्तव में सरकार तथा देशवासियों को ही मिलकर इस प्रकार के कार्यक्रमों के लिए वित्तीय साधन जुटाने होंगे, यथा प्रारम्भिक शिक्षा का सार्वजनीकरण, निरक्षरता-निवारण, देश-भर में सभी वर्गों के लिए समान शैक्षिक अवसर प्रदान करना, शिक्षा की सामाजिक दृष्टि से प्रासंगिकता बढ़ाना, शैक्षिक कार्यक्रमों की गुणवत्ता और कार्यात्मकता में वृद्धि करना, ज्ञान तथा वैज्ञानिक क्षेत्रों में स्वयं-स्फूर्त, आर्थिक विकास के लिए प्रौद्योगिकी का विकास, राष्ट्रीय अस्मिता बनाए रखने के लिए अनिवार्य माने गए मूल्यों के प्रति जागरूकता पैदा करना।

शिक्षा में आवश्यक पूँजी न लगाने या अपर्याप्त मात्रा में लगाने के हानिकारक परिणाम वास्तव में बहुत गम्भीर हैं। इसी तरह, व्यावसायिक तथा तकनीकी शिक्षा और अनुसंधान की उपेक्षा से होने वाली हानि अस्वीकार्य होगी। इन क्षेत्रों में पूरी तरह रांतोषप्रद स्तर के कार्य का निष्पादन न होने से हमारे देश की अर्थव्यवस्था को

अपरिहार्य क्षति होगी। विज्ञान और प्रौद्योगिकी के प्रयोग को सुचारू बनाने के लिए स्वतन्त्रता से अब तक समय-समय पर गठित संस्थाओं के नेटवर्क को पर्याप्त मात्रा में और तत्परता से आधुनिक बनाने की जरूरत होगी क्योंकि ये संस्थाएँ बड़ी तेजी से पुरानी पड़ती जा रही हैं।

इन अनिवार्यताओं को ध्यान में रखते हुए शिक्षा को राष्ट्रीय विकास और पुनरुत्थान के लिए पूँजी लगाने का एक अत्यंत आवश्यक क्षेत्र माना जाएगा। राष्ट्रीय शिक्षा नीति 1968 में यह निर्धारित किया गया था कि शिक्षा पर होने वाले निवेश को धीरे-धीरे बढ़ाया जाए ताकि वह यथाशीघ्र राष्ट्रीय आय के 6 प्रतिशत तक पहुँच सके। चूँकि तब से अब तक शिक्षा पर लगी पूँजी का स्तर उस लक्ष्य से काफी कम रहा है, अतः यह अत्यन्त महत्त्वपूर्ण है कि अब इस नीति में निर्धारित कार्यक्रमों की वित्तीय आवश्यकताओं को पूरा करने के लिए दृढ़ संकल्प दर्शाया जाए। यद्यपि समय-समय पर विभिन्न कार्यक्रमों की प्रगति के जायजे के आधार पर वास्तविक आवश्यकताओं का अनुमान लगाया जाएगा, पर इस नीति के कार्यान्वयन में पूँजी निवेश जिस हद तक जरूरी होगा, उस हद तक सातवीं पंचवर्षीय योजना में ही बढ़ाया जाएगा। यह सुनिश्चित किया जाएगा कि आठवीं पंचवर्षीय योजना में शुरू करके वह राष्ट्रीय आय के 6 प्रतिशत से सर्वदा अधिक हो।

नई शिक्षा नीति के प्रभावी क्रियान्वयन के लिए सुझाव
(Suggestions for the Effective Implementation of NPE)

प्रचलित शिक्षा-पद्धति में हम ऐसी तस्वीर देखते हैं जो असमानताओं से भरी हुई है और बहुधा इसके रंगों में परस्पर द्वन्द्व भी है। एक तरफ बहुत बड़ी-बड़ी संस्थाएँ हैं, जहाँ शैक्षिक आचरण के सभी मानदण्ड धराशायी हो रहे हैं। दूसरी ओर सैकड़ों ऐसे स्कूल हैं जहाँ शिक्षक और छात्र न केवल अपनी प्रत्याशित भूमिका निभा रहे हैं, परन्तु जहाँ से उत्कृष्टता भी फैल रही है। इसके विपरीत ऐसे स्कूल भी हैं जो समय पर खुलते नहीं, साफ नहीं और जहाँ अध्ययन-अध्यापन की प्रक्रियाओं को पुष्पित तथा पल्लवित होने के बहुत ही कम अवसर मिल पाते हैं। असंख्य ऐसे शिक्षक हैं जो अपने छात्रों को प्रेरणा देते हैं और अपनी विद्वता के लिए प्रसिद्ध हैं। इसके साथ-साथ ऐसे शिक्षक भी हैं जो बिना विचारे अपने दायित्वों की अवहेलना करते हैं और कभी-कभी संस्थाओं से भी गैर-हाजिर रहते हैं, एक ओर छात्रों के मूल्यांकन की बहुत परिष्कृत पद्धतियाँ हमारे पास हैं, तो दूसरी ओर हमारी परीक्षा पद्धतियाँ ऐसी हैं जिनकी विश्वसनीयता दिन-ब-दिन गिरती जा रही है। एक ओर प्रौढ़ शिक्षा और गैर-औपचारिक शिक्षा के श्रमसाध्य काम में लगे असंख्य लोगों द्वारा किए गए उत्कृष्ट कार्य के उदाहरण हैं तो दूसरी ओर ऐसी भी परियोजनाएँ हैं जो चल ही नहीं सकीं, और कभी-कभी कागजी कार्यवाही बन कर रह जाती हैं।

अतः स्पष्ट है कि इस दुरंगी स्थिति में महिलाएँ, शहरों में रहने वाले गरीब लोग और ग्रामीण समुदाय ही नुकसान में रहता है। शिक्षा-पद्धति में व्यवस्था और अनुशासन के अभाव में इस पर किए गए भारी निवेश के संतोषजनक परिणाम नहीं मिल पाते।

जब तक शिक्षा-पद्धति ठीक ढंग से काम नहीं करती और इसका कार्यकरण शिक्षा के सभी स्तरों पर और देश के सभी भागों में कारगर ढंग से नहीं चलता तो राष्ट्रीय शिक्षा नीति में परिकल्पित शैक्षिक सुधार का महान कार्यक्रम निरर्थक हो जाएगा।

नई शिक्षा को कारगर बनाने के सुझाव – नई शिक्षा नीति को कारगर बनाने के लिए महत्त्वपूर्ण सुझावों की नीचे चर्चा की गई है। हो सकता है कि सम्बन्धित संस्थाएँ इसे कोरी आलोचना ही समझें। परन्तु व्यापक राष्ट्रीय हितों को ध्यान में रखते हुए सुझावों पर प्रकाश डालना न्यायसंगत होगा।

1. ***शैक्षिक प्रशासन तथा आयोजन में शिक्षाविद्***–प्रायः केन्द्रीय तथा राज्यकीय स्तरों पर शैक्षिक प्रशासन तथा आयोजन के सबसे ऊँचे पद उन आई. ए. एस. अधिकारियों को दिए जाते हैं जिनकी बदली थोड़े समय के पश्चात् ही हो जाती है। उन्हें विभाग से परिचित होने का पर्याप्त अवसर भी नहीं मिल पाता। अनिश्चितता-सी बनी रहती है। 'अपनत्व' तथा 'स्थायित्व' के अभाव के कारण शिक्षा को सही दिशा नहीं मिल पाती। स्वतन्त्रता-प्राप्ति के पश्चात् शिक्षा के क्षेत्र में सुधार लाने के लिंए कई दिशाओं में प्रयोग तों किए गए हैं परन्तु इस दिशा में कोई ठोस कदम नहीं उठाया गया है। अब समय आ गया है कि स्थिति का पुनरावलोकन किया जाए। शिक्षा को सार्थक, सुसंगत तथा प्रभावशाली बनाने के लिए यह जरूरी हो गया है कि शिक्षा विभाग में शिक्षा सचिव तथा शिक्षा निदेशक आदि पद शिक्षाविदों को दिए जाएँ। ऐसा करने से शिक्षा क्षेत्र में कार्य करने वालों का मनोबल भी बढ़ेगा तथा शिक्षा में 'अपनत्व' व 'स्थायित्व' को बल मिलेगा। सफलता सुनिश्चित करने के लिए आवश्यक है कि शिक्षा कार्यक्रमों का निर्धारण एवं कार्यान्वयन केवल निष्ठावान शिक्षाविदों के ही हाथों में हो।

2. ***शैक्षिक प्रशासन तथा निरीक्षण***–माध्यमिक शिक्षा आयोग (1952-53) तथा कोठारी शिक्षा आयोग ने प्रचलित शैक्षिक प्रशासन तथा निरीक्षण पद्धति की कड़ी आलोचना की है और इसे निरर्थक कहा है। परन्तु फिर भी हम इस पर बहुत व्यय कर रहे हैं। उचित होगा यदि इस खर्च को कम कर दिया जाए। शैक्षिक प्रशासन तथा निरीक्षण में सेवारत कर्मचारियों की सेवाएँ अन्य क्षेत्रों में प्रयोग में ली जाएँ जहाँ कमी हो। आवश्यकतानुसार थोड़ा-सा स्टाफ इस कार्य के लिए रख लिया जाए।

3. ***राष्ट्रीय स्तर की संस्थाओं का पुनरावलोकन***–'शिक्षा की चुनौती–नीति सम्बन्धी परिप्रेक्ष्य' 1985 में इस प्रकार कहा गया है: "जो तीन प्रमुख विशेषज्ञ राष्ट्रीय संस्थाएं स्तर पर शैक्षिक योजना में कुछ भूमिका निभा सकती हैं वे हैं–राष्ट्रीय शैक्षिक अनुसंधान और प्रशिक्षण परिषद् (एन. सी. ई. आर. टी.), राष्ट्रीय शैक्षिक योजना और प्रशासन संस्थान (एल. ई. पी. ट.) और विश्वविद्यालय अनुदान आयोग (यू. जी. सी.)। अगर इस अध्याय के पहले पैराग्राफों से कोई तार्किक संगति है तो हम इस निष्कर्ष पर पहुँचते हैं कि इन संस्थाओं ने आशा के अनुरूप काम नहीं किया है। शिक्षा की गुणवत्ता और विषयवस्तु में सुधार करने, प्राथमिकताओं और उद्देश्यों को नया रूप देने और शिक्षित जनशक्ति के मात्रात्मक और गुणात्मक सृजन को परस्पर सम्बन्धित करने के प्रयासों को यदि सफलता नहीं मिली है तो उनका मुख्य कारण यह है कि योजना तैयार करने की कुंजी पूरी तरह से राज्य सरकारों के हाथों में है" (3.64)। यह विश्लेषण वास्तविकता

से दूर प्रतीत होता है। इस सम्बन्ध में प्रश्न उठता है, यदि इन राष्ट्रीय संस्थाओं को सफलता नहीं मिली है तो इनके रखने से क्या लाभ? हम इन्हें प्रभावशाली बनाएँ ताकि ये संस्थाएँ एक अहम् भूमिका निभा सकें।

इसी प्रकार जवाहरलाल नेहरू विश्वविद्यालय जैसी संस्थाओं का मूल्यांकन करना अत्यन्त आवश्यक है।

4. ***प्रौढ़ शिक्षा का मूल्यांकन***–'शिक्षा की चुनौती-नीति सम्बन्धी परिप्रेक्ष्य' (1985) में प्रौढ़ शिक्षा सम्बन्धी समीक्षा इस प्रकार की गई है: "दुर्भाग्य से प्रौढ़ शिक्षा कार्यक्रम अधिक प्रभावशाली नहीं रहे हैं। वह इसलिए भी हुआ है कि वे कार्यक्रम साक्षरता के एक सीमित लक्ष्य को लेकर चले और वे लक्ष्य जनता को उनका जीवन-स्तर तथा आर्थिक दशा सुधारने के लिए उपयोगी ज्ञान नाम मात्र ही दे पाए।" वास्तविकता यह है कि प्रौढ़ शिक्षा की सारी वर्तमान योजना बेकार प्रतीत होती है। इस योजना के लिए निर्धारित धन यदि प्राथमिक शिक्षा पर खर्च किया जाए तो सम्भवत: अधिक फलदायक होगा।

5. ***ठोस कार्यों पर बल दिया जाए न कि गोष्ठियों आदि पर***–शिक्षा के क्षेत्र में एक भ्रान्तिपूर्ण धारणा बन गई है कि गोष्ठियों, अभिनवन पाठ्यचर्याओं तथा कार्यशालाओं द्वारा ही शैक्षिक सुधार लाए जा सकते हैं। हाल ही में नई शिक्षा नीति के प्रचार के लिए देश में लगभग पाँच लाख शिक्षकों को प्रशिक्षण देने की योजना बनाई गई और लाखों रुपये खर्च किए गए। अच्छा होगा यदि धन स्कूलों को सामग्री प्रदान करने के लिए जुटाया जाए।

बार-बार हम आर्थिक परेशानियों की बात करते हैं जबकि विवेकपूर्ण ढंग से अपनी प्राथमिकताएँ तय करने और उसी के अनुसार धनराशि जुटाना हमारे अपने हाथों में है।

6. ***उच्च शिक्षा पर खर्च***–उच्च शिक्षा पर किए जा रहे अत्यधिक खर्च को कम किया जाए और सामान्य शिक्षा में सुधार लाया जाए।

7. ***वित्तीय साधन***–नई शिक्षा नीति के संदर्भ में वित्तीय बाधाओं का जिक्र करना आवश्यक है। समता, गुणवत्ता अथवा विविधीकरण के प्रश्न की ओर ध्यान देने पर यह अनिवार्य जान पड़ता है कि इन सबके लिए वित्तीय साधनों की व्यवस्था की जाए। हमने शिक्षा नीति तो बना ली परन्तु इसका कार्यान्वयन करने के लिए कितना खर्च होगा और वह कहाँ से आएगा, इस पर सोच-विचार नहीं किया गया।

वास्तव में पहले हमें अपने वित्तीय साधनों को देखना चाहिए और उन्हीं के अनुसार अपनी प्राथमिकताएँ निर्धारण करके शिक्षा नीति बनानी चाहिए।

राष्ट्रीय शिक्षा नीति 1986 का कार्यान्वयन : कार्य योजना 1986
(Implementation of NPE 1986 and The Programme of Action)

राष्ट्रीय शिक्षा नीति के क्रियान्वयन के लिए भारत सरकार, मानव संसाधन मंत्रालय (Govt. of India, Ministry of Human Resource Development) ने 23 कार्यदल गठित किए। इन कार्यदलों में प्रसिद्ध शिक्षाशास्त्री, विशेषज्ञ तथा वरिष्ठ सरकारी अधिकारियों को शामिल किया गया। इन कार्यदलों ने अपने-अपने क्षेत्र में स्थिति की समीक्षा की तथा जुलाई 1986 में अपनी सिफारिशें प्रस्तुत कीं। इन सिफारिशों पर 21 जुलाई, 1986 को

राज्यों एवं केन्द्रशासित क्षेत्रों के शिक्षा-सचिवों तथा प्रशासकों की बैठक में विचार-विमर्श हुआ। इसके पश्चात् इन सुझावों को ध्यान में रखते हुए संसाधन विकास मंत्रालय ने 'प्रोग्राम ऑफ एक्शन' तैयार किया। 2 अगस्त, 1986 को इस प्रोग्राम पर केन्द्रीय शिक्षा सलाहकार बोर्ड ने विचार-विमर्श किया। केन्द्रीय शिक्षा सलाहकार बोर्ड (Central Advisory Board of Education) की सहमति के पश्चात् प्रोग्राम को संसद् में प्रस्तुत किया गया। संसद ने अगस्त के तीसरे सप्ताह में इसे स्वीकृति प्रदान कर दी।

विभिन्न विषयों पर कार्यदल (Task Force on Different Subjects)

1. शिक्षा प्रणाली को लागू करना।
2. स्कूल शिक्षा की विषय-वस्तु और प्रक्रिया।
3. महिलाओं की समानता के लिए शिक्षा।
4. अनुसूचित जातियों, अनुसूचित जनजातियों और अन्य पिछड़े वर्गों की शिक्षा।
5. अल्पसंख्यकों की शिक्षा।
6. विकलांगों की शिक्षा।
7. प्रौढ़ तथा सतत् शिक्षा।
8. शिशु देखभाल और शिक्षा।
9. प्रारम्भिक शिक्षा (औपचारिक शिक्षा तथा ऑपरेशन ब्लैक बोर्ड सहित)।
10. माध्यमिक शिक्षा तथा नवोदय विद्यालय।
11. व्यावसायीकरण।
12. उच्च शिक्षा।
13. खुला विश्वविद्यालय तथा दूरस्थ शिक्षा।
14. तकनीकी तथा प्रबन्ध शिक्षा।
15. अनुसंधान तथा विकास।
16. संचार माध्यम तथा शैक्षिक प्रौद्योगिकी।
17. डिग्रियों को नौकरियों से अलग करना और जन-शक्ति आयोजन।
18. सांस्कृतिक परिप्रेक्ष्य तथा भाषा नीति का कार्यान्वयन।
19. खेल, शारीरिक शिक्षा तथा युवा।
20. मूल्यांकन प्रणाली तथा परीक्षा सुधार।
21. शिक्षा और उनका प्रशिक्षण।
22. शिक्षा का प्रबन्ध।
23. ग्रामीण विश्वविद्यालय संस्थाएँ।

कार्ययोजन के परिणामस्वरूप नयी योजनाएँ जो आरम्भ की गई – 1. राष्ट्रीय शिक्षा व्यवस्था की संरचना।

2. पाठ्यक्रम का निर्माण।
3. ऑपरेशन ब्लैक बोर्ड योजना।
4. नवोदय प्रणाली की स्थापना।
5. शिक्षा का व्यावसायीकरण।
6. शिक्षकों के लिए नवाचार कार्यक्रम।

7. नयी शैक्षिक संस्थाओं की स्थापना।

इन सब विषयों पर अलग से चर्चा की गई है।

उपसंहार – 1986 की शिक्षा नीति आजादी के बाद शिक्षा के इतिहास में एक अहम् कदम था। इसका उद्देश्य राष्ट्र की प्रगति को बढ़ाना तथा सामान्य नागरिकता व संस्कृति और राष्ट्रीय एकता की भावना को सुदृढ़ करना था। इसमें शिक्षा प्रणाली के सर्वांगीण पुनर्निमाण तथा हर स्तर पर शिक्षा की गुणवत्ता को ऊँचा उठाने पर जोर दिया गया है। साथ ही इस शिक्षा नीति में विज्ञान और प्रौद्योगिकी पर, नैतिक मूल्यों को विकसित करने पर तथा शिक्षा और जीवन में गहरा रिश्ता कायम करने पर भी ध्यान दिया गया है। शिक्षा को वर्तमान तथा भविष्य के निर्माण का अनुपम साधन माना है। इसी सिद्धान्त को राष्ट्रीय शिक्षा नीति के निर्माण की धुरी माना गया है। 'सबके लिए शिक्षा' हमारे भौतिक और आध्यात्मिक विकास की बुनियादी आवश्यकता स्वीकार की गई है।

5

संशोधित राष्ट्रीय शिक्षा नीति 1992 तथा कार्य-योजना

(Modified National Policy on Education, 1992 and The Programme of Action)

नई शिक्षा नीति, 1986 में संशोधन की आवश्यकता (Need for Modification in NPE)

नई शिक्षा नीति (1986) में कहा गया था कि प्रत्येक पाँच वर्ष के पश्चात् नीति के संदर्भ में किए जा रहे कार्यों की समीक्षा की जाएगी तथा उसमें उचित परिवर्तन किए जाएँगे।

राष्ट्रीय शिक्षा नीति (1986) की समीक्षा 1990-92 के दौरान की गई। इस समीक्षा में राममूर्ति शिक्षा समीक्षा समिति, 1990 तथा जनार्दन शिक्षा समीक्षा समिति (1992) ने अपनी संस्तुतियाँ दीं।

राष्ट्रीय शिक्षा नीति (1986) में जो प्रमुख संशोधन किए गए हैं, उनका उल्लेख नीचे किया जा रहा है।

शिक्षा नीति के कुल भागों की संख्या 12 है। भाग 1, 2, 7, 9 तथा 12 में कोई परिवर्तन नहीं। भाग 4 तथा 5 में दो पैरे जोड़े गए हैं।

राष्ट्रीय शिक्षा नीति (1986): पैरा 3.3: शिक्षा ढाँचा – राष्ट्रीय शिक्षा व्यवस्था के अंतर्गत यह जरूरी है कि सारे देश में एक ही प्रकार की शैक्षिक संरचना हो। 10+2+3 के ढाँचे को पूरे देश में स्वीकार कर लिया गया है। इस ढाँचे के पहले दस वर्षों के संबंध में यह प्रयत्न किया जाएगा कि उसका विभाजन इस प्रकार हो–प्रारभिक शिक्षा में 5 वर्ष का प्राथमिक स्तर और 3 वर्ष का उच्च प्राथमिक स्तर तथा उसके बाद 2 वर्ष का हाईस्कूल।

संशोधित (1992): पैरा 3.3 – राष्ट्रीय शिक्षा व्यवस्था के अंतर्गत यह जरूरी है कि सारे देश में एक ही प्रकार की शैक्षिक संरचना हो। 10+2+3 के ढाँचे को पूरे देश में स्वीकार कर लिया गया है। इस ढाँचे के पहले दस वर्षों के संबंध में यह प्रयत्न किया जाएगा कि उसका विभाजन इस प्रकार हो–प्रारंभिक शिक्षा में 5 वर्ष का प्राथमिक स्तर और

3 वर्ष का उच्च प्राथमिक स्तर तथा उसके बाद 2 वर्ष का हाईस्कूल। इस बात के भी प्रयास किए जाएँगे कि +2 स्तर देश-भर में स्कूल शिक्षा प्रणाली का एक अंश स्वीकार कर लिया जाए।

राष्ट्रीय शिक्षा नीति (1986): पैरा 3.12 – विश्वविद्यालय अनुदान आयोग, अखिल भारतीय तकनीकी शिक्षा परिषद्, भारतीय कृषि अनुसंधान परिषद् और भारतीय चिकित्सा परिषद् जैसी संस्थाओं को और अधिक मजबूत बनाया जाएगा ताकि वे राष्ट्रीय शिक्षा व्यवस्था को सँवारने में अपनी भूमिका अदा कर सकें। इन सभी संस्थाओं को एक समेकित योजना के द्वारा जोड़ा जाएगा ताकि इनमें आपस में कार्यात्मक संबंध स्थापित हों तथा अनुसंधान और स्नातकोत्तर शिक्षा के कार्यक्रम मजबूत बन सकें। इन संघटनों को तथा राष्ट्रीय शैक्षिक अनुसंधान और प्रशिक्षण परिषद्, राष्ट्रीय शैक्षिक योजना और प्रशासन संस्थान तथा अंतर्राष्ट्रीय विज्ञान एवं प्रौद्योगिकी संस्थान को शिक्षा नीति के कार्यान्वयन में सहभागी बनाया जाएगा।

संशोधित (1992): पैरा 3.12 – राष्ट्रीय शिक्षा व्यवस्था को कार्यरूप देने में महत्त्वपूर्ण भूमिका अदा करने के लिए जिन संस्थाओं को सुदृढ़ बनाया जाएगा, वे हैं–विश्वविद्यालय अनुदान आयोग, अखिल भारतीय तकनीकी शिक्षा परिषद्, भारतीय कृषि अनुसंधान परिषद् और भारतीय चिकित्सा परिषद्। इन सभी निकायों में एकीकृत योजना शुरू करनी होगी ताकि इनमें आपस में कार्यात्मक संबंध स्थापित हो तथा अनुसंधान और स्नातकोत्तर शिक्षा के कार्यक्रम मजबूत बन सकें। राष्ट्रीय शैक्षिक अनुसंधान और प्रशिक्षण परिषद्, राष्ट्रीय शैक्षिक योजना और प्रशासन संस्थान, राष्ट्रीय शिक्षक शिक्षा परिषद् और राष्ट्रीय प्रौढ़ शिक्षा संस्थान सहित इन संस्थाओं को शिक्षा नीति के कार्यान्वयन में सहभागी बनाया जाएगा।

अनुसूचित जातियों की शिक्षा

राष्ट्रीय शिक्षा नीति (1986): पैरा 4.5 — अनुसूचित जातियों के लिए शैक्षिक सुविधाओं का विस्तार करने के लिए राष्ट्रीय ग्रामीण रोजगार कार्यक्रम तथा ग्रामीण भूमिहीन रोजगार गारण्टी कार्यक्रम के साधनों का उपयोग करना।

संशोधित (1992): पैरा 4.5 — अनुसूचित जातियों के लिए शैक्षिक सुविधाओं का विस्तार करने के लिए जवाहर रोजगार योजना के साधनों का उपयोग करना।

अनुसूचित जनजातियों की शिक्षा

राष्ट्रीय शिक्षा नीति (1986): पैरा 4.6(i) — आदिवासी इलाकों में प्राथमिक शालाएँ खोलने के काम को प्राथमिकता दी जाएगी। इन क्षेत्रों में स्कूल भवनों के निर्माण का कार्य शिक्षा के बजट, राष्ट्रीय ग्रामीण रोजगार कार्यक्रम, ग्रामीण रोजगार गारण्टी कार्यक्रम, जनजातीय कल्याण योजनाओं आदि के अंतर्गत प्राथमिकता के आधार पर हाथ में लिया जाएगा।

संशोधित (1992): पैरा 4.6(i) – आदिवासी इलाकों में प्राथमिक शालाएँ खोलने के काम को प्राथमिकता दी जाएगी। इन क्षेत्रों में स्कूल भवनों के निर्माण का कार्य शिक्षा के लिए आबंटित सामान्य निधियों के अधीन और साथ ही जवाहर रोजगार योजना और जनजातीय कल्याण योजनाओं आदि के अंतर्गत प्राथमिकता के आधार पर किया जाएगा।

प्रौढ़ शिक्षा

राष्ट्रीय शिक्षा नीति (1986): पैरा 4.11 — आज विकास का अहम मुद्दा यह है कि किस तरह कुशलताओं को निरंतर बढ़ाया जाए और समाज को जिस तरह की और जिस मात्रा में जनशक्ति की जरूरत हो, उसे तैयार किया जाए। विकास के कार्यक्रमों में उन लोगों की भागीदारी बहुत जरूरी है जिनको उनका लाभ मिलना है। प्रौढ़ शिक्षा को राष्ट्रीय लक्ष्यों से जोड़ा जाएगा। इन राष्ट्रीय लक्ष्यों में ये सब शामिल हैं–निर्धनता को दूर करना, राष्ट्रीय एकता, पर्यावरण संरक्षण, लोगों की सांस्कृतिक सृजनशीलता का संवर्धन, छोटे परिवार के आदर्श का पालन, महिलाओं की समानता इत्यादि। प्रौढ़ शिक्षा के वर्तमान कार्यक्रमों का पुनरावलोकन करके उन्हें मजबूत बनाया जाएगा।

संशोधित (1992): पैरा 4.11 — सम्पूर्ण राष्ट्र साक्षरता मिशन के माध्यम से निरक्षरता उन्मूलन विशेष रूप से सम्पूर्ण साक्षरता अभियानों पर विशेष बल देते हुए विभिन्न उपायों द्वारा 15–35 आयु वर्ग में निरक्षरता उन्मूलन के लिए वचनबद्ध है। केन्द्र और राज्य सरकारों, राजनीतिक दलों और जन संघटनों, जनसंचार माध्यमों और शिक्षा संस्थाओं, शिक्षकों, छात्रों, युवाओं, स्वैच्छिक एजेंसियों, सामाजिक कार्यकर्ता समूहों और नियोक्ताओं को जन शिक्षा अभियानों के प्रति अपनी प्रतिबद्धता दोहरानी चाहिए जिसमें साक्षरता, कार्यसाधक ज्ञान और कौशल और सामाजिक–आर्थिक वास्तविकता के प्रति शिक्षार्थियों की जागरूकता और इसमें परिवर्तन कर सकने की संभावना शामिल है।

राष्ट्रीय शिक्षा नीति (1986): पैरा 4.12 — समूचे देश को निरक्षरता उन्मूलन के लिए निष्ठापूर्वक कटिबद्ध होना है, खासकर 15–35 आयु वर्ग के निरक्षर लोगों को। केन्द्रीय सरकार और राज्य सरकारों, राजनीतिक दलों तथा उनके जन–संघटनों, जनसंचार के माध्यमों और शिक्षा संस्थाओं को विविध प्रकार के जन–साक्षरता कार्यक्रमों को सफल बनाने के लिए प्रतिबद्ध होना होगा। इस कार्य में शिक्षकों, युवा–वर्ग, छात्र–छात्राओं, स्वैच्छिक संस्थाओं और नियोजकों आदि को बड़े पैमाने पर शामिल करना होगा। शोध संस्थानों की सहायता से शैक्षिक पहलुओं में सुधार लाने के ठोस प्रयास किए जाएँगे। साक्षरता के अलावा, कार्यात्मक ज्ञान और कुशलताओं का विकास, तथा शिक्षार्थियों में सामाजिक–आर्थिक वास्तविकता की समझ पैदा करना और इस स्थिति को बदल सकने की संभावना के प्रति उन्हें सचेत बनाना प्रौढ़ शिक्षा का अंग होगा।

संशोधित (1992): पैरा 4.12 — चूँकि विकास कार्यक्रमों में साक्षरता अभियानों के सहभागियों का शामिल करना अत्यधिक महत्त्वपूर्ण है, राष्ट्रीय साक्षरता मिशन को निर्धनता उन्मूलन, राष्ट्रीय एकता, पर्यावरण संरक्षण, छोटे परिवार के आदर्श, महिला समानता को बढ़ावा, प्राथमिक शिक्षा का सर्वसुलभीकरण, प्राथमिक स्वास्थ्य देखभाल आदि जैसे राष्ट्रीय लक्ष्यों के अनुरूप ढालना होगा। यह लोगों की सांस्कृतिक सृजनात्मकता में गतिशीलता लाने और विकास प्रक्रिया में उनकी भागीदारी को सुकर भी बनाएगा।

राष्ट्रीय शिक्षा नीति (1986): पैरा 4.13 — विभिन्न पद्धतियों और माध्यमों का उपयोग करते हुए प्रौढ़ शिक्षा तथा सतत शिक्षा का एक व्यापक कार्यक्रम कार्यान्वित किया जाएगा। इसके अंतर्गत निम्न प्रकार के कार्यक्रम आएँगे–

(क) ग्रामीण क्षेत्रों में सतत शिक्षा केन्द्रों की स्थापना,

(ख) नियोजकों, मजदूर संघटन और संबंधित सरकारी एजेंसियों के द्वारा श्रमिकों की शिक्षा,

(ग) उच्च शिक्षा की संस्थाओं द्वारा सतत शिक्षा,

(घ) पुस्तकों के लेखन व प्रकाशन को तथा पुस्तकालयों और वाचनालयों को बड़े पैमाने पर प्रोत्साहन,

(ङ) जन-शिक्षण और समूह शिक्षण के साधन के रूप में रेडियो, दूरदर्शन और फिल्मों का उपयोग,

(च) शिक्षार्थियों के समूहों और संघटनों का सृजन,

(छ) दूर-शिक्षण के कार्यक्रम,

(ज) स्वाध्याय और स्वयं-शिक्षण में सहायता की व्यवस्था, और

(झ) आवश्यकता और रुचि पर आधारित व्यावसायिक प्रशिक्षणक कार्यक्रम।

संशोधित पैरा (1992): 4.13 — प्राथमिक शिक्षा प्राप्त कर चुके नवसाक्षरों और युवाओं को उत्तर साक्षरता और सतत शिक्षा के व्यापक कार्यक्रम सुलभ कराए जाएँगे ताकि वे अपनी शिक्षा साक्षरता कौशल को बनाए रख सकें और उसमें सुधार ला सकें तथा अपने जीवन और कार्यदशा में सुधार के लिए इसका उपयोग कर सकें। इनमें निम्नलिखित कार्यक्रम शामिल होंगे–

(क) विविध प्रकार के सतत शिक्षा केन्द्रों की स्थापना ताकि प्रौढ़ अपनी रुचि की शिक्षा जारी रख सकें,

(ख) नियोजकों, मजदूर संघों और सरकार के माध्यम से श्रमिकों की शिक्षा,

(ग) पुस्तकों, पुस्तकालयों और वाचनालयों को व्यापक प्रोत्साहन,

(घ) जन-शिक्षण और समूह शिक्षण के साधन के रूप में रेडियो, दूरदर्शन और फिल्मों का उपयोग,

(च) शिक्षार्थियों के समूहों और संघटनों का सृजन, और

(छ) दूरस्थ शिक्षा के कार्यक्रम।

नया पैरा (1992) 4.14 — आज का एक महत्वपूर्ण विकारा-मुद्दा कौशलों के सतत स्तरोन्नयन से संबंधित है ताकि समाज की आवश्यकता के अनुकूल अपेक्षित जनशक्ति संसाधनों का सृजन किया जा सके। इसलिए रोजगार/स्वरोजगारोन्मुख तथा आवश्यकता और रुचि पर आधारित व्यावसायिक और कौशल कार्यक्रमों के आयोजन पर विशेष बल दिया जाएगा।

प्रारंभिक अथवा प्रारंभिक शिक्षा

राष्ट्रीय शिक्षा नीति (1986): पैरा 5.5 — प्रारंभिक शिक्षा की नई दिशा में दो बातों पर विशेष बल दिया जाएगा;

(क) 14 वर्ष की अवस्था तक के सब बच्चों को विद्यालयों में भरती और उनका विद्यालय में टिके रहना, और

(ख) शिक्षा की गुणवत्ता में सुधार।

संशोधित (1992): पैरा 5.5 — प्रारंभिक शिक्षा की नई दिशा में इन तीन पहलुओं पर बल दिया जाएगा:

(i) सार्वजनिक पहुँच और नामांकन,

(ii) 14 वर्ष के बच्चों को शिक्षा क्षेत्र में बनाए रखना, और

(iii) शिक्षा की गुणवत्ता में पर्याप्त सुधार ताकि सभी बच्चे आवश्यक स्तर तक शिक्षा प्राप्त कर सकें।

विद्यालयों में सुविधाएँ

राष्ट्रीय शिक्षा नीति (1986): पैरा 5.7 — प्राथमिक विद्यालयों में आवश्यक सुविधाओं की व्यवस्था की जाएगी। इनमें किसी भी मौसम में काम देने लायक कम से कम दो बड़े कमरे, आवश्यक खिलौने, ब्लैक बोर्ड, नक्शे, चार्ट और अन्य शिक्षण सामग्री शामिल हैं। हर स्कूल में कम से कम दो शिक्षक होंगे, इनमें एक महिला होगी। यथासंभव जल्दी ही प्रत्येक कक्षा के लिए एक-एक शिक्षक की व्यवस्था की जाएगी। पूरे देश में प्राथमिक विद्यालयों की दशा को सुधारने के लिए एक क्रमिक अभियान शुरू किया जाएगा जिसका सांकेतिक नाम 'ऑपरेशन ब्लैक बोर्ड' होगा। इस कार्य में शासन, स्थानीय निकाय, स्वयंसेवी संस्थाओं और व्यक्तियों की पूरी भागीदारी होगी। राष्ट्रीय ग्रामीण रोजगार कार्यक्रम और ग्रामीण भूमिहीन रोजगार गारंटी कार्यक्रम की निधियों का पहला उपयोग स्कूल की इमारतों के बनाने में होगा।

संशोधित (1992): पैरा 5.7 — प्राथमिक विद्यालयों में अनिवार्य सुविधाओं की व्यवस्था की जाएगी। सभी मौसमों में उपयोग योग्य पर्याप्त रूप से तीन बड़े कमरों तथा ब्लैक बोर्डों, नक्शों, चार्टों, खिलौनों, अन्य आवश्यक अध्ययन सहायक सामग्री और स्कूल पुस्तकालय की व्यवस्था करने के लिए ऑपरेशन ब्लैक बोर्ड के क्षेत्र को बढ़ाया जाएगा। कम से कम तीन शिक्षकों को प्रत्येक स्कूल में कार्य करना चाहिए, और यह संख्या यथाशीघ्र एक कक्षा के लिए एक शिक्षक तक बढ़ा दी जाए। भविष्य में भर्ती किए जाने वाले शिक्षकों में कम से कम 50% महिलाएँ होंगी। ऑपरेशन ब्लैक बोर्ड का विस्तार कर उसे उच्च प्राथमिक स्तर पर भी लागू किया जाएगा। स्कूल भवनों के निर्माण को जवाहर रोजगार योजना निधियों में प्राथमिकता दी जाएगी।

अनौपचारिक शिक्षा

राष्ट्रीय शिक्षा नीति (1986): पैरा 5.8 — ऐसे बच्चे जो बीच में स्कूल छोड़ गए हैं, या जो ऐसे स्थानों पर रहते हैं जहाँ स्कूल नहीं है या जो काम में लगे हैं, और वे लड़कियाँ जो दिन के स्कूल में पूरे समय नहीं जा सकतीं, इन सबके लिए एक विशाल और व्यवस्थित अनौपचारिक शिक्षा का कार्यक्रम चलाया जाएगा।

संशोधित (1992): पैरा 5.8 — स्कूल छोड़ने वालों, बिना स्कूलोंवाली बस्तियों के बच्चों, कामकाजी बच्चों और पूरे दिन स्कूल में न रह सकने वाली बालिकाओं के लिए तैयार किए गए अनौपचारिक शिक्षा कार्यक्रम को सुदृढ बनाया जाएगा तथा उसका विस्तार किया जाएगा।

राष्ट्रीय शिक्षा नीति (1986): पैरा 5.9 — अनौपचारिक शिक्षा केन्द्रों में सीखने की प्रक्रिया को सुधारने के लिए आधुनिक टेक्नॉलोजी के उपकरणों की सहायता ली जाएगी। इन केन्द्रों में अनुदेशक के तौर पर काम करने के लिए स्थानीय समुदाय के प्रतिभावान और निष्ठावान युवकों और युवतियों को चुना जाएगा और उनके प्रशिक्षण की विशेष व्यवस्था की जाएगी। अनौपचारिक धारा में शिक्षा प्राप्त करने वाले बच्चे योग्यतानुसार अनौपचारिक धारा के विद्यालयों में प्रवेश पा सकेंगे। इस बात पर पूरा ध्यान दिया जाएगा कि अनौपचारिक शिक्षा का स्तर औपचारिक शिक्षा के समतुल्य हो।

संशोधित (1992): पैरा 5.9 — अनौपचारिक शिक्षा केन्द्रों के अधिगम वातावरण को सुधारने के लिए आधुनिक प्रौद्योगिकीय साधनों का प्रयोग किया जाएगा। स्थानीय समाज से प्रतिभावान और समर्पित युवकों और युवतियों को अनुदेशकों के रूप में कार्य करने के लिए चुना जाएगा और उनके प्रशिक्षण की ओर विशेष ध्यान दिया जाएगा। यह सुनिश्चित करने के सभी आवश्यक उपाय किए जाएँगे कि अनौपचारिक शिक्षा का स्तर अनौपचारिक शिक्षा के तुलनीय हो। अनौपचारिक शिक्षा पद्धति से पास होकर आने वाले बच्चों के औपचारिक पद्धति में पार्श्वीय प्रवेश को सुकर बनाने के लिए कदम उठाए जाएँगे।

राष्ट्रीय शिक्षा नीति (1986): पैरा 5.11 — अनौपचारिक शिक्षा केन्द्रों को चलाने का अधिकतर कार्य स्वंयसेवी संस्थाएँ और पंचायती राज की संस्थाएँ करेंगी। इस कार्य के लिए इन संस्थाओं को पर्याप्त धन समय पर दिया जाएगा। इस महत्त्वपूर्ण क्षेत्र की कुल जिम्मेवारी सरकार पर होगी।

संशोधित (1992): पैरा 5.11 — इस महत्त्वपूर्ण क्षेत्र की संपूर्ण जिम्मेवारी सरकार अपने ऊपर ले लेगी। गैर औपचारिक शिक्षा कार्यक्रमों को चलाने का अधिकार दायित्व स्वयंसेवी एजेंसियों और पंचायती राज की संस्थाएँ ले लेंगी। इन एजेंसियों को समय पर पर्याप्त धन दिया जाएगा।

प्राथमिक शिक्षा संबंधी एक संकल्प
(Resolve on Elementary Education)

राष्ट्रीय शिक्षा नीति (1986): पैरा 5.12 — नई शिक्षा नीति में स्कूल छोड़ जाने वाले बच्चों की समस्या के सुलझाने को उच्च प्राथमिकता दी जाएगी। बच्चों को बीच में स्कूल छोड़ने से रोकने के लिए स्थानीय परिस्थितियों के परिप्रेक्ष्य में इस समस्या का बारीकी से अध्ययन किया जाएगा और तद्नुसार प्रभावशाली उपाय खोजकर दृढ़ता के साथ उनका प्रयोग करने हेतु देशव्यापी योजना बनाई जाएगी। इस प्रयत्न का अनौपचारिक शिक्षा की व्यवस्था के साथ पूरा तालमेल होगा। यह सुनिश्चित किया जाएगा कि 1990 तक जो बच्चे 11 वर्ष के हो जाएँगे उन्हें विद्यालय में 5 वर्ष की शिक्षा या अनौपचारिक धारा में इसकी समतुल्य शिक्षा अवश्य मिल जाए। इसी प्रकार 1995 तक 14 वर्ष की अवस्था वाले सभी बच्चों को निःशुल्क और अनिवार्य शिक्षा अवश्य दी जाएगी।

संशोधित (1992): पैरा 5.12 — नई शिक्षा नीति में स्कूल छोड़ जाने वाले बच्चों की समस्या को सर्वोच्च प्राथमिकता दी जाएगी तथा बच्चों को स्कूल में बनाए रखने को

सुनिश्चित करने के उद्देश्य से सूक्ष्म आयोजना पर आधारित बारीकी से तैयार की गई कार्यनीतियों की श्रृंखला अपनाई जाएगी जिसे देशभर में निम्न स्तरों पर लागू किया जाएगा। इस प्रयत्न का गैर-औपचारिक शिक्षा के साथ पूरा तालमेल होगा। यह सुनिश्चित किया जाएगा कि इक्कीसवीं सदी में प्रवेश करने से पूर्व 14 वर्ष की अवस्था वाले सभी बच्चों को संतोषप्रद गुणवत्ता वाली निःशुल्क और अनिवार्य शिक्षा प्रदान की जाए। इस उद्देश्य की पूर्ति के लिए एक राष्ट्रीय मिशन शुरू किया जाएगा।

माध्यमिक शिक्षा

राष्ट्रीय शिक्षा नीति, (1986): पैरा 5.13 — माध्यमिक शिक्षा के स्तर पर विद्यार्थियों को विज्ञान, मानविकी और सामाजिक विज्ञानों की विशिष्ट भूमिकाओं का ज्ञान होने लगता है। इसी अवस्था पर बच्चों को इतिहासबोध और राष्ट्रीय परिप्रेक्ष्य सही ढंग से दिया जा सकता है। साथ ही इस अवस्था पर अपने संवैधानिक दायित्व और नागरिकों के अधिकारों से भी उन्हें परिचित हो जाना चाहिए। अच्छे शिक्षाक्रम द्वारा उनमें चेतन रूप से कर्मशीलता के और करुणाशील सामाजिक संस्कृति के संस्कार डाले जाएँगे। इस स्तर पर विशेष संस्थाओं में व्यवसायों को शिक्षा के द्वारा और माध्यमिक शिक्षा की पुर्नरचना के द्वारा देश के आर्थिक विकास के लिए मूल्यवान जनशक्ति जुटाई जा सकती है। जिन क्षेत्रों में अभी सैकेंडरी शिक्षा नहीं पहुँची है वहाँ तक इसे पहुँचाकर अधिक सुलभ बनाया जाएगा।

संशोधित (1992): पैरा 5.13 — माध्यमिक शिक्षा के स्तर पर विद्यार्थियों को विज्ञान, मानविकी और सामाजिक विज्ञानों की विशिष्ट भूमिकाओं का ज्ञान होने लगता है। इस स्तर पर बच्चों को इतिहासबोध और राष्ट्रीय दृष्टिकोण सही ढंग से प्रदान किया जा सकता है। साथ ही इस स्तर पर उन्हें अपने संवैधानिक दायित्वों और नागरिकों के अधिकारों से परिचित कराया जाना चाहिए। माध्यमिक शिक्षा तक पहुँच का विस्तार किया जाएगा। साथ ही इसमें विशेषकर विज्ञान, वाणिज्य और व्यावसायिक विषयों में लड़कियों, अनुसूचित जाति और जनजाति के बच्चों के नामांकन पर बल होगा। माध्यमिक शिक्षा बोर्डों को पुनर्गठित किया जाएगा और उन्हें स्वायत्तता प्रदान की जाएगी ताकि माध्यमिक शिक्षा की गुणवत्ता में सुधार लाने की उनकी क्षमता में वृद्धि हो सके। माध्यमिक स्तर की यथासंभव अधिक से अधिक संस्थाओं में कंप्यूटर साक्षरता प्रदान करने के लिए प्रयास किए जाएँगे ताकि बच्चों को कंप्यूटर संबंधी आवश्यक कौशल से सुसज्जित किया जा सके जिसका प्राविधिकी वाले उभरते हुए जगत् में उपयोग किया जा सके। समुचित पाठ्यचर्या के माध्यम से कर्मशीलता की और मानवीय तथा मिश्रित संस्कृति के मूल्यों की सही समझ पैदा की जा सकती है। इस स्तर पर विशिष्ट संस्थाओं के माध्यम से अथवा माध्यमिक शिक्षा की पुनर्रचना के माध्यम से व्यवसायीकरण लागू करके आर्थिक विकास के लिए मूल्यवान जनशक्ति जुटाई जा सकती है।

गति निर्धारक स्कूल

राष्ट्रीय शिक्षा नीति (1986): पैरा 5.15 — इस उद्देश्य की पूर्ति के लिए देश के विभिन्न भागों में एक निर्धारित ढाँचे पर गति निर्धारक विद्यालयों की स्थापना की जाएगी। इनमें नई-नई पद्धतियों को अपनाने तथा प्रयोग करने की छूट रहेगी। मोटे तौर पर इन विद्यालयों का

उद्देश्य होगा कि वे समता और सामाजिक न्याय के साथ शिक्षा में उत्कृष्टता लाएँ। अनुसूचित जातियों में देश के विभिन्न भागों के मुख्यतया ग्रामीण क्षेत्रों के प्रतिभाशाली बच्चे एक साथ रहकर पढ़ेंगे जिससे उनमें राष्ट्रीय एकता की भावना का विकास होगा। इन विद्यालयों में बच्चों को अपनी पूरी क्षमताओं का विकास करने का अवसर मिलेगा। सबसे बड़ी बात यह है कि ये विद्यालय समूचे देश में विद्यालय सुधार के कार्यक्रम में उठोरक का काम करेंगे। ये विद्यालय आवासीय और निःशुल्क होंगे।

संशोधित (1992): पैरा 5.15 — इस उद्देश्य की पूर्ति के लिए देश के अधिकांश भागों में एक निर्धारित नमूने पर किंतु नवाचार और प्रयोग के लिए पूरी छूट के साथ गतिनिर्धारक आवासीय विद्यालय अर्थात् नवोदय विद्यालय स्थापित किए गए हैं।

इन स्कूलों के व्यापक उद्देश्य, जो निम्नलिखित हैं, बने रहेंगे–समता और सामाजिक न्याय के साथ (ग्रामीण क्षेत्रों, अनुसूचित जातियों तथा अनुसूचित जनजातियों के लिए आरक्षण सहित) शिक्षा में उत्कृष्टता लाना, देश के विभिन्न भागों के प्रतिभाशाली बच्चों को एक साथ रखकर और शिक्षा प्रदान करके राष्ट्रीय एकता की भावना को विकसित करना, इकट्ठे रहना और सीखना, उनकी पूरी क्षमता को विकसित करना और इनमें से सबसे महत्त्वपूर्ण यह है कि देशव्यापी विद्यालय सुधार के कार्यक्रम में इनका उठोरक बनना।

व्यवसायीकरण

राष्ट्रीय शिक्षा नीति, (1986): पैरा 5.16 — शिक्षा के प्रस्तावित पुनर्गठन में व्यवस्थित और सुनियोजित व्यावसायिक शिक्षा के कार्यक्रम को दृढ़ता से क्रियान्वित करना बहुत ही जरूरी है। इससे व्यक्तियों के रोजगार पाने की क्षमता बढ़ेगी, आजकल कुशल कर्मचारियों की माँग और आपूर्ति में जो असंतुलन है, वह समाप्त होगा और ऐसे विद्यार्थियों को एक वैकल्पिक मार्ग मिल सकेगा जो इस समय बिना किसी विशेष रुचि या उद्देश्य के उच्च शिक्षा की पढ़ाई किए जाते हैं।

संशोधित (1992): पैरा 5.16 — प्रस्तावित शैक्षिक पुनर्गठन में व्यावसायिक शिक्षा के सुव्यवस्थित, सुनियोजित और कड़ाई से कार्यान्वित किए जानेवाले कार्यक्रमों का लागू किया जाना अत्यधिक महत्त्वपूर्ण है। इन तत्त्वों से छात्रों में कार्य और जीवन के प्रति एक स्वस्थ दृष्टिकोण विकसित होगा, प्रत्येक छात्र के रोजगार पाने की क्षमता बढ़ेगी, कुशल जनशक्ति की माँग और आपूर्ति के बीच असंतुलन कम होगा और बिना विशेष रुचि अथवा प्रयोजन के उच्चतर अध्ययन जारी रखनेवाले छात्रों के लिए एक विकल्प उपलब्ध हो जाएगा। उच्च माध्यमिक स्तर पर बच्चों को ऐसे व्यापक व्यावसायिक पाठ्यक्रम प्रदान करने का प्रयास किया जाएगा जो कि व्यवसाय-विशेष की श्रेणी में न आकर बहुविध व्यावसायिक क्षेत्रों से जुड़े हुए हों।

राष्ट्रीय शिक्षा नीति, (1986): पैरा 5.17 — व्यावसायिक शिक्षा अपने में शिक्षा की एक विशिष्ट धारा होगी जिसका उद्देश्य कई क्षेत्रों के चुने गए काम-धंधों के लिए विद्यार्थियों को तैयार करना होगा। ये कोर्स आमतौर पर सेकेंडरी शिक्षा के बाद दिए जाएँगे लेकिन इस योजना को लचीला रख जाएगा ताकि आठवीं कक्षा के बाद भी विद्यार्थी ऐसे

कोर्स ले सकें। औद्योगिक प्रशिक्षण संस्थान भी बड़ी व्यावसायिक शिक्षा के ढाँचे के अनुसार चलेंगे ताकि इनमें प्राप्त सुविधाओं का पूरा लाभ उठाया जा सके।

संशोधित (1992): पैरा 5.17 — व्यावसायिक शिक्षा एक भिन्न धारा भी होगी जिसका उद्देश्य छात्रों को विभिन्न प्रकार के क्रियाकलापों से जुड़े हुए निर्धारित व्यवसायों के लिए तैयार करना है। ये पाठ्यक्रम साधारणतया माध्यमिक स्तर के बाद प्रदान किए जाएँगे, किन्तु, इस योजना को लचीली रखते हुए वे कक्षा VIII के बाद भी उपलब्ध कराए जा सकते हैं।

राष्ट्रीय शिक्षा नीति, (1986): पैरा 5.23 — यह प्रस्ताव है कि उच्चतर माध्यमिक स्तर के विद्यार्थियों का दस प्रतिशत 1990 तक और 25 प्रतिशत 1995 तक व्यावसायिक पाठ्यचर्या में आ जाए। इस बात के लिए कदम उठाए जाएँगे कि व्यावसायिक शिक्षा पाकर निकले हुए विद्यार्थियों में से अधिकतर को या तो नौकरी मिले या वे अपना रोजगार स्वयं कर सकें। व्यावसायिक पाठ्यक्रमों का पुनरीक्षण नियमित रूप से किया जाएगा। माध्यमिक स्तर पर पाठ्यक्रमों के विविधीकरण को बढ़ावा देने के लिए सरकार अपने अधीन की जानेवाली भर्ती की नीति पर भी पुनः विचार करेगी।

संशोधित (1992): पैरा 5.23 — यह प्रस्ताव किया जाता है कि व्यावसायिक पाठ्यक्रमों में 1995 तक उच्चतर माध्यमिक स्तर के छात्रों को 10 प्रतिशत और 2000 तक 25 प्रतिशत छात्रों को सम्मिलित किया जाए। यह सुनिश्चित करने के लिए कदम उठाए जाएँगे कि व्यावसायिक पाठ्यक्रमों में सफलता पानेवाले छात्रों का काफी बड़ा प्रतिशत रोजगार पर अथवा स्वरोजगार पर लग जाता है। लागू किए गए पाठ्यक्रमों की नियमित रूप से समीक्षा की जाएगी। माध्यमिक स्तर पर विविधता को बढ़ावा देने के लिए सरकार अपनी भरती-नीति की भी समीक्षा करेगी।

राष्ट्रीय शिक्षा नीति (1986): पैरा 5.33 — भारत विद्या, मानविकी और सामाजिक विज्ञानों में अनुसंधान के लिए पर्याप्त सहायता दी जाएगी। ज्ञान के विभिन्न क्षेत्रों में संश्लेषण लाने की दृष्टि से अंतरविषयी अनुसंधान को प्रोत्साहन दिया जाएगा। इस बात का भी प्रयत्न होगा कि भारत के प्राचीन ज्ञान के आधार में पैठा जाए और उसे समकालीन वस्तुस्थिति से जोड़ा जाए। इसके लिए संस्कृत और अन्य श्रेष्ठ भाषाओं के गहन अध्ययन का विकास करना जरूरी होगा।

संशोधित (1992): पैरा 5.33 — भारत विद्या, मानविकी और सामाजिक विज्ञानों में अनुसंधान को पर्याप्त सहायता दी जाएगी। ज्ञान के संश्लेषण की आवश्यकता को पूरा करने के लिए अंतर विषयक अनुसंधान को प्रोत्साहित किया जाएगा। भारत के प्राचीन ज्ञान के भण्डार की खोज करने और इसे समकालीन वस्तुस्थिति से जोड़ने के प्रयास किए जाएँगे। इस प्रयास का अभिप्राय संस्कृत और अन्य प्राचीन भाषाओं के गहन अध्ययन के लिए सुविधाओं का विकास करना होगा। संस्कृत तथा अन्य प्राचीन भाषाओं में शिक्षण, अध्ययन तथा अनुसंधान को सुविधाएँ प्रदान करने और उनमें सुधार लाने के लिए एक स्वायत्त आयोग का गठन किया जाएगा।

खुला विश्वविद्यालय तथा सुदूर अध्ययन

राष्ट्रीय शिक्षा नीति (1986): पैरा 5.35 — उच्च शिक्षा के लिए अधिक अवसर देने और शिक्षा को जनतांत्रिक बनाने की दृष्टि से खुले विश्वविद्यालय की प्रणाली शुरू की गई है।

संशोधित (1992): पैरा 5.35 — शिक्षा को जन-जन का बनाने और इसे एक आजीवन प्रक्रिया बनाने के एक साधन के रूप में, उच्च शिक्षा के अवसर बढ़ाने के उद्देश्य से मुक्त अध्ययन पद्धति शुरू की गई है। मुक्त अध्ययन पद्धति का लचीलापन और नवचारिता विशेष रूप से हमारे देश के नागरिकों, जिनमें वे भी शामिल हैं जो व्यावसायिक धारा में सम्मिलित हुए थे, की विविध आवश्यकताओं के अनुकूल है।

राष्ट्रीय शिक्षा नीति (1986): पैरा 5.36 — इन उद्देश्यों के लिए 1985 में स्थापित 'इंदिरा गाँधी राष्ट्रीय खुला विश्वविद्यालय' को सुदृढ़ किया जाएगा।

संशोधित (1992): पैरा 5.36 — इन उद्देश्यों को पूरा करने के लिए 1985 में स्थापित 'इंदिरा गाँधी राष्ट्रीय खुला विश्वविद्यालय' को सुदृढ़ किया जाएगा। यह राज्यों में 'खुले' विश्वविद्यालय स्थापित करने में मदद भी करेगा।

राष्ट्रीय शिक्षा नीति (1986): पैरा 5.37 — इस प्रबल साधन का विकास एवं विस्तार सावधनी से और सोच-समझकर करना होगा।

संशोधित (1992): पैरा 5.37 — राष्ट्रीय खुला विश्वविद्यालय को सुदृढ़ किया जाएगा और देश के सभी भागों में माध्यमिक स्तर पर मुक्त अध्ययन सुविधाओं में चरणबद्ध रूप से विस्तार किया जाएगा।

डिग्री को नौकरी से अलग करना

राष्ट्रीय शिक्षा नीति (1986): पैरा 5.41 — नौकरियों को डिग्री से अलग करने के साथ-साथ क्रमिक रूप में एक राष्ट्रीय परीक्षण सेवा प्रारंभ की जाएगी। इसके द्वारा स्वैच्छिक रूप से विशिष्ट कार्यों के लिए प्रत्याशियों की उपयुक्तता की जाँच की जाएगी और इससे देश-भर में समतुल्य योग्यताओं के मानक स्थापित हो सकेंगे।

संशोधित (1992): पैरा 5.41 — नौकरियों को डिग्री से अलग करने के साथ-साथ राष्ट्रीय मूल्यांकन संघटन जैसा एक उपयुक्त तंत्र स्थापित किया जाएगा। इसका कार्य स्वैच्छिक रूप से विशिष्ट कार्यों के लिए प्रत्याशियों की उपयुक्तता की जाँच करना, देश-भर में समतुल्य योग्यताओं के मानक स्थापित करना तथा जाँच और मूल्यांकन की प्रक्रिया में संपूर्ण सुधार लाना होगा।

तकनीकी एवं प्रबंध शिक्षा

राष्ट्रीय शिक्षा नीति (1986): पैरा 6.12 — ग्रामीण क्षेत्रों में कुछ पॉलिटेकनिकों ने सामुदायिक पॉलिटेकनिकों की प्रणाली के माध्यम से कमजोर वर्गों को उत्पादक व्यवसायों में प्रशिक्षण देना शुरू किया है। सामुदायिक पॉलिटेनिक प्रणाली का मूल्यांकन किया जाएगा और समुचित रूप से इसके और समावेश को मजबूत बनाया जाएगा।

संशोधित (1992): पैरा 6.12 — ग्रामीण क्षेत्रों में कुछ पॉलिटेकनिकों ने सामुदायिक पॉलिटेकनिकों की प्रणाली के माध्यम से कमजोर वर्गों को उत्पादक व्यवसायों में प्रशिक्षण देना

शुरू किया है। सामुदायिक पॉलिटेकनिक प्रणाली का मूल्यांकन किया जाएगा और उसे समुचित रूप से मजबूत बनाया जाएगा ताकि इसकी गुणवत्ता और प्रसार को बढ़ाया जा सके।

प्रबंध कार्यकलाप और परिवर्तन

राष्ट्रीय शिक्षा नीति (1986): पैरा 6.19 — अखिल भारत तकनीकी शिक्षा परिषद् को विधिक प्राधिकार प्रदान किया जाएगा। परिषद् इस प्राधिकार के द्वारा तकनीकी शिक्षा का नियोजन करेगी, स्तरों और मानदण्डों का निर्धारण और अनुरक्षण, प्रत्यापन, प्राथमिकता प्राप्त क्षेत्रों के लिए वित्तीय व्यवस्था, अनुश्रवण और मूल्यांकन, प्रमाणन एवं पुरस्कारों की समकक्षता का निर्वहन, तकनीकी एवं प्रबंध शिक्षा के बीच समन्वय–ये सब कार्य संपन्न करेगी। समुचित रूप से गठित एक मान्यताप्राप्त बोर्ड निश्चित अवधियों पर अनिवार्य रूप से तकनीकी शिक्षा की प्रक्रिया का मूल्यांकन करेगा।

संशोधित (1992): पैरा 6.19 — अखिल भारत तकनीकी शिक्षा परिषद्, जिसे विधिक प्राधिकार प्रदान किया गया है, आयोजना, मानदण्डों और स्तरों के निर्धारण और अनुरक्षण, प्रत्यापन, प्राथमिकता प्राप्त क्षेत्रों के लिए वित्तीय व्यवस्था, अनुश्रवण और मूल्यांकन, प्रमाणन एवं पुरस्कारों की समकक्षता का निर्वहन, तथा तकनीकी और प्रबंध शिक्षा के समन्वित एवं एकीकृत विकास को सुनिश्चित करने के लिए उसको जवाबदेही होगी। समुचित रूप से गठित एक मान्यताप्राप्त बोर्ड नियतकालिक आधार पर अनिवार्य रूप से मूल्यांकन करेगा। परिषद् को सुदृढ़ बनाया जाएगा और परिषद् राज्य सरकारों तथा अच्छे तकनीकी संस्थानों की सहभागिता से विकेंद्रीकृत रूप में कार्य करेगी।

शिक्षा की विषय-वस्तु और प्रक्रिया को एक नया मोड़ देना

राष्ट्रीय शिक्षा नीति (1986): पैरा 8.16 और 8.17 — ***गणित शिक्षण:*** 8.16 गणित को एक ऐसा साधन माना जाना चाहिए जो बच्चों को सोचने, तर्क करने, विश्लेषण करने और अपनी बात को तर्कसंगत ढंग से प्रकट करने में समर्थ बना सकता है। एक विशिष्ट विषय होने के अतिरिक्त गणित को ऐसे किसी भी विषय का सहवर्ती माना जाना चाहिए जिसमें विश्लेषण और तर्कशक्ति की जरूरत होती है।

8.17 अब विद्यालयों में भी कंप्यूटरों का प्रवेश होने लगा है। इससे शैक्षिक कंप्यूटरी का मौका मिलेगा। कार्य-कारण संबंध को और चरों की पारस्परिक क्रिया को समझने और सीखने की प्रक्रिया को नई दिशा मिलेगी। गणित शिक्षण को इस प्रकार से पुनर्गठित किया जाएगा कि यह आधुनिक टेक्नोलॉजी के उपकरणों के साथ जुड़ सके।

संशोधित (1992): पैरा 8.16 और 8.17 — ***जनसंख्या शिक्षा:*** 8.16 जनसंख्या शिक्षा को निश्चय ही बढ़ती जनसंख्या को नियंत्रित करने की राष्ट्रीय नीति के एक महत्त्वपूर्ण अंग के रूप में समझा जाना चाहिए। प्राथमिक और माध्यमिक स्तरों से शुरू करते हुए जनसंख्या की वृद्धि के कारण मँडराते हुए संकट के प्रति जागरूकता की भावना पैदा करने के साथ-साथ शैक्षिक कार्यक्रमों को युवाओं और प्रौढ़ों को परिवार नियोजन और जिम्मेदार माता-पिता की भूमिका से अवगत कराना चाहिए और इस दिशा में सक्रिय रूप से प्रेरित करना चाहिए।

खेल तथा शारीरिक शिक्षा

राष्ट्रीय शिक्षा नीति (1986): पैरा 8.20 और 8.21 — 8.20 खेल और शारीरिक शिक्षा सीखने की प्रक्रिया के अभिन्न अंग हैं और इन्हें विद्यार्थियों की कार्यसिद्धि के मूल्यांकन में शामिल किया जाएगा। शारीरिक शिक्षा और खेलकूद की राष्ट्रव्यापी अधोरचना (इंफ्रास्ट्रक्चर) को शिक्षा व्यवस्था का अंग बनाया जाएगा।

8.21 इस अधोरचना के तहत खेल के मैदानों और उपकरणों की व्यवस्था की जाएगी। शारीरिक शिक्षा के अध्यापकों की नियुक्ति होगी। शहरों में उपलब्ध खुले क्षेत्र खेलों के मैदान के लिए आरक्षित किए जाएँगे और यदि आवश्यक हुआ तो इसके लिए वैधानिक कार्रवाई की जाएगी। ऐसी खेल संस्थाएँ और छात्रावास स्थापित किए जाएँगे जहाँ आम शिक्षा के साथ-साथ खेलों की गतिविधियों और उनसे संबंद्ध अध्ययन पर विशेष ध्यान दिया जाएगा। खेलकूद में प्रतिभाशाली खिलाड़ियों को उपयुक्त प्रोत्साहन दिया जाएगा। भारत के पारंपरिक खेलों पर उचित बल दिया जाएगा। शरीर और मन के समेकित विकास के साधन के रूप में योग शिक्षा पर विशेष बल दिया जाएगा। सभी विद्यालयों में योग की शिक्षा की व्यवस्था के लिए प्रयास किए जाएँगे और इस दृष्टि से शिक्षक पाठ्यक्रमों में योग की शिक्षा भी सम्मिलित की जाएगी।

संशोधित (1992): पैरा 8.20 और 8.21 — 8.20 खेल तथा शारीरिक शिक्षा अध्ययन प्रक्रिया के अभिन्न भाग हैं और इसे निष्पादन के मूल्यांकन में शामिल किया जाएगा। समस्त राष्ट्र की शिक्षा संस्थाओं में शारीरिक शिक्षा, खेलकूद के लिए बुनियादी सुविधाओं का निर्माण किया जाएगा। इन बुनियादी सुविधाओं में स्कूल सुधार कार्यक्रम के भाग क रूप में खेल के मैदान, उपस्कर, प्रशिक्षक और शारीरिक शिक्षा के अध्यापक शामिल किए जाएँगे। शहरों में उपलब्ध खुले क्षेत्र खेलों के मैदानों के लिए आरक्षित किए जाएँगे और यदि आवश्यक हुआ तो इसके लिए विधिक कार्रवाई का आश्रय लिया जाएगा। ऐसी खेल संस्थाएँ और छात्रावास स्थापित किए जाएँगे जहाँ आम शिक्षा के साथ खेलों की गतिविधियों और उनसे संबद्ध अध्ययन की ओर विशेष ध्यान दिया जाएगा। खेलकूद में प्रतिभाशाली खिलाड़ियों को उपयुक्त प्रोत्साहन दिया जाएगा। स्वदेशी परंपरागत खेलों पर समुचित बल दिया जाएगा।

योग — 8.21 शरीर और मन के एकीकृत विकास के साधन के रूप में योग शिक्षा पर विशेष बल दिया जाएगा। सभी विद्यालयों में योग शिक्षा को प्रारंभ करने के प्रयास किए जाएँगे। इस उद्देश्य से इसे शिक्षक प्रशिक्षण पाठ्यक्रमों में लागू किया जाएगा।

मूल्यांकन प्रक्रिया और परीक्षा में सुधार

राष्ट्रीय शिक्षा नीति (1986): पैरा 8.25 — ये उद्देश्य बाह्य परीक्षाओं और शिक्षा-संस्थाओं के अंदर के मूल्यांकन दोनों के लिए प्रासंगिक हैं। संस्थागत मूल्यांकन की प्रणाली को सरल बनाया जाएगा और बाहरी परीक्षाओं की प्रचुरता को कम किया जाएगा।

संशोधित (1992): पैरा 8.25 — ये उद्देश्य शैक्षिक संस्थाओं के भीतर-बाह्य परीक्षाओं और मूल्यांकन दोनों के लिए प्रासंगिक हैं। संस्थागत स्तर पर मूल्यांकन की प्रणाली को सुचारू बनाया जाएगा और बाहरी परीक्षाओं की प्रचुरता को कम किया जाएगा। एक राष्ट्रीय परीक्षा

में सुधार कार्य-ढाँचा तैयार किया जाएगा जो उन परीक्षा निकायों को दिशा-निर्देश प्रदान करेगा जिन्हें यह स्वतंत्रता होगी कि विशिष्ट परिस्थितियों के अनुकूल वे इसमें नवीनता ला सकते हैं और इसे अपना सकते हैं।

शिक्षा का प्रबंध

नया पैरा (1992) — ***शिकायतों का निराकरण:*** 10.10 प्रशासनिक न्यायधिकरणों के अनुरूप ही राष्ट्रीय तथा राज्य स्तरों पर शैक्षिक न्यायाधिकरणों की स्थापना की जाएगी।

संसाधन तथा समीक्षा

राष्ट्रीय शिक्षा नीति (1986): पैरा 11.4 — इन अनिवार्यताओं को ध्यान में रखते हुए शिक्षा को राष्ट्रीय विकास और पुनरुत्थान के लिए पूँजी लगाने का एक अत्यंत आवश्यक क्षेत्र माना जाएगा। राष्ट्रीय शिक्षा नीति, 1968 में यह निर्धारित किया गया था कि शिक्षा पर होने वाले निवेश को धीरे-धीरे बढ़ाया जाए ताकि वह यथाशीघ्र राष्ट्रीय आय के 6 प्रतिशत तक पहुँच सके। चूँकि तब से अब तक शिक्षा पर लगी पूँजी का स्तर उस लक्ष्य से काफी कम रहा है, अत: यह अत्यंत महत्त्वपूर्ण है कि अब इस नीति में निर्धारित कार्यक्रमों की वित्तीय आवश्यकताओं को पूरा करने के लिए अधिक दृढ़ संकल्प दर्शाया जाए। यद्यपि, समय-समय पर विभिन्न कार्यक्रमों की प्रगति के जायजे के आधार पर वास्तविक आवश्यकताओं का अनुमान लगाया जाएगा, पर इस नीति के कार्यान्वयन में पूँजी निवेश जिस हद तक जरूरी होगा, उस हद तक सातवीं पंचवर्षीय योजना में बढ़ाया ही जाएगा। यह सुनिश्चित किया जाएगा कि आठवीं पंचवर्षीय योजना से शुरू करके वह राष्ट्रीय आय के 6 प्रतिशत से सर्वदा अधिक हो।

संशोधित (1992): पैरा 11.4 — इन अनिवार्यताओं को ध्यान में रखते हुए शिक्षा को राष्ट्रीय विकास और पुनरुत्थान के लिए पूँजी लगाने का एक अत्यंत आवश्यक क्षेत्र माना जाएगा। राष्ट्रीय शिक्षा नीति 1968 में यह निर्धारित किया गया था कि शिक्षा पर होने वाले निवेश को धीरे-धीरे बढ़ाया जाए ताकि वह यथाशीघ्र राष्ट्रीय आय के 6 प्रतिशत तक पहुँच सके। चूँकि तब से अब तक शिक्षा पर लगी पूँजी का स्तर उस लक्ष्य से काफी कम रहा है, अत: यह महत्त्वपूर्ण है कि अब इस नीति में निर्धारित कार्यक्रमों की वित्तीय आवश्यकताओं को पूरा करने के लिए अधिक दृढ़ संकल्प दर्शाया जाए। यद्यपि मानीटरिंग और समीक्षा के आधार पर वास्तविक आवश्यकताओं का आकलन समय-समय पर किया जाएगा तथापि शिक्षा पर परिव्यय को यह सुनिश्चित किए जाने के वास्ते बढ़ाया जाएगा कि आठवीं पंचवर्षीय योजना के दौरान तथा इसके बाद भी, यह सर्वदा राष्ट्रीय आय के 6 प्रतिशत से अधिक होगा।

संशोधित राष्ट्रीय शिक्षा नीति 1992 संबंधी कार्य-योजना
(Programme of Action on Modified National Policy on Education 1992)

नीति के संशोधन के परिणामस्वरूप, सरकार ने 1992 में एक संशोधित कार्यवाही योजना (का. योजना) भी तैयार की। कार्यवाही योजना, 1992 में इस बात पर बल दिया गया

है कि प्रथम तथा प्रमुख कार्य शिक्षा के प्रबंध में सुधार करना है और शैक्षिक आयोजना तथा प्रशासन के सभी स्तरों पर लागत प्रभावित और जवाबदेही की एक विशिष्ट प्रकृति विकसित की जानी आवश्यक है। दक्षता का मापदण्ड बजट खर्च करने और नई माँग प्रस्तुत करने की क्षमता ही नहीं बल्कि निष्पादन-कार्य की पूर्ति होनी चाहिए। कार्यवाही योजना, 1992 में घटिया संस्थाओं की अनियोजित वृद्धि रोकने के लिए कहा गया है। कार्यक्रम में यह परिकल्पना की गई है कि राज्यों द्वारा अपनी-अपनी कार्यवाही योजनाएँ राष्ट्रीय नीति तथा स्थितिगत आवश्यकताओं को ध्यान में रखते हुए तैयार की जाएँगी। राज्य कार्यवाही योजनाओं को शीघ्र क्रियान्वित किए जाने के उद्देश्य से चार क्षेत्रीय कार्यशालाएँ आयोजित की गई थीं। आशा है कि राज्य कार्यवाही योजनाएँ शीघ्र ही तैयार हो जाएँगी।

अन्य बातों के साथ-साथ, कार्यवाही योजना प्रारंभिक शिक्षा जन-जन तक पहुँचाए जाने की रणनीति पर बल देती है जिसमें अलग-अलग लक्ष्य निर्धारण और आठवीं योजना में विकेन्द्रीकृत आयोजना को अपनाए जाने की परिकल्पना की गई है। शैक्षिक रूप से पिछड़े हुए जिलों और उन जिलों में जहाँ कि साक्षरता अभियान सफल रहे हैं, जिनके फलस्वरूप प्राथमिक शिक्षा की माँग बढ़ गई है, प्राथमिक शिक्षा के सुधार के लिए एक नई योजना शुरू की जा रही है। इन जिलों में, प्रारंभिक शिक्षा को जन-जन तक पहुँचाए जाने के लक्ष्यों की पूर्ति के लिए जिला विशेष और जनसंख्या विशेष योजनाएँ तैयार की जा रही हैं। शैक्षिक रूप से पिछड़े हुए लगभग 200 जिलों, जहाँ महिला-साक्षरता राष्ट्रीय औसत से कम है, में से 20 से 25 जिलों को 1993-94 में जिला योजनाएँ तैयार करने के लिए लिया जाएगा। इसने पुनःसंरचित ऑपरेशन-ब्लैक बोर्ड के जरिए स्कूली-सुविधाओं में सुधार का भी सुझाव दिया है जिसका विस्तार अपर प्राथमिक स्तर तक कर दिया जाएगा। कार्यक्रम में इस बात का ध्यान रखा गया है कि पूर्ण साक्षरता अभियान व्यवहार्य मॉडल के रूप में उभरकर आया। इसने सार्वजनिक प्रौढ़ साक्षरता की अवधारणा को एक निराशाजनक स्वप्न से एक निष्पाथ संभावना में बदल दिया है। ये अभियान क्षेत्र विशिष्ट, समयबद्ध, स्वयंसेवी आधारित, लागत प्रभावी और परिमाणोन्मुखी हैं। 8 राज्यों में हुए 30 जिलों में पूर्ण साक्षरता अभियान पहले ही सफलतापूर्वक पूरे कर लिये गये हैं और 4 करोड़ से अधिक लोगों को शामिल करते हुए 182 जिलों में ये अभियान या तो आंशिक रूप से अथवा पूर्ण रूप से चल रहे हैं।

कार्यवाही योजना में प्रारंभिक शिक्षा के सर्वसुलभीकरण की समस्या को मूलतः लड़कियों की समस्या के रूप में परिकल्पना की गई है तथा शिक्षा के सभी स्तरों, विशेषकर विज्ञान, व्यावसायिक, तकनीकी और वाणिज्य शिक्षा की धाराओं में लड़कियों का नामांकन बहुत ही कम है। कार्यवाही योजना ने महिला समानता और शिक्षा को प्रोन्नत करने के लिए शिक्षा पद्धति को नया रूप देने की आवश्यकता पर बल दिया। इस बात को सुनिश्चित करने के लिए कि महिला पुरुष के प्रति संवेदनशीलता में सभी राष्ट्रीय कार्यक्रमों के क्रियान्वयन को प्रतिबंधित करती है, यह संस्थागत तंत्र की आवश्यकता की वकालत करती है।

संशोधित राष्ट्रीय शिक्षा नीति एवं कार्यवाही योजना में नीति में जिन बिंदुओं पर बल दिया गया है, और जिन कार्यनीतियों की परिकल्पना की गई है उनके लिए आठवीं पंचवर्षीय योजना में प्रावधन किया गया है। संपूर्ण साक्षरता प्राप्त करने के लिए, प्राथमिक शिक्षा, गैर-औपचारिक शिक्षा एवं प्रौढ़ साक्षरता की त्रिमार्गी कार्यनीति अपनाई गई है। इस

उद्देश्य की पूर्ति के लिए अपनाए गए उपायों में ये शामिल हैं–कक्षा में छात्रों के बनाए रखने और उनकी उपलब्धि के स्तरों को उतना ही महत्त्व देना जितना कि उनके नामांकन को, पहुँच के अपेक्षतया अधिक कठिन पहलुओं पर ध्यान केंद्रित करना, ये पहलू इस प्रकार हैं–लड़कियों तथा सुविधाविहीन वर्गों तक शिक्षा पहुँचाना, शिक्षकों का सेवापूर्व तथा सेवाकालीन प्रशिक्षण, स्कूल की प्रभावोत्पादकता में सुधार, गैर-औपचारिक तथा दूरस्थ शिक्षा पद्धतियों के माध्यम से शिक्षा के वैकल्पिक माध्यमों का प्रावधान, शिक्षा की घटी हुई माँग को उत्प्रेरित करना और शिक्षा की आयोजना और उसके प्रबंध में स्थानीय समुदायों को सहयोजित करना, तथा यह सुनिश्चित करना कि सामाजिक क्षेत्रों में विभिन्न सेवाओं, विशेष रूप से शिशु देखभाल, पोषण, प्रारंभिक शिशु शिक्षा, प्राथमिक शिक्षा तथा स्वास्थ्य को शामिल कर लिया जाता है। चालू योजनाओं की उनके कार्यान्वयन से प्राप्त अनुभव और राष्ट्रीय शिक्षा नीति तथा कार्यवाही योजना में संशोधन के परिप्रेक्ष्य में समीक्षा की गई है। जहाँ भी आवश्यक हुआ है, नई योजनाएँ तैयार की गई हैं।

राष्ट्रीय शिक्षा नीति और कार्यवाही योजना में मूल्य शिक्षा तथा देश की सांस्कृतिक परम्पराओं के बारे में उपयुक्त परिप्रेक्ष्य को जेहन में बैठाने पर पर्याप्त बल दिया है। स्कूल छात्रों में राष्ट्रीय, धर्मनिरपेक्ष और मानवीय दृष्टिकोण विकसित करने के लिए, अपेक्षित रवैये और मूल्यों को उनके जेहन में बिठाने की दृष्टि से स्कूली पाठ्यपुस्तकें अत्यधिक प्रभावशाली साधन हैं। मंत्रालय ने जून 1991 में राष्ट्रीय एकता के दृष्टिकोण से स्कूली पाठ्यपुस्तकों की समीक्षा करने के लिए एक राष्ट्रीय संचालन समिति का गठन किया ताकि यह सुनिश्चित किया जा सके कि पाठ्यपुस्तकें सांप्रदायिक और राष्ट्रविरोधी प्रभावों से मुक्त रहें। राष्ट्रीय एता के दृष्टिकोण से स्कूली पाठ्यपुस्तकों की समीक्षा के प्रश्न पर विचार करने के लिए 1 फरवरी, 1993 को राज्य शिक्षामंत्रियों और शिक्षाविदों का एक सम्मेलन आयोजित किया गया।

अन्य बातों के साथ-साथ, कार्यवाही योजना प्रारंभिक शिक्षा जन-जन तक पहुँचाए जाने की रणनीति पर बल देती है जिसमें अलग-अलग लक्ष्य निर्धारण और आठवीं योजना में विकेन्द्रीकृत आयोजना को अपनाए जाने की परिकल्पना की गई है। विभिन्न योजनाओं का विवरण अलग से दिया गया है।

विभिन्न विषयों पर कार्यदल (Task Forces on Different Subjects)

1. महिलाओं की समानता के लिए शिक्षा।
2. अनुसूचित जातियों, अनुसूचित जनजातियों तथा अन्य पिछड़े वर्गों की शिक्षा।
3. अल्पसंख्यकों की शिक्षा।
4. विकलांगों की शिक्षा।
5. शिशु देखभाल और शिक्षा।
6. प्रौढ़ तथा सतत शिक्षा।
7. प्रारम्भिक शिक्षा।
8. माध्यमिक शिक्षा।
9. नवोदय विद्यालय।
10. व्यावसायिक शिक्षा।

11. उच्च शिक्षा।
12. मुक्त शिक्षा।
13. डिग्रियों को नौकरी से अलग करना।
14. ग्रामीण विश्वविद्यालय तथा संस्थान।
15. तकनीकी तथा प्रबंध शिक्षा।
16. खोज तथा विकास।
17. सांस्कृतिक परिप्रेक्ष्य।
18. भाषाओं का विकास।
19. संचार माध्यम तथा शैक्षिक तकनीकी।
20. खेल, शारीरिक शिक्षा तथा युवा।
21. मूल्यांकन प्रणाली तथा परीक्षा सुधार।
22. अध्यापक तथा उनका प्रशिक्षण।
23. शिक्षा का प्रबन्ध।

कार्ययोजना की प्रमुख विशेषताएँ
(Chief Features of Programme of Action)

जैसा कि ऊपर दर्शाया गया है, शिक्षा नीति 1992 के कार्यान्वयन के लिए क्रमबद्ध कार्ययोजना निर्मित की। इसकी मुख्य विशेषताएँ निम्नलिखित हैं–

1. **सार्थक तथा प्रभावी भागेदारी**–शिक्षा में कार्यरत तथा संबंधित पक्षों के तालमेल पर जोर दिया गया है–केन्द्रीय सरकार, राज्य सरकारों, शैक्षिक समुदाय तथा सम्पूर्ण समुदाय के सहयोग पर बल दिया गया तथा मोटे तौर पर कार्यक्षेत्र निश्चित किया गया।

2. **लोचक दृष्टिकोण**–यद्यपि वित्तीय साधन विभिन्न मदों पर निर्धारित किए गए परन्तु फिर भी आवश्यकता के अनुसार उनमें फेरबदल संबंधी छूट का प्रावधन किया गया।

3. **प्रबंध में जवाबदेही (Accountability)**–हम सब के कुछ उत्तरदायित्व हैं। उत्तरदायित्व निभाने के लिए हमें किसी न किसी रूप में कुछ पारिश्रमिक मिलता है, जिसके बदले में हमारे कुछ दायित्व हैं। इन दायित्वों को निभाना हमारा कर्त्तव्य बन जाता है। शिक्षा के क्षेत्र में विभिन्न क्षेत्रों तथा सत्रों पर जवाबदेही पर बल दिया गया। वृत्तिक प्रतिमान स्थापित करने तथा उनके आधार पर जवाबदेही मापन की आवश्यकता पर जोर दिया गया।

4. **समुदाय की भागेदारी**–प्रौढ़ शिक्षा तथा प्राथमिक शिक्षा में विशेषकर जनता की भागीदारी की महत्ता को स्वीकार किया गया।

5. **शिक्षा तथा अन्य सेवाओं में तालमेल (Linkage)**–यह अनुभव किया गया कि शिक्षा तथा अन्य सेवाएँ जैसे बच्चों की देखभाल, भोजन तथा स्वास्थ्य आदि में तालमेल की अत्यन्त आवश्यकता है।

6. **शिक्षा द्वारा नारी को सशक्त करना**–स्त्रियों की समानता के लिए शिक्षा को सशक्त साधन माना गया तथा इस दिशा में अनेक कार्यक्रमों की रूपरेखा बनाई गई।

7. **वंचित वर्गों की शिक्षा**–वंचित वर्गों की शिक्षा पर विशेष ध्यान दिया गया तथा योजनाएँ बनाई गई।

शिक्षा नीति 1992 कार्यान्वयन के सन्दर्भ में विशेष कार्यक्रम (Special Schemes for the Implementation of 1992 NPE)

1. शिक्षक समाख्या योजना। (Teacher Empowerment)।
2. जिला प्राथमिक शिक्षा कार्यक्रम (District Primary Education Programme DPEP)
3. मध्याह्न भोजन योजना (Mid-Day Meals School)
4. सर्वशिक्षा अभियान (Sarva Shiksha Abhiyan—Education for All)
5. शिक्षा गारण्टी योजना और वैकल्पिक शिक्षा (Education Guarantee Scheme and Alternative Education)
6. कस्तूरबा गाँधी बालिका विद्यालय (Kasturba Gandhi Balika Vidyalaya)
7. शिक्षा का अधिकार (Right to Education)
8. लोक जुम्बश (Lok Jumbish)।

(सभी योजनाओं का विवरण अलग से दिया गया है)।

राष्ट्रीय शिक्षा नीति 1986 तथा 1992 द्वारा परिकल्पित राष्ट्रीय शिक्षा प्रणाली (National System of Education as Envisaged in the NPE 1986 and 1992)

राष्ट्रीय शिक्षा नीति द्वारा परिकल्पित राष्ट्रीय शिक्षा प्रणाली के मुख्य तत्त्व नीचे दिए जा रहे हैं। तीन-चार राज्यों को छोड़ कर सारे भारत में इस प्रकार से ही राष्ट्रीय शिक्षा प्रणाली को लागू करने के प्रयास किए गए हैं।

1. एक निश्चित स्तर तक प्रत्येक छात्र को बिना किसी जाति-पाति, धर्म, स्थान या लिंगभेद के लगभग एक जैसी अच्छी शिक्षा उपलब्ध कराना।
2. 10+2+3 की शिक्षा संरचना करना (चित्र में ढाँचा दर्शाया गया है)।
3. प्रथम स्कूली दस वर्ष अर्थात् 1 से कक्षा 10 तक सामान्य शिक्षा की व्यवस्था करना।
4. विषयों का चुनाव कक्षा 11 से करना।
5. सामान्य केन्द्रिक अथवा कोर पाठ्यक्रम को अपनाना।
6. सभी को समान अवसर प्रदान कराना।
7. प्रत्येक स्तर पर न्यूनतम शैक्षिक स्तर निर्धारित करना।
8. देश में सम्पर्क भाषा को बढ़ावा देने के प्रयास करना।
9. व्यावसायिक शिक्षा पर स्कूल स्तर पर विशेष बल देना।
10. मूल्यांकन प्रक्रिया में सुधार लाना।
11. पिछड़े वर्गों तथा क्षेत्रों की ओर विशेष ध्यान देना।
12. स्त्री शिक्षा पर बल देना।
13. शिक्षा में असमानताएँ कम करना।
14. प्रौद्योगिकी का शिक्षा में अधिक से अधिक उपयोग करना।
15. दूरस्थ शिक्षा का विकास करना।

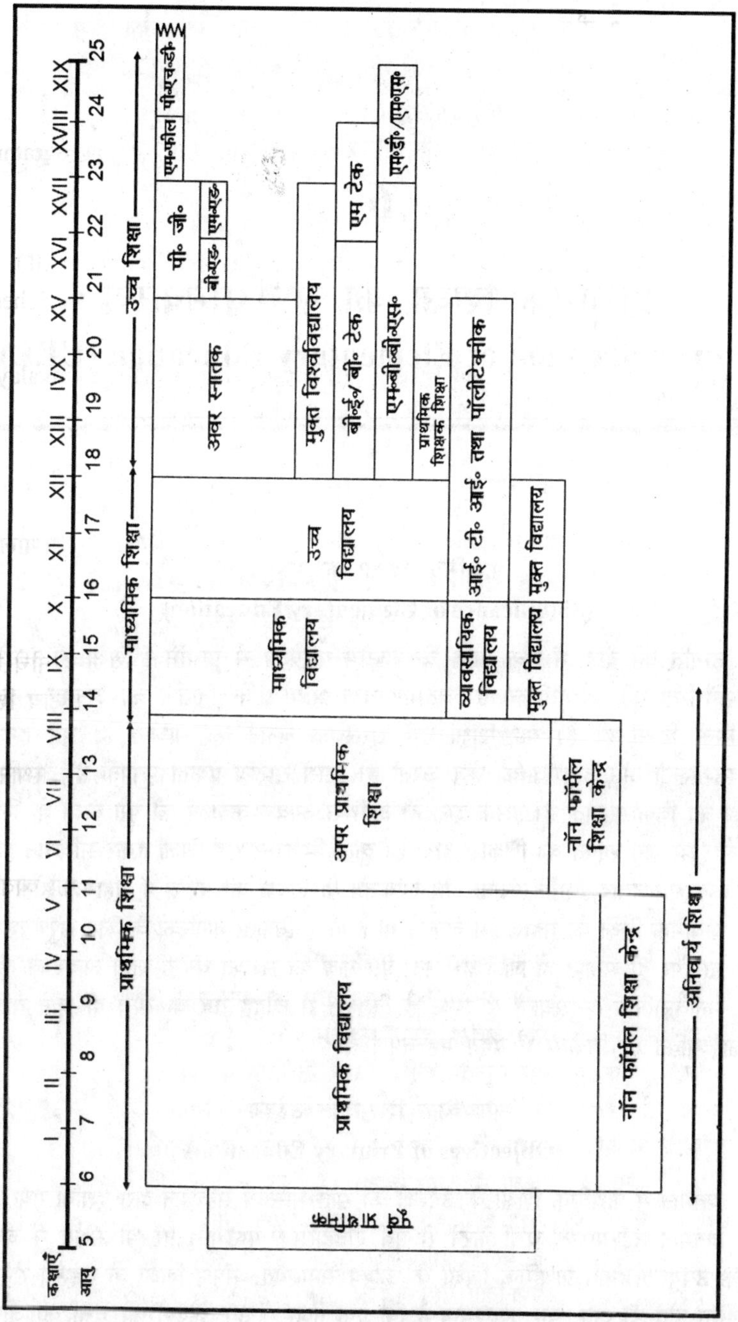

चित्रः भारत में शैक्षिक ढाँचा

6

प्राथमिक शिक्षा का सार्वभूमिकरण
[Universalization of Elementary Education (UEE)]

प्राथमिक शिक्षा का महत्त्व
(Significance of Elementary Education)

उन्नति की दौड़ में तथा आज के राष्ट्रीय परिप्रेक्ष्य में प्राथमिक शिक्षा ही राष्ट्रीय आत्मनिर्भरता की आधारशिला है। वर्तमान तथा भविष्य के निर्माण का अनुपम साधन प्राथमिक शिक्षा ही है। यह शिक्षा हमें सुसंस्कृत बनाने का माध्यम है। यह हमारी संवेदनशीलता और अनुभव को तेज करती है। इससे राष्ट्रीय एकता पनपती है, वैज्ञानिक समझ का विकास होता है। इसके द्वारा ही आर्थिक आवश्यकताओं को पूरा करने के लिए हर स्तर पर जन शक्ति का विकास होता है। कुल मिलाकर यह शिक्षा हमारे संविधान द्वारा प्रतिष्ठित समाजवाद, धर्मनिरपेक्षता और लोकतंत्र के लक्ष्यों की प्राप्ति में सहायक होती है।

प्राथमिक शिक्षा का महत्त्व इस बात से भी है कि अधिकतर नागरिकों के लिए संपूर्ण शिक्षा इसी स्तर पर ही समाप्त हो जाती है। अत: इस नींव को सशक्त बनाना बहुत आवश्यक है।

मनोवैज्ञानिक अनुसंधानों से स्पष्ट है कि छ: से चौदह वर्ष के बीच दी जाने वाली शिक्षा व्यक्ति के विकास में बहुत महत्त्वपूर्ण है।

प्राथमिक शिक्षा के उद्देश्य
(Objectives of Primary Education)

वर्तमान में प्राथमिक शिक्षा के उद्देश्यों का स्रोत भारतीय संविधान द्वारा दर्शाया गया है।

वर्तमान उद्देश्यों पर चर्चा करने से पूर्व ऐतिहासिक पृष्ठभूमि पर भी संक्षेप में चर्चा करना उपयुक्त होगा। प्राथमिक शिक्षा के उद्देश्य सामान्यत: संपूर्ण शिक्षा के उद्देश्यों से ही प्रभावित होते हैं। अत: यह आवश्यक है कि एक नजर में उन उद्देश्यों की चर्चा की जाए।

वैदिक काल में शिक्षा का मुख्य लक्ष्य व्यक्ति का निर्माण इस प्रकार करना था, जिससे वह 'मोक्ष' की प्राप्ति कर सके। इसी भावना से प्रेरित होकर प्राचीन भारतीय ऋषियों ने शिक्षा को धार्मिक क्रियाओं से ओत-प्रोत किया, ताकि मानव का सर्वांगीण विकास हो सके। अतः ऐसा भी कहा जा सकता है कि ईश्वर भक्ति, धार्मिकता की भावना, चरित्र निर्माण, व्यक्तित्व का विकास, नागरिक तथा सामाजिक कर्त्तव्यों का पालन, सामाजिक कुशलता का विकास तथा संस्कृति का संरक्षण एवं प्रचार भारतीय शिक्षा के मुख्य उद्देश्य थे।

बौद्धकाल में शिक्षा का उद्देश्य वर्तमान जीवन में ही निर्वाण प्राप्त करना था। आचरण में नैतिकता लाना तथा मस्तिष्क को स्थिरता और शांति देना था।

मुस्लिम काल में भी शिक्षा का उद्देश्य धार्मिक था।

अंग्रेजी काल में शिक्षा का उद्देश्य ऐसे वर्ग का निर्माण करना था, जो जनता तथा सरकार के बीच अंग्रेजी भाषा द्वारा संपर्क स्थापित कर सके और रंग में भारतीय होते हुए भी रुचि, मति, नीति और बुद्धि में अंग्रेज हो।

भारतीय शिक्षा आयोग 1964-66 द्वारा गठित दल के अनुसार प्राथमिक शिक्षा के उद्देश्य

(क) जूनियर कक्षाओं (1 से 5) के लिए शिक्षा के उद्देश्य

1. पढ़ने, लिखने तथा गणित का आरंभिक ज्ञान और कौशल प्राप्त करना।
2. स्वास्थ्यवर्द्धक जीवन के आधारभूत नियमों की जानकारी प्राप्त करना तथा उन पर आचरण करना।
3. अपने सामाजिक, भौतिक तथा सांस्कृतिक पर्यावरण के बारे में सामान्य जानकारी प्राप्त करना और उसके प्रति संवेदनशील होना।
4. दैनिक जीवन में विज्ञान की देन को समझना।
5. मौखिक तथा गैर मौखिक रीति से अपने आपको सरल और सृजनात्मक ढंग से व्यक्त करना।
6. राष्ट्रीय चिह्नों तथा राष्ट्रीय उत्सवों द्वारा छात्रों में राष्ट्रीयता की नींव डालना।
7. छात्रों में श्रम की भावना का निर्माण करना।
8. सामान्य लक्ष्य की प्राप्ति के लिए छात्रों का सामाजिक विकास इस प्रकार करना कि उनमें इस प्रकार के गुणों का निर्माण हो; जैसे–नम्रता, सहयोग तथा मेल-जोल आदि।
9. सभी धर्मस्थलों के प्रति आदर की भावना का निर्माण करना।
10. ध्यानपूर्वक सुनने, अवलोकन करने तथा चिंतन आदि कौशलों का विकास करना।

11. अपने निकटतम पर्यावरण को जानने की भावना का निर्माण करना।
12. देश के सांस्कृतिक मूल्यों के बारे में कुछ जानकारी देना।
13. देश तथा विदेश में रहने वाले व्यक्तियों की परस्पर निर्भरता के बारे में कुछ ज्ञान देना।

(ख) सीनियर कक्षाओं (6 से 8) के लिए शिक्षा के उद्देश्य

1. विभिन्न विषयों के आधारभूत तथ्यों, सिद्धांतों तथा कौशलों का ज्ञान प्राप्त करना और उनको उचित अवस्थाओं में प्रयोग में लाना।
2. दैनिक जीवन की आवश्यकताओं की पूर्ति के लिए मौखिक तथा लिखित भाषा में व्यक्त करने की क्षमता का निर्माण करना।
3. गणित में विभिन्न संबंधों को समझने की क्षमता का विकास करना।
4. व्यक्ति तथा सामाजिक स्वास्थ्य के आधारभूत सिद्धांतों को समझने और उन पर आचरण करने की क्षमता का निर्माण करना।
5. देश के भूतकाल, वर्तमान तथा भविष्य के प्रति उचित भावना का विकास करना।
6. देश की विभिन्नता में एकता के तत्वों को समझना।
7. विज्ञान की दैनिक जीवन में देन को समझना।
8. आदर तथा स्नेह जाग्रत करना।
9. बालकों में कर्त्तव्यनिष्ठा के भावों का विकास करना।
10. बालकों में वैज्ञानिक दृष्टिकोण का विकास करना।
11. बालकों में श्रम के प्रति आदर भाव उत्पन्न करना।
12. बालकों को पर्यावरण संबंधी जानकारी प्रदान करना।
13. बालकों का जनसंख्या संबंधी ज्ञान बढ़ाना।
14. बालकों में भाईचारे की भावना का विकास करना।
15. बालकों में अंतर्राष्ट्रीय भावों का विकास करना।
16. बालकों में सभी धर्मों के प्रति समभाव का विकास करना।
17. उपयुक्त क्रियाओं तथा अनुभवों के प्रावधानों द्वारा बच्चों को उच्च जीवन के लिए तैयार करना।

प्राथमिक शिक्षा का ढाँचा
(Nomenclature of Elementary Education)

प्राथमिक शिक्षा, प्रारंभिक शिक्षा, बेसिक शिक्षा, बेसिक तालीम, नई तालीम, बुनियादी शिक्षा, आधारभूत शिक्षा–ये सभी पर्यायवाची शब्द हैं। इन सभी का मुख्यत: एक ही अर्थ है; यद्यपि लेखकों, समितियों एवं आयोगों ने विभिन्न शब्दावलीयों का प्रयोग किया है।

मोटे तौर पर यह शिक्षा स्तर सविधिक अथवा नियमित शिक्षा का प्रथम सोपान है, जिसमें बच्चों के लिए आवश्यक ज्ञान, कौशलों तथा अभिवृत्तियों का विकास किया जाता है। मनोवैज्ञानिक अनुसंधानों से पता चलता है कि पाँच वर्ष पूरे करने पर बच्चे की वाक्शक्ति, स्नायविक विकास, ध्यान केंद्रित करने तथा स्कूल संबंधों को समझने की क्षमता का विकास हो जाता है। अतएव यह शिक्षा पाँच वर्ष की आयु पूरी करने के बाद ही आरंभ होती है और आठ वर्षों तक अर्थात् चौदह साल की आयु तक दी जाती है। भारत के कुछ राज्यों में प्राथमिक शिक्षा का कार्यकाल सात वर्ष भी है। यह चरण शिशु शिक्षा और उच्च माध्यमिक कक्षाओं के बीच का कार्यक्रम है।

प्राथमिक शिक्षा के ढाँचे के बारे में कुछ मत

बुनियादी शिक्षा में, जिसका सूत्रपात गांधी जी ने 1937 में किया, इस स्तर के सात वर्ष अर्थात् सात वर्ष से चौदह वर्ष निर्धारित किए।

1944 में प्रस्तुत की गई सार्जेन्ट रिपोर्ट में प्राथमिक शिक्षा दो स्तरों में विभाजित की गई। एक जूनियर बेसिक कक्षा 1 से 5 (6 से 11 वर्ष) तक तथा दूसरी सीनियर बेसिक कक्षा 6 से 8 (वर्ष 11 से 14) तक।

1950 में बने भारत के संविधान में प्रारंभिक अथवा प्राथमिक शिक्षा आदि शब्दावली का प्रयोग नहीं किया गया। इसके अनुसार, 'सभी बालकों के लिए चौदह वर्ष की आयु पूरी' करने तक निःशुल्क और अनिवार्य शिक्षा देने की बात कही गई है।

1952-53 के माध्यमिक शिक्षा आयोग ने प्राइमरी अथवा जूनियर शिक्षा का समय चार अथवा पाँच वर्ष बताया तथा माध्यमिक अथवा सीनियर बेसिक का तीन वर्ष।

शिक्षा आयोग (1964-66) ने प्राथमिक स्तर की शिक्षा के ढाँचे की इस प्रकार संस्तुति की-(क) चार या पाँच वर्ष का निम्न प्राथमिक स्तर, (ख) तीन या दो वर्ष का उच्च प्राथगिक स्तर। प्राथमिक अवस्था सात से आठ वर्ष तक की हो सकने की मान्यता दी।

1968 की राष्ट्रीय शिक्षा नीति में चौदह वर्ष तक की आयु के सभी बच्चों के लिए निःशुल्क और अनिवार्य शिक्षा की व्यवस्था की चर्चा की गई है। इसमें प्राथमिक शिक्षा आदि किसी शब्द का प्रयोग नहीं किया गया है।

1977 में गठित पुनरीक्षण समिति ने प्राथमिक शिक्षा का कार्यकाल एक से कक्षा 7 अथवा कक्षा 8 तक बताया।

1986 की राष्ट्रीय शिक्षा नीति ने 'प्रारंभिक' शब्द का प्रयोग करते हुए कहा कि पढ़ाई के लिए हर बच्चे का नामांकन होना चाहिए और चौदह साल की आयु तक उसे हर हालत में शिक्षा मिलनी चाहिए।

राममूर्ति समीक्षा समिति (1990) के अनुसार, प्राथमिक शिक्षा दो भागों में बाँटी जा सकती है-(क) प्राथमिक स्तर-कक्षा 1 से 5, तक (ख) उच्च प्राथमिक-कक्षा 6 से 8 तक।

भारत सरकार के लगभग सभी आँकड़े कक्षा 1 से कक्षा 8 तक दो भागों में दिए जा रहे हैं। कक्षा 1 से 5 (आयु 6 से 11), जिसे प्राथमिक अथवा जूनियर बेसिक कहते हैं तथा मिडिल अथवा सीनियर बेसिक, जिसमें कक्षाएँ 6 से 8 सम्मिलित हैं।

भारतीय संविधान में प्राथमिक शिक्षा

भारतीय संविधान के मूल अनुच्छेद 45 में निःशुल्क और अनिवार्य शिक्षा संबंधी लक्ष्य इस प्रकार दर्शाया गया है–'राज्य चौदह वर्ष की आयु तक सभी बच्चों के लिए निःशुल्क तथा अनिवार्य शिक्षा का प्रावधान संविधान लागू होने पर दस वर्ष के भीतर करेंगे।'

इसमें तीन बातें ध्यान देने योग्य बातें–

1. राज्य का अर्थ केन्द्रीय तथा राज्य सरकारों दोनों से है।
2. इसमें 'प्राथमिक शिक्षा' शब्द का प्रयोग नहीं किया गया।
3. इसमें शिक्षा के वर्षों की अवधि का भी उल्लेख नहीं है।

संविधान के इस लक्ष्य की प्राप्ति के लिए भारत सरकार तथा सभी राज्यों ने भरसक प्रयास किए है; परंतु बच्चों की बड़ी संख्या अभी भी प्राथमिक शिक्षा से वंचित रही है या पूरा लाभ उठा नहीं पाई।

संविधान में संशोधन (2002)

सन् 2002 में संविधान में संशोधन करके शिक्षा को मौलिक अधिकार के रूप में 21A धारा में लिया गया है।

प्राथमिक शिक्षा का सर्वीकरण/सर्वसुलभीकरण/सार्वभौमीकरण का अर्थ

विस्तृत रूप से प्राथमिक शिक्षा के सर्वीकरण में निम्नलिखित तत्त्वों का समावेश है–

1. सभी बच्चों के लिए कक्षा 1 से 8 तक निःशुल्क और अनिवार्य शिक्षा का प्रावधान करना।
2. सभी बच्चों के लिए इस प्रकार की शिक्षा के लिए उनके घर के समीप स्कूल में प्रवेश की व्यवस्था करना।
3. चौदह वर्ष की आयु तक बच्चों का स्कूल में टिके रहना और बच्चों का बीच में स्कूल न छोड़ना।
4. प्राथमिक शिक्षा के वर्गीकरण करने के लिए संवैधानिक अनुच्छेद 45 का पालन करना। अब अनुच्छेद 45 में संशोधन कर दिया गया है।

सन् 2002 में संशोधन के अनुसार अनुच्छेद 21A के अन्तर्गत प्राथमिक शिक्षा को मौलिक आधार में शामिल कर लिया गया है।

प्राथमिक स्तर पर शैक्षिक विस्तार
(Expansion of Education at the Elementary Stage)

तालिका 6.1: प्राथमिक स्कूलों में नामांकन
(Enrolment at the Elementary Stage)

(मिलियन में)

वर्ष	उच्च प्राथमिक स्तर					
	प्राथमिक स्तर (कक्षा *I* से *V*)			कक्षा (*VI* से *VIII*)		
	लड़के	लड़कियाँ	कुल	लड़के	लड़कियाँ	कुल
1950–51	13.8	5.4	19.2	2.6	0.5	3.1
1970–71	35.7	21.3	57.0	9.4	3.9	13.3
1990–91	57.4	40.4	97.4	21.5	12.5	34.0
2000–2001	64.4	49.8	113.8	25.3	17.5	42.8
2002–2003	64.9	57.2	122.1	26.3	20.6	46.0
2003–2004	68.3	59.0	128.3	27.3	21.4	48.7

तालिका 6.2: सकल नामांकन दर (Gross Enrolment Ratio)

वर्ष	प्राथमिक स्कूल			उच्च प्राथमिक स्कूल		
	लड़के	लड़कियाँ	कुल	लड़के	लड़कियाँ	कुल
1950–51	60.6	24.8	42.6	20.6	4.6	12.7
1970–71	95.5	60.5	78.6	46.5	20.8	33.4
1990–91	114.0	85.5	100.1	76.6	47.0	62.1
2000–2001	104.9	85.9	95.7	66.7	49.9	58.0
2002–2003	97.5	93.1	95.4	65.3	56.2	61.0
2003–2004	100.7	95.7	98.3	66.8	57.6	62.4

तालिका 6.3: सकल नामांकन कक्षा I से VIII

(प्रतिशत)

वर्ष	लड़के	लड़कियाँ	कुल
1950–51	46.4	17.7	32.1
2002–2003	85.4	79.3	82.5
2003–2004	88.0	81.5	84.9

वर्ष 2002–2003 में 20 करोड़ बच्चों में जो कि आयुवर्ग 6–14 वर्ष के थे, उनमें से लगभग 13 करोड़ स्कूल में नहीं थे।

2005 में 95 लाख बच्चे स्कूल से बाहर थे। 2001 में इनकी संख्या 321 लाख थी। जो कार्य वर्ष 1960 तक पूरा किया जाना था, वह 2006 तक भी पूरा न हो पाया।

तालिका 6.4: स्कूल से बाहर रहे अधिसंख्य बच्चों वाले राज्य

राज्य/संघ	स्कूल से बाहर बच्चों की संख्या	स्कूल से बाहर बच्चों का प्रतिशत
बिहार	3176624	17.00
उत्तर प्रदेश	2995208	8.15
पश्चिम बंगाल	1213205	8.67
मध्य प्रदेश	1085096	8.63
राजस्थान	795089	8.67
झारखण्ड	620945	10.88
आन्ध्र प्रदेश	542665	4.29
असम	536220	8.91
महाराष्ट्र	529295	3.17
गुजरात	380444	3.96

संवैधानिक निर्देशों अथवा शिक्षा के सार्वभौमीकरण की पूर्ति में समस्याएँ (Problems of The Universalisation of Education)

1. प्राथमिक स्तर पर अपव्यय तथा अवरोध।
2. विभिन्न राज्यों, वर्गों तथा लिंगों की शिक्षा के विकास में बहु अंतर।
3. नामांकन कार्य में कमियाँ।
4. सुविधाओं का अभाव।
5. अरुचिकर पाठ्यक्रम।
6. नीरस शिक्षण विधियाँ।
7. माता-पिता द्वारा उपेक्षा।
8. समुदाय की उदासीनता।
9. एक अध्यापक वाले स्कूलों की कमियाँ।
10. व्यवस्था संबंधी समस्याएँ।
11. लड़कियों का शिक्षा के प्रति कम उत्साह।
12. द्विपारी पद्धति के दोष।
13. निरंतर कक्षाओं का अभाव।
14. स्कूलों के अनुपयुक्त भवन।
15. अध्यापकों का प्रशिक्षण आवश्यकतानुसार न होना।
16. अध्यापकों का कम वेतनमान तथा कम सुविधाएँ, विशेषकर ग्रामीण क्षेत्रों में।
17. पंचायती राज का ढीलापन।

18. अनिवार्य शिक्षा कानून लागू करने के ढंग।
19. राज्य सरकारों तथा स्थानीय संस्थाओं के अधिकारों का त्रुटिपूर्ण वितरण।
20. अर्थ की कमी।
21. भौगोलिक बाधाएँ–दूर-दराज, पहाड़ी क्षेत्र आदि।
22. समुदाय की उदासीनता।
23. राजनीतिक दलों का शिक्षा में अवांछनीय हस्तक्षेप।
24. उचित तथा प्रभावी राजनीतिक इच्छाशक्ति का अभाव।

सार्वभौमीकरण की पूर्ति के लिए सुझाव
(Suggestions for Achieving Universalisation)

1. **उचित मॉनीटरिंग**–प्रारंभिक शिक्षा के सर्वीकरण की दिशा में होने वाली प्रगति का मॉनीटरिंग इसकी योजना प्रक्रिया का ही एक अभिन्न अंग हो और यह निम्नलिखित तीन स्वतंत्र, किन्तु समन्वित स्तरों पर किया जाए–

(क) अलग-अलग विद्यालयों का उनके शैक्षिक संकुल के भीतर,
(ख) अलग-अलग शैक्षिक संकुलों का, उनके जिले के भीतर, और
(ग) अलग-अलग जिला शिक्षा मंडलों का, उनके राज्यों के भीतर।

मॉनीटरिंग की रिपोर्ट सार्वजनिक रूप से उपलब्ध हो और उन पर विशेष रूप से गठित मंचों द्वारा चर्चा की जाए, जिससे प्रारंभिक शिक्षा के सर्वीकरण का लक्ष्य पूरा करने के लिए जनता का अभीष्ट दबाव पड़ सके।

2. **सामुदायिक समारोह**–विद्यालयों और अन्य शैक्षिक कार्यक्रमों से जिन अधिगम परिणामों की अपेक्षा की जाती है, उन्हें सुस्पष्ट और सहज संप्रेषणीय ढंग से व्यक्त किया जाए और शिक्षा प्रणाली के तहत मॉनीटरिंग, प्रश्न उठाने और हस्तक्षेप करने की सुविधा हो। इसका एक तरीका यह भी हो सकता है कि मासिक तथा वार्षिक आधार पर सामुदायिक समारोह किए जाएँ।

3. **स्कूलों की जबावदेही**–अपने-अपने क्षेत्र के गाँवों, बस्तियों, मौहल्लों में प्रारंभिक शिक्षा के सर्वीकरण के लिए कार्यनीतियाँ बनाने और उन पर अमल करने के मामले में प्रत्येक विद्यालय को, चाहे वह प्रारंभिक हो अथवा मिडिल, पूरी तरह जवाबदेह बना दिया जाए।

4. **शैक्षिक संकुलन की स्थापना**–प्रत्येक विद्यालय को शिक्षा सर्वीकरण के अपने कार्यक्रम पर अमल करने के लिए शिक्षा संकुल के माध्यम से पर्याप्त धनराशि और बौद्धिक संसाधन उपलब्ध कराए जाएँ।

5. **मुख्याध्यापकों को अधिकार देना**–विद्यालय के मुख्य अध्यापक/मुख्य अध्यापिका को यह प्राधिकार दिया जाए कि वह असेवित बस्तियों (Unserved places) में और उन बच्चों तक पहुँचने के लिए, जो दिन के समय विद्यालय नहीं आ सकते, शिक्षाकर्मी भर्ती कर सके।

6. **बाल-केन्द्रित उपागम**–शिक्षा के प्रति बाल केन्द्रित उपागम के भिन्न-भिन्न मॉडल तैयार करने में शिक्षकों को नवाचार के लिए प्रोत्साहित किया जाए। शैक्षिक संकुल के बीच शिक्षक समुदाय के बढ़ते अनुभव के परिपालन, समन्वयन और प्रसार के लिए उपयुक्त तंत्र की स्थापना की जाए।

7. **व्यवसायीकरण शिक्षा**–कामकाजी बच्चों, विशेषकर लड़कियों, की दृष्टि से शिक्षा की प्रासंगिकता में वृद्धि करने के लिए यह आवश्यक हो कि कक्षा आठ के स्तर तक समूची शैक्षिक प्रक्रिया का व्यवसायीकरण कर दिया जाए।

8. **दो चरण**–शिक्षा के सर्वीकरण के दो चरण माने जाने चाहिए। पहला चरण प्राथमिक शिक्षा (कक्षा 1 से 5) के सर्वीकरण का और दूसरा चरण प्रारंभिक शिक्षा के सर्वीकरण का। यहाँ विद्यालयों से आशा की जाएगी कि वह पहले ही चरण में शैक्षिक संकुल के साथ मिलकर प्राथमिक शिक्षा के सर्वीकरण के लिए व्यष्टि आयोजना हाथ में लें, वहाँ प्रारंभिक शिक्षा के सर्वीकरण को प्राथमिक शिक्षा के विकास में से सहज रूप से उभरकर आने देना चाहिए। प्राथमिक शिक्षा के सर्वीकरण का लक्ष्य पूरा हो जाने के बाद, दूसरे चरण में प्रारंभिक शिक्षा के सर्वीकरण के लिए भी आयोजना पर काम शुरू करना आवश्यक और व्यवहार्य हो जाए।

9. **विभिन्न समूहों के लिए शिक्षा**–प्रारंभिक शिक्षा के सर्वीकरण ध्येय को प्राप्त करने के लिए विभेदित अथवा विसमूहित लक्ष्यों और बहुल शैक्षिक कार्यनीतियों के सिद्धांत को अपनाया जाए।

10. **सर्वशिक्षा अभियान को प्रभावी बनाना**–सर्वशिक्षा अभियान एक 'दिखावा' ही न बन जाए, यह सुनिश्चित किया जाए।

11. **पंचायती राज की संस्थाओं की जिम्मेवारी**–इस बात पर बल दिया जाए कि प्रत्येक पंचायत सर्वशिक्षा अभियान में पूर्ण रुचि ले रही है।

12. **अनिवार्य शिक्षा कानून**–शीघ्र से शीघ्र प्राथमिक शिक्षा संबंधी अनिवार्य कानून लागू किया जाए।

राष्ट्रीय शिक्षा नीति में प्राथमिक शिक्षा संबंधी निर्देश
(NPE Directions on Elementary Education)

प्रारंभिक शिक्षा की नई दिशा में दो बातों पर विशेष बल दिया जाए–(क) चौदह वर्ष की अवस्था तक के सब बच्चों को विद्यालयों में भर्ती और उनका विद्यालय में टिके रहना, (ख) शिक्षा की गुणवत्ता में काफी सुधार।

बाल-केंद्रित दृष्टिकोण–बच्चों को विद्यालय जाने में सबसे अधिक सहायता तब मिलती है जब वहाँ का वातावरण प्यार, अपनत्व और प्रोत्साहन से भरा हो और विद्यालय के सब लोग बच्चों की आवश्यकताओं पर ध्यान दे रहे हों। प्राथमिक स्तर पर शिक्षा की पद्धति बाल-केंद्रित और गतिविधि पर आधारित होनी चाहिए। पहली पीढ़ी के सीखने वाले

बच्चों को अपनी गति से आगे बढ़ने देना चाहिए और उनके लिए पूरक और उपचारात्मक शिक्षा की भी व्यवस्था होनी चाहिए। ज्यों-ज्यों बच्चे बड़े होंगे उनके सीखने में ज्ञानात्मक तत्व बढ़ते जाएँगे और अभ्यास के द्वारा वे कुछ कुशलताएँ भी ग्रहण करते चलेंगे। प्राथमिक स्तर पर बच्चों को किसी भी कक्षा में फेल न करने की प्रथा जारी रखी जाएगी। बच्चों का मूल्यांकन वर्ष भर में फैला दिया जाएगा और विद्यालय के समय तथा छुट्टियों का निर्णय भी बच्चों की सुविधा को देखते हुए किया जाएगा।

विद्यालय में सुविधाएँ–प्राथमिक विद्यालयों में आवश्यक सुविधाओं की व्यवस्था की जाएगी। इनमें किसी भी मौसम में काम देने लायक कम-से-कम दो बड़े कमरे, आवश्यक खिलौने, ब्लैकबोर्ड, नक्शे, चार्ट और अन्य शिक्षण सामग्री शामिल हैं। हर स्कूल में कम-से-कम दो शिक्षक होंगे, जिनमें एक महिला होगी। यथासंभव जल्दी ही प्रत्येक कक्षा के लिए एक-एक शिक्षक की व्यवस्था की जाएगी। पूरे देश में प्राथमिक विद्यालयों की दशा को सुधारने के लिए एक क्रमिक अभियान शुरू किया जाएगा, जिसका सांकेतिक नाम 'ऑपरेशन ब्लैकबोर्ड' होगा। इस कार्य में शासन, स्थानीय निकाय, स्वयंसेवी संस्थाओं और व्यक्तियों की पूरी भागीदारी होगी। राष्ट्रीय ग्रामीण रोजगार कार्यक्रम और ग्रामीण भूमिहीन रोजगार गारंटी कार्यक्रम की निधियों का पहला उपयोग स्कूल की इमारतों के बनाने में होगा।

अनौपचारिक शिक्षा–ऐसे बच्चे, जो बीच में स्कूल छोड़ गए हैं या जो ऐसे स्थान पर रहते हैं जहाँ स्कूल नहीं हैं या जो काम में लगे हैं, और वे लड़कियाँ, जो दिन के स्कूल में पूरे समय नहीं जा सकतीं, इन सबके लिए एक विशाल और व्यवस्थित अनौपचारिक शिक्षा का कार्यक्रम चलाया जाएगा।

अनौपचारिक शिक्षा केन्द्रों में सीखने की प्रक्रिया को सुधारने के लिए आधुनिक टेक्नोलॉजी के उपकरणों की सहायता ली जाएगी। इन केन्द्रों में अनुदेशक के तौर पर काम करने के लिए स्थानीय समुदाय के प्रतिभावान और निष्ठावान युवकों और युवतियों को चुना जाएगा और उनके प्रशिक्षण की विशेष व्यवस्था की जाएगी। अनौपचारिक धारा में शिक्षा प्राप्त करने वाले बच्चे योग्यतानुसार औपचारिक धारा के विद्यालयों में प्रवेश पा सकेंगे। इस बात पर पूरा ध्यान दिया जाएगा कि अनौपचारिक शिक्षा का स्तर औपचारिक शिक्षा के समतुल्य हो।

राष्ट्रीय केंद्रिक शिक्षाक्रम की तरह का एक शिक्षाक्रम अनौपचारिक शिक्षा पद्धति के लिए भी तैयार किया जाएगा, लेकिन यह शिक्षाक्रम विद्यार्थियों की जरूरतों पर आधारित होगा और इसका संबंध स्थानीय पर्यावरण से रहेगा। उच्च कोटि की शिक्षण सामग्री बनाई जाएगी और वह सभी विद्यार्थियों को मुफ्त दी जाएगी। अनौपचारिक शिक्षा के कार्यक्रम में सहभागी होते हुए शिक्षा प्राप्त करने का वातावरण उपलब्ध किया जाएगा और इसमें खेल-कूद, सांस्कृतिक कार्यक्रम, भ्रमण आदि की व्यवस्था की जाएगी।

अनौपचारिक शिक्षा केन्द्रों को चलाने का अधिकतर कार्य स्वयंसेवी संस्थाएँ और पंचायती राज की संस्थाएँ करेंगी। इस कार्य के लिए इन संस्थाओं को पर्याप्त धन समय पर दिया जाएगा। इस महत्त्वपूर्ण क्षेत्र की कुल जिम्मेदारी सरकार पर रहेगी।

एक संकल्प–नई शिक्षा नीति में स्कूल छोड़ जाने वाले बच्चों की समस्या को सुलझाने को उच्च प्राथमिकता दी जाएगी। बच्चों को बीच में स्कूल छोड़ने से रोकने के लिए स्थानीय परिस्थितियों के परिप्रेक्ष्य में इस समस्या का बारीकी से अध्ययन किया जाएगा और तद्नुसार प्रभावशाली उपाय खोजकर दृढ़ता के साथ उनका प्रयोग करने हेतु देशव्यापी योजना बनाई जाएगी। इस प्रयत्न का अनौपचारिक शिक्षा की व्यवस्था के साथ पूरा तालमेल होगा। यह सुनिश्चित किया जाएगा कि 1990 तक जो बच्चे ग्यारह वर्ष के हो जाएँगे, उन्हें विद्यालय में पाँच वर्ष की शिक्षा या अनौपचारिक धारा में इसकी समतुल्य शिक्षा अवश्य मिल जाए। इसी प्रकार 1995 तक चौदह वर्ष की अवस्था वाले सभी बच्चों को नि:शुल्क और अनिवार्य शिक्षा अवश्य दी जाएगी।

संकल्प में संशोधन

(अध्याय 5 में देखिए)

प्राथमिक स्तर पर व्यर्थता तथा अगति
(Wastage and Stagnation at the Elementary Stage)

किसी भी शैक्षिक व्यवस्था की यह विशेषता होनी चाहिए कि जो बच्चा प्राथमिक स्कूल में भर्ती हुआ है वह अपनी प्राथमिक शिक्षा–अर्थात् कक्षा 1 से 8 तक शिक्षा–अवश्य पूरी करे। परन्तु हमारी शिक्षा प्रणाली में सबसे बड़ा दोष है कि दाखिल हुए बच्चों की एक बड़ी संख्या कक्षा 8 से पहले ही स्कूल छोड़ जाती है। भारत में यह स्थिति बहुत ही भयानक रूप धारण कर चुकी है। इसी संदर्भ में सबसे बड़ी समस्याएँ हैं अपव्यय और अवरोधन।

अपव्यय का अर्थ–बच्चों का प्राथमिक शिक्षा पूरी करने से पहले किसी स्तर पर अथवा कक्षा में स्कूल छोड़ना अपव्यय है।

अवरोधन का अर्थ–किसी भी बच्चे को एक ही कक्षा में एक से अधिक वर्ष रोकना अवरोधन है। दूसरे शब्दों में, फेल होकर छात्र का उसी कक्षा में एक से अधिक वर्ष रहना।

तालिका 6.5: प्राथमिक स्तर पर बीच ही में स्कूल छोड़ने वाले छात्रों की दर
(Drop-out Rates at the Elementary Stage)

वर्ष	*कक्षा 1 से 5*			*कक्षा 1 से 8*		
	लड़के	*लड़कियाँ*	*कुल*	*लड़के*	*लड़कियाँ*	*कुल*
1960-61	61.7	70.7	64.9	75.0	85.0	78.3
1980-81	51.10	57.30	53.50	68.50	77.70	72.10
1990-91	42.0	47.6	44.3	60.6	67.6	63.4
2002-2003	36.0	33.9	35.0	52.3	53.5	52.8
2003-2004	33.7	28.9	31.47	51.85	52.9	52.3

ऊपर दी गई तालिका से स्पष्ट है कि बच्चों के नामांकन का अधिकांश प्रतिशत प्राथमिक स्तरों पर ही स्कूल छोड़ जाता है। लगभग 47 प्रतिशत बच्चे कक्षा 8 से पूर्व स्कूल छोड़ जाते हैं। दूसरे शब्दों में, केवल 53 प्रतिशत कक्षा 8 तक अपनी शिक्षा पूरी कर पाते हैं। कक्षा 1 से कक्षा 10 तक छोड़ने वाले छात्रों की दर लगभग 63 प्रतिशत है। अर्थात् केवल 37 प्रतिशत छात्र कक्षा 10 तक अपनी शिक्षा पूरी कर पाते हैं।

लड़कियों के बारे में स्थिति बहुत ही चिंताजनक है। इसी प्रकार अनुसूचित जाति/अनुसूचित जनजाति समुदायों की स्थिति भयानक है।

परिणामस्वरूप शक्ति, धन तथा मानव संसाधनों को क्षति पहुँचती है।

व्यर्थता तथा अगति के कारण

व्यर्थता तथा अगति के कारणों को मुख्यत: चार भागों में बाँटा जा सकता है–

1. **आर्थिक कारण**–इनके अंतर्गत हैं:

(i) अभिभावकों की निर्धनता।

(ii) बच्चों का उत्पादन तथा रोजगार संबंधी कार्यों में माता-पिता की सहायता करना।

2. **सामाजिक कारण**–(i) बाल-विवाह तथा बच्चों का स्कूल जल्दी छोड़ जाना तथा शिक्षा में अरुचि,

(ii) ग्रामीण तथा पिछड़े क्षेत्रों में लड़कियों को सहशिक्षा संस्थाओं में भेजने में उदासीनता का दृष्टिकोण,

(iii) आदिवासियों का अस्थिर सामाजिक ढाँचा,

(iv) लड़कियों का घर के घरेलू काम-काज में सहायता प्रदान करना,

(v) वर्ण व्यवस्था की सीमाएँ।

3. **शैक्षिक कारण**–इनमें मुख्य इस प्रकार हैं–

(i) स्कूल पाठ्यक्रम का समुदाय जीवन से पृथक् होना,

(ii) स्कूल में रुचिकर वातावरण का अभाव,

(iii) दोषपूर्ण शिक्षण विधियाँ,

(iv) अध्यापकों की अपने कार्य में उदासीनता,

(v) दोषपूर्ण परीक्षा प्रणाली,

(vi) प्रवेश के निश्चित नियमों का न होना एवं वर्ष भर प्रवेश का जारी रहना,

(vii) असंतुलित आयुवर्ग की कक्षाएँ,

(viii) कक्षाओं में अधिक भीड़ का होना,

(ix) एक अध्यापक वाले स्कूल,

(x) उचित शैक्षिक मार्गदर्शन का अभाव।

4. **विविधा कारण**–(i) बच्चों का प्राय: अस्वस्थ रहना,

(ii) बच्चों की उपस्थिति में अनियमितता,

(iii) प्राथमिक शिक्षा के प्रसार के लिए धन का अभाव,
(iv) पौष्टिक आहार की कमी तथा बच्चों का कमजोर होना।

सुधार संबंधी मुख्य सुझाव

1. प्राथमिक स्कूल में भरती से पूर्व के वर्षों में बच्चों को पूर्व प्राथमिक स्कूलों में प्रवेश के लिए सुविधाएँ प्रदान की जानी चाहिएं।
2. छात्रों को पोषक भोजन देने के लिए दोपहर के भोजन की व्यवस्था की जाए।
3. स्कूल वर्ष के आरंभ में प्रथम दो मास के भीतर ही प्रवेश दिया जाए।
4. 'सभी पास' पद्धति को अपनाया जाए।
5. आकर्षक स्कूल भवन बनाए जाएँ तथा स्कूलों में छात्रों के बैठने की समुचित व्यवस्था हो।
6. पाठ्यक्रम लचीला हो।
7. पाठ्य-पुस्तकों का बोझ सामान्य हो।
8. विद्यालयों में शिक्षण के लिए सहायक उपकरण तथा साधन उपलब्ध कराए जाएँ।
9. प्रत्येक स्कूल में जितनी कक्षाएँ हों, उतने ब्लैकबोर्ड अवश्य होने चाहिए।
10. अध्यापक-छात्र अनुपात ऐसा रखा जाए कि अध्यापक छात्रों पर व्यक्तिगत ध्यान दे सकें।
11. जहाँ तक संभव हो, प्रशिक्षित अध्यापक ही प्राथमिक स्कूलों में नियुक्त किए जाएँ।
12. छात्रों के स्वास्थ्य की नियमित जाँच की व्यवस्था हो।
13. निर्धन छात्रों को निःशुल्क पुस्तकें, कापियाँ तथा स्कूली वेशभूषा दी जाएँ।
14. निरीक्षण प्रभावपूर्ण हो।
15. अभिभावकों से स्कूल का उचित संबंध हो।
16. समय-समय पर छात्रों की प्रगति का मूल्यांकन करके उचित कदम उठाए जाएँ, जिससे छात्रों की कमियाँ दूर हो सकें।

समय की माँग–अध्ययनों से स्पष्ट है कि हम प्राथमिक शिक्षा के क्षेत्र में विकासशील देशों की तुलना में बहुत पीछे हैं। हमें शीघ्र-से-शीघ्र छात्रों के स्कूल में टिके रहने के लिए सतत प्रयास करने होंगे।

प्राथमिक शिक्षा के सार्वभौमिकरण संबंधी प्रमुख कार्यक्रम
(Significant Programmes for UEE)

1. ऑपरेशन ब्लैकबोर्ड (Operation Blackboard)
2. न्यूनतम शिक्षा स्तर (Minimum Levels of Learning)
3. मध्याह्न योजना स्कीम/प्राथमिक शिक्षा के लिए पोषाहार सहायता कार्यक्रम

(Mid-Day Meals or Programme of Nutritional Support to Primary Education)

4. जिला प्राथमिक शिक्षा कार्यक्रम (District Primary Education Programme)
5. संविधान की धारा 45 में संशोधन (Amendment of Article 45 of the Constitution)
6. शिक्षा आश्वासन शिक्षा गारण्टी योजना और वैकल्पिक तथा नवाचार शिक्षा (Education Guarantee Scheme and Alternative and Innovative Education)
7. सर्वशिक्षा अभियान (Sarva Shiksha Abhiyan—Education for All)
8. कस्तुरबा गांधी बालिका विद्यालय (Kasturba Gandhi Balika Vidyalaya)
9. प्राथमिक शिक्षा कोष (Elementary Education Fund)

1. ऑपरेशन ब्लैक बोर्ड (Operation Black Board)

राष्ट्रीय शिक्षा नीति–1986 के सन्दर्भ में यह पाया गया कि अनाकर्षक स्कूली वातावरण, स्कूल भवनों की असंतोषजनक स्थिति या प्राथमिक स्कूलों में अपर्याप्त शिक्षण सामग्री आदि बातें बच्चों के नामांकन तथा उन्हें स्कूलों में निरंतर रूप से बनाए रखने में बाधक बनती हैं। इन बातों को ध्यान में रखते हुए प्राथमिक स्कूलों के स्तर में उल्लेखनीय सुधार करने के लिए प्रतीक रूप से कहे जाने वाले 'ऑपरेशन ब्लैकबोर्ड' नामक अभियान शुरू करने की बात कही गई। यह योजना देश के सभी मौजूदा प्राथमिक स्कूलों में निम्नलिखित मूलभूत भौतिक सुविधाएँ प्रदान करने के लिए वर्ष 1987-88 में आरंभ की गई थी–

(i) कम-से-कम दो बड़े कमरे, जो सभी मौसमों के अनुकूल हों और उनमें लड़के तथा लड़कियों के लिए अलग-अलग शौचालय संबंधी सुविधाएँ उपलब्ध हों।
(ii) कम-से-कम दो शिक्षक, उनमें यथासंभव एक महिला शिक्षक हो।
(iii) कार्यानुभव के लिए ब्लैकबोर्ड, नक्शे, चार्ट, छोटा-सा पुस्तकालय, खिलौने तथा खेल-कूद के कुछ सामान सहित आवश्यक पठन-पाठन सामग्री हो। मद संख्या (ii) तथा (iii) के लिए केन्द्रीय सहायता प्रदान की जाती है।

विस्तारित ऑपरेशन ब्लैकबोर्ड

इस योजना का क्षेत्र सौ से अधिक नामांकन वाले प्राथमिक स्कूलों में तीन कक्षा-कक्ष तथा तीन शिक्षक उपलब्ध कराने के लिए बढ़ा दिया गया है। इस योजना के अंतर्गत उच्च प्राथमिक स्कूलों को भी सम्मिलित करने की अनुमति प्रदान कर दी गई है।

उच्च प्राथमिक स्कूलों की उपयोजना के जो घटक हैं, उनमें प्रत्येक उच्च प्राथमिक स्कूलों को शामिल किया जाता है। इनके लिए निम्नलिखित प्रावधान किए गए हैं–

(i) प्रत्येक कक्षा के लिए कम-से-कम एक कमरा,

(ii) एक प्रधानाध्यापक तथा कार्यालय कक्ष,
(iii) शौचालय की आवश्यक सुविधाएँ,
(iv) प्रतिवर्ष एक हजार रुपए का आकस्मिक अनुदान,
(v) पुस्तकालय की सुविधाएँ,
(vi) आवश्यक सामग्री,
(vii) प्राथमिक स्कूलों की प्रत्येक कक्षा के लिए कम-से-कम एक शिक्षक। सौ से अधिक नामांकन तथा दो शिक्षक वाले प्राथमिक स्कूलों को अब तृतीय शिक्षक उपलब्ध कराए जा रहे हैं।

ऑपरेशन ब्लैकबोर्ड योजना के अधीन उपलब्धियाँ

ऑपरेशन ब्लैकबोर्ड योजना के अधीन, अध्यापन-अधिगम उपस्कर की प्राप्ति के लिए अभी तक 5.23 लाख प्राथमिक स्कूलों को और 1.38 लाख उच्च प्राथमिक स्कूलों को आर्थिक सहायता प्रदान की गई है। एकल अध्यापक प्राथमिक स्कूलों के लिए अतिरिक्त अध्यापकों के लगभग 1.49 लाख पद, जिन प्राथमिक स्कूलों में नामांकन 100 से अधिक हो गया था, वहाँ तीसरे अध्यापक के 0.83 लाख पद तथा उच्च प्राथमिक स्कूलों के लिए अतिरिक्त अध्यापकों के 0.77 लाख पद मंजूर किए गए। राज्यों/संघ राज्य क्षेत्रों द्वारा योजना के अधीन 1.85 लाख क्लासरूमों का निर्माण किया गया है।

1 अप्रैल 2002 से इस योजना को सर्वशिक्षा अभियान में मिला दिया गया।

2. न्यूनतम शिक्षा स्तर (Minimum Levels of Learning)

भारत एक विकासशील देश है। इसने प्राथमिक स्तर पर प्राप्त किए जाने वाले न्यूनतम शिक्षण स्तरों को निर्धारित करने के लिए वर्ष 1991 में पहल की थी। यह नवीन दृष्टिकोण पाठ्यक्रम के विभिन्न घटकों, कक्षा-कक्ष कार्य, मूल्यांकन तथा शिक्षक प्रशिक्षण को समेकित करता है। इस कार्यक्रम का पहला चरण अठारह स्वैच्छिक एजेंसियों, अनुसंधान संस्थाओं, राज्य शैक्षिक अनुसंधान तथा प्रशिक्षण परिषदों आदि के माध्यम से कार्यान्वित किया गया था। इन परियोजनाओं को कार्यान्वित किए जाने के फलस्वरूप स्कूली बच्चों की शिक्षण उपलब्धियों में उल्लेखनीय सुधार हुआ।

3. मध्याह्न भोजन स्कीम

प्राथमिक शिक्षा के लिए पोषाहार सहायता राष्ट्रीय कार्यक्रम (Programme of Nutritional Support to Primary Education)

प्राथमिक शिक्षा के लिए पोषाहार समर्थन का राष्ट्रीय कार्यक्रम, जिसे मध्याह्न भोजन स्कीम के नाम से जाना जाता है, लगभग 12 करोड़ बच्चों को कवर करता है। यह विश्व के एक सबसे

बड़े स्कूल खाद्य कार्यक्रम के रूप में उभरा है। अगस्त 1995 में शुरू की गई इस स्कीम को सितम्बर 2004 में संशोधित किया गया था, जिसके मुख्य उद्देश्य निम्नलिखित हैं–

(i) विशेष रूप से सुविधाविहीन वर्गों से संबंधित बच्चों के दाखिले, उपस्थिति, प्रतिधारण और अध्ययन स्तरों में सुधार करके प्राथमिक शिक्षा (कक्षा I–V) के व्यापीकरण को बढ़ावा देना;

(ii) प्राथमिक स्तर के छात्रों की पोषाहार स्थिति को सुधारना;

(iii) सूखा प्रभावित क्षेत्रों में, ग्रीष्मावकाश के दौरान भी प्राथमिक स्तर के छात्रों को पोषाहार प्रदान करना।

कार्यक्रम हस्तक्षेप और कवरेज

स्कीम के अन्तर्गत, निम्नलिखितों में कक्षा I–V में अध्ययन करने वाले सभी बच्चों को कम-से-कम 300 कैलोरी और 8–12 ग्राम प्रोटीन के साथ पके हुए मध्याह्न भोजन की व्यवस्था करने की परिकल्पना की गई है।

(i) राजकीय, स्थानीय निकाय और सरकार से सहायताप्राप्त स्कूल, और

(ii) शिक्षा गारंटी स्कीम तथा वैकल्पिक और नूतन शिक्षा केन्द्र।

केन्द्रीय सहायता के संघटक और मापदण्ड

राज्य सरकारों/संघ राज्य क्षेत्र प्रशासनों को केन्द्रीय सहायता निम्नलिखित संघटकों के लिए प्रदान की जाती है–

- खाद्यान्नों (गेहूं/चावल) की मुफ्त आपूर्ति–निकटवर्ती एफसीआई गोदाम से प्रति बच्चा प्रति स्कूल दिन 100 ग्राम के हिसाब से।
- निकटवर्ती एफसीआई गोदाम से प्राथमिक स्कूल तक खाद्यान्न की ढुलाई पर आई वास्तविक लागत जिसकी अधिकतम सीमा निम्न प्रकार है (1-10-2004 से लागू)–
  - 11 विशेष श्रेणी राज्यों (अर्थात् अरुणाचल प्रदेश, असम, मेघालय, मिजोरम, मणिपुर, नागालैंड, त्रिपुरा, सिक्किम, जम्मू और कश्मीर, हिमाचल प्रदेश और उत्तरांचल) के लिए 100 रुपए प्रति क्विंटल; और
  - अन्य राज्यों और संघ राज्य क्षेत्रों के लिए 75 रुपए प्रति क्विंटल।

इस कार्यक्रम के अन्तर्गत पका-पकाया पौष्टिक भोजन उपलब्ध कराया जाता है। यह कार्यक्रम देश के सारे राज्यों तथ संघशासित क्षेत्रों में चलाया जा रहा है।

इस योजना के अन्तर्गत वर्ष 1995-96 में 3.34 करोड़ बच्चों को भोजन दिया गया। वर्ष 2004-2005 में यह संख्या बढ़कर 12 करोड़ हो गई। इस योजना पर 2004-2005 में कुल खर्च लगभग रु. 3,000 करोड़ हुआ।

इस कार्यक्रम से स्कूलों में विशेषकर लड़कियों नामांकन का बढ़ा है।

4. जिला प्राथमिक शिक्षा कार्यक्रम (District Primary Education Programme)

यह कार्यक्रम 1994 में 7 राज्यों के 42 जिलों में प्रारम्भ किया गया तथा धीरे-धीरे 27 राज्यों के लगभग सभी जिलों में आरम्भ किया गया। यह कार्यक्रम प्राथमिक शिक्षा के सार्वभौमीकरण के लक्ष्य की पूर्ति पर बल देने वाली एक केन्द्र-प्रायोजित योजना है। इस कार्यक्रम के घटक इस प्रकार हैं–

(i) शिक्षण कक्षाओं तथा स्कूल का निर्माण.
(ii) अनौपचारिक/वैकल्पिक स्कूली केन्द्रों की स्थापना करना।
(iii) अध्यापन-अधिगम सामग्री का निर्माण।
(iv) अनुसंधान आधारित उपाय।
(v) लड़कियों, अनुसूचित जातियों/जनजातियों के बच्चों की शिक्षा पर विशेष ध्यान।

कार्यक्रम की रूपरेखा

यह कार्यक्रम इस ढंग से तैयार किया गया है कि प्रारम्भिक शिक्षा के लिए राज्य सरकारों द्वारा किए गए प्रावधनों के अलावा अतिरिक्त निवेश प्रदान किए जाएँ। यह कार्यक्रम प्राथमिक शिक्षा की उन्नति में मौजूदा प्रणाली में नए प्राण फूँकने का भी प्रयास करता है। डी.पी.ई.पी. एक परिस्थिति विशिष्ट कार्यक्रम है तथा इसमें लड़कियों पर स्पष्ट रूप से ध्यान दिया जाता है। कार्यक्रम के घटक इस प्रकार हैं–शिक्षण कक्षों और नए स्कूलों का निर्माण, अनौपचारिक/वैकल्पिक स्कूली शिक्षा केन्द्रों की स्थापना, नए शिक्षकों की नियुक्ति, ब्लॉक संसाधन केन्द्रों/संकुल संसाधन केन्द्रों की स्थापना, शिक्षक प्रशिक्षण, अध्यापन-अधिगम सामग्री का निर्माण, अनुसंधान आधारित उपाय, लड़कियों, अनुसूचित जातियों/जनजातियों आदि के बच्चों की शिक्षा के निमित विशेष उपाय। विकलांग बच्चों की समाकलित शिक्षा और शिक्षक प्रशिक्षण में सुधार के लिए दूरस्थ शिक्षा घटकों को भी इस कार्यक्रम में शामिल किया गया है।

लक्ष्य

कार्यक्रम का लक्ष्य मुख्यत: यह है कि सभी बच्चों को प्राथमिक शिक्षा की सुविधाएँ सुलभ कराई जाएँ, प्राथमिक शिक्षा बीच में छोड़ने वाले बच्चों के अनुपात को घटा कर 10 प्रतिशत से कम पर लाया जाए, प्राथमिक स्कूलों के छात्रों की अधिगम उपलब्धि में कम से कम 25 प्रतिशत का संवर्धन किया जाए तथा लड़के-लड़कियों एवं सामाजिक वर्गों के अंतर को घटाकर 5 प्रतिशत से भी कम पर लाया जाए।

जिला चयन मापदण्ड

कार्यक्रम कार्यान्वयन की इकाई के रूप में जिले का चयन निम्न आधार पर किया जाता है–

1. शैक्षिक दृष्टि से पिछड़े ऐसे जिले जिनमें साक्षरता राष्ट्रीय औसत से कम है, और
2. ऐसे जिले जिनमें समग्र साक्षरता अभियान (टी.एल.सी.) सफल रहे हैं और जिनके फलस्वरूप प्रारम्भिक शिक्षा की माँग बढ़ी है।

वित्तपोषण

एक केन्द्रीय प्रायोजित योजना के रूप में डी.पी.ई.पी. परियोजना की लागत का 85 प्रतिशत भारत सरकार द्वारा तथा 15 प्रतिशत सम्बन्धित परियोजना राज्य द्वारा वहन किया जाता है। भारत सरकार के हिस्से का वित्तपोषण बाह्य एजेंसी द्वारा किया जाता है। आज की स्थिति में डी.पी.ई.पी. को लगभग 6938 करोड़ रुपये की विदेशी सहायता प्राप्त है जिसमें से 5137 करोड़ रुपये अन्तर्राष्ट्रीय विकास संघ से ऋण के रूप में हैं और 1801 करोड़ रुपये यूरोपीय आयोग (ई.सी.), अन्तर्राष्ट्रीय विकास विभाग, यूके (डी.एम.आई.ई.) यूनीसेफ तथा नीदरलैण्ड सरकार के अनुदान के रूप में हैं।

कवरेज (विस्तार)

यह कार्यक्रम, 1994 में 7 राज्यों के 42 जिलों में प्रारम्भ कर दिया गया था, अब उसका विस्तार 18 राज्यों के 271 जिलों तक कर दिया गया है। ये 18 राज्य इस प्रकार हैं–असम, हंरियाणा, कर्नाटक, केरल, महाराष्ट्र, तमिलनाडु, मध्य प्रदेश, छत्तीसगढ़, गुजरात, हिमाचल प्रदेश, उड़ीसा, आन्ध्र प्रदेश, पश्चिम बंगाल, उत्तर प्रदेश, उत्तरांचल, बिहार, झारखण्ड तथा राजस्थान। मध्य प्रदेश और छत्तीसगढ़ के 26 जिलों में यह परियोजना 31 दिसम्बर 2002 को पूरी हो गई जबकि डी.पी.ई.पी. चरण-I और II के 178 जिलों में परियोजना 30 जून 2003 को समाप्त हुई। इसके बाद यह परियोजना 9 राज्यों, अर्थात् आन्ध्र प्रदेश, बिहार, गुजरात, उड़ीसा, उत्तर प्रदेश, पश्चिम बंगाल, राजस्थान, झारखण्ड तथा उत्तरांचल के 129 जिलों में जारी रहेगी।

अब यह योजना सभी राज्यों के सभी जिलों में चालू है।

डी.पी.ई.पी. के तहत प्रमुख उपलब्धियाँ

1. डी.पी.ई.पी. के तहत अभी तक 1,60,000 से अधिक नए स्कूल खोले गए हैं, जिनमें लगभग 84,000 वैकल्पिक स्कूल केन्द्र शामिल हैं। एसएस केन्द्रों के अन्तर्गत लगभग 3.5 मिलियन बच्चे कवर हैं, तथा 2 मिलियन और बच्चे विभिन्न प्रकार के संक्षिप्त पाठ्यक्रमों द्वारा कवर हैं।
2. डी.पी.ई.पी. चरण-I जिलों में दाखिला, जो 1997-98 में 79.33 लाख था, 2001-2002 में बढ़कर 90.26 लाख हो गया। बाद वाले चरणों में डी.पी.ई.पी. के तहत कवर जिलों में समग्र दाखिला, जो 1997-1998 में 185.31 लाख था, बढ़कर 2002-2003 में 600.00 लाख हो गया।

3. डी.पी.ई.पी. के अंतर्गत काफी स्कूली अवस्थापना का सृजन हुआ है। पूरे हो गए कार्यों में 52758 स्कूली इमारतें, 58604 अतिरिक्त कक्षा कमरे, 16619 संसाधन केन्द्र, 29307 मरम्मत कार्य, 64592 शौचालय और 24909 पेय जल सुविधाएँ सम्मिलित हैं। 3285 और स्कूली इमारतें, 5348 अतिरिक्त कक्षा कमरों, 1027 संसाधन केन्द्रों, 2599 शौचालयों, 2119 पेय जल सुविधाओं का निर्माण कार्य व 766 मरम्मत कार्य 9 राज्यों के 129 जिलों में प्रगति पर है, जहाँ कि परियोजना अभी भी चल रही है।
4. पिछले वर्षों के दौरान दाखिले में वृद्धि के बावजूद, डी.पी.ई.पी. के अंतर्गत कवर स्कूलों के संबंध में औसत छात्र-कक्षा अनुपात (एससीआर) 2002-03 में 42 था जबकि 1996-97 में यह लगभग 50 था।
5. पुनर्गठित तालमेलपूर्ण पद्धति का इस्तेमाल करते हुए दाखिले और दोहराने वालों के संबंध में 2000-01 और 2001-02 ईएमआईएस डाटा से बीच में पढ़ाई छोड़ देने वालों की दर का अनुमान लगाने के लिए एक अध्ययन आयोजित किया गया। ग्रेड-I और प्राथमिक स्कूल के अंतिम ग्रेड के बीच पढ़ाई छोड़ देने वाले बच्चों का प्रतिशत 102 जिलों में से 20 जिलों में 10 प्रतिशत से कम पाया गया तथा एक-तिहाई ज़िलों में 20 प्रतिशत से कम पाया गया। 62 प्रतिशत जिलों में लिंग अंतर 5 प्रतिशत से कम था किन्तु बड़ी संख्या में जिलों के बीच में पढ़ाई छोड़ देने वालों की ऊँची दर अभी भी एक चिन्ता का विषय है।
6. लड़कियों के दाखिले में पर्याप्त सुधार हुआ है। डी.पी.ई.पी.-I जिलों में, कुल दाखिले की दृष्टि से लड़कियों के दाखिले का हिस्सा 48 प्रतिशत से बढ़कर 49 प्रतिशत हो गया जबकि डी.पी.ई.पी. जिलों के बाद वाले चरण में यह वृद्धि 46 प्रतिशत से 47 प्रतिशत थी।
7. लगभग सभी परियोजना ग्राम/बस्तियों/स्कूलों में ग्राम शिक्षा समितियाँ/स्कूल प्रबंधन समितियाँ स्थापित की गई हैं।
8. लगभग 1,77,000 नए अध्यापक नियुक्त किए गए हैं जिनमें परा-अध्यापक/शिक्षाकर्मी सम्मिलित हैं।
9. ब्लॉक स्तर पर लगभग 3380 संसाधन केन्द्र और संकुल स्तर पर 29725 केन्द्र शैक्षिक सहायता और शिक्षक प्रशिक्षण सुविधाएँ प्रदान करने के लिए, स्थापित किए गए हैं।
10. 2001 में 49 चरण-I जिलों में और 2003 में 83 चरण-II जिलों में किए गए टर्मिनल मूल्यांकन सर्वेक्षण के अनुसार, 95 प्रतिशत से अधिक जिलों में भाषा और गणित दोनों में कक्षा-III/IV परीक्षाओं में औसत अंक 60 प्रतिशत से अधिक थे, जबकि कक्षा में उन जिलों में प्रतिशत जहाँ औसत अंक 100 में

से 60 प्रतिशत से अधिक थे, उनके अंक भाषा में 43.2 प्रतिशत और गणित परीक्षाओं में 28.8 प्रतिशत थे।

5. संविधान की धारा 45 में संशोधन (Amendment of Article 45 of the Constitution)

संविधान की मूल धारा 45 के अनुसार प्राथमिक शिक्षा का सार्वभौमीकरण 1960 तक हो जाना चाहिए था परन्तु यह लक्ष्य 2000 तक भी पूरा न हो सका। ऐसा अनुभव किया गया कि इस लक्ष्य की पूर्ति के लिए प्राथमिक शिक्षा को 'मौलिक अधिकार' (Fundamental Right) बना दिया जाये। तद्नुसार 2002 में संविधान की धारा 45 में संशोधन किया गया तथा धारा 21A और 51A (k) को जोड़ा गया।

मूल धारा 45–बालकों के लिए निःशुल्क और अनिवार्य शिक्षा का प्रबन्ध–"राज्य इस संविधान के आरम्भ से दस वर्ष की अवधि के भीतर सभी बालकों को चौदह वर्ष की आयु पूरा करने तक निःशुल्क और अनिवार्य शिक्षा देने के लिए उपबंध (Provision) करने का प्रयास करेगी।"

2002 में संविधान में निम्न संशोधन किए गए–

1. **धारा 21A**–धारा 21A को मूल अधिकारों से संबंधित भाग III में जोड़ा गया। धारा 21A इस प्रकार है, "राज्य 6-14 वर्ष की आयु के सभी बच्चों को राज्य द्वारा निर्मित विधि के अनुसार निःशुल्क और अनिवार्य शिक्षा प्रदान करेगी।"
2. **धारा 45**–संशोधित धारा इस प्रकार है–"राज्य सभी बच्चों को जब तक वे 6 वर्ष की आयु के नहीं हो जाते, प्रारम्भिक शिशु देखभाल और शिक्षा प्रदान करने के अवसर सुलभ कराएगा।"
3. **51A (k)**–भाग IV के मूल कर्त्तव्य में "माता-पिता अथवा अभिभावक, स्थिति अनुसार 6-14 वर्ष की आयु के बीच के अपने बच्चे तथा वार्ड के लिए शिक्षा के अवसर सुलभ कराएगा।"

6. शिक्षा गारंटी आश्वासन योजना और वैकल्पिक तथा नवाचारी शिक्षा (Education Guarantee Scheme and Alternative and Innovative Education)

6-14 आयु वर्ग के बच्चों के लिए आश्वासन योजना और वैकल्पिक तथा नवाचारी शिक्षा (ई.जी.एस. तथा ए.आई.ई.) कार्यक्रम 1 अप्रैल, 2001 में शुरू की गई। इसकी मुख्य विशेषताएँ निम्नलिखित हैं–

1. स्कूलविहीन बस्तियों में स्कूल खोलना (ई.जी.एस.)।
2. 'स्कूल-बाह्य' बच्चों को मुख्य धारा का अंग बनाने के लिए हस्तेक्षपणीय उपाय, जैसे कि सेतु पाठ्यक्रम, 'वापस स्कूल चलो' शिविर आदि।

ई.जी.एस. तथा ए.आई.ई. कार्यक्रम में नमनशील कार्यनीतियों की परिकल्पना की गयी है, जिनमें ये शामिल हैं–प्रवासी बच्चों के लिए स्कूलविहीन बस्तियों में स्कूल अथवा संक्षिप्त पाठ्यक्रम, सेतु पाठ्यक्रम, आवासी शिविर, आवारा तथा मलिन बस्तियों के बच्चों के लिए अल्पकालीन केन्द्र, औपचारिक स्कूलों में दाखिल बच्चों के लिए उपचारात्मक शिक्षण, अल्पकालीन ग्रीष्मकालीन शिविर आदि।

दसवीं योजना के बाद से यह योजना यू.ई.ई. के लिए समग्र कार्यक्रम अर्थात् एस.एस.ए. का एक अंग बन गयी है। इस स्कीम का कार्यान्वयन और अनुश्रवण राज्य/संघ शासित क्षेत्र की सरकारों द्वारा स्थापित/अभिज्ञात राज्य स्तरीय सोसायटियों द्वारा किया जाता है, जिनको राज्य और समाजार्थिक क्षेत्रों के अधीन इन प्रस्तावों का मूल्यांकन और अनुमोदन करने के अधिकार प्राप्त हैं। केन्द्र और राज्यों के बीच खर्च का अनुपात क्रमशः 75 : 25 है। तथापि, स्वैच्छिक एजेन्सियाँ 100 प्रतिशत सहायता (समग्र लागत सीमाओं के भीतर) की पात्र हैं।

क्योंकि ई.जी.एस. तथा ए.आई.ई., एस.एस.ए. का एक अंग है, इसलिए इस सम्बन्ध में कोई अलग बजट का प्रावधन नहीं किया गया है लेकिन इस योजना से सम्बन्धित खर्च एस.एस.ए. के समग्र बजट प्रावधन में से किया जाता है।

वर्ष 2005-2006 के दौरान (दिसम्बर 2005 तक), इस घटक से 62.26 लाख बच्चों को प्रारम्भिक शिक्षा प्रदान करने में मदद मिली, अर्थात् भूमिहीन बस्तियों मे रह रहे 54 लाख बच्चों को 1.29 लाख ईजीएस केन्द्रों के माध्यम से प्रारम्भिक शिक्षा प्रदान की गई तथा 8.29 लाख स्कूल न जाने वाले बच्चों को संक्षिप्त पाठ्यक्रमों/स्कूल शिविरों के अन्तर्गत लाया गया।

7. सर्वशिक्षा अभियान (Sarva Shiksha Abhiyan)

सर्वशिक्षा अभियान का अर्थ–जैसा कि इस अभियान का नाम है, यह अभियान प्राथमिक स्तर पर 'सभी को शिक्षा' देने के लिए चलाया गया है। इस अभियान का आरम्भ 2001 में किया गया।

अभियान को चलाने के कारण–संविधान की धारा 45 के अनुसार देश में निःशुल्क प्राथमिक शिक्षा का प्रबन्ध 6-14 वर्ष के बीच सभी बच्चों के लिए किया जाना था, परन्तु इसमें प्रगति ढीली थी। इस लक्ष्य की प्राप्ति के लिए यह अभियान चलाया गया।

प्राथमिक शिक्षा के क्षेत्र में उल्लेखनीय प्रगति के बावजूद वर्ष 2000 में लगभग 2.4 करोड़ बच्चे स्कूल नहीं जाते थे।

लगभग 50 प्रतिशत बच्चे आठवीं कक्षा आते-आते तक स्कूल छोड़ जाते थे।

सर्वशिक्षा अभियान के लक्ष्य

- 2003 तक 6-14 वर्ष के सभी बच्चे स्कूल में हों।

- 6-14 वर्ष के आयु के सभी बच्चे 2007 तक पाँच वर्षों की प्रारम्भिक शिक्षा पूरी कर लें।
- 6-14 वर्ष आयु के बच्चों के 2010 तक आठ वर्षों की प्रारम्भिक शिक्षा की ओर ध्यान केन्द्रित करना।
- जीवन के लिए शिक्षा पर बल देते हुए संतोषजनक स्तर की प्रारम्भिक शिक्षा की ओर ध्यान केन्द्रित करना।
- प्राथमिक स्तर पर 2007 तक तथा प्रारम्भिक स्तर पर 2010 तक लड़के और लड़कियों के बीच अंतराल और सामाजिक वर्ग विशेषताएँ समाप्त करना।
- 2010 तक यह सुनिश्चित करना कि सभी बच्चे शिक्षा जारी रखें।

सर्वशिक्षा अभियान के मुख्य कार्यक्रम

1. ऐसी बस्तियों में स्कूल स्थापित करना जहाँ कोई स्कूली सुविधाएँ नहीं हैं।
2. अतिरिक्त कक्षाएँ खोलना।
3. शौचालय बनाना।
4. पेयजल की व्यवस्था करना।
5. अनुरक्षण अनुदान देना।
6. स्कूलों के बुनियादी ढाँचे को दृढ़ करना।
7. शिक्षकों की कमी को दूर करना।
8. अध्यापन-अधिगम सामग्री जुटाना।
9. कमजोर वर्गों की लड़कियों पर विशेष ध्यान देना।
10. नि:शुल्क शिक्षा सहित अनेक प्रोत्साहन योजनाएँ चलाना।

विभिन्न राज्यों तथा निकायों की भागेदारी

सर्वशिक्षा अभियान कार्यक्रम के अंतर्गत सहायता नौवीं योजना के दौरान केन्द्र और राज्य सरकार के बीच 85 : 15 की भागीदारी के आधार पर थी, दसबीं योजना के दौरान यह 75 : 25 के आधार पर है और इसके बाद 50 : 50 के आधार पर होगी।

तालिका 6.6: 2005-2006 के दौरान एसएसए के अन्तर्गत जारी निधियाँ (करोड़ रुपए में)

वर्ष	*केन्द्रीय सरकार द्वारा जारी निधियाँ*	*राज्य सरकार द्वारा जारी निधियाँ*	*उपलब्ध कुल निधियाँ*	*व्यय*
2004-2005	5139.75	1747.51	7732.08	6598.39
2005-2006 (सितम्बर 2005 तक)	4181.55	1025.81	6165.55	3361.33

तालिका 6.7: सर्वशिक्षा अभियान के तहत प्रगति

मद	मंज़ूर भौतिक लक्ष्य	प्रगति	(सितम्बर 2005) प्रतिशत
1. नए स्कूल खोलना	157967	129893	82
2. स्कूल भवनों का निर्माण	120629	58181 (पूर्ण) 34516 (निर्माणाधीन)	77
3. अतिरिक्त कक्षाकमरों का निर्माण	329690	113871 (पूर्ण) 110872 (निर्माणाधीन)	68
4. ईजीएस/एआईए केन्द्रों में बच्चों का दाखिला	5200000	54,00000	136
5. नए अध्यापकों की नियुक्ति	772345	492261	64
6. मुफ्त पाठ्यपुस्तकें	61450085	50220434	82
7. ब्लॉक संसाधन केन्द्रों की स्थापना	7422	7201	97
8. क्लस्टर संसाधन केन्द्रों की स्थापना	70735	66140	93.5

सर्वशिक्षा अभियान की समीक्षा

शिक्षा के सार्वभौमीकरण के सन्दर्भ में सर्वशिक्षा अभियान का विशेष महत्त्व है। इस अभियान की सफलता के लिए एक विशेष संगठनात्मक ढाँचे की स्थापना की गई है। लक्ष्यों की पूर्ति के लिए तथा राज्य और अभिभावकों की जवाबदेही बढ़ाने के लिए संसद ने 2002 में प्राथमिक शिक्षा संबंधी संशोधन भी संविधान में किया। पिछड़े वर्गों के बच्चों, तथा दूरस्थ क्षेत्रों के बच्चे तथा लड़कियों की शिक्षा पर विशेष बल दिया गया है। लक्ष्यों की मॉनीटरिंग के लिए विशेष सैल स्थापित किए गए हैं। 2004 में सर्वशिक्षा अभियान के लिए राष्ट्रीय मिशन की स्थापना की।

नियमित स्कूल के बुनियादी ढाँचे को दृढ़ बनाने के प्रयास किए जा रहे हैं। सुविधाओं का विस्तार किया है।

उपलब्धियाँ

1. **अनुपात**–स्कूल दाखिला अनुपात (जीईआर) जो 1950-51 में 31.1 था, 2003-2004 में बढ़कर 85 प्रतिशत हो गया।
2. **लिंग असमानता**–प्रारम्भिक स्तर पर जीईआर में लिंग असमानता जो 2001-2002 में 17.1 प्रतिशत थी, कम होकर 2003-2004 में 6.5 प्रतिशतांक हो गई।
3. **स्कूल न जा सकने वाले बच्चे**–2001 में 3.2 करोड़ से घटकर अक्टूबर 2005 में 95 लाख हो गए।
4. **प्राथमिक स्तर पर बीच में पढ़ाई छोड़ने वालों की दर**–7.7 प्रतिशत तक कम हो गई, 2001-2002 में 39.03 प्रतिशत से 2003-2004 में 31.36

प्रतिशत हो गई। लड़कियों के मामले में बीच में पढ़ाई छोड़ने की दर इसी अवधि के दौरान 11 प्रतिशतांक तक कम हो गई।

5. **स्कूलों की संख्या**–2001 के बाद से 1,77,677 नए स्कूल खोले गए। 94 प्रतिशत ग्रामीण आबादी के पास एक किलोमीटर की दूरी के अन्दर एक स्कूल है।
6. **स्कूली इमारतें**–92,697 स्कूली इमारतें पूरी की गईं।
7. **अतिरिक्त अध्यापक**–4.92 लाख अतिरिक्त अध्यापक नियुक्त किए गए।
8. **निःशुल्क पाठ्यपुस्तकें**–कक्षा I से VIII तक पढ़ने वाली सभी लड़कियों और अनुसूचित जाति/अनुसूचित जनजाति के लगभग 6 करोड़ बच्चों को निःशुल्क पाठ्यपुस्तकें वितरित की जाती हैं।

सर्वशिक्षा अभियान को सशक्त तथा प्रभावी बनाने के सुझाव

1. आँकड़ों का उचित संग्रह, आँकड़ा विश्लेषण और आँकड़ों का प्रयोग प्रगति को मापने के लिए महत्त्वपूर्ण है, अतः इस प्रणाली को मजबूत किया जाए।
2. सभी क्रियाकलापों को मिशन के लक्ष्यों के साथ जोड़ना कार्यान्वयन प्रक्रिया की गति और प्रभाविता में तेजी लाने के लिए महत्त्वपूर्ण है। उस बल दिया जाए।
3. सकल नामांकन अनुपात 100 प्रतिशत के स्तर पर पहुँचाने के बाद ध्यान उपस्थित और शिक्षा बीच में छोड़ने वालों पर रोक लगाने की तरफ लगाया जाना चाहिए।
4. बच्चों की शिक्षा में रुचि बनाए रखने के लिए क्लासरूम प्रक्रियाएँ सबसे अधिक महत्त्वपूर्ण हैं अतः इसलिए उन्हें और अधिक गहराई से समझे जाने तथा गुणवत्तात्मक दृष्टि से बेहतर बनाए जाने की दिशा में प्रयास किए जाने की आवश्यकता है।
5. प्रणाली के सभी महत्त्वपूर्ण क्षेत्रों में क्षमता निर्माण की दशा में बहुत कुछ किया जाना बाकी है ताकि सभी की अधिगम उपलब्धियों में सुधार लाया जा सके।
6. प्रशासनिक क्रियाविधियों की समीक्षा आवश्यक है ताकि विभिन्न बाधाओं और क्रियाविधियों का उन्मूलन करके स्कूल में बच्चों का प्रवेश और उन्हें शिक्षा में बनाए रखने का काम सुगम बन सके।
7. सिविल कार्य, जिस पर एसएसए निधियों का लगभग एक तिहाई व्यय किया जाता है, को अध्ययन परिवेश के अभिन्न अंग के रूप में लिया जाना चाहिए। इस प्रकार संदर्भ विशिष्ट स्कूल भवन डिजाइन पर ध्यान देना काफी महत्त्वपूर्ण है।
8. अभियान में लगे हुए गैर सरकारी संगठनों की सतत् समीक्षा की जाए और यह आश्वस्त किया जाए कि दिया गया अनुदान ठीक प्रकार से खर्च किया जा रहा है।
9. समुदाय की भागेदारी बढ़ाई जाए।

('योजना' अंक 49, सितम्बर 2005 के आधार पर)

8. कस्तूरबा गांधी बालिका विद्यालय (Kasturba Gandhi Balika Vidyalaya)

केजीबावी स्कीम, शैक्षिक रूप से पिछड़े ब्लॉकों में (इबीबी), जहाँ महिला साक्षरता राष्ट्रीय औसत से कम है और साक्षरता में लैंगिक अंतर राष्टीय औसत से अधिक है, प्रमुख रूप से अनुसूचित जाति, अनुसूचति जनजाति और अल्पसंख्यकों के लिए प्रारम्भिक स्तर पर 750 रिहायशी स्कूल स्थापित करने के लिए, अगस्त 2004 में शुरू की गई थी।

9. प्रारम्भिक शिक्षा कोष (Elementary Education Fund)

प्रारम्भिक शिक्षा के लिए संसाधनों में वृद्धि करने के लिए 2004 में प्रमुख केन्द्रीय करों पर 2 प्रतिशत की दर से एक शिक्षा उपकर आरोपित किया गया। शिक्षा उपकर की प्राप्तियाँ प्राप्त करने के लिए 'प्रारम्भिक शिक्षा कोष' नामक एक अव्यपगतनीय पृथक्, समर्पित कोष सृजित किया गया है।

प्राथमिक शिक्षा की गुणवत्ता में सुधार के लिए सुझाव (Suggestions for Qualitative Improvement of Elementary Education)

समय-समय पर चिंता प्रकट की गई है कि हमारी शिक्षा का स्तर उत्तरोत्तर नीचे गिर रहा है। इस संदर्भ में विशेषकर प्राथमिक स्कूलों को दोषी ठहराया जाता है और कहा जाता है कि इस स्तर पर बच्चों की सर्वांगीण उन्नति के लिए पर्याप्त प्रयास नहीं किए जा रहे हैं। इसमें कोई संदेह नहीं कि जब तक नींव दृढ़ नहीं होगी, भवन भी अस्थिर ही रहेगा। इसलिए शिक्षा स्तर की नींव, जिसका आधार प्राथमिक स्तर पर ही निर्भर होता है, को सुदृढ़ बनाए बिना शिक्षा के अन्य स्तरों में सुधार लाना बहुत ही कठिन कार्य होगा।

समय-समय पर शैक्षिक समितियों के सुझावों का विवरण पहले ही दिया गया है। यद्यपि प्राथमिक शिक्षा में सुधार हेतु अनेक पग उठाए गए हैं, फिर भी बहुत कुछ करना बाकी है। हमें सदा यह स्मरण रखना होगा कि इस गतिशील संसार में ज्ञान का विस्फोट बहुत शीघ्रता से हो रहा है और इन चुनौतियों का सामना करने के लिए प्राथमिक शिक्षा के पाठ्यक्रम, अध्यापन विधियाँ आदि में सतत् समयानुसार परिवर्तन लाना होगा।

प्राथमिक शिक्षा के विभिन्न घटकों, जिन पर इसका स्तर निर्भर है, के बारे में विस्तारपूर्वक चर्चा करना तो यहाँ संभव नहीं, फिर भी कुछ विशेष घटकों पर प्रकाश डालने का प्रयास किया गया है।

1. प्रभावी पाठ्यक्रम।
2. गतिशील शिक्षण विधियाँ।
3. विद्यालयों में पर्याप्त भौतिक तथा अन्य सुविधाएँ।
4. उपयुक्त, आकर्षक पाठ्य पुस्तकें।
5. उत्साही तथा संतुष्ट अध्यापक वर्ग।
6. लचीली तथा वस्तुनिष्ठ परीक्षा पद्धति।

7. एक अध्यापकवाले स्कूलों को सशक्त बनाना।
8. अध्यापक प्रशिक्षण में सुधार।
9. प्राथमिक स्तर पर अधिक व्यय करना।
10. छात्रों का बोझ कम करना।
11. मीडिया का प्रयोग।

1. **प्रभावी पाठ्यक्रम**–राष्ट्रीय शैक्षिक अनुसंधान एवं प्रशिक्षण परिषद् ने पाठ्यक्रम संबंधी निम्नलिखित सुझाव दिए हैं–

(i) अधिगम (सीखने) के न्यूनतम स्तर निर्धारित करना।
(ii) निर्धारित अधिगमों की प्राप्ति को सरल बनाने वाले अधिगम अनुभव और विषय-वस्तु की उचित व्यवस्था करना।
(iii) पाठ्यक्रम के कार्य निष्पादन के दौरान शिक्षक केन्द्रित दृष्टिकोण के स्थान पर छात्र केन्द्रित दृष्टिकोण पर बल देना।
(iv) समस्त शैक्षिक अवधि में शिक्षा के शैक्षणिक और गैर शैक्षणिक दोनों पहलुओं को समाविष्ट करने वाले सतत् और व्याख्यापरक मूल्यांकन को शुरू करके परीक्षा प्रणाली को नया रूप देना।
(v) देश भर में तुलनात्मक क्षमता (Comparable competency) के मानदण्डों के विकास और चयन के लिए राष्ट्रीय परीक्षण सेवा जैसी उपयुक्त कार्यप्रणाली की स्थापना करना।
(vi) सभी स्कूलों तथा अनौपचारिक शिक्षा केन्द्रों में पाठ्यक्रम को प्रभावी बनाने के लिए पर्याप्त मात्रा में सुविधाओं का प्रावधन करना।

2. **गतिशील शिक्षण विधियाँ**–पाठ्यक्रम को ठीक ढंग से कार्यान्वित करने के लिए आवश्यक है कि शिक्षण विधियाँ गतिशील और छात्र केन्द्रित हों। शिक्षण विधियों में छात्र के 'सीखने' न कि 'सिखाने' पर बल दिया जाए। राष्ट्रीय शिक्षा नीति की समीक्षा समिति ने छात्र केन्द्रित शिक्षा को निम्न प्रकार से दर्शाया है–

(i) बाल केन्द्रित कक्षा में ध्यान अध्यापक पर नहीं, बच्चे पर केन्द्रित होता है। इसलिए अध्यापक के लिए जरूरी है कि वह बच्चों की प्रकृति, समस्याओं और अभिवृत्तियों को पहचानने और उनके अनुसार ही उन्हें प्रेरित करने, पढ़ाने तथा अलग-अलग मूल्यांकन की अपनी प्रक्रिया विकसित करे और उनके अवांछनीय समझे जाने वाले व्यवहार के प्रति अपनी प्रतिक्रिया व्यक्त करे।
(ii) बच्चों की तरह अध्यापक भी निरंतर सीखता रहता है और नए-नए अनुभव प्राप्त करता रहता है।
(iii) सीखने की प्रक्रिया के नियम कड़े या स्थिर नहीं होते। कक्षा में पैदा होने वाली स्थितियों और चुनौतियों के अनुसार ही अध्यापक और बच्चे लगातार खोज,

अन्वेषण, अनुकूलन और नए-नए नियम बनाते रहते हैं। साथ ही इस बात से भी इन्कार नहीं किया जा सकता कि इस प्रक्रिया में अध्यापक का मार्गदर्शन स्थूल सैद्धान्तिक संरचना ही करती है।

(iv) ज्ञान के साथ-साथ ज्ञान प्राप्ति की पद्धति भी समान रूप से महत्त्वपूर्ण होती है। बच्चों के दैनिक अनुभवों से ही ज्ञान प्राप्ति की पद्धति का निर्माण किया जाता है, जो फिर उन्हीं में समाहित हो जाती है।

3. **विद्यालयों में पर्याप्त भौतिक तथा अन्य सुविधाएँ**–समय-समय पर किए गए सर्वेक्षणों से पता चलता है कि प्राथमिक स्कूलों में बेसिक सुविधाओं का बहुत अभाव है। जहाँ कुछ सुविधाएँ उपलब्ध हैं, उनका पूरा-पूरा लाभ नहीं उठाया जाता है। कुछ वर्ष पूर्व किए गए सर्वेक्षण से निम्नलिखित तथ्य सामने आए–

अखिल भारतीय स्तर पर केवल 58 प्रतिशत स्कूलों में ब्लैकबोर्ड थे। केवल 28 प्रतिशत स्कूलों में किसी न किसी प्रकार की पुस्तकालय सुविधाएँ थीं और लगभग 46. 6 प्रतिशत स्कूलों में खेल के मैदान थे। विभिन्न राज्यों में तो इस प्रकार की सुविधाएँ अलग-अलग थीं; उदाहरणार्थ, असम में 19.9 प्रतिशत प्राथमिक स्कूलों में ब्लैकबोर्ड थे, पश्चिम बंगाल में केवल 4 प्रतिशत प्राथमिक स्कूलों में पुस्तकालय सुविधाएँ थीं और बिहार के 15 प्रतिशत प्राथमिक स्कूलों में खेल के मैदान थे। कुछेक राज्यों में पीने के पानी जैसी मूल सुविधाएँ भी देना बाकी था। उदाहरण के लिए, मध्य प्रदेश में 21 प्रतिशत ग्रामीण प्राथमिक स्कूलों में पीने के पानी की सुविधाएँ उपलब्ध थीं। इस प्रकार की कमियाँ उच्चतर माध्यमिक स्कूलों में भी विद्यमान थीं। उदाहरणार्थ, पश्चिम बंगाल के 76 प्रतिशत उच्चतर माध्यमिक स्कूलों में पीने के पानी की सुविधाएँ उपलब्ध थीं। सामान्यत: इस प्रकार की कमियाँ ग्रामीण स्कूलों में अधिक पाई गई हैं; ग्रामीण क्षेत्रों में 79 प्रतिशत प्राथमिक स्कूलों, 70 प्रतिशत मीडिल स्कूल, 27 प्रतिशत माध्यमिक और 10 प्रतिशत उच्चतर माध्यमिक स्कूलों में पेशाबघर/शौचघर जैसी सार्वजनिक सुविधाओं का अभाव था।

4. **उपयुक्त एवं आकर्षक पाठ्यपुस्तकें**–राष्ट्रीयकृत पुस्तकें सस्ती अवश्य हैं, परंतु इनमें चित्र आदि की कमी रहती है। छपाई भी कभी-कभी सुंदर नहीं होती है, इसलिए इनमें सुधार लाना अति आवश्यक है।

पाठ्य पुस्तकों में दी गई सामग्री का भी जीवन से इतना संबंध नहीं होता, जितना कि होना चाहिए।

5. **उत्साही तथा संतुष्ट अध्यापक वर्ग**–प्राय: यह देखा गया है कि अध्यापकों में उचित मात्रा में उत्साह नहीं होता है। इसके कारणों में जाना तो इस स्थान पर उपयुक्त नहीं होगा, परंतु इतना कहना आवश्यक है कि अधिकारी वर्ग प्राथमिक स्कूलों के अध्यापकों की काफी अवहेलना करते हैं।

6. **लचीली तथा वस्तुनिष्ठ परीक्षा पद्धति**–जब हम सार्वजनिक शिक्षा पर इतना बल देते हैं तो हमें छात्रों को प्राथमिक स्तर पर नीची कक्षा से अगली कक्षा में स्वत: जाने का

प्रावधान करना चाहिए। मूल्यांकन में छात्रों का केवल उनकी क्षमताओं के बारे में विवरण हो, ताकि वे तथा उनके अभिभावक त्रुटियों को जानकर उनके सुधार के लिए प्रयत्न करें।

7. **एक अध्यापक वाले स्कूलों को सशक्त बनाना**–भारत में एक-तिहाई से भी ज्यादा ऐसे स्कूल हैं, जिनमें केवल एक ही अध्यापक होता है। उसके अवकाश पर जाने से स्कूल प्राय: बन्द हो जाता है, परंतु अब इस दिशा में ऑपरेशन ब्लैकबोर्ड के अंतर्गत दो अध्यापकों की नियुक्ति का प्रावधन किया गया है।

8. **अध्यापक प्रशिक्षण में सुधार**–इसमें कोई संदेह नहीं कि प्राथमिक स्तर पर अध्यापक प्रशिक्षण अभी भी परम्परागत ढंग से किया जा रहा है। इसमें अमूल परिवर्तन की आवश्यकता है।

9. **प्राथमिक स्तर पर अधिक व्यय करना**–पहली पंचवर्षीय योजना में प्राथमिक शिक्षा पर कुल व्यय का 56 प्रतिशत खर्च था। तीसरी योजना के पश्चात् घटकर यह केवल 24 प्रतिशत रह गया। तालिका से स्पष्ट है कि प्राथमिक स्तर पर खर्च में बहुत कमी आई है। अत: खर्च बढ़ाए बिना स्थिति संतोषजनक नहीं हो सकती। गुणवत्ता सुधार के कार्यक्रमों में भी खर्चे में अधिक प्रावधान की आवश्यकता है।

तालिका 6.8: प्राथमिक शिक्षा पर खर्च

योजना	*संपूर्ण शिक्षा-व्यय (रु. करोड़ में)*	*प्राथमिक शिक्षा पर व्यय (रु. करोड़ में)*	*प्राथमिक शिक्षा पर प्रतिशत खर्च*
पहली योजना (1951-56)	153	85	56%
दूसरी योजना (1956-61)	273	95	35%
तीसरी योजना (1961-66)	589	201	34%
वार्षिक (1966-69)	323	75	24%
चौथी योजना (1969-74)	786	239	30%
पाँचवीं योजना (1974-79)	912	317	35%
छज्वीं योजना (1980-85)	2530	836	33%
सातवीं योजना (1985-90)	7633	2849	37%
1990-92	4727	1729	37%
आठवीं योजना (1992-97)	19600	9201	47%

10. **छात्रों पर बोझ कम करना**–इतना कुछ पढ़ाया जाता है, लेकिन फिर भी छात्र इतना कम क्यों सीख-समझ पाते हैं? इस प्रश्न पर 1993 में मानव संसाधन विकास मंत्रालय द्वारा प्रो. यशपाल की अध्यक्षता में नियुक्त की गई राष्ट्रीय सलाहकार समिति ने विचार किया। शारीरिक बोझ के अलावा–जो स्कूल के बस्तों के बोझ के रूप में प्रकट होता है, जो अधिकांश शहरी पब्लिक स्कूलों में औसतन चार किलो वजनवाले होते हैं–समिति ने नीरस पढ़ाई को एक प्रमुख समस्या माना था।

11. **मीडिया का प्रयोग**–प्राथमिक स्कूल में मीडिया का अधिक से अधिक प्रयोग करके शैक्षिक स्तर को बढ़ाया जाए।

तालिका 6.9: दसवीं योजना (2002-2007) में प्राथमिक शिक्षा के नामांकन लक्ष्य (Targets for Enrolment at the Elementary Stage of Education)

(10 लाख में)

वर्ष	अनुमानित योजना नामांकन बढ़ोतरी (Estimated Additional Enrolment)					
	प्राथमिक स्तर (I-V)			अपर प्राथमिक (VI-VII)		
	लड़के	लड़कियाँ	योग	लड़के	लड़कियाँ	योग
2002-03	0.67	2.01	2.68	1.14	1.44	2.58
2003-04	0.67	2.10	2.77	1.19	1.54	2.73
2004-05	0.67	2.18	2.85	1.25	1.67	2.92
2005-06	0.69	2.27	2.96	1.31	1.81	3.12
2006-07	0.69	2.37	3.06	1.37	1.35	3.32
योग	**3.39**	**10.93**	**14.32**	**6.26**	**8.41**	**14.67**

7

माध्यमिक शिक्षा तथा इसकी समस्याएँ: विस्तार तथा व्यावसायीकरण
(Secondary Education and Its Problems: Expansion and Vocationalisation)

माध्यमिक शिक्षा का अर्थ
(Meaning of Secondary Education)

माध्यमिक शिक्षा का शाब्दिक अर्थ है, "मध्य की शिक्षा"। यदि प्राथमिक शिक्षा को शिक्षा का प्रथम सोपान माना जाए और विश्वविद्यालय शिक्षा को शिक्षा का तीसरा अथवा अन्तिम सोपान माना जाए तो माध्यमिक शिक्षा को दूसरा सोपान अथवा इन दोनों के बीच की कड़ी कहा जा सकता है।

माध्यमिक शिक्षा की परिभाषा एक विवादपूर्ण विषय है। अभी इसकी परिभाषा निश्चित नहीं की जा सकती कि यह कहाँ से आरम्भ होती है तथा कहाँ तक चलती है। वैसे प्राय: माध्यमिक शिक्षा का तात्पर्य उस शिक्षा से है जो प्राथमिक शिक्षा पूरी करने के बाद विद्यार्थियों की आवश्यकताओं को पूरा करती है। यह शिक्षा विश्वविद्यालय शिक्षा से पहले की शिक्षा है और प्राथिमक शिक्षा के बाद की। प्राय: माध्यमिक शिक्षा के चार रूप भारत में देखने को मिलते हैं–

1. कक्षा 8 से कक्षा 10, जिसे हाई स्कूल भी कहा जाता है।
2. सेकेण्डरी शिक्षा, 9 से 11। (3) सीनियर सेकेण्डरी शिक्षा, कक्षा 11 तथा 12। (4) कक्षा 9 से 12।

यह शिक्षा किशोरों की शिक्षा भी कही जाती है। इसमें उनकी विभिन्न आवश्यकताओं पर ध्यान दिया जाता है। इस शिक्षा में प्राथमिक स्तर पर प्राप्त शैक्षिक उपलब्धियों को परिपक्वता दी जाती है। ज्ञान तथा कौशलों को विस्तृत एवं जीवनोपयोगी बनाने और मूल्यों और आदतों का निर्माण करने पर बल दिया जाता है। यह शिक्षा एक पूर्ण इकाई भी हो

सकती है अर्थात् इसके पश्चात् सभी छात्रों को विश्वविद्यालय शिक्षा की आवश्यकता नहीं रहती। इस शिक्षा द्वारा छात्र स्वावलम्बी (Self-sufficient) भी हो सकते हैं। यह शिक्षा सामान्य (General) अथवा विशिष्ट (Specialised) भी हो सकती है।

माध्यमिक शिक्षा की समीक्षा तथा समस्याएँ
(Review of Secondary Education and Its Problems)

बहुत ही खेद का विषय है कि स्वतन्त्रता के कई दशकों के बाद भी माध्यमिक शिक्षा का लगभग वही असन्तोषजनक स्थिति है जो अंग्रेजी शासनकाल में थी। यद्यपि स्वतन्त्रता के तुरन्त पश्चात् माध्यमिक शिक्षा की समीक्षा के लिए तथा इसे देशवासियों की आकांक्षाओं के अनुरूप बनाने के सुझावों के लिए माध्यमिक शिक्षा आयोग, 1952-53 (Secondary Education Commission) का गठन किया गया। आयोग ने सुधार संबंधी बहुत सुझाव दिए। उसके पश्चात् 1964-66 के शिक्षा आयोग ने भी सुधार के कई उपाय बताए। 1968 में शिक्षा नीति बनी और इसके अनुसार 10+2 शिक्षा पद्धति 1975 में आरम्भ हुई। 1986 में पुनः शिक्षा के सभी अंगों तथा स्तरों की समीक्षा के पश्चात् नयी राष्ट्रीय शिक्षा नीति 1986 बनी जिसके अनुसार सम्पूर्ण शिक्षा तथा माध्यमिक शिक्षा में कार्य किया जाना है।

समय-समय पर समीक्षा

स्वतन्त्रता के पश्चात् कुछ सुधार अवश्य हुए हैं परन्तु कुल मिलाकर स्थिति संतोषजनक नहीं है। माध्यमिक शिक्षा की मुख्य सीमाओं तथा दोषों को निम्नलिखित भागों में बाँटा जा सकता है।

1. अवधि एवं ढाँचे सम्बन्ध समस्याएँ।
2. पाठ्यक्रम सम्बन्धी समस्याएँ।
3. व्यावसायीकरण की समस्याएँ।
4. शिक्षण विधियों की समस्याएँ।
5. मूल्यांकन की समस्याएँ।
6. समानता की समस्याएँ।
7. पर्यवेक्षण एवं निरीक्षण समस्याएँ।
8. गुणात्मक अध्यापक प्रशिक्षण की समस्याएँ।
9. सामुदायिक सामंजस्य की समस्याएँ।
10. पाठ्य-पुस्तकों की समस्याएँ।
11. विस्तार की समस्याएँ।
12. प्रबन्ध तथा नियोजन की समस्याएँ।
13. वित्तीय समस्याएँ।

1. **अवधि एवं ढाँचे की समस्याएँ**–इसके अन्तर्गत हैं–

(i) एक रूप संगठन का न होना,

(ii) निश्चित अवधि का न होना। 1975 में 10+2+3 शिक्षा पद्धति लागू की गई। (इस पर विस्तृत प्रकाश अलग से किया गया है)।

2. **पाठ्यक्रम सम्बन्धी समस्याएँ**–इसके दोष इस प्रकार हैं–

(i) कृषि शिक्षा पर अपर्याप्त बल,

(ii) पुस्तकीय ज्ञान पर बल,

(iii) बहु-उद्देश्य पाठ्यक्रम का अभाव,

(iv) संकीर्ण एवं अव्यावहारिक पाठ्यक्रम,

(v) सामाजिक तथा नैतिक व आध्यात्मिक मूल्यों का अभाव,

(vi) व्यावसायिक शिक्षा का अभाव,

(vii) उत्पादक क्रियाओं की कमी,

(viii) राष्ट्रीय चेतना एवं आधुनिकीकरण की प्रक्रिया की कमी।

3. **माध्यमिक शिक्षा के व्यावसायीकरण की समस्याएँ**–अलग से चर्चा की गई है।

4. **शिक्षण विधियों की समस्याएँ**–ये इस प्रकार हैं–

(i) उपयुक्त उपकरणों की कमी,

(ii) प्रयोगशालाओं का अभाव,

(iii) वैज्ञानिक शिक्षण विधियों का न होना,

(iv) शिक्षण विधियों में मनोवैज्ञानिक एवं व्यावहारिक आधार न होना,

(v) निर्जीवता का बोलबाला।

5. **मूल्यांकन में दोष**–(i) लिखित परीक्षाओं की प्रधानता,

(ii) परीक्षाओं का विश्वसनीय न होना,

(iii) मनोवैज्ञानिक परीक्षाओं का न होना,

(iv) नकल को बढ़ावा देना।

6. **समानता की समस्याएँ**–(i) पिछड़े वर्गों की शिक्षा के लिए कम सुविधाएँ,

(ii) शिक्षा में असमानता,

(iii) शिक्षा का माध्यम।

7. **पर्यवेक्षण एवं निरीक्षण में दोष**–(i) पर्यवेक्षण के अपर्याप्त यन्त्र,

(ii) प्रेरणादायक निरीक्षण की कमी,

(iii) निरीक्षकों की कम संख्या।

8. **गुणात्मक अध्यापक शिक्षा अथवा प्रशिक्षण की समस्याएँ**–(i) प्रवेश के समय अध्यापन मनोवृत्ति की जाँच का न होना,

(ii) अव्यावहारिक एवं अमनोवैज्ञानिक अध्यापक शिक्षण,

(iii) सेवा कालीन अध्यापक शिक्षा का अपर्याप्त संगठन। (अलग से विस्तारपूर्वक चर्चा की गई है)।

9. **सामुदायिक सामंजस्य की समस्या**–(i) माध्यमिक शिक्षा का समुदाय की आवश्यकता के अनुसार न होना,

(ii) स्कूल तथा समुदाय में आपस की दूरी।

10. **पाठ्य-पुस्तकों की समस्या**–(i) पुस्तकों का दोषपूर्ण स्तर,

(ii) पुस्तकों में रुढ़िवादी तथ्यों का होना,

(iii) पुस्तकों में वैज्ञानिक दृष्टिकोण का अभाव,

(iv) पुस्तकों में साम्प्रदायिक तत्वों का होना,

(v) छपाई में गलतियाँ,

(vi) पुस्तकों का समय पर न मिलना।

11. **विस्तार की समस्याएँ**

(अलग से चर्चा की गई है)।

12. **प्रबन्ध तथा नियोजन की समस्याएँ**–(i) संस्थागत योजना का न होना,

(ii) प्रबन्ध में तानाशाही,

(iii) प्रबन्ध में विभिन्न पक्षों की भागेदारी का न होना।

13. **वित्तीय समस्याएँ**–(i) वित्त की कमी,

(ii) वित्त का दक्षतापूर्वक उपयोग न होना।

माध्यमिक स्कूलों में सुधार के लिए कार्यक्रम
(Programme for the Improvement of Secondary Education)

1. स्कूलों को सुधारने के लिये, एक दीर्घ-कालिक राष्ट्रव्यापी कार्यक्रम जिसे प्रगति-मूलक स्कूलों की स्थापना से बल एवं प्रोत्साहन मिलेगा, की व्यवस्था की जाए। ये स्कूल, शिक्षा के गुणात्मक सुधार के कार्यक्रम के लिए उत्प्रेरक की भूमिका निभाने की चेष्टा करें।
2. व्यक्तिगत रोजगार-क्षमता को बढ़ाने, कुशल मानव-शक्ति की माँग तथा उपलब्धि में असन्तुलन को कम करने, तथा बिना विशेष रुचि अथवा प्रयोजन के उच्च-शिक्षा प्राप्त करने में संलग्न युवकों के लिए एक विकल्प जुटाने के लिए, शिक्षा का व्यवसायीकरण किया जाए।
3. जन संचार के माध्यमों के प्रयोग द्वारा सर्व-साधारण के लिए शिक्षा का अधिक सुलभीकरण तथा खुली एवं सतत् शिक्षा पद्धति के लिए संस्थाओं की स्थापना की जाए।
4. शिक्षक शिक्षा को स्कूल पाठ्यक्रम की बदलती माँगों के अनुकूल बनाने के लिए, उसके पुनः कल्पन (ओवरहाल) के साथ-साथ ऐसी परिस्थितियों को पैदा करना जो अध्यापकों को रचनात्मक तथा सृजनात्मक दृष्टिकोण अपनाने के लिए प्रेरित एवं अनुप्राणित करें।

5. सर्वशिक्षा अभियान की तर्ज पर माध्यमिक शिक्षा के लिए भी एक नया मिशन शुरू किए जाने पर विचार होना चाहिए।
6. माध्यमिक शिक्षा के क्षेत्र में निजी क्षेत्र की हिस्सेदारी को देखते हुए माध्यमिक शिक्षा के विस्तार में निजी क्षेत्र की भागीदारी को बढ़ावा देने की संभावना को मान्यता देनी चाहिए।
7. सार्वजनिक क्षेत्र को असेवित और दुर्गम क्षेत्रों में नये माध्यमिक विद्यालय खोलने पर ध्यान देना चाहिए और सघन आबादी वाले क्षेत्रों के विद्यालयों में दूसरी पारी शुरू करनी चाहिए।
8. पाठ्यक्रमों में सुधार और परीक्षा प्रणाली की समीक्षा के लिए तत्परतापूर्वक कदम उठाए जाने चाहिए।
9. शिक्षक-शिक्षा, सेवापूर्व और सेवा के दौरान प्रशिक्षण, प्रयोगशालाओं की स्थापना, पुस्तकालय और सूचना तथा संचार प्रौद्योगिकी का बेहतर उपयोग बढ़ाने के लिए निवेश पर मुख्य रूप से जोर दिया जाना चाहिए।
10. माध्यमिक विद्यालयों को व्यावसायिक शिक्षा के पुनर्विन्यास और गैरइंजीनियरी तथा विद्यालयोतर गतिविधियों में व्यावसायिक प्रशिक्षण पर ध्यान केन्द्रित करना चाहिए।
11. व्यावसायिक शिक्षा को ऐसा रूप दिया जाना चाहिए जिससे कि वह स्थानीय माँग को पूरा कर सके; स्थानीय उद्योग, व्यापार और व्यवसाय के साथ सम्पर्क स्थापित किया जाना चाहिए।
12. पिछड़े वर्गों अर्थात् अनुसूचति जातियों, जनजातियों, शैक्षिक दृष्टि से पिछड़े हुए, अल्पसंख्यकों तथा शारीरिक एवं मानसिक रूप से अक्षम व्यक्तियों की विशिष्ट आवश्यकताओं की पूर्ति द्वारा विषमताओं का निराकरण तथा शैक्षिक स्तरों का समीकरण किया जाए।
13. शिक्षा को सामाजिक रूपान्तरण एवं राष्ट्रीय विकास के लिए प्रमुख माध्यम तथा सामाजिक, सांस्कृतिक, नैतिक मूल्यों और भारतीय संविधान में प्रतिष्ठापित मूल्यों के पोषण के लिए शक्तिशाली साधन बनाने के लिए, उसकी विषय-वस्तु तथा प्रक्रिया का अनुस्थापन किया जाए।
14. शिक्षा के आयोजन तथा प्रबन्ध की पद्धति का पुनः कल्पन, जिसके लिए शिक्षा का दीर्घकालीन आयोजन तथा प्रबन्ध के परिप्रेक्ष्य को विकसित करना और देश के विकास तथा जन-संसाधनों की आवश्यकताओं के साथ उसका समाकलन करना आवश्यक होगा; शैक्षिक संस्थाओं का विकेन्द्रीकरण तथा उनमें स्वायत्तता की भावना का उत्पादन; तथा शैक्षिक कार्यों के आयोजन एवं क्रियान्वयन में गैर-सरकारी एजेंसियों और स्वैच्छिक संगठनों सहित लोगों के सक्रिय योगदान की व्यवस्था।

15. माध्यमिक तथा उच्चतर माध्यमिक स्तर पर नॉन फॉर्मल एजूकेशन का लचीला प्रबन्ध किया जाए–विशेषकर कामकाजी किशोर-किशोरियों के लिए।
16. आवश्यकतानुसार खुले अथवा मुक्त विद्यालय खोले जाएँ।
17. जिला स्तर पर एक संसाधन अथवा संदर्भ केन्द्र खोला जाए। संसाधन केन्द्र चुने हुए माध्यमिक शिक्षण संस्थाओं अथवा जिला शिक्षा संस्थाओं में स्थापित किए जाएँ अथवा उनसे सम्बद्ध हों।
18. माध्यमिक तथा उच्च माध्यमिक विद्यालयों विशेषतः ग्रामीण क्षेत्रों में भवनों, शिक्षकों तथा अन्य स्कूल सुविधाओं की कमी को पूरा किया जाए।
19. खेलों के लिए सुविधाएँ देने के लिए स्कूल के निकट खाली भूमि उपलब्ध कराकर तथा अन्य स्थानों पर ऐसी सुविधाओं वाले निकटवर्ती स्कूल के साथ साझेदारी की व्यवस्था करके सुविधाएँ प्रदान की जाएँ।
20. उच्चतर माध्यमिक स्कूलों में विषयों के चुनाव में लचीलापन किया जाए।
21. उच्चतर माध्यमिक स्कूलों में निर्देशन तथा मार्गदर्शन की सुविधाओं में विस्तार किया जाए तथा उन्हें प्रभावी बनाया जाए।
22. प्रतिभाशाली छात्रों की पहचान की जाए तथा उनके लिए विशेष कार्यक्रमों का आयोजन किया जाए।
23. कोर पाठ्यक्रम द्वारा माध्यमिक शिक्षा को मजबूत बनाया जाए।
24. सरकारी स्कूलों के शैक्षिक स्तर ऊँचा उठाने के लिए छात्रों की आवश्यकतानुसार ठोस कदम उठाए जाएँ।

10+2+3 नयी शिक्षा प्रणाली
(10+2+3 New System of Education)

कोठारी शिक्षा आयोग द्वारा प्रस्तावित शिक्षा की संरचना को सैद्धान्तिक रूप से तो माना और 1968 की शिक्षा नीति में इसे ही आधारभूत माना गया परन्तु अगले सात वर्षों तक इस दिशा में कोई ठोस कार्य न हो सका। 1975 में 10+2 शिक्षा नीति को केन्द्रीय माध्यमिक शिक्षा बोर्ड (Central Board of Secondary Education) दिल्ली ने अपने अधीन कुछ चुने हुए स्कूलों में लागू किया। 1986 शिक्षा नीति में इसे सारे देश में लागू करने पर बल दिया। अब यह प्रणाली केवल चार राज्यों को छोड़ कर सभी स्कूलों में चल रही है।

शिक्षा में क्रान्ति

शिक्षा की नई प्रणाली (10+2+3) को शिक्षा के क्षेत्र में एक क्रान्तिकारी तथा व्यावहारिक कदम बताया गया। शिक्षा के क्षेत्र मे अब तक उठाए गए कदमों में इसे बेजोड़ कहा गया। शिक्षा जगत् में एक बड़ी हलचल पैदा करने वाली यह योजना अनेक विशेषताओं, आशाओं और सम्भावनाओं से भरपूर थी। शिक्षा की यह नई पद्धति बहुत

मजबूत बुनियाद पर खड़ी बताई गई। नई पद्धति में सबसे जोरदार बात यह कही गई कि इसके द्वारा न केवल शिक्षा के स्तर को ऊँचा उठाने अपितु उसे सामाजिक जीवन और उसकी गतिविधियों के नजदीक लाने का ईमानदारी से प्रयत्न किया जाएगा। इस प्रकार यह एक दोहरा वरदान सिद्ध होगी। यह शिक्षा को एक नया अर्थ, एक नया उद्देश्य देगी और इसके साथ ही काम-धन्धों के प्रति रुचि और कुशलता पैदा करके, समाज के लिए उपयोगी नागरिक तैयार करने में सफल होगी। नई पद्धति हमारे दो आधारभूत लक्ष्यों के भी सर्वथा अनुरूप मानी गई और ये लक्ष्य हैं—राष्ट्रीय एकता और सामाजिक उपादेयता।

नई शिक्षा पद्धति की प्रमुख विशेषताएँ

1. सभी छात्रों के लिए 10 वर्ष की सामान्य शिक्षा जिसमें सभी छात्रों के लिए एक ही प्रकार के विषय पढ़ने का प्रावधान होना।
2. इसमें 11 वर्ष की विद्यालय की शिक्षा के स्थान पर 12 वर्ष की विद्यालय शिक्षा का होना।
3. स्कूल स्तर पर कक्षा 9 तथा 10 में कई विषयों में 2 प्रकार के पाठ्यक्रम होना जो कि छात्रों की क्षमता के अनुसार हों, साधारण तथा समद्ध।
4. इस आधुनिक शिक्षा प्रणाली में विषयों का विशेषीकरण (स्पेशलाईजेशन) 10 वर्ष की विद्यालय की शिक्षा के पश्चात् न कि 8 वर्ष की शिक्षा के पश्चात् जैसा कि इस समय हो रहा था किया जाना।
5. विश्वविद्यालय की पहली डिग्री 3 वर्ष की कॉलेज की शिक्षा के पश्चात्।
6. इस प्रकार पहली डिग्री प्राप्त करने के लिए 14 वर्ष के स्थान पर 15 वर्ष लगना।

नई शिक्षा पद्धति का पाठ्यक्रम

इस शिक्षा प्रणाली का महत्त्वपूर्ण तत्व पात्यक्रम है। संसार के सभी विकासशील देशों में वर्तमान आवश्यकताओं के अनुसार हो रहे शैक्षिक परिवर्तनों को ध्यान में रखते हुए देश के कई राज्यों में एक नया पाठ्यक्रम चालू किया गया। इस पाठ्यक्रम में इस बात का ध्यान रखा गया कि ज्ञान की अपूर्व वृद्धि, भौतिक तथा सामाजिक विकास के मूलभूत सिद्धान्तों को नये रूप से सामने रखा जाए, ताकि शिक्षा का जीवन से तालमेल हो।

तत्कालीन प्रचलित माध्यमिक शिक्षा प्रणाली में एक वर्ष अधिक क्यों—कई बार यह पूछा जाता रहा कि 11 वर्ष विद्यालय की शिक्षा के स्थान पर 12 वर्ष विद्यालय शिक्षा क्यों? इस सम्बन्ध में यह जानना आवश्यक है कि संसार के लगभग सभी विकासशील देशों में, जैसे यू.एस.ए., कनाडा, यू.के., बैल्जियम, जर्मनी, जापान, स्वीडन, नार्वे आदि के विद्यालयों में, 12 वर्ष की विद्यालय शिक्षा दी जा रही है और पहली डिग्री 15 या 16 वर्ष

की पढ़ाई के बाद प्राप्त की जाती है। अपने देश में अधिकांश राज्यों में पहली डिग्री 14 वर्ष की पढ़ाई करके मिल सकती थी जिसमें 10-11 वर्ष विद्यालयों में पढ़ाई के होते हैं। हमारे छात्र विद्यालय छोड़ने के पश्चात् आत्मनिर्भर नहीं हो पाते। उनका उचित मात्रा में विकास नहीं होता, उनकी बुद्धि परिपक्व नहीं हो पाती। अत: संसार के सभी विकासशील देशों की शिक्षा प्रणाली को देखते हुए ऐसा अनुभव किया गया कि अपने देश में भी विद्यालय की शिक्षा का पाठ्यक्रम 12 वर्ष से कम नहीं होना चाहिए, दस वर्ष की सामान्य शिक्षा तथा दो वर्ष की सामान्य तथा व्यावसायिक शिक्षा (कक्षा 11 तथा 12 में)।

नई शिक्षा पद्धति से लाभ

1. हमारे देश में विस्तृत रूप से एक जैसी पद्धति द्वारा राष्ट्रीय एकता को सुदृढ़ करना।
2. स्कूली शिक्षा को सुदृढ़ और युक्ति-संगत बनाना। शिक्षा को इस प्रकार सुदृढ़ करने की सिफारिश वस्तुत: सभी समितियों, आयोगों और देश के अन्य संगठनों द्वारा की गई थी।
3. इससे विश्वविद्यालयों में अधिक जानकार और परिपक्व छात्रों का पहुँचना।
4. इससे विश्वविद्यालयों और उच्च शिक्षा के अन्य केन्द्रों पर दाखिले का दबाव कम होना।
5. उच्चतर माध्यमिक स्तर पर समुचित व्यावसायीकरण करने का अवसर प्रदान करना।
6. इससे स्कूल पाठ्यक्रम का आधुनिकीकरण करने, उसे अधिक वैज्ञानिक आधार पर पुनर्गठित करने का सुयोग और साधन प्राप्त होना, साथ-ही-साथ किशोरों की सामाजिक और आर्थिक आवश्यकताओं को भी अधिक अच्छी तरह पूरा किया जाना।

माध्यमिक शिक्षा की 10+2 प्रणाली की समीक्षा

ऐसा अनुभव किया जा रहा है कि 10+2 स्कूल प्रणाली से जो लाभ अपेक्षित थे, वे नहीं मिल सके। माध्यमिक शिक्षा में व्यावसायीकरण की गति बहुत धीमी रही है। विद्यालयों में नई शिक्षा प्रणाली को लागू करने के लिए समुचित साधनों की व्यवस्था न की जा सकी। कक्षाओं में छात्रों की संख्या बढ़ती गई जिसके परिणामस्वरूप छात्रों पर व्यक्तिगत ध्यान के अवसर कम होते गए। कुल मिला कर कहा जा सकता है कि स्कूली शिक्षा में एक वर्ष बढ़ाने से माध्यमिक शिक्षा तथा उच्च शिक्षा का विकास सही दिशा में नहीं हो सकता। इसका यह भी अर्थ नहीं है कि यह प्रणाली असफल रही है। इस में सतत् सुधार की आवश्यकता है। गिनी-चुनी उत्कृष्ट स्तर की शिक्षा संस्थाओं से शिक्षा के स्तर का मूल्यांकन नहीं किया जा सकता।

राष्ट्रीय शिक्षा नीति में पाठ्यक्रम की संकल्पना
(Curriculum Envisaged in NPE)

पाठ्यक्रम का अर्थ–नई शिक्षा नीति में दर्शाए गए दर्शन तथा उद्देश्यों की प्राप्ति का सबसे मुख्य साधन पाठ्यक्रम है। पाठ्यक्रम ही छात्रों के संतुलित व्यक्तित्त्व के विकास में प्रत्येक दिशा में सहायता करता है। वर्तमान पाठ्यक्रम का अर्थ स्कूल की सारी गतिविधियों से लिया जाता है। वास्तव में स्कूल का सारा जीवन ही पाठ्यक्रम है। पाठ्यक्रम से तात्पर्य स्कूल सम्बन्धी केवल उन विषयों से नहीं है जो स्कूलों में परम्परागत रूप से पढ़ाए जा रहे हैं अपितु उन सारे अनुभवों के समूह रूप से हैं जो छात्र कक्षा, पुस्तकालय, प्रयोगशाला, क्रीड़ास्थल, वर्कशाप आदि स्थानों में होने वाले विविध कार्यक्रमों द्वारा तथा पारस्परिक सम्बन्धों से प्राप्त करना है।

पाठ्यक्रम सम्बन्धी एक और बात ध्यान देने योग्य है कि यह गतिशील होता है। इस में समयानुकूल परिवर्तन करना अत्यन्त आवश्यक है। पिछले कुछ वर्षों में ज्ञान के क्षेत्र में अपूर्व वृद्धि हुई है और भौतिकी, जीव-विज्ञान और सामाजिक विज्ञान की मूलभूत संकल्पनाओं का नया रूप हमारे सामने आया है। इसके अतिरिक्त अपने देश में कई नए लक्ष्य भी सामने आए हैं–उदाहरणत: राष्ट्रीय भावात्मक एकता, अखण्डता, देश की प्राचीन विरासत के बारे में चेतना, देश में व्यावसायीकरण, शैक्षिक प्रौद्योगिकी।

एक प्रभावी पाठ्यक्रम जहाँ एक ओर छात्र-केन्द्रित होता है, वहाँ दूसरी ओर वह राष्ट्रीय आदर्शों तथा आवश्यकताओं के अनुरूप भी।

पाठ्यक्रम संबंधी दिशा निर्देश

21वीं शताब्दी की आवश्यकताओं को ध्यान में रखते हुए राष्ट्रीय शिक्षा नीति के अन्तर्गत पाठ्यक्रम का पुनर्गठन निम्नलिखित बिन्दुओं पर आधारित होगा–

1. जाति, रंग, लिंग, आर्थिक स्थिति का भेद किए बिना सभी के लिए तुलनीय गुणवत्ता के शैक्षिक कार्यक्रम उपलब्ध कराना।
2. देश की विविधतापूर्ण सांस्कृतिक परम्पराओं तथा आधुनिक टेक्नॉलोजी के बीच विद्यमान खाई को पाटने के लिए शिक्षा की विषय-वस्तु और प्रक्रिया को एक नया मोड़ देना।
3. शिक्षा के पाठ्यक्रम अथवा पाठ्यचर्या को विविध प्रकार से सांस्कृतिक विषय-वस्तु के जरिए समृद्ध बनाए रखना।
4. पाठ्यक्रम में उन गतिविधियों को लाना जिनसे सारभूत मूल्यों के गिरते हुए स्तर को बचाया जा सके तथा शिक्षा को सामाजिक, नीतिपरक और नैतिक मूल्य पैदा करने के लिए एक सशक्त साधन बनाया जा सके।
5. पाठ्यक्रम में इस प्रकार की गतिविधियों को लाना जिनसे देश में एकीकरण की भावना को बढ़ावा मिले।

6. पाठ्यक्रम को इस प्रकार का रूप देना जिससे रूढ़िवाद, धार्मिक कट्टरता, हिंसा, अन्धविश्वास और भाग्यवाद को समाप्त किया जा सके।
7. पाठ्यक्रम में कोर पाठ्यक्रम का प्रावधान करना जिससे राष्ट्रीय एकता को बल मिले।
8. विभिन्न स्तरों पर अधिगम (सीखने) के न्यूनतम स्तरों के प्रतिमान स्थापित करना।
9. आवश्यक न्यूनतम भौतिक सुविधाओं का प्रावधान करना जिससे धीमी गति के छात्रों के लिए भी अधिगम प्रभावी तथा मनोरंजक बन सके।
10. प्रतिभाशाली छात्रों के लिए उनकी प्रतिभा विकसित करने हेतु उन्हें उचित सुविधाएँ देना।
11. कार्य-अनुभव को पाठ्यक्रम का अभिन्न अंग बनाना।
12. पाठ्यक्रम में उन विषयों तथा गतिविधियों को लाना जिससे शिक्षा का उचित मात्रा में व्यवसायीकरण हो सके।
13. परीक्षा तथा मूल्यांकन को शिक्षण तथा अधिगम सुधार के लिए एक निरन्तर प्रक्रिया बनाना।
14. जनजातियों तथा शैक्षिक रूप से पिछड़े अल्पसंख्यक वर्गों के लिए उनकी सांस्कृतिक विशिष्टता को दृष्टिगोचर रखते हुए विशेष पाठ्यक्रमों तथा शिक्षण सामग्री की व्यवस्था करना।
15. शैक्षिक प्रौद्योगिकी और विशेषकर कम्प्यूटर कार्यक्रमों का प्रावधान करना।
16. पर्यावरण सम्बन्धी जागरूकता लाने के लिए पर्यावरण अध्ययन गतिविधियों का प्रावधान करना।
17. खेल और शारीरिक शिक्षा को शिक्षा का एक अभिन्न अंग बनाना तथा इसे मूल्यांकन में शामिल करना।

कोर पाठ्यक्रम

राष्ट्रीय तथा भावात्मक एकता को बढ़ावा देने के लिए शिक्षा नीति में निम्न दिए गए कोर पाठ्यक्रम पर बल दिया गया है। यह पाठ्यक्रम माध्यमिक स्तर पर सभी छात्रों के लिए अनिवार्य होगा–

1. भारतीय स्वतन्त्रता आन्दोलन का इतिहास (History of India's Freedom Movement)।
2. संवैधानिक दायित्व (Constitutional Obligations)।
3. राष्ट्रीय मान्यता के विकास के लिए अनिवार्य विषय-वस्तु (Content Essential to Nurture National Identity)।
4. भारत की समान सांस्कृतिक विरासत (India's Common Cultural Heritage)।
5. समतावाद, लोकतन्त्र तथा धर्मनिरपेक्षतावाद (Egalitarianism, Democracy and Secularism)।

6. लैंगिक समता (Equality of Sexes)।
7. पर्यावरण शिक्षा (Protection of Environment)।
8. सामाजिक बाधाओं एवं अवरोधकों का उन्मूलन (Removal of Social Barriers)।
9. छोटे परिवार के मानदण्डों का अनुपालन (Observance of Small Family Norms)।
10. वैज्ञानिक स्वभाव का विकास (Inculcation of Scientific Temper)।

पाठ्यक्रम का निर्माण

समय-समय पर एन.सी.ई.आर.टी तथा शिक्षा बोर्ड इन दिशा-निर्देशों को ध्यान में रख कर तथा बदलती हुई परिस्थितियों की चुनौतियों का प्रभावी ढंग से सामना करने के लिए पाठ्यक्रम में परिवर्तन करते रहते हैं।

नवोदय विद्यालयों अथवा गति निर्धारक विद्यालयों (Pace Setting Schools) की स्थापना

नवोदय स्कूलों की स्थापना—शिक्षा नीति, 1986 के सन्दर्भ में नवोदय विद्यालयों की स्थापना भारत सरकार की एक महत्त्वपूर्ण योजना है। यह योजना छात्रों को विशेषकर ग्रामीण छात्रों को उत्तम गुणवत्ता की शिक्षा प्रदान करने के लिए बनायी गईं।

योजना के मुख्य उद्देश्य

1. प्रतिभाशाली अथवा विशिष्ट योग्यता वाले बालकों को अधिक से अधिक अच्छी शिक्षा प्रदान करना।
2. समानता तथा सामाजिक न्याय के साथ-साथ श्रेष्ठता (Excellence) के लक्ष्य को प्राप्त करना।
3. ग्रामीण क्षेत्रों के बालकों को साथ-साथ रहने व पढ़ने के अवसर प्रदान करना।
4. विद्यालय उन्नयन के राष्ट्रव्यापी कार्यक्रम में उत्प्रेरक का कार्य करना।

नवोदय विद्यालयों की विशेषताएँ

इन विद्यालयों की विशेषताएँ इस प्रकार हैं–

1. नवोदय विद्यालय आवासीय हैं।
2. नवोदय विद्यालयों में शिक्षा पूर्णत: नि:शुल्क है।
3. प्रत्येक नवोदय विद्यालय में 75 प्रतिशत स्थान ग्रामीण छात्रों के लिए आरक्षित हैं।
4. अनुसूचित जाति एवं अनुसूचित जनजाति के छात्रों के लिए सम्बन्धित जिले में उनकी जनसंख्या के अनुपात के आधार पर स्थान आरक्षित होते हैं किन्तु

कम-से-कम 15 प्रतिशत स्थान अनुसूचित जाति के लिए तथा 7½ प्रतिशत अनुसूचित जनजाति के लिए।

5. एक तिहाई स्थान बालिकाओं के लिए रखने का प्रावधान किया गया है।
6. नवोदय विद्यालय में कक्षा 6 से 12 तक की पढ़ाई की व्यवस्था है।
7. नवोदय विद्यालय, केन्द्रीय तथा माध्यमिक शिक्षा बोर्ड, दिल्ली से सम्बन्धित हैं।
8. सेकेन्डरी कक्षाओं में विज्ञान व गणित की शिक्षा का माध्यम अंग्रेजी तथा सामाजिक विषय की शिक्षा का माध्यम हिन्दी है।
9. नवोदय विद्यालय में सह-शिक्षा है।
10. नवोदय विद्यालय में कक्षा 6 में प्रवेश राष्ट्रीय शैक्षिक अनुसंधान एवं प्रशिक्षण परिषद् (NCERT) द्वारा आयोजित परीक्षा के आधार पर होता है। छात्रों के चयन के लिए प्रवेश परीक्षा में तीन वस्तुनिष्ठ परीक्षण हैं–बौद्धिक योग्यता परीक्षण, भाषा परीक्षण तथा गणित परीक्षण।
11. नवोदय विद्यालयों में यथासम्भव आधुनिक तकनीकी अध्ययन तथा शिक्षण साधन उपलब्ध कराए जा रहे हैं।
12. नवोदय विद्यालय में मानव विज्ञान, विज्ञान, वाणिज्य, व्यावसायिक और शारीरिक शिक्षा के साथ-साथ खेलकूद, योग, सांस्कृतिक गतिविधियों, ललित कलाओं, परियोजना कार्य, शैक्षिक भ्रमण आदि को प्रोत्साहित किया जा रहा है।
13. श्रम की महत्ता स्थापित करने और पर्यावरण के प्रति चेतना बनाने के लिए विशेष कार्यक्रम आयोजित किए जाते हैं।

योजना का विस्तार

योजना शिक्षा नीति के संदर्भ में 1986 में आरम्भ की गई। 2005 सन् इस योजना के अन्तर्गत लगभग 513 विद्यालय थे, जिनमें लगभग 1.68 लाख छात्र शिक्षा प्राप्त कर रहे थे। लगभग सभी राज्यों में ऐसे विद्यालयों की स्थापना की गई है।

माध्यमिक शिक्षा में विस्तार (Expansion in Secondary Education)

स्वतन्त्रता प्राप्ति के पश्चात् प्राथमिक शिक्षा की भाँति माध्यमिक शिक्षा के विस्तार में महत्त्वपूर्ण प्रगति हुई है।

माध्यमिक शिक्षा में प्रभावी विस्तार के कई कारण थे। सरकार ने, ग्राम्य क्षेत्रों में प्राथमिक शिक्षा की सुविधाओं को बढ़ाने के लिए कारगर कार्रवाई की थी। आम लोग, जीवन की गुणात्मकता को सुधारने के लिए शिक्षा की महत्त्वपूर्ण भूमिका समझने लगे थे, तथा कन्याओं और आर्थिक एवं सामाजिक दृष्टि से पिछड़ी जातियों से सम्बद्ध छात्रों के

लिए उदार रियायतों की व्यवस्था की गई थी। कई राज्यों ने माध्यमिक शिक्षा को निःशुल्क बना दिया था और कुछ राज्यों में तो महिलाओं के लिए उच्च माध्यमिक शिक्षा भी निःशुल्क बना दी गई थी।

तालिका 7.1: माध्यमिक शिक्षा का विस्तार 1950-51 से

वर्ष	उच्चतर माध्यमिक, डिग्री-पूर्व जूनियर कॉलेज	छात्रों की संख्या (लाखों में)
1950-51	7416	15.0
1960-61	17,257	28.9
1968-69	33,487	61.5
1978-79	46,874	84.1
1988-89	72,635	185.2
1990-91	79,796	249.0
1998-99	1,12,438	277.6
1999-2000	1,16,820	282.1
2001-2002	1,33,000	305.0
2002-2003	1,37,207	332.0
2003-2004	1,45,899	350.0

तालिका 7.2: माध्यमिक शिक्षा पर प्रमुख आँकड़े 2003-2004

संकेतक	डिग्री-पूर्व जूनियर कॉलेज/उच्चतर माध्यमिक स्कूल	हाईस्कूल
1. संस्थानों की संख्या	46,796	99,103
2. अध्यापकों की संख्या	9,54,494	10,81,288
3. छात्र-अध्यापक अनुपात	35	31
4. प्रशिक्षित अध्यापकों का प्रतिशत	90	89

तालिका 7.3: कक्षा IX-XII में दाखिल और बीच ही में पढ़ाई छोड़ देने वालों की स्थिति (30-9-2003)

संकेतक	लड़के	लड़कियाँ	जोड़
1. दाखिला (कक्षा IX-XII)	2.06 करोड़	1.43 करोड़	3.50 करोड़
2. कुल दाखिला अनुपात (कक्षा IX-XII)	42.94	34.25	38.88
3. बीच में पढ़ाई छोड़ देने वालों की दर (कक्षा I-X)	60.97	64.92	62.68

स्थिति गम्भीर है, 100 में से कक्षा I में दाखिल, लगभग 63 छात्र बीच में ही पढ़ाई छोड़ जाते हैं।

निजी क्षेत्र की माध्यमिक शिक्षा में भागेदारी
(Participation of Private Enterprise in Secondary Education)

निम्नलिखित आँकड़ों से स्पष्ट हो जाता है कि धीरे-धीरे, निजी शिक्षा संस्थाओं का जो सरकारी अनुदान लेती हैं, प्रतिशत कम होता जा रहा है। उसकी तुलना में उन निजी संस्थाओं का प्रतिशत बढ़ता जा रहा है जो सरकार से अनुदान नहीं लेते हैं। इस प्रकार के स्कूलों को पब्लिक स्कूल कहते हैं। प्रायः यह माना जाता है कि ये संस्थाएँ छात्रों से बहुत फीसें तथा अन्य चन्दे लेती हैं। इनमें कई संस्थाओं का शिक्षा स्तर उत्कृष्ट भी होता है तथा उनमें अपने बच्चों के प्रवेश के लिए कभी-कभी इच्छुक अभिभावक लाखों रुपये देने के लिए भी तैयार रहते हैं। अनेक छात्रों का तथा अभिभावकों का आर्थिक शोषण भी करते हैं।

तालिका 7.4: विभिन्न नियन्त्रणों में माध्यमिक स्कूल

वर्ष	*सरकारी*	*स्थानीय*	*सरकारी+स.स.*	*निजी सहायता प्राप्त*	*निजी बिना सहायता के*
1973-74	26.54	10.85	37.39	57.02	5.59
1978-79	30.44	8.71	39.15	57.30	3.55
1986-87	37.49	7.73	45.22	44.79	9.99
1993-94	37.76	9.29	47.05	37.78	15.17
1996-97	38.96	6.74	45.70	36.20	18.10
2001-02*	36.16	6.29	42.45	33.99	23.56

*Provisional

2002-2003 में स्कूलों की संख्या
[Number of Schools (2002-2003)]

1. स्कूलों की संख्या
   - (i) ग्रामीण 853457
   - (ii) शहरी 177910
   - (iii) जोड़ 1031367
2. प्राथमिक स्कूल
   - (i) ग्रामीण 573091
   - (ii) शहरी 78291
   - (iii) जोड़ 651381
3. अपर प्राईमरी स्कूल
   - (i) ग्रामीण 193865

	(ii) शहरी	51409
	(iii) जोड़	245274
4.	माध्यमिक स्कूल	
	(i) ग्रामीण	63633
	(ii) शहरी	27128
	(iii) जोड़	90761
5.	उच्चतर माध्यमिक स्कूल	
	(i) ग्रामीण	22868
	(ii) शहरी	21083
	(iii) जोड़	43951
6.	डिग्री कॉलेज जिनमें कक्षा XI तथा XII है	
	(i) ग्रामीण	1010
	(ii) शहरी	1489
	(iii) जोड़	2499

माध्यमिक शिक्षा के प्रसार की नीति
(Expansion Policy Relating to The Secondary Education)

माध्यमिक शिक्षा के प्रसार संबंधी निम्नलिखित सुझाव प्रस्तुत किए गए हैं–

1. माध्यमिक शिक्षा को व्यावसायिक बनाया जाए। जिससे निम्न माध्यमिक स्तर पर 30 प्रतिशत और उच्चतर-माध्यमिक स्तर पर 50 प्रतिशत छात्र व्यावसायिक शिक्षा प्राप्त कर सकें।
2. माध्यमिक शिक्षा में अवसरों की समानता पर बल दिया जाए। इसके लिये इस स्तर पर अधिकाधिक छात्रवृत्तियाँ प्रदान करने की व्यवस्था की जाए।
3. लड़कियों, अनुसूचित जातियों एवं जनजातियों में माध्यमिक शिक्षा के विस्तार के लिए विशेष कार्यक्रमों का आयोजन किया जाए।
4. 'प्रतिभा' (Talent) के विकास के लिए वास्तविक रूप से प्रयास किया जाए।
5. अगले 20 वर्षों में माध्यमिक शिक्षा की संख्या को नियमित किया जाए। इसके लिए माध्यमिक विद्यालयों की स्थापना के लिए उपयुक्त योजनाएँ बनाने, माध्यमिक शिक्षा के शिक्षण-स्तरों को ऊँचा उठाने तथा उपयुक्त एवं योग्य छात्रों के चुनाव पर बल दिया जाए।
6. प्रत्येक जिले में माध्यमिक शिक्षा के विस्तार के लिए योजनाएँ बनायी जाएँ और उन्हें 10 वर्ष की अवधि में पूर्ण रूप से कार्यान्वित किया जाए।

7. समस्त नए विद्यालयों द्वारा आवश्यक शिक्षा-स्तरों को पूर्ण किया जाए और प्रचलित विद्यालयों के स्तर को उच्च बनाया जाए।
8. माध्यमिक विद्यालयों के लिए योग्य छात्रों को चुना जाए।
9. निम्न तथा उच्चतर माध्यमिक स्तरों पर पूर्णकालीन तथा अंशकालीन व्यावसायिक शिक्षा के लिए सुविधाएँ प्रदान की जाएँ।
10. केन्द्रीय सरकार द्वारा माध्यमिक विद्यालयों को व्यावसायिक बनाने के लिए राज्य सरकारों को विशेष अनुदान दिया जाए।
11. बालिकाओं की शिक्षा के विस्तार के लिए अगले 20 वर्षों में महत्त्वपूर्ण कदम उठाए जाएँ।
12. बालिकाओं के लिए जहाँ पर माँग हो, पृथक् विद्यालयों की स्थापना पर बल दिया जाए और उनको आवास की सुविधाएँ भी दी जाएँ।
13. स्कूलों में विज्ञान शिक्षा को सुदृढ़ किया जाए।

माध्यमिक शिक्षा का व्यवसायीकरण (Vocationalisation of Secondary Education)

माध्यमिक शिक्षा के व्यावसायीकरण का अर्थ (Meaning of Vocationalisation of The Secondary Education)

माध्यमिक शिक्षा के व्यवसायीकरण का अर्थ है, इस स्तर पर ऐसे व्यावसायिक विषयों के अध्ययन की व्यवस्था करना जिनका अध्ययन करके तथा संबंधित प्रशिक्षण प्राप्त करके छात्र किसी रोजगार के योग्य बन सकें। व्यावसायिक शिक्षा के अन्तर्गत व्यापार औद्योगिकी, कृषि आदि से संबंधित विषय तथा कार्यक्रम आते हैं। व्यावसायीकरण एक विस्तृत प्रत्यय है इसमें अनेक छोटे-बड़े व्यवसाय आ जाते हैं।

शिक्षा आयोग 1964-66 ने व्यावसायिक शिक्षा का अर्थ इस प्रकार बताया, "हमारी यह कल्पना है कि भविष्य में स्कूली शिक्षा की प्रवृत्ति सामान्य एवं व्यावसायिक शिक्षा के लाभदायक मिश्रण की ओर होगी। सामान्य शिक्षा में पूर्व-व्यावसायिक एवं तकनीकी शिक्षा के कुछ तत्त्व सम्मिलित होंगे और इसी प्रकार व्यावसायिक शिक्षा में सामान्य शिक्षा के कुछ तत्त्व सम्मिलित होंगे।"

व्यावसायिक क्षमता का अर्थ—व्यावसायिक क्षमता का अर्थ है—

(क) कार्य के प्रति नई भावना को जन्म देना जिससे विद्यार्थी कार्य के महत्त्व को समझ सकें,

(ख) विद्यार्थियों को अनुभव कराना कि देश की समृद्धि इस बात पर निर्भर है कि हम जिस कार्य को भी आरम्भ करें उसे यथाशक्ति सफल और सुन्दर बनाएँ,

(ग) सभी अध्यापक इस बात का प्रयत्न करें कि यह बात पाठशाला में विद्यार्थियों के व्यवहार में स्पष्ट रूप से दिखाई दे, और

(घ) शिक्षा के सभी स्तरों पर व्यावसायिक क्षमता का विकास हो जिससे औद्योगिक और तकनीकी क्षेत्र में कुशल व अनुभवी व्यक्ति मिल सकें।

माध्यमिक शिक्षा के व्यवसायीकरण की आवश्यकता (Need for Vocationalization of Secondary Education)

आधुनिक औद्योगिक समाज की आवश्यकताओं एवं आकांक्षाओं की पूर्ति के लिए तथा भावी नागरिकों को तद्नुरूप उत्पादकतामूलक शिक्षा प्रदान करने के लिए शिक्षा का व्यवसायीकरण न केवल आवश्यक है अपितु अनिवार्य हो गया है। छात्रों को रोजगार प्राप्त करने, उन्हें स्वरोजगार के कार्य स्थापित करने तथा उचित कौशल निर्माण करने के लिए व्यावसायिक शिक्षा का विशेष योगदान है। देश में बढ़ते हुए पढ़े-लिखे बेरोजगारों की संख्या घटाने का, उनकी क्षमताओं एवं योग्यताओं का उचित उपयोग करने का केवल एक ही मार्ग है और वह है शिक्षा का व्यवसायीकरण।

शिक्षा का व्यवसायीकरण निम्न कारणों से महत्त्वपूर्ण है:

1. **विद्यार्थियों की विभिन्न योग्यताओं एवं अभिरुचियों का विकास**–स्वतन्त्रता प्राप्ति के पश्चात् शिक्षा में बहुत विस्तार हुआ। विभिन्न योग्यताओं तथा अभिरुचियों वाले विद्यार्थी शिक्षा प्राप्त करने के लिए स्कूल में प्रवेश पाने लगे। सभी विद्यार्थियों को एक ही प्रकार की शिक्षा प्रदान करना उनके प्रति अन्याय है। आवश्यकता इस बात की है कि विभिन्न कोर्सों की व्यवस्था करके उनकी योग्यताओं तथा रुचियों को उचित दिशा में विकसित होने के लिए पर्याप्त अवसर प्रदान किए जाएँ। शिक्षा का व्यवसायीकरण ऐसे अवसर प्रदान करने की ओर एक महत्त्वपूर्ण कदम है।

2. **बेरोजगारी की समस्या का समाधान**–आज देश को शिक्षितों को बेरोजगारी की समस्या का सामना है। शिक्षा के विकास के साथ-साथ बेरोजगारों की संख्या में भी वृद्धि हो रही है। इसका एक कारण है कि शिक्षा विद्यार्थियों को रोजगार के लिए तैयार नहीं करती है। आज तक जो स्कूली शिक्षा चली आ रही है वह केवल क्लर्क ही तैयार करती है। शिक्षित उम्मीदवारों की संख्या तो बढ़ती जा रही है परन्तु क्लर्कों के पद उस मात्रा में उपलब्ध नहीं हैं। अतः यह आवश्यक है कि शिक्षा का व्यवसायीकरण किया जाए कि वे अपने पाँव पर खड़े हो सकें।

3. **देश की उत्पादकता बढ़ाना**–कोठारी आयोग ने उत्पादेयता के विकास को शिक्षा का महत्त्वपूर्ण अंग माना है। यह एक सर्वमान्य सत्य है कि किसी भी देश की प्रगति उसकी उत्पादन क्षमता पर निर्भर होती है। लोग जितना ज्यादा उत्पादक कार्यों में लगेंगे, देश उतना ज्यादा समृद्ध होगा। शिक्षा का व्यवसायीकरण विद्यार्थियों को उत्पादकता की ओर अग्रसर

करने में महत्त्वपूर्ण भूमिका निभा सकता है। शिक्षा के व्यवसायीकरण के महत्त्व को दर्शाते हुए कोठारी आयोग ने कहा है, "देश में उत्पादेयता बढ़ाने के लिए माध्यमिक शिक्षा को प्रबल व्यवसायीकरण रूप देना अत्यन्त आवश्यक है।"

4. **देश का तेज गति से आर्थिक विकास**–देश में आर्थिक विकास निहित प्राकृतिक साधनों की कमी नहीं, परन्तु उनका उचित प्रयोग न होने के कारण वे व्यर्थ जा रहे हैं, या फिर विदेशी लाभ उठा रहे हैं। इसी कारण हमारी आर्थिक स्थिति कमजोर है। हमारा देश औद्योगिकरण की ओर अग्रसर है, परन्तु कुशल कारीगरों तथा उचित प्रकार से प्रशिक्षित व्यक्तियों के अभाव में उतनी तेजी से प्रगति नहीं कर पा रहा है। इसका मुख्य कारण हमारी शिक्षा पद्धति है जो प्रायः पुस्तकीय ज्ञान पर आधारित है। साथ ही अव्यावहारिक तथा अव्यावसायिक भी है। देश की तीव्र आर्थिक गति तभी हो सकती है जब विभिन्न क्षेत्रों के लिए उचित ढंग से प्रशिक्षित कर्मचारी मिल सकें।

5. **नैतिक मूल्यों का विकास**–प्रायः यह देखा गया है कि बेरोजगारी अपराध वृत्ति को बढ़ावा देती है "खाली मन शैतान का होता है।" अतः व्यक्ति को इस प्रकार का प्रशिक्षण मिलना चाहिए जिससे वह सम्मानपूर्वक जीवन व्यतीत कर सके। व्यावसायिक शिक्षा व्यक्ति को जीवन निर्वाह के लिए सक्षम बनाकर उसका नैतिक विकास भी कर सकती है।

6. **शिक्षा प्रक्रिया को उद्देश्यपूर्ण बनाना**–रटने-रटाने की शिक्षा का कोई उद्देश्य नहीं होता। व्यक्ति किसी व्यवसाय के योग्य न होने के कारण पढ़ाई करता चला जाता है और ऐसी शिक्षा प्राप्त करता है जिसका वास्तविक जीवन में कोई अर्थ नहीं होता। अतः शिक्षा को उद्देश्यपूर्ण बनाने के लिए उसे व्यावसायिक मोड़ देना आवश्यक है।

7. **आनन्द की प्राप्ति**–मनुष्य को सच्चा आनन्द उस समय प्राप्त होता है जब इसे अपनी रुचि का व्यवसाय मिल जाता है। शिक्षा के व्यवसायीकरण करने से व्यक्तियों को उनकी विशिष्ट योग्यताओं के विकास के अवसर प्रदान किए जा सकते हैं। वैसे आनन्द की प्राप्ति कई कारकों पर निर्भर है।

8. **उचित व्यक्तियों के लिए उचित स्थान**–शिक्षा का व्यवसायीकरण उचित व्यक्तियों को उचित स्थान तथा कार्य प्राप्त करने में सहायता देता है तथा मानवीय प्रतिभा और साधनों के अपव्यय को रोकता है।

व्यावसायिक शिक्षा का भारत में सिंहावलोकन
(Overview of Vocational Education in India)

माध्यमिक स्कूलों के छात्रों के लिए व्यावसायिक शिक्षा को आरम्भ करने की सिफारिश सबसे पहले 1882 में हण्टर कमीशन अथवा शिक्षा आयोग 1882 ने की। उसके पश्चात् शिक्षा के व्यावसायीकरण करने के पक्ष में अनेक कमेटियों तथा आयोगों ने सुझाव

दिए। इनमें कुछ इस प्रकार हैं–कलकत्ता विश्वविद्यालय कमीशन 1917, हरटॉग कमेटी 1929, सप्रू आयोग 1934, बेसिक शिक्षा समिति 1937, वुडऐबट रिपोर्ट 1936-37, माध्यमिक शिक्षा आयोग 1936-37, शिक्षा आयोग 1964-66, 10+2 कमेटी रिपोर्ट 1973 (10+2), आदिसेशैया राष्ट्रीय शिक्षा समिति 1987, राष्ट्रीय शिक्षा नीति 1986 ने देश में शिक्षा के व्यवसायीकरण की एक विस्तृत योजना बनाई है।

व्यावसायिक शिक्षा की निहितार्थाएँ (Implications of Vocationalisation of Education)

व्यावसायिक शिक्षा के प्रभावी विकास के लिए निम्न बातों पर ध्यान देना आवश्यक है–

1. उचित व्यावसायिक पाठ्यक्रमों का प्रावधान।
2. उचित सामग्री का प्रावधान।
3. उचित निर्देशन तथा परामर्श का प्रावधान।
4. आर्थिक विकास के संदर्भ में मानव संसाधनों की पूर्ति।

विभिन्न आयोगों की व्यावसायीकरण पर संतुतियाँ (Recommendations of Various Commissions on Vocationalisation of Education)

I. माध्यमिक शिक्षा आयोग 1952-53 तथा शिक्षा का व्यवसायीकरण

माध्यमिक शिक्षा आयोग ने अनुभव किया कि शीघ्र परिवर्तित होते देश के सामाजिक, राजनीतिक तथा आर्थिक ढाँचे में मैकॉले की चलाई हुई शिक्षा-पद्धति बेकार-सी हो गई है और आज की परिस्थिति में यह मेल नहीं खाती है। स्वतन्त्र भारत में जन-कल्याण का लक्ष्य सामने रखा गया है, अतः इसकी प्राप्ति के लिए शिक्षा का नवीन ढाँचा ही सहायक सिद्ध हो सकता है।

यह सर्वविदित है कि टैक्निकल क्षेत्र में कार्य करने वालों की अत्यन्त कमी है। हमारे बहुत-से ऐसे उद्योग-धन्धे हैं जिनके चलाने के लिए निपुण कारीगर नहीं मिलते तथा उनके अभाव से हमारे उद्योग-धन्धे उन्नति नहीं कर सकते। दूसरी ओर पुस्तकीय विषय पढ़कर महाविद्यालयों से निकलने वाले छात्रों की कोई कमी नहीं, बल्कि वे बिना काम के हजारों की संख्या में आवारा घूमते दिखाई देते हैं तथा समाज के लिए एक प्रकार के 'अभिशाप' बन गए हैं। आज इस बात की अत्यन्त आवश्यकता है कि भिन्न-भिन्न क्षेत्रों में कार्य करने वाले युवक तैयार किए जाएँ।

आयोग ने कहा है–"छात्रों में श्रमनिष्ठा की मनोवृत्ति के निर्माण के साथ-साथ शिक्षा के सभी स्तरों पर प्राविधिक कौशल एवं योग्यता को विकसित किया जाना चाहिए

जिससे देश में औद्योगिक विकास हो सके।" आयोग ने प्रस्ताव किया है–"हस्तकला एवं उत्पादन कार्य पर सभी विद्यालयों में पर्याप्त बल दिया जाना चाहिए। साथ ही माध्यमिक स्तर पर विभिन्न पाठ्यक्रम आरम्भ किए जाएँ जैसे कृषि, प्राविधिक, व्यापारिक एवं अन्य व्यावहारिक पाठ्यक्रम।"

माध्यमिक शिक्षा आयोग की व्यावसायिक शिक्षा सम्बन्धी सिफारिशें निम्नलिखित हैं:

बहुउद्देश्यीय विद्यालयों की स्थापना

आयोग ने संस्तुति की कि एक ही स्कूल में कई प्रकार के पाठ्यक्रमों की व्यवस्था की जाए। व्यावसायिक पाठ्यक्रमों को चलाने के लिए उद्योग-धन्धों से तालमेल स्थापित किया जाए। छात्रों के मार्गदर्शन के लिए शैक्षिक एवं व्यावसायिक मार्गदर्शन सेवाएँ उपलब्ध कराई जाएँ।

जिन विद्यार्थियों ने इस प्रकार के पाठ्यक्रम सफलतापूर्वक पूर्ण कर लिए हों, उन्हें पौलीटेक्निक अथवा टैकनोलॉजिकल कॉलेजों में उच्च विशेष पाठ्यक्रम लेने का अवसर दिया जाए।

कृषि शिक्षा–सभी राज्य देहाती स्कूलों में खेतीबाड़ी की शिक्षा की विशेष सुविधा का प्रबन्ध करें तथा इस प्रकार के पाठ्यक्रमों में हॉर्टीकल्चर की शिक्षा सम्मिलित हो।

(क) पोलीटैक्नीकों में पूर्णकालिक अध्ययन की सुविधाओं के विस्तार के अलावा इस स्तर पर सैंडविच या पत्राचार के पाठ्यक्रम द्वारा व्यवस्थित किए गए अंशकालिक व्यावसायिक पाठ्यक्रमों का विकास किया जाए।

(ख) कृषि और इंजीनियरी पोलीटैक्नीकों को जो रोजगार में लग गए हैं, उन लोगों की प्रवीणता को उन्नत करने के लिए या जो पहले से ही योग्यता प्राप्त कर चुके हैं, उनकी योग्यता बनाए रखने या उनको पुनः शिक्षित करने के लिए छोटे-छोटे संक्षिप्त रूप में बनाए गए स्तर पाठ्यक्रम चलाने चाहिएँ।

(ग) औद्योगिक प्रशिक्षण संस्थानों में पढ़ाए जाने वाले बहुत-से पाठ्यक्रमों में प्रवेश के लिए कक्षा 10 पूरा करने की योग्यता की अपेक्षा की जाती है। इन सुविधाओं का तेजी से विस्तार किया जाए।

(घ) स्वास्थ्य, वाणिज्य, प्रशासन, छोटे पैमाने के उद्योगों और सभी सेवाओं में तरह-तरह के दूसरे पाठ्यक्रम विकसित किए जाने चाहिएँ, जिनकी अवधि प्रमाण-पत्र या डिप्लोमा की योग्यता के लिए छः महीने से तीन साल तक की हो सकती है। ये पहले से ही रोजगार में लगे लोगों को अंशकालिक या पत्राचार के आधार पर भी पढ़ाए जा सकते हैं।

"कार्यक्रम के महत्त्व और भारी पैमाने पर उसके चलाए जाने की दृष्टि में यह अत्यावश्यक है कि राज्य शिक्षा विभागों में शिक्षा अनुभाग खोले जाएँ और उनको इस तरह के पूर्णकालिक या अंशकालिक पाठ्यक्रमों को आयोजित करने पर पूरा-पूरा प्रभार सौंपा जाए। ऐसे कार्यक्रम आयोजित करने से अनुभागों को जनशक्ति की जरूरतों को ध्यान में

रखना चाहिए और व्यावसायिक मार्गदर्शन के तंत्र और सामान्यत: उद्योगों और मालिकों के साथ निकट का सहयोग रखते हुए काम करना चाहिए।"

स्कूल स्तर पर व्यावसायिक शिक्षा के विकास के लिए केन्द्रीय अनुदान

केन्द्र सरकार राज्य सरकारों को केन्द्र आयोजित क्षेत्र में विशेष अनुदान देने की व्यवस्था करे। माध्यमिक स्कूलों में व्यवसायीकरण के लिए दिए गए अनुदानों ने ही संयुक्त राज्य अमेरिका में माध्यमिक शिक्षा के व्यवसायीकरण को प्रेरणा दी थी और यह अनुभव भारत के लिए महत्त्वपूर्ण पाठ देने वाला है।

अंशकालिक व्यावसायिक शिक्षा–आयोग ने विभिन्न स्तरों पर अंशकालिक व्यावसायिक शिक्षा पर भी बल दिया।

लड़कियों के लिए विशेष पाठ्यक्रम–जो लड़कियाँ 14 वर्ष की आयु के आसपास स्कूल छोड़ देती हैं, उनके लिए गृह विज्ञान या सिलाई, कला और शिल्प, मुर्गी-पालन, दुग्धशाला, आदि जैसे घरेलू उद्योगों में पूर्णकालिक या अंशकालिक पाठ्यक्रमों की व्यवस्था की जाए। ये पाठ्यक्रम अल्पकालीन, पूरे समय के लिए या अंशकालिक और लम्बे अरसे तक चलने वाले हो सकते हैं।

तकनीकी शिक्षा–मल्टीपरपज स्कूल के पास एक भाग के रूप में अथवा अलग से तकनीकी स्कूल पर्याप्त संख्या में स्थापित किए जाएँ।

बड़े-बड़े शहरों में केन्द्रीय तकनीकी संस्थाएँ खोली जाएँ जो कि कई स्थानीय स्कूलों की आवश्यकताओं को पूरा करें।

जहाँ तक संभव हो तकनीकी स्कूल संबंधित उद्योग के निकट स्थित हों तथा संबंधित उद्योग के सहयोग से कार्य करें।

'औद्योगिक शिक्षा कर' के नाम से उद्योगों पर कुछ कर लगाया जाना चाहिए तथा इस प्रकार प्राप्त आय को तकनीकी शिक्षा के विकास में लगाना चाहिए।

II. कोठारी शिक्षा आयोग तथा माध्यमिक स्तर पर व्यावसायिक शिक्षा (Kothari Commission on Vocationalisation at the Secondary Stage)

कोठारी शिक्षा आयोग ने देश में उत्पादन बढ़ाने के लिए माध्यमिक शिक्षा को प्रबल व्यावसायिक मोड़ देना आवश्यक समझा। साथ ही विश्वविद्यालय स्तर पर कृषि और शिल्प शिक्षा पर अधिक जोर देने की संस्तुति की। आयोग का विचार था कि वर्तमान भारतीय परिस्थिति में शिक्षा के व्यवसायीकरण का विशेष महत्त्व है क्योंकि प्रचलित शिक्षा प्रणाली युवकों को सरकारी नौकरियों तथा बाबूगीरी पेशे के लिए तैयार करती है।

व्यावसायिक शिक्षा का आयोजन (Organisation of Vocational Education)

1. **अवर माध्यमिक स्तर (Lower Secondary Stage)**

(i) औद्योगिक प्रशिक्षण संस्थानों में ऐसे पाठ्यक्रम हैं, जिनमें प्राथमिक स्कूल को पूरा कर लेने वाले छात्र जा सकते हैं। यदि इन पाठ्यक्रमों में प्रवेश की आयु बढ़ाकर 14 कर दी जाए, तो जो छात्र प्राथमिक स्कूलों को पूरा कर चुके हैं, उनमें से बहुत-से औद्योगिक प्रशिक्षण के इन पाठ्यक्रमों में प्रवेश ले सकेंगे।

(ii) उद्योगों में नौकरी के लिए छात्रों को तैयार करने वाले तकनीकी स्कूलों में कार्यक्रमों की जो व्यवस्था है, वे इस स्तर पर व्यावसायिक पाठ्यक्रमों की दूसरी श्रेणी बन जाते हैं।

(iii) कक्षा 7 या कक्षा 8 के बाद जो बहुत-से छात्र स्कूल छोड़ देते हैं, वे घर के कारोबार में लग जाएँ और कुछ छोटे पैमाने पर अपना ही उद्योग या व्यापार शुरू करने के विचार से स्कूल छोड़ देंगे। उनको योग्यता प्राप्त करने या अपनी प्रवीणता बढ़ाने के अंशकालिक आधार पर बहुत सारे पाठ्यक्रम उपलब्ध होने चाहिएं।

(iv) देहाती लड़कों का बहुत बड़ा अनुपात परिवार के खेत में काम करने चला जाएगा। उनके लिए आगे शिक्षा की व्यवस्था करनी होगी, जो उनको अपने पेशे की अपनी कार्यकुशलता और सामान्य शिक्षा में समर्थ बनाएगी।

(v) लड़कियों का बहुत बड़ा अनुपात तो तुरन्त ही या कुछ समय के बाद स्कूल छोड़ देगा और शादी कर लेगा। उनको गृह-विज्ञान और सामान्य शिक्षा में आगे शिक्षा दी जानी चाहिए।

2. **उच्चतर माध्यमिक स्तर (Higher Secondary Stage)**—इस स्तर पर तरह-तरह के व्यावसायिक पाठ्यक्रम उपलब्ध रहेंगे।

व्यावसायिक शिक्षा के निर्धारित लक्ष्य

आयोग ने 1966 में सुझाव दिया कि 1986 तक निम्न माध्यमिक स्तर पर पढ़ने वाले 20 प्रतिशत छात्र और कक्षा 11 और 12 में पढ़ने वाले 50 प्रतिशत छात्र अवश्य ही व्यावसायिक पाठ्यक्रम को अपनाएँ।

III. आदिसेशैया राष्ट्रीय समीक्षा समिति, 1978 (Adiseshiah Report)

राष्ट्रीय समीक्षा समिति का गठन—शिक्षा मन्त्रालय, भारत सरकार ने अक्टूबर 1977 में श्री एस. आदिसेशैया, उपकुलपति, मद्रास विश्वविद्यालय की अध्यक्षता में इस समिति का गठन किया। इस राष्ट्रीय शिक्षा समिति ने अपनी रिपोर्ट "सीखना-करने को-सीखते हुए तथा कार्यरत समाज के लिए" (Learning to Do—Towards a Learning Society) शीर्षक से मार्च 1978 में भारत सरकार को प्रस्तुत की।

इस समिति का कार्यक्षेत्र 10+2 पाठ्यक्रम के सुधार हेतु विशेषकर उच्चतर माध्यमिक शिक्षा के व्यवसायीकरण हेतु समस्याओं का अध्ययन करके सुझाव देना था।

+2 समीक्षा समिति की महत्त्वपूर्ण सिफारिशें

उच्चतर माध्यमिक शिक्षा का महत्त्व–इस स्तर की शिक्षा का विशेष महत्त्व है क्योंकि छात्रों की लगभग आधी संख्या के लिए औपचारिक शिक्षा का यह अन्तिम बिन्दु है। इस स्तर पर सीखने के अनुभव विद्यार्थियों की जीविका के लिए और उनके जीवन के ध्येय निर्माण में विशेष महत्त्व रखते हैं। यह स्तर छात्रों के व्यक्तित्व के निर्माण हेतु स्कूली शिक्षा एवं महाविद्यालय के बीच सेतु का काम देता है। यह किशोर अवस्था, बाल्यकाल तथा प्रौढ़काल के बीच का समय है। सम्भवत: यही ऐसी अवस्था है जिसमें अनेक प्रकार के क्षेत्रों–आध्यात्मिक एवं बौद्धिक विकास के मार्ग खुलते हैं। व्यक्तित्व की विशेष रुचियों, क्षमताओं आदि का सृजन एवं दमन होता है।

उच्चतर माध्यमिक शिक्षा के लक्ष्य–राष्ट्रीय विकास में योगदान के लिए इस स्तर के निम्नलिखित उद्देश्य हैं–बेरोजगारी को रोकने में सहायता देना। निराश्रितता को रोकने में सहायता देना। ग्रामीण विकास में सहायता देना। प्रौढ़-साक्षरता में सहायता देना।

उच्चतर माध्यमिक शिक्षा के दो प्रकार के पाठ्यक्रम–(i) सामान्य शिक्षा पाठ्यक्रम;

(ii) व्यावहारिक पाठ्यक्रम।

सामान्य शिक्षा पाठ्यक्रम–इसमें निम्नलिखित विषय होंगे–

	विषय	*समय*
(क)	भाषाएँ	15%
(ख)	सामाजिक दृष्टि से लाभदायक उत्पादन कार्य	15%
(ग)	वैकल्पिक विषय (तीन)	70%

सामाजिक दृष्टि से लाभदायक उत्पादन कार्य–+2 समिति ने इस पर बहुत बल दिया क्योंकि यह क्रियात्मक है। इसे स्थानीय आवश्यकतानुसार अपनाने की संस्तुति की है। यह भी कहा है कि इसे पाठ्यक्रमों के विषयों से जोड़ा जाए और यह कार्य उचित निर्देशन में योजनानुसार किया जाए।

व्यावसायिक पाठ्यक्रम–समय विभाजन इस प्रकार होगा–

	पाठ्य-विवरण	*समय*
(i)	सामान्य आधार पाठ्य-विवरण	15%
(ii)	भाषा (भाषाएँ)	15%
(iii)	वैकल्पिक विषय (व्यावसायिक)	70%

सामान्य आधार पाठ्य-विवरण–इन पाठ्य-विवरणों के निम्नलिखित लक्ष्य हैं–

(i) छात्रों को ग्राम विकास तथा स्वयं रोजगार की आवश्यकता का अनुभव कराना।

(ii) छात्रों को राष्ट्रीय अर्थव्यवस्था में कृषि के महत्त्व की जानकारी देना।

(iii) छात्रों में लघु तथा कुटीर उद्योगों के चलाने की कुशलताओं एवं प्रबन्धकीय योग्यताओं का विकास करना।

(iv) बेरोजगार, क्षमता से निम्न रोजगार, अविकसित तथा पिछड़ी आर्थिक अवस्था में छात्रों की अन्तर्दृष्टि बढ़ाने हेतु योग्य बनाना।

व्यवसायिक वैकल्पिक विषय–निम्नलिखित विशेष बातों पर बल देने के लिए कहा गया है–

(i) प्रयोगात्मक कार्य पर लगभग आधा समय लगाया जाए।

(ii) स्वयं रोजगार तत्त्व पर विशेष ध्यान दिया जाए।

(iii) कृषि तथा इससे सम्बन्धित व्यवसायों के पाठ्यक्रम बनाए जाएँ।

(iv) व्यावसायिक पाठ्यक्रमों का समय साधारणतः दो वर्ष होना चाहिए।

शिक्षा के व्यवसायीकरण करने की प्रक्रिया को प्रबल बनाने के लिए सुझाव

1. व्यावसायिक सर्वेक्षण करना।
2. ग्रामीण क्षेत्रों में व्यावसायिक स्कूलों की स्थापना करना।
3. वर्तमान व्यावसायिक पाठ्यक्रमों तथा संस्थाओं से पूरा लाभ उठाना।
4. शैक्षिक तथा व्यावसायिक निर्देशन एवं परामर्श की उचित व्यवस्था करना।
5. अध्यापकों को उचित प्रशिक्षण का प्रबंध करना।
6. उचित पाठ्य-पुस्तकों का निर्माण।
7. राष्ट्रीय व्यावसायिक शिक्षा परिषद् का गठन करना।
8. अप्रेन्टिस शिक्षण की उचित व्यवस्था करना।

व्यावसायिक शिक्षा संबंधी राष्ट्रीय शिक्षा नीति 1986 तथा 1992 में निर्देश
(Directions of NPE 1986 and 1992 on Vocational Education)

राष्ट्रीय शिक्षा नीति, (1986)

पैरा 5.16–शिक्षा के प्रस्तावित पुनर्गठन में व्यवस्थित और सुनियोजित व्यावसायिक शिक्षा के कार्यक्रम को दृढ़ता से क्रियान्वित करना बहुत ही जरूरी है। इससे व्यक्तियों के रोजगार पाने की क्षमता बढ़ेगी, आजकल कुशल कर्मचारियों की माँग और आपूर्ति में जो असंतुलन है, वह समाप्त होगा और ऐसे विद्यार्थियों को एक वैकल्पिक मार्ग मिल सकेगा जो इस समय बिना किसी विशेष रुचि या उद्देश्य के उच्च शिक्षा की पढ़ाई किए जाते हैं।

संशोधित (1992)

पैरा 5-16–प्रस्तावित शैक्षिक पुनर्गठन में व्यावसायिक शिक्षा के सुव्यवस्थित, सुनियोजित और कड़ाई से कार्यान्वित किए जाने वाले कार्यक्रमों का लागू किया जाना

अत्यधिक महत्त्वपूर्ण है। इन तत्त्वों से छात्रों में कार्य और जीवन के प्रति एक स्वस्थ दृष्टिकोण विकसित होगा, प्रत्येक छात्र के रोजगार पाने की क्षमता बढ़ेगी, कुशल जनशक्ति की माँग और आपूर्ति के बीच असंतुलन कम होगा और बिना विशेष रुचि अथवा प्रयोजन के उच्चतर अध्ययन जारी रखने वाले छात्रों के लिए एक विकल्प उपलब्ध हो जाएगा। उच्च माध्यमिक स्तर पर बच्चों को ऐसे व्यापक व्यावसायिक पाठ्यक्रम प्रदान करने का प्रयास किया जाएगा जो कि व्यवसाय-विशेष की श्रेणी में न आकर बहुविध व्यावसायिक क्षेत्रों से जुड़े हुए हों।

राष्ट्रीय शिक्षा नीति, (1986)

पैरा 5-17—व्यावसायिक शिक्षा अपने में शिक्षा की एक विशिष्ट धारा होगी जिसका उद्देश्य कई क्षेत्रों के चुने गए काम-धंधों के लिए विद्यार्थियों को तैयार करना होगा। ये कोर्स आमतौर पर सेकेंडरी शिक्षा के बाद दिए जाएँगे लेकिन इस योजना को लचीला रखा जाएगा ताकि आठवीं कक्षा के बाद भी विद्यार्थी ऐसे कोर्स ले सकें। औद्योगिक प्रशिक्षण संस्थान भी बड़ी व्यावसायिक शिक्षा के ढाँचे के अनुसार चलेंगे ताकि इनमें प्राप्त सुविधाओं का पूरा लाभ उठाया जा सके।

संशोधित (1992)

पैरा 5-17—व्यावसायिक शिक्षा एक भिन्न धारा भी होगी जिसका उद्देश्य छात्रों को विभिन्न प्रकार के क्रियाकलापों से जुड़े हुए निर्धारित व्यवसायों के लिए तैयार करना है। ये पाठ्यक्रम साधारणत: माध्यमिक स्तर के बाद प्रदान किए जाएँगे, किन्तु, इस योजना को लचीला रखते हुए वे कक्षा VIII के बाद भी उपलब्ध कराए जा सकते हैं।

पैरा 5-18—स्वास्थ्य आयोजना और स्वास्थ्य सेवा प्रबंध को स्वास्थ्य से संबंधित व्यावसायिक पाठ्यक्रमों के माध्यम से स्वास्थ्य जनशक्ति की उपयुक्त श्रेणियों की शिक्षा और प्रशिक्षण के साथ स्पष्ट रूप से जोड़ा जाना चाहिए। प्राथमिक और माध्यमिक स्तरों पर स्वास्थ्य शिक्षा व्यक्ति के परिवार और सामुदायिक स्वास्थ्य के प्रति वचनबद्धता को सुनिश्चित करेगी और उच्चतर माध्यमिक शिक्षा के +2 स्तर पर स्वास्थ्य से संबंधित व्यावसायिक पाठ्यक्रमों की ओर अग्रसर होगा। कृषि, विपणन और सामाजिक सेवाओं आदि पर आधारित ऐसे ही व्यावसायिक पाठ्यक्रम तैयार करने के प्रयास किए जाएँगे। व्यावसायिक शिक्षा में स्वरोजगार, उद्यमियों के लिए दक्षता और ज्ञान तथा रुझान के विकास पर भी जोर दिया जाएगा।

पैरा 5-19—व्यावसायिक पाठ्यक्रमों या संस्थाओं की स्थापना सरकार तथा सार्वजनिक तथा निजी क्षेत्रों के कर्मचारियों की होगी तथापि सरकार महिलाओं, ग्रामीण तथा जनजाति के क्षेत्रों और समाज के वंचित वर्गों की आवश्यकताएँ पूरी करने के लिए विशेष कदम उठाएगी। विकलांगों के लिए भी समुचित कार्यक्रम शुरू किए जाएँगे।

पैरा 5-20—व्यावसायिक पाठ्यक्रमों के स्नातकों को पूर्वनिर्धारित शर्तों के अंतर्गत व्यावसायिक विकास, वृत्ति का सुधार, और बाद में समुचित सेतु पाठ्यक्रमों के माध्यम से सामान्य, तकनीकी और व्यावसायिक शिक्षा के पाठ्यक्रमों में दाखिला दिया जाएगा।

पैरा 5-21—अनौपचारिक, लचीले और आवश्यकता पर आधारित व्यावसायिक कार्यक्रम भी नवसिखुओं, युवकों जिन्होंने प्राथमिक शिक्षा पूरी की है, स्कूल छोड़ गए हैं, और किसी कार्य में लगे हुए हैं और बेरोजगार हैं या वे व्यक्ति जो आंशिक रूप में रोजगारयुक्त हैं, के लिए उपलब्ध किए जाएँगे। इस संबंध में महिलाओं की ओर विशेष ध्यान दिया जाएगा।

पैरा 5-22—जो छात्र शिक्षा के उच्च माध्यमिक पाठ्यक्रमों से स्नातक बनते हैं और उन्हें व्यावसायिक पाठ्यक्रमों की भी जरूरत हो सकती है, उनके लिए शिक्षा के तृतीय स्तर के पाठ्यक्रम आयोजित किए जाएँगे।

राष्ट्रीय शिक्षा नीति (1986) : पैरा 5-23—यह प्रस्ताव है कि उच्चतर माध्यमिक स्तर के विद्यार्थियों का दस प्रतिशत 1990 तक और 25 प्रतिशत 1995 तक व्यावसायिक पाठ्यचर्या में आ जाए। इस बात के लिए कदम उठाए जाएँगे कि व्यावसायिक शिक्षा पाकर निकले हुए विद्यार्थियों में से अधिकतर को या तो नौकरी मिले या वे अपना रोजगार स्वयं कर सकें। व्यावसायिक पाठ्यक्रमों का पुनरीक्षण नियमित रूप से किया जाएगा। माध्यमिक स्तर पर पाठ्यक्रमों के विविधीकरण को बढ़ावा देने के लिए सरकार अपने अधीन की जाने वाली भर्ती की नीति पर भी पुन: विचार करेगी।

संशोधित (1992) : पैरा 5-23—यह प्रस्ताव किया जाता है कि व्यावसायिक पाठ्यक्रमों में 1995 तक उच्चतर माध्यमिक स्तर के छात्रों को 10 प्रतिशत और 2000 तक 25 प्रतिशत छात्रों को सम्मिलित किया जाए। यह सुनिश्चित करने के लिए कदम उठाए जाएँगे कि व्यावसायिक पाठ्यक्रमों में सफलता पाने वाले छात्रों का काफी बड़ा प्रतिशत रोजगार पर अथवा स्वरोजगार पर लग जाता है। लागू किए गए पाठ्यक्रमों की नियमित रूप से समीक्षा की जाएगी। माध्यमिक स्तर पर विविधता को बढ़ावा देने के लिए सरकार अपनी भर्ती-नीति की भी समीक्षा करेगी।

व्यवसायीकरण की धीमी गति तथा इसे प्रभावी बनाने के उपाय
(Slow Progress of Vocational Education and Measures forIts Speedy Development)

माध्यमिक शिक्षा की विविधता, इसके व्यावसायीकरण की आवश्यकता तथा महत्त्व को जानते हुए, मानव संसाधन विकास मंत्रालय, भारत सरकार तथा रा. शै. अनु. प्रशि. परिषद् ने बहुत-सी गतिविधियाँ आरम्भ की हैं। परन्तु इन सब प्रयत्नों के बावजूद, शिक्षा-व्यवसायीकरण की योजना ने अभी पर्याप्त गति नहीं पकड़ी है।

तालिका 7.5: व्यावसायिक शिक्षा का भारत में प्रसार 1985&86

क्रम सं.	*राज्य/केन्द्र प्रशासित प्रदेश*	*संस्थाओं की संख्या जिनमें व्यावसायिक शिक्षा की सुविधा है*	*छात्रों की संख्या*		*कोर्सों की संख्या*
			कक्षा 11	*कक्षा 12*	
1.	आन्ध्र प्रदेश	148	2800	1600	21
2.	असम	02	40	38	06
3.	हरियाणा	41	1625	2149	20
4.	कर्नाटक	165	7014	3971	37
5.	केरल	73	3625	2840	27
6.	तमिलनाडु	1251	37050	30715	70
7.	पाण्डिचेरी	07	359	246	13
8.	गुजरात	46	1616	1446	–
9.	गोवा	05	275	254	03
10.	महाराष्ट्र	403	22650	18525	24
11.	उत्तर प्रदेश	249	6200 (लगभग)	700 (लगभग)	02
12.	सिक्किम	01	–	–	01
13.	दिल्ली	40	1000	1000	10

टिप्पणी–केवल दो राज्यों, अर्थात् तमिलनाडु तथा महाराष्ट्र, में आधे से ज्यादा छात्र हैं। अन्य राज्यों में स्थिति दयनीय है।

केवल ढाई प्रतिशत छात्र व्यासायिक धारा में हैं।

1985-86 में, कक्षा 9 से 12 तक छात्रों की कुल संख्या लगभग 162 लाख थी और केवल 1½ लाख छात्र व्यावसायिक शिक्षा पर रहे थे। यदि कक्षा 9 तथा 10 के छात्रों की संख्या निकाल दी जाए तो कक्षा 11 तथा 12 में लगभग 60 लाख में केवल 1½ लाख छात्र हो व्यावसायिक धारा में थे। व्यावसायिक शिक्षा पद्धति को सुदृढ़ बनाने के लिए तत्काल कार्यवाही करना अति आवश्यक है।

तालिका 7.6: माध्यमिक शिक्षा में व्यावसायिक योजना के अन्तर्गत स्कूलों की संख्या, अनुभाग तथा नामांकन क्षमता (2001-2002)

क्र. सं.	*राज्य/केन्द्र शासित*	*स्कूलों की संख्या*	*विभागों की संख्या*	*अनुभाग क्षमता*
(1)	(2)	(3)	(4)	(5)
1.	आन्ध्र प्रदेश	668	1880	94000
2.	अरुणाचल प्रदेश	4	4	200
3.	असम	225	510	25500
4.	बिहार	251	752	37600

(क्रमशः)

क्र. सं.	*राज्य/केन्द्र शासित*	*स्कूलों की संख्या*	*विभागों की संख्या*	*अनुभाग क्षमता*
(1)	(2)	(3)	(4)	(5)
5.	छत्तीसगढ़	–	–	–
6.	दिल्ली	38	93	4650
7.	गोवा	43	106	5300
8.	गुजरात	364	1032	51600
9.	हरियाणा	170	876	43350
10.	हिमाचल प्रदेश	40	82	4100
11.	जम्मू और कश्मीर	38	38	1900
12.	झारखण्ड	–	–	–
13.	कर्नाटक	564	1427	71350
14.	केरल	363	1008	50400
15.	मध्य प्रदेश	465	1307	65350
16.	महाराष्ट्र	1141	3480	17400
17.	मणिपुर	19	57	2850
18.	मेघालय	10	20	1000
19.	मिजोरम	17	51	2550
20.	नागालैण्ड	8	16	800
21.	उड़ीसा	231	924	46200
22.	पंजाब	282	846	42300
23.	राजस्थान	155	465	23250
24.	सिक्किम	7	9	450
25.	तमिलनाडु	700	2140	107000
26.	त्रिपुरा	12	12	600
27.	उत्तर प्रदेश	910	2350	117500
28.	उत्तरांचल	–	–	–
29.	पश्चिम बंगाल	39	39	1950
30.	अण्डमान और निकोबार	3	3	150
31.	चण्डीगढ़	17	58	2900
32.	दादर तथा नागर हवेली	2	2	100
33.	दमन तथा दीव	2	5	250
34.	लक्षद्वीप	–	–	–
35.	पाण्डिचेरी	12	16	800
	योग	**6800**	**19599**	**979950**

माध्यमिक शिक्षा की व्यवसायीकरण योजना के अन्तर्गत स्थिति (2001-2002)

1. विद्यालयों की संख्या जिनमें व्यावसायिक पाठ्यक्रम हैं = 6800
2. व्यावसायिक भागों की संख्या = 19599
3. छात्रों के नामांकन का प्रावधान = 979950

दैनिक 'Hindustan Times' (26.11.2005) में दिल्ली के स्कूलों में माध्यमिक स्तर पर व्यवसायीकरण के संबंध में जो आँकड़े छपे थे उससे स्पष्ट है कि स्थिति संतोषजनक नहीं है। 25 प्रतिशत के लक्ष्य के स्थान पर केवल 7-8 प्रतिशत छात्र ही व्यावसायिक पाठ्यक्रमों में थे। लगभग 1,000 अध्यापकों में जो व्यावसायिक पाठ्यक्रमों से जुड़े हुए थे, उनमें केवल 63 स्थायी थे तथा अन्य अंशकालिक।

व्यवसायीकरण की धीमी गति के कारण (Causes for the Slow pace of Vocationalisation)

1. उपयुक्त सम्बन्धित प्रबंध समिति का अभाव।
2. व्यवसायिक शिक्षा प्राप्त छात्रों के लिए रोजगार की समस्याएँ।
3. व्यावसायिक क्षेत्रों में रोजगार माँग तथा पूर्ति में सामंजस्य का न होना।
4. समाज द्वारा व्यावसायिकता की अवधारणा के प्रति उदासीनता।
5. व्यावसायिक क्षेत्रों में व्यावसायिक वृद्धि के उचित अवसरों तथा उन्नति की कमी।
6. व्यावसायिक संबंधी उचित संगठन का अभाव।
7. व्यावसायिक संबंधी उपाधियों को उचित स्थान ने देना।
8. परम्परागत धारणा के अनुसार व्यावसायिक शिक्षा को घटिया शिक्षा मानना।

व्यावसायिक शिक्षा के विकास के लिए चार सूत्री कार्यक्रम (Four Fold Programme for The Development of Vocational Education)

नई शिक्षा नीति में व्यवसायीकरण के महत्त्व को देखते हुए चार सूत्री कार्यक्रम प्रस्तावित किया गया–

I. प्रणाली का विकास (Development of the System)
II. व्यावसायिक शिक्षा कार्यक्रम (Vocational Education Programme)
III. विशेष वर्गों तथा स्कूलों से बाहर समुदाय के लिए कार्यक्रम (Vocational Programme for The Special Groups)
IV. लक्ष्य तथा विकास के लिए तैयारी (Targets and Preparation for The Development)

I. प्रणाली का विकास (Development of the System)

1. मानव संसाधन विकास मंत्रालय द्वारा व्यावसायिक शिक्षा की संयुक्त परिषद् (Joint Council for Vocational Education—JCVE) तथा व्यावसायिक शिक्षा ब्यूरो (Bureau of Vocational Education—BVE) का गठन किया।
2. अनुसंधान विकास, मॉनीटरिंग तथा मूल्यांकन कार्य करने के लिए रा. शै. अनु. परि. के अन्तर्गत एक केन्द्रीय व्यावसायिक शिक्षा संस्थान (CIVE) का गठन किया।

3. आवश्यकतानुसार राज्य सरकारों द्वारा राज्य व्यावसायिक शिक्षा परिषद् (State Council of Vocational Education—SCVE), राज्य व्यावसायिक शिक्षा संस्थान (State Institute of Vocational Education—SIVE), व्यावसायिक शिक्षा विभाग (Department of Vocational Education—DVE), जिला स्तरीय समन्वय समिति (District Level Coordination Committee—DCC) आदि का गठन किया जाए।
4. व्यावसायिक शिक्षा के विकास के लिए NCERT, CIVE, RIE (Regional Institutes of Education), SCERT (State Council of Education Research), SIVE, TTTI (Technical Teacher Training Institute) आदि की क्षमता में वृद्धि की जाए।
5. SCVE द्वारा व्यावसायिक सर्वेक्षण द्वारा जिलेवार व्यावसायिक मानव शक्ति की आवश्यकताओं का अध्ययन किया जाए।
6. SIVE's तथा SCERT's में पाठ्यक्रम सेल स्थापित किए जाएँ।
7. NCERT द्वारा मॉडल पाठ्यक्रम तथा मार्गदर्शक रेखाएँ (Guidelines) तैयार किए जाएँ।
8. NCERT/CIVE अथवा SIVES/NCERT के सहयोग से व्यावसायिक शिक्षा सूचना प्रणाली (Vocational Monitoring System) विकसित किया जाए।
9. NCERT द्वारा विभिन्न व्यावसायिक संगठनों के कार्यक्षेत्र का निर्धारण किया जाए।
10. मानव संसाधन विकास मंत्रालय द्वारा विभिन्न संस्थाओं के बीच तालमेल सम्बन्धी निर्देश दिए जाएँ।
11. व्यावसायिक शिक्षा संगठनों, नियुक्तिकर्त्ताओं व स्वंयसेवी संगठनों के बीच तालमेल हेतु निर्देश दिए जाएँ।

II. व्यावसायिक शिक्षा कार्यक्रम (Vocational Education Programme)

इसके अन्तर्गत निम्नलिखित कार्यक्रम प्रस्तावित हैं—

1. 8+ छात्रों के लिए विभिन्न राज्यों के व्यावसायिक शिक्षा विभागों द्वारा सीमित स्तर पर प्रयोगात्मक आधार पर व्यावसायिक पाठ्यक्रम शुरू किया जाए।
2. SCERT's तथा SIVE's द्वारा 10+स्तर पर पाठ्यक्रम का उपलब्ध साधनों के संदर्भ में निर्धारण किया जाए।
3. इंजीनियरिंग तथा टेक्नोलॉजी में 10+व्यावसायिक पाठ्यक्रम के छात्रों के लिए और अवसर प्रदान करने के लिए नए व्यावसायिक संस्थान स्थापित किए जाएँ।
4. JCVE द्वारा व्यावसायिक धारा+2 के 70% छात्रों के लिए एप्रेण्टिस ट्रेनिंग के लिए छात्रवृत्ति (स्टाइपेण्ड) की व्यवस्था की जाए।

5. व्यावसायिक शिक्षा द्वारा छात्रों में स्वयं रोजगार दक्षताओं का विकास किया जाए।
6. जिला-स्तर पर जीविका कार्य दर्शन सेल गठित किया जाए।
7. विभिन्न व्यावसायिक संस्थाओं द्वारा सेतु-पाठ्यक्रमों का निर्माण किया जाए।

III. विशेष वर्गों तथा स्कूलों से बाहर समुदाय के लिए व्यावसायिक शिक्षा कार्यक्रम (Vocational Programme for The Special Groups)

1. जे. सी. वी. ई. द्वारा उपयुक्त प्रोत्साहनों, पुरस्कारों के माध्यम से व्यावसायिक शिक्षा में सार्वजनिक निजी क्षेत्रों के उद्योगों को शामिल करने के लिए योजनाएँ तैयार की जाएँ।
2. महिलाओं, जनजातीय, अपंग तथा विकलांग आदि जैसे विशेष वर्गों की व्यावसायिक शिक्षा में कार्यरत स्वैच्छिक संगठनों की पहचान करके सहायता प्रदान की जाए।
3. सभी पोलिटेकनिक संस्थाएँ, औद्योगिक प्रशिक्षण संस्थान, अन्य व्यावसायिक तथा तकनीकी प्रशिक्षण संस्थान, चुने हुए उच्चतर माध्यमिक स्कूल, कॉलेज तथा विशेष संस्थानों, ग्रामीण तथा गैर-व्यवस्थित क्षेत्रों में चरणबद्ध तरीके से गैर-औपचारिक कार्यक्रमों के माध्यम से व्यावसायिक शिक्षा प्रदान करने का कार्य किया जाए।
4. चुनिन्दा इंजीनियरी कॉलेज, पोलिटेकनिक, औद्योगिक प्रशिक्षण संस्थान तथा अन्य व्यावसायिक तथा तकनीकी प्रशिक्षण स्कूल/संस्थान विशेष वर्गों तथा पहले से ही रोजगार प्राप्त लोगों के लाभ के लिए अंशकालिक व्यावसायिक पाठ्यक्रमों को आयोजित किया जाए।
5. महिलाओं, जनजातीय तथा समाज के अन्य कमाजोर वर्गों की आवश्यकताओं को पूरा करने के लिए राज्य व्यावसायिक शिक्षा विभागों द्वारा विशेष व्यावसायिक प्रशिक्षण संस्थान स्थापित किए जाएँ।

IV. लक्ष्य तथा विकास के लिए तैयारी (Targets and Preparation for The Development)

साधनों की उपलब्धता का अनुमान लगा कर उसके अनुसार लक्ष्य निर्धारित किए जाएँ। प्राय: यह देखा गया है कि लक्ष्य बहुत ऊँचे निर्धारित किए जाते हैं परन्तु उनकी पूर्ति नहीं हो पाती है। उपयुक्त साधन उसी मात्रा में नहीं मिल पाते। परिणामस्वरूप निराशा होती है और व्यावसायीकरण की योजना को भी धक्का लगता है। अत: बहुत ही सावधानी से प्रोग्राम बनाए जाने चाहिए।

सक्षेप में शिक्षा के व्यावसायीकरण की प्रक्रिया को दृढ़ करने हेतु सुझाव

1. व्यावसायिक शिक्षा को शिक्षा का अभिन्न अंग माना जाए।

2. अनौपचारिक व्यावसायिक शिक्षा की उचित व्यवस्था की जाए।
3. व्यावसायिक शिक्षा को घटिया शिक्षा न माना जाए।
4. व्यावसायिक शिक्षा के लिए न्यूनतम व्यय का अनुमान तथा उसकी उपलब्धि आवश्यक है।
5. व्यावसायिक मानव शक्ति की माँग आर्थिक क्षेत्र में उत्पन्न की जाए।
6. स्कूलों में व्यावसायिक शिक्षा प्राप्त छात्रों के लिए उच्च व्यावसायिक शिक्षा का प्रबन्ध किया जाए।
7. स्कूलों में इस प्रकार की व्यावसायिक शिक्षा पर बल देना जिससे छात्र स्वयं व्यवसाय चला सकें।
8. व्यावसायिक शिक्षा प्राप्त छात्रों के लिए सतत शिक्षा के प्रशिक्षण की सुविधा प्रदान की जाए।
9. विभिन्न अभिकरणों की सुनिश्चित भूमिका व स्कूल में भिन्न कार्यक्षेत्रों पर जोर दिया जाए।
10. 10+2 स्तर के 70% छात्रों के लिए एपरेन्टिस ट्रेनिंग के लिए छात्रवृत्ति (स्टाइपेण्ड) की व्यवस्था की जाए।

विशेष वर्गों तथा स्कूल से बाहर समुदाय के लिए व्यावसायिक शिक्षा कार्यक्रम

1. जे.सी.वी.आई. द्वारा उपयुक्त प्रोत्साहनों, पुरस्कारों के माध्यम से व्यावसायिक शिक्षा में सार्वजनिक निजी क्षेत्रों के उद्योगों को शामिल करने के लिए योजनाएँ तैयार की जाएँ।
2. महिलाओं, जनजातीय, अपंग तथा विकलांग आदि जैसे विशेष वर्गों की व्यावसायिक शिक्षा में कार्यरत स्वैच्छिक संगठनों की पहचान करके सहायता प्रदान की जाए।
3. सभी पोलिटेकनिक संस्थाएँ, औद्योगिक प्रशिक्षण संस्थान, अन्य व्यावसायिक तथा तकनीकी प्रशिक्षण संस्थान, चुने हुए उच्चतर माध्यमिक स्कूल, कॉलेज तथा विशेष संस्थानों, ग्रामीण तथा गैर-व्यवस्थित क्षेत्रों में चरणबद्ध तरीके से गैर-औपचारिक कार्यक्रमों के माध्यम से व्यावसायिक शिक्षा प्रदान करने का कार्य किया जाए।
4. चुनिन्दा इंजीनियरी कॉलेज, पोलिटेकनिक, औद्योगिक प्रशिक्षण संस्थान तथा अन्य व्यावसायिक तथा तकनीकी प्रशिक्षण स्कूल/संस्थान विशेष वर्गों तथा पहले से ही रोजगार प्राप्त लोगों के लाभ के लिए अंशकालिक व्यावसायिक पाठ्यक्रमों को आयोजित किया जाए।
5. महिलाओं, जनजातीय तथा समाज के अन्य कमजोर वर्गों की आवश्यकताओं को पूरा करने के लिए राज्य व्यावसायिक शिक्षा विभागों द्वारा विशेष व्यावसायिक प्रशिक्षण संस्थान स्थापित किए जाएँ।

8

उच्च शिक्षा: प्रसार, गुणवत्ता नियन्त्रण, स्वायत्त तथा निजीकरण

(Higher Education: Expansion, Quality Control, Autonomy and Privatization)

उच्च शिक्षा का प्रसार (Expansion of Higher Education)

भारत की उच्च शिक्षा पद्धति में आजादी के समय की संख्या की तुलना में विश्वविद्यालयों की संख्या में सत्रह गुणा और कॉलेजों की संख्या में 35 गुणा वृद्धि हुई है। इस समय, देश में कुल मिलाकर 335 विश्वविद्यालय हैं जिनमें से 215 राज्य विश्वविद्यालय हैं, 20 केन्द्रीय विश्वविद्यालय हैं, जो राज्य विधान अधिनियमों के अन्तर्गत स्थापित पाँच संस्थानों और केन्द्रीय विधान द्वारा स्थापित राष्ट्रीय महत्त्व के 13 संस्थानों और 1849 महिला कॉलेजों सहित लगभग 17,625 कॉलेजों के अलावा हैं। शैक्षिक वर्ष 2005-06 के प्रारंभ में, विश्वविद्यालयों और कॉलेजों में औपचारिक शिक्षा पद्धति में दाखिल छात्रों की कुल संख्या 104.81 लाख थी जिनमें से 13.88 लाख (13.25 प्रतिशत) विश्वविद्यालय विभागों में और 90.93 लाख (86.75 प्रतिशत) सम्बद्ध कॉलेजों में थे।

शैक्षिक वर्ष 2005-06 के प्रारम्भ में महिला छात्रों की संख्या 42.34 लाख थी, जो कुल छात्रों का 40.40 प्रतिशत है। कुल दाखिल महिलाओं में से केवल 12.40 प्रतिशत महिलाएँ व्यावसायिक पाठ्यक्रमों में दाखिल थीं। कुल दाखिले में प्रतिशत दाखिले की दृष्टि से महिला छात्रों की सबसे अधिक संख्या (60.85 प्रतिशत) केरल में और सबसे कम बिहार में (24.46 प्रतिशत) थी। निरपेक्ष महिला छात्रों की निरपेक्ष संख्या की दृष्टि से महाराष्ट्र शीर्ष पर और उसके बाद उत्तर प्रदेश है।

विभिन्न विश्वविद्यालयों द्वारा प्रदत्त डाक्ट्रेट डिग्रियों की संख्या (1.1.2004 की स्थिति) 16,602 थी। कला (6,774) और विज्ञान (5,408) दोनों संकायों का हिस्सा प्रदत्त डाक्ट्रेट की कुल संख्या में 73 प्रतिशत था।

विश्वविद्यालयों और कॉलेजों में नियमित संकाय संख्या क्रमश: 0.77 लाख (16.39 प्रतिशत) और 3.95 लाख (83.61 प्रतिशत) है, जो कुल मिलाकर वर्ष के प्रारम्भ में 4.77 लाख थी।

तालिका 8.1: भारत में उच्च शिक्षा में नामांकन 1950 से

वर्ष	*छात्रों की संख्या (लाखों में)*	*कुल आयुवर्ग 17-23 का प्रतिशत*
1950-51	3.6	0.8
1960-61	8.9	1.8
1970-71	17.2	3.4
1980-81	26.5	4.2
1990-91	49.2	7.0
2000-01	84.0	4.3
2001-2002	89.6	6.7
2002-2003	95.2	6.2
2003-2004 (अनुमानित)	99.5	4.6

तालिका 8.2: कॉलेजों तथा विश्वविद्यालयों की संख्या 1950-51 से

वर्ष	*कॉलेजों की संख्या*	*विश्वविद्यालयों तथा समकक्ष संस्थाओं की संख्या*
1950-51	578	27
1960-61	1,819	45
1970-71	3,277	95
1980-81	4,557	123
1990-91	8,350	190
2000-2001	12,806	245
2003-2004	16,885	320

स्रोत–1. केन्द्रीय माध्यमिक शिक्षा सलाहकार बोर्ड की समिति की रिपोर्ट, 2004
2. यू.जी.सी. वार्षिक रिपोर्ट 2003, 2004।

तालिका 8.3: उच्च शिक्षा में नामांकन प्रतिशत: विश्व के कुछ देशों का तुलनात्मक अध्ययन

क्रम सं.	*देश*	*नामांकन प्रतिशत (अनुमानित)*
1.	कनाडा	95 प्रतिशत
2.	अमरीका	80 प्रतिशत
3.	जापान	65 प्रतिशत

(*क्रमशः*)

क्रम सं.	*देश*	*नामांकन प्रतिशत (अनुमानित)*
4.	फ्रांस	50 प्रतिशत
5.	अर्जेन्टीना	40 प्रतिशत
6.	इंग्लैण्ड	35 प्रतिशत
7.	फिलिपींस	38 प्रतिशत
8.	चीन	30 प्रतिशत
9.	जर्मनी	30 प्रतिशत
10.	पनामा	28 प्रतिशत
11.	वेनेजुएला	27 प्रतिशत
12.	रूस	21 प्रतिशत
13.	मिस्र	20 प्रतिशत
14.	थाईलैण्ड	19 प्रतिशत
15.	मैक्सिको	14 प्रतिशत
16.	ब्राजील	12 प्रतिशत
17.	इन्डोनेशिया	10 प्रतिशत
18.	तुर्की	10 प्रतिशत
19.	भारत	6 प्रतिशत

भारत में वस्तुस्थिति में बहुत विरोधाभास है। एक ओर तो उच्च शिक्षा में केरल लगभग 6% नामांकन है, दूसरी ओर पढ़े-लिखों की बेरोजगारी। यही नहीं, भारत में कई उच्च शैक्षिक संस्थानों में शिक्षा प्राप्त भारतीयों को विदेश में बहुत अच्छा वेतनमान तथा सेवा-शर्तें मिल जाती हैं तथा प्रतिभा का निर्गमन होता है। ऐसी स्थिति में नामांकन की नीति निर्धारण करना बहुत कठिन कार्य हो जाता है।

नामांकन नीति सम्बन्धी सुझाव

1. शिक्षा की सुविधाओं का विस्तार जनशक्ति या रोजगार प्राप्त करने के अवसरों को ध्यान में रखकर किया जाए।
2. पहली तीन योजनाओं में माध्यमिक और उच्च शिक्षा की माँग में बहुत वृद्धि हुई है और भविष्य में भी होगी। इस बढ़ती हुई माँग को पूरा करने के लिए अध्यापकों, धन और शिक्षण-सामग्री को जुटाना कठिन होगा। अत: कॉलेजों और विश्वविद्यालयों में चुने हुए छात्रों को प्रवेश दिया जाए।
3. छात्र-संख्या-सम्बन्धी राष्ट्रीय नीति का यह लक्ष्य निर्धारण किया जाए—योग्य छात्रों में जो सबसे अधिक प्रतिभाशाली हों, उनको माध्यमिक शिक्षा समाप्त करने के बाद उच्च शिक्षा प्राप्त करने का अवसर दिया जाए और उनको उदारतापूर्वक छात्रवृत्तियाँ दी जाएँ, जिससे उनकी आर्थिक कठिनाईयों का समाधान हो जाए।
4. पिछले समय में उच्च शिक्षा का विस्तार करने के लिए योग्य शिक्षकों,

साज-सज्जा आदि के प्रति ध्यान नहीं दिया गया। फलस्वरूप शिक्षा का स्तर गिर गया। इसलिए भविष्य में इस नीति को न अपनाया जाए।

5. शैक्षिक अवसरों में समानता स्थापित करने के लिए प्रयास करना।
6. उपरोक्त शिक्षा को प्राप्त करने के लिए निर्धन छात्रों को अधिक आर्थिक सहायता देना।
7. व्यावसायिक, प्राविधिक और रोजगार-सम्बन्धी शिक्षा (Professional, Technical & Vocational Education) के विकास पर बल दिय जाए।
8. कृषि और उद्योगों के लिए व्यक्तियों को तैयार करना। प्रतिभाशाली छात्रों की क्षमताओं का पूर्ण विकास करना।

उच्च शिक्षा में गुणवत्ता नियन्त्रण (Quality Control in Education)

शिक्षा की गुणवत्ता की परिभाषा, अर्थ तथा समस्याएँ (Definition, Meaning and Problems of Quality in Higher Education)

उच्च शिक्षा की गुणवत्ता के बारे में चर्चा करते समय निम्नलिखित बातों पर ध्यान देना आवश्यक है–

1. शिक्षा में गुणवत्ता का क्या अर्थ है?
2. शिक्षा में गुणवत्ता का उद्देश्य क्या है?
3. शिक्षा में गुणवत्ता के कौन-कौन से मानदंड हैं?
4. क्या शिक्षा में गुणवत्ता का सम्बन्ध उसके उद्देश्य से है?
5. क्या कुछ संस्थाओं की गुणवत्ता से सम्पूर्ण शैक्षिक गुणवत्ता का अर्थ निकाला जा सकता है?
6. क्या शिक्षा में गुणवत्ता का अर्थ छात्रों की विशेष उपलब्धियों से माना जा सकता है?
7. क्या गुणवत्ता शिक्षा का अर्थ परीक्षाफल से है?
8. क्या गुणवत्ता का अर्थ कुछ छात्रों का विदेश जाकर विभिन्न क्षेत्रों में ऊँचे पद प्राप्त करना है?
9. क्या गुणवत्ता का अर्थ शिक्षण विधियों से है?
10. क्या शैक्षिक संस्था या संस्थान में अनुशासन से है?
11. क्या गुणवत्ता का अर्थ छात्रों की विभिन्न क्षेत्रों में उपलब्धियों से है?
12. क्या गुणवत्ता का अर्थ संस्था में पाठान्तर क्रियाओं की व्यवस्था से है?

शैक्षिक साहित्य का अध्ययन करने पर ज्ञात होता है कि किसी भी शिक्षा आयोग अथवा शिक्षा समिति ने शिक्षा में गुणवत्ता की व्याख्या नहीं की है। विश्वविद्यालय शिक्षा

आयोग 1948-49, माध्यमिक शिक्षा आयोग 1952-53 तथा शिक्षा आयोग 1964-66 ने प्राय: 'शिक्षा-स्तर' पर जोर दिया है।

राष्ट्रीय शिक्षा नीति के संदर्भ में उच्च शिक्षा में गुणवत्ता (Quality Education in Higher Education and NPE)

राष्ट्रीय शिक्षा नीति (1986 तथा 1992) में गुणवत्ता शब्द का प्रयोग केवल शोध के प्रकरण में प्रयोग किया गया है।

शिक्षा नीति में कहा गया है कि उच्च शिक्षा लोगों को आलोचनात्मक, सामाजिक, आर्थिक, सांस्कृतिक, नैतिक और आध्यात्मिक समस्याओं 'जिनका सामना मानव जाति को करना पड़ता है' का चिंतन करने का अवसर प्रदान करती है। इससे विशिष्ट ज्ञान और दक्षताओं के प्रसार के माध्यम से राष्ट्रीय विकास के क्षेत्र में योगदान होता है। अत: यह जीवित रहने के लिए एक निर्णायक तत्व होगा। शैक्षणिक सूची स्तंभ का शिरोबिंदु होने के नाते इसकी शिक्षा प्रणाली के लिए अध्यापक तैयार करने में एक प्रमुख भूमिका है।

ज्ञान के अद्वितीय खोज के संदर्भ में उच्च शिक्षा लगातार अज्ञात क्षेत्र में प्रवेश कर रही है। उच्च शिक्षा को इतना सक्रिय बनाना है जितनी सक्रिय पहले कभी नहीं हुई थी।

राष्ट्रीय शिक्षा नीति में दिए गए ऊपर लिखित विचारों के संदर्भ में उच्च शिक्षा में गुणवत्ता को देखें तो व्यावहारिक रूप में गुणवत्ता के मानदण्ड निर्धारित करना तथा उनका मूल्यांकन करना अति कठिन कार्य है क्योंकि मूल्यांकन में वस्तुनिष्ठ तत्व का अभाव रहेगा।

राष्ट्रीय शिक्षा नीति में उच्च शिक्षा के स्तरों के लिए निम्नलिखित निर्देश दिए हैं–

1. काफी बड़ी संख्या में स्वायत्त कॉलेजों को विकसित करने में सहायता दी जाए।
2. कॉलेजों की सम्बन्धता नीति (Affialiating Policy) को स्वतन्त्र बनाया जाए।
3. कॉलेजों की सम्बन्धता नीति को रचनात्मक ढंग से बदला जाए।
4. विशिष्टीकरण की माँगों को बेहतर ढंग से पूरा करने के लिए पाठ्यक्रमों और कार्यक्रमों को फिर से तैयार किया जाए।
5. भाषायी क्षमता पर विशेष बल दिया जाए।
6. उच्च शिक्षा परिषदों (Councils of Higher Education) के माध्यम से उच्च शिक्षा का राज्यस्तरीय आयोजन और समन्वय किया जाए।
7. न्यूनतम सुविधाओं के लिए व्यवस्था दी जाए।
8. प्रवेश क्षमता के अनुसार दिया जाए।
9. श्रव्य-दृश्य सामग्री तथा इलैक्ट्रॉनिक उपकरण तथा विज्ञान और प्रौद्योगिकी का प्रयोग पाठ्यचर्या और सामग्री अनुसंधान और शिक्षक उच्च प्रशिक्षण के विकास को कारगर बनाने के लिए शुरू किया जाए।

10. शिक्षक के निष्पादन का मूल्यांकन सुव्यवस्थित ढंग से किया जाए।
11. सभी पद पूर्ण रूप से योग्यता के आधार पर भरे जाएँ।
12. विश्वविद्यालयों को अनुसंधान के लिए अधिक सहायता प्रदान की जाए। mPp dksfV dh n{krk (High Quality) को सुनिश्चित करने के सम्बन्ध में कदम उठाए जाएँ।
13. विश्वविद्यालयों में विशेष रूप में अन्य एजेंसियों द्वारा किए गए अनुसंधान के साथ-साथ विज्ञान और प्रौद्योगिकी के प्रबल क्षेत्रों में अनुसंधान को समन्वित करने के लिए विश्वविद्यालय अनुदान आयोग (UGC) द्वारा उपयुक्त व्यवस्था की जाए।
14. विश्वविद्यालय प्रणाली के अन्तर्गत राष्ट्रीय अनुसंधान सुविधाओं की स्थापना को प्रोत्साहित करने के प्रयास करें।
15. ज्ञान के संश्लेष (Synthesis of Knowledge) की आवश्यकता की पूर्ति के लिए अन्तर्विषयक अनुसंधान (Interdisciplinary) को प्रोत्साहित किया जाए।
16. नीति को और समन्वय और सामंजस्य, सुविधाओं की भागेदारी और अंतर्विषयक अनुसंधान के विकास के हित में सामान्य रूप से सामान्य उच्चतर शिक्षा, कृषि शिक्षा, तकनीकी, विधिक और अन्य व्यावसायिक क्षेत्रों को शामिल करते हुए एक राष्ट्रीय निकाय स्थापित किया जाए।
17. उच्च शिक्षा में 'जवाबदेही' (Accountability) के मानदण्ड बनाए जाए।

उच्च शिक्षा में गुणवत्ता नियंत्रण को प्रभावित करने वाले मुख्य कारण (Main Factors Exercising Quality Control in Higher Education)

उच्च शिक्षा में गुणवत्ता नियंत्रण को प्रभावित करने वाले मुख्य कारण नीचे दिए जा रहे हैं–

1. स्टाफ की गुणवत्ता।
2. पाठ्यक्रम की गुणवत्ता।
3. छात्रों की गुणवत्ता।
4. उपलब्ध उपकरणों की गुणवत्ता।
5. शिक्षण की गुणवत्ता।
6. मूल्यांकन पद्धति की गुणवत्ता।
7. अनुशासन की गुणवत्ता।
8. अनुसंधान की गुणवत्ता।
9. अन्तर्राष्ट्रीय योगदान की गुणवत्ता।
10. संस्थाओं की प्रवेश नीति की गुणवत्ता।
11. निष्पादन लेख (Performance Audit) तथा इसकी गुणवत्ता।

स्टाफ की गुणवत्ता

स्टाफ की गुणवत्ता का अर्थ है–

(i) अध्यापकों की सामाजिक तथा आर्थिक स्थिति का वांछनीय स्तर का होना।
(ii) अध्यापकों के निष्पादन के आधार पर उनका मूल्यांकन करना।
(iii) अध्यापकों के सेवारत्त प्रशिक्षण के उपयुक्त कार्यक्रमों की व्यवस्था करना।
(iv) अध्यापकों के लिए उत्प्रेरकों की व्यवस्था करना।

पाठ्यक्रम की गुणवत्ता

(i) समाज की आवश्यकताओं के अनुसार पाठ्यक्रम का होना।
(ii) अन्तर्राष्ट्रीय परिप्रेक्ष्य की आवश्यकताओं को ध्यान में रखना।

छात्रों की गुणवत्ता

(i) छात्रों की समस्याओं पर विशेष ध्यान देना।
(ii) पिछड़े हुए छात्रों के विकास के लिए उपयुक्त नीति का निर्धारण करना।
(iii) छात्रों के प्रवेश की वैज्ञानिक नीति अपनाना।

अवसंरचना (Infrastructure) की गुणवत्ता

(i) उपयुक्त प्रकार से पुस्तकालयों तथा वाचनालयों की व्यवस्था करना।
(ii) सूचना प्रौद्योगिकी का पर्याप्त उपयोग करना।
(iii) पाठान्तर क्रियाओं का उचित प्रावधान करना।
(iv) प्रयोगशालाओं में उचित प्रकार की सामग्री का प्रावधान करना।

प्रभावी शिक्षण विधियों की गुणवत्ता

(i) लेक्चरों को सावधानी से तैयार करना तथा कक्षा में प्रभावी ढंग से प्रस्तुत करना।
(ii) कक्षा में छात्रों की उपस्थिति को अनिवार्य बनाना।
(iii) ट्यूटोरियल अनुदेशन की व्यवस्था करना।

मूल्यांकन की गुणवत्ता

(i) आन्तरिक मूल्यांकन को वस्तुनिष्ठ बनाना।
(ii) बाह्य मूल्यांकन में सुधार लाना तथा वस्तुनिष्ठ बनाना।

प्रवेश प्रणाली की गुणवत्ता

(i) सम्बन्धित कॉलेज में लगभग 1500 छात्रों की संख्या रखना।
(ii) छात्रों के प्रवेश की प्रक्रिया को सुगम एंव पारदर्शी बनाना।

उच्चकोटि अथवा गुणवत्ता संस्था के मानक अथवा संकेतक (Indicators or Parameters of Quality Institutions)

विश्वविद्यालय अनुदान आयोग (University Grants Commission) ने उच्च शिक्षा स्तर पर संस्थाओं की गुणवत्ता की कसौटी का मूल्यांकन करने के लिए एक राष्ट्रीय प्रत्यायन निर्धारण परिषद् (National Assessment and Accredition Council—NAAC) की स्थापना की है। इस संस्था द्वारा विश्वविद्यालयों तथा कॉलेजों की रेटिंग (Rating) से सम्बन्धित मानक तैयार किए गए हैं। अत: उनके आधार पर उच्च संस्थाओं की गुणवत्ता परखी जा सकती है। संस्थाओं को इन मानकों के आधार पर सौ वर्गों में बाँटा जा सकता है। अर्थात् उनकी ग्रेडिंग (Grading) वर्गों में की जाती है।

गुणवत्ता मापन में निम्न प्रकार के तथ्य देखे जाते हैं तथा अंक दिए जाते हैं।

1. पाठ्यक्रम कार्यक्रम (Curriculum Aspects) 10 अंक
2. शिक्षण अधिगम तथा मूल्यांकन (Teaching Learning) 25 अंक
3. अवसंरचना तथा अधिगम संसाधन (Infrastructure and Learning Resources) 15 अंक
4. अन्वेषण, परामर्श (मंत्रणा) तथा विस्तार (Research, Consultancy and Resources) 15 अंक
5. छात्र सेवाएँ तथा परगमन (Student Support and Progression) 10 अंक
6. संगठन तथा प्रबंध (Organisation and Management) 10 अंक
7. स्वस्थ प्रक्रिया (Health Practices) 10 अंक

उच्च शिक्षा में स्तरों का अनुरक्षण तथा समन्वय (Maintenance and Coordination of Standards Higher Education)

उच्च शिक्षा में स्तरों का अनुरक्षण तथा समन्वय के संदर्भ में विश्वविद्यालय अनुदान आयोग (UGC) ने निम्न पग उठाए हैं–

1. **अकादिमक स्टाफ कॉलेजों की स्थापना (Establishment of Academic Staff Colleges)**–यह योजना 1986-87 में लागू की गई। इस समय इनकी संख्या 51 है। इनका मुख्य कार्य कॉलेजों में नव-आयुक्त लेक्चरारों के लिए अभिविन्यास तथा पुर्नपाठ्यी पाठ्यक्रम चलाना है।

2. **शिक्षा का व्यावसायिक अभिविन्यास (Career Orientation to Education)**– पूर्व स्नातक स्तर पर यह कार्य 1994-95 से चलाया जा रहा है। इस कार्यक्रम में इस प्रकार के पाठ्यक्रमों को चलाया जा रहा है जिन्हें पूरा करने के पश्चात् स्नातकों के पास सामान्यत: वेतन क्षेत्र (Gainful Employment) से लाभ उठाकर रोजगार के लिए विशेषत: स्व-रोजगार के लिए ज्ञान, कौशल और अभिवृत्ति हो। इस योजना के अन्तर्गत 47 व्यावसायिक विषय लिए गए हैं।

3. **विशेष सहायता कार्यक्रम (Special Assistance Programme)**–यह योजना 1963-64 में आरम्भ की गई। इसके अन्तर्गत विश्वविद्यालय अनुदान आयोग ने विश्वविद्यालयों के कुछ विभागों को उनके कार्य के आधार पर उच्च अध्ययन (Centre of Advanced Studies) केन्द्र के रूप में मान्यता देना शुरू किया। कार्यक्रम का मुख्य उद्देश्य 'उत्कृष्टता को बढ़ाना' (Pursuit of Excellence) देना था। इन विभागों को विशेष अनुदान दिया जाता है। इनकी संख्या इस समय लगभग 400 है।

4. **विज्ञान तथा प्रौद्योगिकी की आधार-संरचना को सुदृढ़ करने के लिए सहायता (Assistance for Strengthening of Infrastructure for Science and Technology)**–सहायता का मुख्य उद्देश्य उन विश्वविद्यालयों में चुनिंदा विज्ञान तथा प्रौद्योगिकी विभागों की सहायता करना है जिन्होंने पहले ही उच्च गुणवत्ता युक्त निष्पादन (High Quality Performance) प्राप्त एवं प्रदर्शित किया है ताकि वे ऐसे मूल्यवान प्रमुख उपस्कर प्राप्त कर सकें जो उन्हें इस क्षेत्र में प्राप्त नहीं किए हैं।

5. **उत्कृष्टता की संभाव्यता वाले विश्वविद्यालय (Universities with Potential for Excellence)**–इस योजना के अधीन 17 विश्वविद्यालयों को विशेष अनुदान का प्रावधान किया गया है।

6. **कॉलेजों को स्वायत्तता (Autonomy to Colleges)**
(अलग से चर्चा की गई है)।

उच्च क्षेत्र में स्वायत्त
(Autonomy in Higher Education)

विश्वविद्यालयों की स्वायत्तता तथा स्वतन्त्रता में भेद (Difference between University Autonomy and Freedom)–विश्वविद्यालयों की स्वायत्तता पर विचार करने से पूर्व हमें स्वायत्तता तथा स्वतन्त्रता में भेद समझ लेना चाहिए। इस संदर्भ में कोठारी शिक्षा आयोग 1964-66 ने इस प्रकार लिखा है–

स्वाधीनता का अर्थ यह है कि किसी अध्यापक से न तो यह अपेक्षा की जा सकती है और न उसे यह आदेश दिया जा सकता है कि वह छात्रों को ऐसी कोई बात पढ़ाए जो उसकी आत्मा के प्रतिकूल हो अथवा जो सत्य की उसकी अपनी धारणा से मेल न खाती हो। इस संदर्भ में हम इस बात पर जोर देना चाहते हैं कि अध्यापक स्वाधीतापूर्वक अपने विचारों पर दृढ़ बने रह सकते हैं–वे विचार कितने भी क्रांतिकारी क्यों न हों–और वे कक्षा के भीतर (तथा बाहर) उन्हें व्यक्त भी कर सकते हैं, बशर्ते कि वे शिक्षण को अपने विशिष्ट विचारों के पक्षपोषण तथा प्रचार का साधन बनाए बिना किसी समस्या के विभिन्न पहलुओं पर प्रकाश डाल दें। अध्यापक को अपने अध्ययन-अनुसंधान जारी रखने तथा उनका प्रकाशन करने और महत्त्वपूर्ण राष्ट्रीय एवं अन्तर्राष्ट्रीय प्रसंगों पर भाषण देने, लेख लिखने तथा तत्सम्बन्धी वाद-विवादों में भाग

लेने की पूरी छूट होनी चाहिए। अपने कार्य, शिक्षण और अनुसंधान के सम्बन्ध में उसे सभी तरह की सुविधाएँ तथा प्रोत्साहन दिया जाना चाहिए, भले ही उसके विचार और दृष्टिकोण उसके वरिष्ठ सहकर्मियों और विभाग अथवा संकाय अध्यक्ष के विचारों के प्रतिकूल ही क्यों न हों।

सिद्धान्त रूप में शैक्षिक स्वाधीनता पर न कोई विशेष प्रतिबंध है, न उसे कम करना अभीष्ट है। पर हम यह चाहते हैं कि हमारे अध्यापक इस स्वाधीनता का व्यवहार रूप में अधिक तथा उत्साहपूर्वक प्रयोग करें। वस्तुतः शैक्षिक समुदाय का यह तो एक अनिवार्य दायित्व है कि वह उस पूरे के पूरे परिवेश की संकल्पनाओं तथा नीतियों के सूक्ष्म परिक्षण, मूल्यांकन और विकास में सक्रिय तथा निश्चयात्मक योगदान करें, जिसके साथ समाज का सम्बन्ध और लगाव है। देश में एक ऐसे बौद्धिक वातावरण के संवर्धन और विकास की दिशा में विश्वविद्यालयों को प्रधान दायित्व का निर्वाह करना है जो विद्वत्ता तथा उत्कृष्टता की प्राप्ति के लिए अनुकूल हो और जो ऐसी आलोचना को बढ़ावा दे जो निमर्म-निर्दय होकर भी अनौपचारिक और रचनात्मक हो। इन सब कामों के लिए यह आवश्यक है कि अध्यापक अपनी शैक्षिक स्वाधीनता का प्रयोग प्रचुर मात्रा में उत्साह तथा बुद्धिमत्तापूर्वक करें।

विश्वविद्यालय स्वायत्तता के प्रमुख तत्व

- विद्यार्थियों का चयन;
- अध्यापकों की नियुक्ति और पदोन्नति;
- अध्ययन पाठ्यक्रमों तथा शिक्षण विधियों का निर्धारण और अनुसंधान के क्षेत्रों तथा समस्याओं का चयन।

इस स्वायत्तता का उपयोग करते समय विश्वविद्यालयों को केवल एक सर्वाधिक महत्त्वपूर्ण बात, सभी कार्यक्षेत्रों में सत्य के प्रति विश्वविद्यालयों की वचनबद्धता, से ही अनुशासित-निर्यंत्रित होनी चाहिए। सत्य की पिपासा किसी न किसी मात्रा में विश्वविद्यालय के सभी सदस्यों में पैदा की जानी चाहिए और कुछ लोग तो ऐसे होने चाहिए जिन्होंने अपने को पूर्णतः सत्य के प्रति समर्पित कर दिया हो और सत्य ही जिनकी जीवन-साधना का चरम लक्ष्य बन गया हो। उसी स्थिति में यह संभव है कि विश्वविद्यालय क्रमशः केवल स्वाभिमान ही प्राप्त न कर लें अपितु मूल रूप में ही कायम रखें जाता है। नियमों की ऐसी अनम्यता प्रगति और विकास में तरह बाधक होती है। अतः यह आवश्यक है कि एक अग्रदर्शी तथा सक्रिय शैक्षिक संगठन के लिए अपेक्षित निर्णायक तंत्र की स्थापना और नीतियों, तकनीकों तथा परिपाटियों के निर्धारण के लिए संकल्पपूर्ण प्रयास किया जाए। विश्वविद्यालय की वास्तविक लक्ष्य-सिद्धि में बाधक होने वाले नियम, विनियमों तथा तकनीकों में संशोधन किया जाना चाहिए या उन्हें समाप्त कर देना चाहिए। उन्हें ऐसे कठोर शिकंजे का रूप नहीं दिया जाना चाहिए जिसमें विश्वविद्यालय के सभी क्रियाकलापों को

बैठा देना अनिवार्य हो। यदि चुने हुए कुछ विश्वविद्यालयों में इस विषय की जानकारी तथा रुचि रखने वाले शैक्षिक तथा प्रशासनिक, दोनों ही प्रकार के व्यक्तियों के दल मिल कर शैक्षिक शासन-प्रशासन की समस्याओं का गम्भीर अध्ययन करके वर्तमान अराजकता की-सी स्थिति में आमूल परिवर्तन करने के तरीके और उपाय सुझा सकें तो इससे वास्तव में बहुत लाभ हो सकता है। हमारी सिफारिश है कि विश्वविद्यालय अनुदान आयोग को ऐसे दलों के संगठन को बढ़ावा देना चाहिए। यदि चुने हुए कुछ विश्वविद्यालयों में संबद्ध विभाग विशेष-उदाहरणार्थ, शिक्षा, विज्ञान, लोकप्रशासन और विधि विभाग शैक्षिक प्रशासन और विश्वविद्यालय प्रबन्ध-व्यवस्था की समस्याओं का मिलकर अध्ययन कर सकें तो यह बहुत उपयोगी होगा।

विश्वविद्यालय स्वायत्तता (University Autonomy)

विश्वविद्यालय स्वायत्तता की अवधारणा-यहाँ आरम्भ से ही विश्वविद्यालय की स्वायत्तता और विश्वविद्यालय तथा कॉलेज के अध्यापकों की शैक्षिक समाज और सरकार का भी आदरभाव अर्जित कर लें और राष्ट्रीय जीवन में समुचित योगदान दे सकें।

यहाँ यह समझ लेना अत्यावश्यक है कि विश्वविद्यालय स्वायत्तता की अवधारणा इसी आधारभूत विचार पर टिकी है कि इसके बिना विश्वविद्यालय शिक्षण अनुसंधान और समाज-सेवा अपने प्रधान कार्यों का निर्वाह नहीं कर सकते और यह कि विचारों के एकमार्गीकरण और दल तथा शक्तिशाली वर्गगत दबाव से मुक्त रह सकने वाली स्वायत्तशासी संस्था ही निर्भीकतरपूर्वक सत्य का संधन कर सकती है और अपने अध्यापकों तथा छात्रों में स्वतंत्र चिंतन तथा जिज्ञासा की ऐसी भावना पैदा कर सकती है जो निकटस्थ तात्कालिक हितसाधनजन्य सीमाओं और पूर्वग्रहों से ऐसी मुक्ति पा सके जो एक स्वतंत्र समाज के विकास के लिये नितान्त आवश्यक है। जैसा कि बर्ट्रन्ड रसेल ने कहा है, "जहाँ स्वतन्त्र चिंतन का अंत हो जाता है-इसका कारण चाहे साहस की कमी हो अथवा अनुशासन का अभाव-वहीं अनुचित प्रचार और सत्तावाद के पापांकुर मुक्त भाव से पनपने लगते हैं। अतः आलोचना का अवरोध उससे कहीं अधिक गम्भीर बात है जितना बहुत से लोग समझते हैं। समाज में उद्देश्य की सक्रिय एकता पैदा करने के बदले वह तो पूरे समाज पर एक प्रकार की नीरस, भंगुर एकरूपता थोप देती है। खेद की बात है कि सत्ता तथा जिम्मेदारी के पदों पर आसीन व्यक्ति भी प्रायः इस सत्य का अनुभव नहीं कर पाते।"

विश्वविद्यालय स्वायत्तता के स्तर (Levels of University Autonomy)

विश्वविद्यालय स्वायत्तता के प्रश्न पर विचार करते समय हमारे सामने ऐसे तीन आंशिक रूप से परस्पर व्यापी (Overlapping) स्तर आते हैं जिन पर यह कार्यशील रहती है-

1. विश्वविद्यालय की आंतरिक स्वायत्तता, अर्थात्, समग्र रूप से विश्वविद्यालय के संदर्भ में विभागों, कॉलेजों, अध्यापकों और छात्रों की स्वायत्तता;
2. समग्रत: विश्वविद्यालय-तंत्र के संदर्भ में विश्वविद्यालय विशेष की स्वायत्तता, अर्थात्, किसी अन्य विश्वविद्यालय, विश्वविद्यालय अनुदान आयोग और अंतर्विश्वविद्यालय बोर्ड के संदर्भ में विश्वविद्यालय विशेष की स्वायत्तता; और
3. विश्वविद्यालय तंत्र से बाहर की एजेंसियों और प्रभावों–जिनमें सर्वाधिक महत्त्वपूर्ण केन्द्रीय तथा राज्य सरकारें–के संदर्भ में समग्रत: विश्वविद्यालय तंत्र (जिसमें विश्वविद्यालय अनुदान आयोग और अंतर्विश्वविद्यालय बोर्ड भी शामिल है) की स्वायत्तता।

विश्वविद्यालय की स्वायत्तता के बारे में कोठारी कमीशन की मुख्य सिफारिशें (Main Recommendations of the Kothari Commission on University Autonomy)

आयोग ने विश्वविद्यालयों की स्वाधीनता के सम्बन्ध में नीचे लिखे सुझाव दिए–

1. विश्वविद्यालय के 'निकायों' (Bodies) में नॉन अकादिमक (Non-Academic) तत्वों का प्रतिनिधित्व समाज के व्यापक हितों को व्यक्त करने के लिए आवश्यक है, परन्तु यह उन पर थोपा न जाए।
2. विश्वविद्यालयों द्वारा अपने विभागों को पर्याप्त स्वायत्तता प्रदान की जाए।
3. विश्वविद्यालय के प्रशासन में इस सिद्धान्त को ध्यान में रखा जाए कि उत्तम विचारों का जन्म प्राय: निम्न स्तरों पर होता है।
4. प्रत्येक विभाग के अध्यक्ष के अधीन एक प्रबन्ध-समिति को व्यापक आर्थिक और प्रशासकीय शक्तियाँ प्रदान की जाएँ।
5. कॉलेजों की स्वायत्तता एवं स्वतन्त्रता का आदर उसी रूप में किया जाए, जिस रूप में विश्वविद्यालय अपनी स्वायत्तता का करता है।
6. प्रत्येक कॉलेज के प्रत्येक विभाग में शिक्षकों एवं छात्रों की संयुक्त-समितियाँ (Joint Committees) बनाई जाएँ। इनके अतिरिक्त, एक केन्द्रीय समिति प्रिंसिपल की अध्यक्षता में नियुक्त की जाए, जो सभी समान समस्याओं एवं कठिनाइयों का अध्ययन करे।
7. विश्वविद्यालय की अकादिमक परिषदों (Academic Councils) तथा सभाओं (Courts) में छात्रों के प्रतिनिधियों को स्थान दिया जाए।
8. 'विश्वविद्यालय-अनुदान-आयोग', 'अन्तर-विश्वविद्यालय परिषद्' (Inter-University Board), सरकार और विश्वविद्यालयों के बीच समय-समय पर

विचार-विमर्श करने, शिक्षित किए जाने वाले छात्रों की संख्या को निश्चित करने, पाठ्य-विषय एवं प्रयोगात्मक अनुसंधान की समस्याओं का समाधान करने के लिए एक उपयुक्त ढंग या मार्ग की खोज की जाए।

9. 'विश्वविद्यालय-अनुदान-आयोग', 'अन्तर-विश्वविद्यालय परिषद्' तथा शिक्षित व्यक्ति–विश्वविद्यालयों की स्वाधीनता के सम्बन्ध में जनमत का निर्माण करें।
10. विश्वविद्यालयों को अपनी स्वायत्तता को कायम रखने के लिए प्रयत्न करते रहना चाहिए। इस सम्बन्ध में उनका सबसे महत्त्वपूर्ण दायित्व यह है कि वे अपने बौद्धिक तथा सार्वजनिक कार्यों को पूरी लगन से करें।

स्वायत्तता की सफलता के आधारभूत सिद्धान्त (Fundamental Principles for the Success of Autonomy)

शिक्षा आयोग ने निम्नलिखित सिद्धान्तों का उल्लेख किया है–

1. स्वतन्त्रता की भाँति स्वायत्तता भी ऐसी वस्तु है जिसका मूल्य सभी सम्बन्धित पक्षों को शाश्वत चौकसी के रूप में चुकाना होता है। विश्वविद्यालयों की स्थापना कानून के मातहत की जाती है और उन्हें उतनी ही स्वायत्तता दी जा सकती है जितनी विधिसम्मत हो। इसलिए, विश्वविद्यालय स्वायत्तता का वास्तविक संरक्षक अंततः वह लोकमत होता है जो इस विश्वास को अपना आधार बनाता है कि अपने निर्भयतापूर्ण सत्य-संधान में बौद्धिक सत्यनिष्ठा बनाए रखने वाले स्वायत्त विश्वविद्यालय लोकतंत्र और स्वाधीनता के अडिग शक्ति-स्तंभ हैं। इस सम्बन्ध में सशक्त लोकमत जगाने में विश्वविद्यालय अनुदान आयोग, अंतर्विद्यालय बोर्ड और बौद्धिक वर्ग के लोगों का–जिनमें से अधिकतर विश्वविद्यालयों के ही पूर्वछात्र हैं–महत्त्वपूर्ण योग देना है।
2. दूसरी ओर, विश्वविद्यालयों को भी समझ लेना चाहिए कि प्रभावी स्वायत्तता 'वरदान' स्वरूप प्राप्त हो जाने की आशा विवेकसम्मत नहीं है, उन्हें तो इसे बराबर अर्जित करते रहना और अपने को उसके योग्य बनाए रखना होगा। विश्वविद्यालयों को स्वायत्तता का अधिकार सत्य के संधान और उसी की सेवा-साधना के फलस्वरूप प्राप्त होता है। इसीलिए, अपनी स्वायत्तता के प्रति किए जाने वाले विधिविरूद्ध दावों का प्रतिरोध करने की उनकी शक्तिक्षमता उतनी ही अधिक होगी जितने अधिक प्रभावशाली ढंग से वे अपने इस कर्त्तव्य का निर्वाह करेंगे और शिक्षोतर प्राधिकरणों द्वारा उनसे की जाने वाली वैध अपेक्षाओं को शिरोधार्य करेंगे। इसके अतिरिक्त, जैसे-जैसे वे अपने बौद्धिक तथा सार्वजनिक दायित्वों का प्रभावपूर्ण रीति से तथा सत्यनिष्ठा पूर्व निर्वाह करेंगे और देश की आर्थिक तथा सामाजिक प्रगति में योग देंगे वैसे ही वैसे वे समाज और सरकार का आदर भाव अर्जित करते जाएंगे और उन पर बाहर से पड़ने वाले विधिविरूद्ध दबावों तथा अनुचित अपेक्षाओं की संभावनाएँ भी कम

होती जाएंगी। यह कोई सरल नहीं है जो शीघ्र तथा सुगमता से किया जा सकता हो। इसमें बहुत समझ, धैर्य तथा पारदर्शिता की आवश्यकता है।

विश्वविद्यालय अनुदान आयोग तथा संस्थाओं की स्वायत्तता (University Grants Commission and Autonomy)

स्वायत्त कॉलेजों की स्थापना तथा उद्देश्य (Autonomous Colleges and their Objectives)

शिक्षा आयोग 1964-66 की संतुतियों के अनुसार विश्वविद्यालय अनुदान आयोग ने चौथी पंचवर्षीय योजना (1969-73) में स्वायत्त कॉलेजों की योजना तैयार की। इस योजना के मुख्य उद्देश्य लिखित हैं–

1. अपने अध्ययन पाठ्यक्रम और पाठ्य विवरण निर्धारित करना, चालू करना, पुनर्गठन करना तथा उनका पुनः डिजाइन करना।
2. राज्य सरकार की आरक्षण नीति के अनुरूप प्रवेश के लिए नियम बनाना।
3. छात्रों के कार्यों के मूल्यांकन की विधियाँ तैयार करना तथा परीक्षा प्रणाली की अधिसूचना जारी करना।
4. उच्च स्तर तथा अधिक सर्जकता प्राप्त करने के लिए शिक्षा-प्रौद्योगिकी के आधुनिक साधनों का प्रयोग करना।
5. उपयोगी व्यवहारों, समाज-सेवा विस्तार, गतिविधि, सम्पूर्ण समाज के लाभ के लिए परियोजनाओं, पड़ोसी कार्यक्रमों आदि को बढ़ावा देना।

विश्वविद्यालय अनुदान आयोग द्वारा सहायता

इन कॉलेजों को विश्वविद्यालय अनुदान आयोग वित्तीय सहायता प्रदान करता है। इस योजना के अधीन कॉलेज पाठ्यक्रमों को बनाते हैं, शिक्षकों के लिए अभिविन्यास आदि कार्यक्रमों का आयोजन करते हैं। शिक्षण अधिगम सामग्री बनाते हैं तथा कार्यशालाएँ और गोष्ठियों आदि का आयोजन करते हैं।

स्वायत्त कॉलेजों की संख्या

इस समय 8 राज्यों के 29 विश्वविद्यालयों में 132 स्वायत्त कॉलेज हैं।

उच्च शिक्षा में स्वायत्तता पर राष्ट्रीय शिक्षा नीति 1986 तथा 1992 (NPE 1986, 1992 on Autonomy)

राष्ट्रीय कॉलेजों को विकसित करने में सहायता दी जाए। चयनात्मक आधार पर विश्वविद्यालयों में स्वायत्त विभागों के सृजन को प्रोत्साहित किया जाए। स्वायत्तता और स्वतन्त्रता को उत्तरदायित्व के साथ जोड़ा जाए।

स्वायत्त कॉलेजों की प्रणाली का मूल्यांकन

राष्ट्रीय शिक्षा नीति 1992 की कार्ययोजना बनाते समय यह अनुभव किया गया कि विश्वविद्यालयों में विभागों को स्वायत्त दर्जा प्रदान करने की विश्वविद्यालय अनुदान आयोग की योजना में पर्याप्त प्रगति नहीं हुई है। कुछ विश्वविद्यालयों के विभागों के कार्य का, जिन्हें स्वायत्तता प्रदान की गई है, सुव्यवस्थित विश्लेषण नहीं किया गया है। इनका विश्लेषण किया जाए।

स्वायत्त कॉलेजों की वैज्ञानिक ढंग से समीक्षा की आवश्यकता है।

इंजीनियरी, प्रौद्योगिकी, संगणक प्रबन्ध, विधि आदि व्यावसायिक तथा तकनीकी पाठ्यक्रम और अन्य अद्भुत पाठ्यक्रम चलाने वाले विभागों को स्वायत्तता प्रदान करने पर विचार किया जाए।

कुल मिलाकर यह कहा जा सकता है कि आशा के अनुसार स्वायत्तता प्रदान करने की योजना में सफलता नहीं मिल पायी है। मुख्य कारण यह है कि प्राय: सभी सम्बन्धित वर्ग अपना प्रभुत्व बनाए रखना चाहते हैं। स्वायत्तता तथा स्वतन्त्रता के बीच कोई रेखा खींचना नहीं चाहते। अधिकारों तथा उत्तरदायित्वों का समन्वय ठीक प्रकार से नहीं किए बिना स्वायत्तता पद्धति का विकास होना अत्यन्त कठिन कार्य प्रतीत होता है।

केन्द्रीय शिक्षा सलाहकार बोर्ड द्वारा घटित 'उच्च शिक्षा में स्वायत्तता' कमेटी (2004-2005) की प्रमुख संतुतियाँ (Main Recommendations of CABE Committee on Autonomy of Higher Education 2004-2005)

1. पाठ्यक्रम के निर्माण के लिए उच्च शिक्षा संस्थाओं को स्वायत्तता देने की बहुत आवश्यकता है।
2. विश्वविद्यालय इस कार्य के लिए फ्रेमवर्क प्रदान करे।
3. दो-तीन वर्षों के अन्तराल में पाठ्यक्रम की समीक्षा की जाए तथा नए पाठ्यक्रम शुद्ध किए जाएँ।
4. अनुसंधान के लिए प्रत्येक संस्था को अनुसंधान फैलो को चुनने का अधिकार दिया जाए।
5. धन के अभाव में कोई भी निकाय अनुसंधान करने से वंचित न रहे।
6. सभी विश्वविद्यालयों तथा कॉलेजों को स्वायत्तता दी जाए जिसके अन्तर्गत वे स्ववित्त पोषित पाठ्यक्रम शुरू कर सकें।
7. उच्च शिक्षा संस्थाओं को सतत् तथा व्यापक मूल्यांकन में स्वतन्त्रता दी जाए।

शिक्षा का निजीकरण (Privatization of Education)

राष्ट्रीय शिक्षा नीति तथा शिक्षा का निजीकरण

राष्ट्रीय शिक्षा नीति (1986 तथा संशोधित नीति 1992) के 'भाग दस' 'शिक्षा का प्रबन्ध' 10सी में कहा गया है, "जनता की भागीदारी गैर सरकारी एजेंसियों और

स्वयंसेवी अथवा स्वैच्छिक प्रयास सहित लोगों को शामिल करने के लिए प्राथमिकता प्रदान करना।"

10.9 'स्वैच्छिक एजेंसियों तथा सहायता प्राप्त संस्थाएँ' से कहा गया है, "सही प्रबंध की शर्त पर सामाजिक रूप से सक्रिय समूहों सहित गैर-सरकारी और स्वैच्छिक प्रयास को प्रोत्साहित किया जाएगा और इसके लिए वित्तीय सहायता प्रदान की जाएगी। इसके साथ ही शिक्षा को एक धंधा (Commercialization) बनाने के लिए गठित संस्थाओं की स्थापना से बचने के लिए उपाय किए जाएंगे।"

इससे स्पष्ट होता है कि शिक्षा में निजीकरण का अपना महत्त्व है।

भूमण्डलीकरण तथा उदारीकरण प्रक्रिया में शिक्षा

आर्थिक क्षेत्र के साथ-साथ शैक्षिक क्षेत्र में भी निजीकरण को प्रोत्साहन करने पर बल दिया गया है परन्तु यह भी माना गया है कि शिक्षा में निजीकरण की प्रक्रिया पर कुछ अंकुश भी लगाने की आवश्यकता है ताकि छात्रों और अभिभावकों का शोषण न हो।

शिक्षा आयोग 1964-66 और उच्च शिक्षा में निजीकरण का स्थान

इस पर अलग से विस्तृत चर्चा की गई है।

उच्च शिक्षा का निजीकरण तथा उच्च शिक्षा में निजीकरण (Privatization of Higher Education and Privatization in Higher Education)

उच्च शिक्षा का निजीकरण–इसका अर्थ है कि उच्च शिक्षा पर केवल स्वयंसेवी संस्थाओं तथा निजी तौर पर लोगों का नियन्त्रण तथा प्रबन्धन होगा। वे शैक्षिक संस्थाएँ उन्हीं के द्वारा ही चलाई जाएंगी। सरकार का कार्य केवल नीतियाँ निर्धारण करना होगा।

उच्च शिक्षा में निजीकरण–इसका अर्थ है कि शिक्षा के क्षेत्र में सरकार तथा गैर सरकारी प्रयास होंगे। अर्थात् दोनों की इस क्षेत्र में भागेदारी होगी।

राष्ट्रीय शिक्षा नीति में उच्च शिक्षा में निजीकरण को महत्त्वपूर्ण स्थान दिया गया है न कि उच्च शिक्षा के निजीकरण को।

भारत में शिक्षा के निजीकरण का इतिहास

भारत में शिक्षा में निजीकरण की व्यवस्था प्राचीन काल से चली रही है। शिक्षा पर किसी भी प्रकार का सरकारी नियन्त्रण नहीं था। बल्कि यह कहना भी ठीक होगा कि उच्च शिक्षा में पूर्ण स्वायत्तता तथा स्वतन्त्रता भी थी। शिक्षा देना 'धर्म का अंग' माना गया था। भारत में अनेक ऐसे विश्वविद्यालय थे जिनकी विश्व भर में ख्याति थी। विदेशी विद्वान तथा

छात्र अपने आप को गौरवशाली मानते थे जब वे भारत के प्रसिद्ध विश्वविद्यालयों में जिन्हें उच्च शिक्षा के केन्द्र भी कहा जाता था, शिक्षा प्राप्त करते थे।

सरकार बिना किसी नियन्त्रण तथा शर्त के इन शिक्षा संस्थाओं तथा केन्द्रों की भरपूर सहायता करती थी। अनेक इनसे जोड़ दिए जाते थे तथा उनसे सारी आय इनके नाम कर दी जाती थी।

मध्यकालीन भारत में भी शिक्षा में सरकार हस्तक्षेप नहीं करती थी। एक प्रकार से शिक्षा का निजीकरण ही था।

उच्च शिक्षा में निजी तथा स्वयंसेवी संस्थाओं के योगदान की आवश्यकता

1. भारत 1947 में स्वतन्त्र हुआ। 1950 में इस का संविधान बना। संविधान में कहा गया कि 1960 तक नि:शुल्क प्राथमिक शिक्षा सभी 6 से 14 आयु वर्ग के बच्चों को मिलेगी। परन्तु आज तक भी यह कार्य पूरा नहीं हो पाया। दूसरे शब्दों में सरकार के पास पर्याप्त धनराशि नहीं है। उच्च शिक्षा के खर्च को वहन करना तो और भी दुष्कर है।
2. अनेक विकसित देशों तथा विकासशील देशों में उच्च शिक्षा में 18–24 आयु वर्ग का प्रवेश 50 प्रतिशत से भी ऊपर है परन्तु भारत में यह लगभग 6–7 प्रतिशत ही है।
3. जापान, दक्षिण कोरिया, ताइवान आदि एशियन देशों में लगभग 80 प्रतिशत बच्चे निजी संस्थाओं में उच्च शिक्षा पा रहे हैं। इन देशों में उच्च शिक्षा में सरकारी हस्तक्षेप बहुत ही कम है।
4. अमेरिका में लगभग 50 प्रतिशत छात्र निजी उच्च शैक्षिक संस्थाओं में शिक्षा पाते हैं।
5. पश्चिमी यूरोप में लगभग 90 प्रतिशत छात्र निजी संस्थाओं में प्रवेश लेते हैं।
6. लैटिन अमरीका के अनेक देशों, जैसे मैक्सिको, चिली तथा ब्राजील में उच्च शिक्षा में निजी भागीदारी प्रचुर मात्रा में है।
7. भारत में प्राचीन काल से ही शिक्षा में निजी भागीदारी की परम्परा रही है। परन्तु अब कुछ वर्षों से धनी व्यक्ति तथा दानी शिक्षा पर खर्च न करके राजनैतिक दलों को धन देने में रुचि रखते हैं।
8. भारतीय संविधान में निजी योग्यता का प्रावधान हर क्षेत्र में माना गया है, शिक्षा में भी।
9. फीसों से आय बहुत कम होती है।
10. उच्च शिक्षा की माँग दिनबदिन बढ़ रही है। इसे पूरा करना आवश्यक है।

उच्च शिक्षा में निजी प्रयास को प्रोत्साहन देना

इसमें तो कोई सन्देह नहीं है कि उच्च शिक्षा में निजी प्रयास की आवश्यकता है। 1950-51 में निजी प्रयास उच्च शिक्षा के क्षेत्र में लगभग 12 प्रतिशत था परन्तु अब यह घट कर लगभग 3 प्रतिशत रह गया है। पहले उच्च शिक्षा में निजी प्रयास से संस्थाएँ चलाई जाती थी तथा उनको चलाने के लिए सरकार से अनुदान मिलता था परन्तु अब यह प्रणाली लुप्त होती जा रही है। इसका स्थान स्ववित पोषित कॉलेजों तथा विश्वविद्यालयों ने ले लिया है।

केन्द्रीय शिक्षा सलाहकार बोर्ड की वित्त संबंधी उच्च शिक्षा तक तथा तकनीकी शिक्षा समिति (CABE Committee on Financing Higher and Technical Education) 2004-2005 ने अपनी रिपोर्ट में लिखा था कि वर्ष 2000-2001 में लगभग 85 प्रतिशत इन्जीनियरिंग कॉलेज स्ववित पोषित कॉलेज थे। आन्ध्र प्रदेश में इस प्रकार के 95 कॉलेज थे। इसी प्रकार भारत के मैडिकल कॉलेजों की संख्या इस क्षेत्र में 303 थी। सरकारी कॉलेज केवल 25 थे। शिक्षक शिक्षा/प्रशिक्षण कॉलेजों की भी संख्या इस क्षेत्र में बहुत बढ़ी। यह भी पाया गया कि कुछ विश्वविद्यालय तथा कॉलेज केवल किराए के छोटे से मकानों में चलाए जा रहे थे। 2005 में भारत के उच्चतम न्यायालय (Supreme Court) ने अनेक स्ववित्त पोषित संस्थाओं की उपयुक्त साधनों के न होने के कारण मान्यता रद्द की।

स्थिति का दूसरा पहलू यह है कि उच्च शिक्षा में बढ़ती हुई माँग को पूरा करने के लिए पर्याप्त साधन नहीं है। अतः निजी क्षेत्र का योगदान अनिवार्य है। अभिभावकों तथा छात्रों का स्ववित्त पोषित संस्थाओं के चलाने वाले शोषण न कर सकें, इस दिशा में भी व्यावहारिक कदम उठाने होंगे। सरकारी नियन्त्रण इतना कठोर भी नहीं होना चाहिए कि स्वतन्त्र प्रयास उपलब्ध ही न हों। इस संदर्भ में एक वैज्ञानिक तथा पारदर्शी नीति अपनाने की आवश्यकता है।

केन्द्रीय शिक्षा सलाहकार बोर्ड की इस संदर्भ में बनाई गई समिति (2004-2005) ने उच्च शिक्षा के क्षेत्र में निजी प्रयास की भूमिका तथा योगदान को स्वीकार करते हुए इस पर उपयुक्त नियन्त्रण की आवश्यकता पर भी बल दिया है।

शिक्षा आयोग (1964-66) तथा गैर सरकारी कॉलेज

जिस काल में शिक्षा आयोग की रिपोर्ट प्रकाशित हुई तब तक स्ववित पोषित शैक्षिक संस्थाओं की प्रणाली भारत में आरम्भ नहीं हुई थी। उस समय लगभग सभी निजी उच्च शिक्षा संस्थाओं को अनुदान दिया जाता था। अतः आयोग की संतुतियाँ इसी संदर्भ में अपना महत्त्व रखती हैं। शिक्षा आयोग ने दो महत्त्वपूर्ण सुझाव दिए–

1. गैर सरकारी कॉलेजों के लिए ऐसी नीति अपनाई जानी चाहिए जिसके अनुसार

वास्तव में गैर सरकारी संस्थाओं को अपेक्षाकृत अधिक स्वाधीनता और सहायता दी जा सके।

2. सहायक अनुदानों के परिकलन और उनकी अदायगी की क्रियान्वित विधि को सरल बना दिया जाए।

आयोग के यह सुझाव आज भी उतने ही मान्य हैं जितने कि पहले।

9

नारी शिक्षा
(Women's Education)

वेदों में नारी का गौरवपूर्ण स्थान
(Position of Women in the Vedas)

वेदों में नारी की शिक्षा, शील, गुण, कर्त्तव्य और अधिकारों का विशद वर्णन है। इस प्रकार का वर्णन संभवत: संसार के किसी भी धर्मग्रंथ में नहीं है। चारों वेदों में सैकड़ों नारी विषयक मंत्र दिए गए हैं, जिनसे स्पष्ट होता है कि वैदिक काल में नारी का समाज में विशेष स्थान था तथा पुरुषों की भाँति उन्हें जीवन के हर क्षेत्र में बराबर का स्थान प्राप्त था। वैदिक साहित्य के अध्ययन से ज्ञात होता है कि भारतवर्ष के समाज में नारियों को बहुत गौरवपूर्ण स्थान प्राप्त था। स्त्रियों की शिक्षा-दीक्षा की उत्तम व्यवस्था थी। स्त्रियाँ राजनीतिक, सामाजिक तथा प्रशासनात्मक कार्यों में महत्त्वपूर्ण भूमिका निभाती थीं।

ऋग्वेद में 24 और अथर्ववेद में 5 वैदिक विदुषियों का उल्लेख है। ऋग्वेद में इनके 422 मंत्र हैं। इनके नाम इस प्रकार हैं–सूर्यासावित्री (47 मंत्र), घोषाकाक्षीवती (28 मंत्र), सिकता निवावरी (20 मंत्र); इंद्राणी (17 मंत्र), यमी वैवस्वती (11 मंत्र), दक्षिणा प्रजापात्या (11 मंत्र), अदिति (10 मंत्र), वाक आम्मृणी (8 मंत्र), अपाला आत्रेयी (7 मंत्र), जुहू ब्रह्मजायो (7 मंत्र), अगस्त्यस्वसा (6 मंत्र), विश्ववारा आत्रेयी (6 मंत्र), उवर्वी (6 मंत्र), सरमा देवशुनी (6 मंत्र), देवजामय: इंद्रमातर: (5 मंत्र), श्रद्धा कामायनी (5 मंत्र), नदी (4 मंत्र), सर्पराज्ञी (3 मंत्र), गोधा (22 मंत्र), शश्वती आंगिरसी (23 मंत्र), वसुक्रपत्नी (24 मंत्र), रोमशा ब्रह्मवादिनी (5 मंत्र)।

अथर्ववेद में इनके नाम इस प्रकार हैं–सूर्यासावित्री (139 मंत्र), मातृनामा (40 मंत्र), इंद्राणी (11 मंत्र), देवजामय: (5 मंत्र) तथा सर्पराज्ञी (3 मंत्र)।

वेदों में नारी के गौरव का अनेक वर्णन है। नारी को ज्ञान-विज्ञान में निपुण होने के कारण ब्रह्मा बताया गया है। वेदों में कहा गया है–

गृहिणी ही गृह है। (ऋग्वेद, 3-53-46)
सुशील पत्नी गृहलक्ष्मी है। (ऋग्वेद, 10-3-5)
नारी कुलपालक है। (अथर्ववेद, 1-14-3)
नारी कुटुंब की पालक है। (यजुर्वेद, 14-2)
नारी परिवार की स्वामिनी है। (ऋग्वेद, 10-85-46; अथर्ववेद, 14-1-44)
नारी समाज में अग्रणी है। (ऋग्वेद, 10-159-2)
स्त्री अबला नहीं, सबला है। (अथर्ववेद, 20-16-9)
नारी सरस्वती के तुल्य प्रतिष्ठित हो। (अथर्ववेद, 14-2-15)
नारी शील, राष्ट्रीय रक्षा तथा कर्त्तव्य की खान है। (अथर्ववेद, 5-17-3)

ब्राह्मण ग्रंथों में नारी का गौरव

नारी को ब्राह्मण ग्रंथों में सावित्री कहा गया है।

(जैमिनीय उप. ब्राह्मण, 27-10-17)

पत्नी के बिना जीवन अधूरा है। (शतपथब्राह्मण, 5-2-1-11)
स्त्रियों का अपमान निदंनीय है। (शतपथब्राह्मण, 11-4-3-2)
पत्नी गृहलक्ष्मी है, साक्षात् श्री है। (तैत्तिरीयब्राह्मण, 3-9-4-7)

यत्र नार्यस्तु पूजयन्ते रमन्ते तत्र देवताः।
यत्रैतास्तु न पूज्यन्ते सर्वास्तजाफलाः क्रियाः।।

"जहाँ नारियों की पूजा होती है, वहाँ देवताओं का निवास होता है। जहाँ इनका आदर नहीं होता या इनका अपमान होता है, वहाँ सारे धर्म-कर्म निष्फल हो जाते हैं।"

(मनुस्मृति, 3-56)

जो अपने परिवार का कल्याण चाहते हैं, वे स्त्रियों का सदा सम्मान करें।

(मनुस्मृति, 3-59)

यजुर्वेद (36-2) में कहा गया है कि स्त्रियों को वेद पढ़ने का पूरा अधिकार है। अथर्ववेद (11-16-3-18) में उल्लेख है कि लड़कियाँ लड़कों के समान ब्रह्मचर्य को धारण करके शिक्षा ग्रहण करें।

ऋग्वेद (2-19-17) में वर्णित है कि स्त्रियों पर ही जीवन आधारित है और वे शिक्षा प्रदान करती हैं।

बौद्ध धर्म तथा जैन धर्म ने भी स्त्री शिक्षा का समर्थन किया है।

प्राचीन काल नारी शिक्षा की दृष्टि से समृद्ध युग था।

स्त्री शिक्षा का महत्त्व
(Importance of Women Education)

स्वामी दयानन्दजी ने जोरदार शब्दों में कहा था कि राष्ट्र, समाज, प्रशासन तथा परिवार के क्रिया-कलाप तब तक उचित ढंग से नहीं किए जा सकते, जब तक स्त्रियों को शिक्षा न मिले।

स्वामी विवेकानन्द का कहना था कि वही देश उन्नति कर सकते हैं, जहाँ स्त्रियों को उचित स्थान दिया जाता है तथा उनकी शिक्षा का भी उचित प्रबंध किया जाता है।

गांधीजी ने स्पष्ट शब्दों में कहा कि स्त्रियों को वही शैक्षिक सुविधाएँ दी जाएँ जो पुरुषों के लिए हों। यदि हो सके तो उन्हें विशेष सुविधाएँ मिलनी चहिए।

पंडित जवाहरलाल नेहरू ने ठीक ही कहा था कि लड़के की शिक्षा केवल एक व्यक्ति की शिक्षा है। किंतु एक लड़की की शिक्षा सारे परिवार की शिक्षा है।

विश्वविद्यालय आयोग (1948-49) ने स्त्री शिक्षा का महत्त्व इस प्रकार बताया है–'स्त्री शिक्षा के बिना लोग शिक्षित नहीं हो सकते। यदि शिक्षा को पुरुषों अथवा स्त्रियों के लिए सीमित करने का प्रश्न हो तो यह अवसर स्त्रियों को दिया जाए; क्योंकि उनके द्वारा ही भावी संतान को शिक्षा दी जा सकती है।'

श्रीमती हंसा मेहता समिति (1962) का कथन है कि यदि नए समाज का निर्माण ठोस आधार पर करना है तो स्त्रियों को वास्तविक और प्रभावपूर्ण ढंग से पुरुषों के समान अवसर देने होंगे।

शिक्षा आयोग (1964-66) ने लिखा है–'स्त्रियों की शिक्षा पुरुषों की शिक्षा से भी ज्यादा महत्त्वपूर्ण है। लड़कियों की शिक्षा पर जितना भी जोर दिया जाए, उतना थोड़ा है।'

इस शिक्षा आयोग ने स्त्रियों की शिक्षा पर निम्नलिखित कारणों से बल दिया है–

1. स्त्री शिक्षा का हमारे मानवीय संसाधनों के पूर्ण विकास में एक महत्त्वपूर्ण स्थान है।
2. स्त्री शिक्षा से घरों का सुधार होता है।
3. स्त्रियों की शिक्षा का शैशव के सर्वाधिक संस्कारमय वर्षों में चरित्र के निर्माण में अपना विशेष स्थान है।
4. स्त्रियों की शिक्षा प्रसवन-दर को घटाने में काफी सहायता कर सकती है।
5. घर की चारदीवारी के बाहर स्त्रियों का कार्य आज देश के सामाजिक और आर्थिक जीवन का एक महत्त्वपूर्ण अंग बन गया है और आगामी वर्षों में वह और भी बड़ा आकार ग्रहण कर लेगा, जिसका प्रभाव अधिकतर स्त्रियों पर पड़ने लगेगा।

1986 की राष्ट्रीय शिक्षा नीति में इस बात पर विशेष बल दिया गया है कि महिलाओं को शैक्षिक तथा सामाजिक दृष्टि से समान स्तर पर लाने के लिए विशेष कार्य-कलापों की आवश्यकता है। राष्ट्र निर्माण के कार्य में सुशिक्षित महिलाएँ महत्त्वपूर्ण भूमिका निभा सकती हैं। लड़कियों तथा महिलाओं की शिक्षा योजना विशेष रूप से तैयार करने की आवश्यकता है और इस कार्य के लिए वित्तीय साधनों की व्यवस्था करनी होगी।

16 दिसम्बर, 1993 को नौ देशों के 'सभी के लिए शिक्षा' सम्मेलन के अवसर पर राष्ट्रपति डॉ. शंकर दयाल शर्मा ने महिलाओं तथा लड़कियों की शिक्षा तथा उन्हें अधिकार दिए जाने की ओर विशेष ध्यान देने पर बल दिया।

सम्मेलन में विद्वानों ने बताया कि अशिक्षित स्त्री की प्रसवन-दर 5.1 है, आठवीं तक पास की प्रसवन-दर 4.0, दसवीं पास तक की 3.1 तथा स्नातक पास की प्रसवन-दर 2.1 है। इसी प्रकार की दर से उत्पादन में शिक्षित तथा अशिक्षित स्त्रियों का योगदान है।

स्त्रियों का कार्यक्षेत्र एवं उनकी शिक्षा

संसार प्रगतिशील है, अतः स्त्रियों के कार्यक्षेत्र में भी प्रगतिशीलता है। अब वह समय नहीं रहा, जबकि स्त्रियों को घर की चारदीवारी में बंद रख जाए। इस संबंध में विश्वविद्यालय शिक्षा आयोग (1948-49) ने अपने विचार इस प्रकार व्यक्त किए हैं–

'घर की देखभाल करना स्त्रियों का मुख्य कार्य है और आगे भी रहेगा। फिर भी उनका संबंध सीमित नहीं रहना चाहिए। विभिन्न परिस्थितियों के कारण उन्हें जीवन के विभिन्न क्षेत्रों में कार्य करने की आवश्यकता हो सकती है। स्त्रियों को भी समान अवसर मिलने चाहिए। स्त्री को सामाजिक बंधनों से मुक्त होकर अपने उद्देश्यों को प्राप्त करने के लिए स्वयं निश्चय करने का अवसर मिलना चाहिए। कभी-कभी विवाह से पूर्व स्त्रियाँ अध्यापन और नर्सिंग का अच्छा कार्य कर सकती हैं। कभी-कभी उन्हें पति की मृत्यु हो जाने की दशा में भी परिवार-पालन के लिए कार्य करना होता है। जब बच्चे बड़े हो जाते हैं तो उन्हें दस से पच्चीस वर्ष तक व्यस्त जीवन व्यतीत करना होता है। उस समय भी वह अच्छा कार्य कर सकती हैं। कभी-कभी पति-पत्नी दोनों ही एक समान पेशे में कार्य करते हैं। कभी-कभी पुरुषों की भाँति स्त्रियों को भी घर और परिवार से बाहर रुचिपूर्ण कार्य करने का समय मिल जाता है। इन सब कारणों से उन्हें शिक्षा की सुविधाएँ उपलब्ध होनी चाहिए।'

भारतीय जीवन को विकसित बनाने के लिए स्त्री-पुरुष दोनों को ही विभिन्न प्रकार के कार्यों हेतु शिक्षा की आवश्यकता है। यदि थोड़े से कार्यों को मान्यता दी जाए तो प्रतियोगिता बढ़ जाएगी और विभिन्न प्रकार की योग्यताओं को प्रकट करने का अवसर नहीं

मिलेगा और इस प्रकार विभिन्न आवश्यकताएँ पूर्ण नहीं होंगी। एक प्रभावी समाज में विभिन्न प्रकार के पेशे उपलब्ध होंगे। शिक्षा प्रणाली का मुख्य उद्देश्य स्त्री-पुरुष की विभिन्न आवश्यकताओं को पूर्ण करना है।

नारी शिक्षा पर प्रमुख दस्तावेज
(Main Documents on Women Education)

स्वतंत्रता प्राप्ति के पश्चात् देश में शिक्षा और विशेषकर नारी शिक्षा पर विशेष बल दिया जा रहा है। इस विषय पर गहन विचार के लिए अनेक समितियों तथा आयोगों की नियुक्ति की गई। शिक्षाशास्त्रियों ने इनकी सिफारिशों को कार्यरूप देने के लिए महत्त्वपूर्ण योजनाएँ बनाई। स्त्री शिक्षा के विभिन्न पक्षों पर विचार करते हुए प्रमुख सिफारिशों का विवरण उपयुक्त स्थान पर दिया गया है। इस अध्याय में उन समितियों तथा आयोगों के केवल नाम दिए जा रहे हैं–

1. विश्वविद्यालय शिक्षा आयोग (1948-49)।
2. माध्यमिक शिक्षा आयोग (1952-53)।
3. श्रीमती दुर्गाबाई देशमुख समिति (1958-59)।
4. लड़के-लड़कियों का पाठ्यक्रम: श्रीमती हंसा मेहता समिति (1962)।
5. भक्तवत्सलम् समिति (1963) की ग्रामीण क्षेत्रों की लड़कियों की शिक्षा संबंधी सिफारिशें।
6. स्त्री शिक्षा तथा शिक्षा आयोग (1964-66)।
7. निजी कामकाज कर रहीं महिलाओं के राष्ट्रीय आयोग (1987-88) के स्त्री शिक्षा संबंधी सुझाव।
8. 1988 से 2000 तक स्त्री शिक्षा की राष्ट्रीय योजना (1988)।
9. राष्ट्रीय शिक्षा नीति (1986) तथा संशोधित नीति (1992) में महिला शिक्षा।
10. स्त्री शिक्षा तथा राष्ट्रीय शिक्षा नीति की समीक्षा समिति (1990)।
11. स्त्री शिक्षा तथा जनार्दन समिति (1992)।

संसार में स्त्री शिक्षा के तुलनात्मक अध्ययन के लिए यूनिसेफ द्वारा प्रकाशित पुस्तक 'संसार के बच्चों की स्थिति-1998' में से नवीनतम आँकड़े लिये गए हैं।

नारी शिक्षा एवं माध्यमिक शिक्षा आयोग (1952-53)

नारी शिक्षा के बारे में आयोग की संस्तुतियाँ

माध्यमिक शिक्षा आयोग के विचार में शिक्षा के माध्यमिक स्तर पर स्त्रियों की शिक्षा के बारे में अलग से विचार करने का कोई विशेष औचितत्य नहीं है। पुरुषों के लिए जिस प्रकार की शिक्षा की आवश्यकता है, उसी प्रकार की शिक्षा महिलाओं के लिए भी होनी

चाहिये। आयोग ने इस बात पर संतोष व्यक्त किया कि स्त्रियाँ प्रत्येक संकाय में शिक्षा पा रही हैं। स्त्रियों की शिक्षा में गृहविज्ञान के विशेष महत्त्व पर बल दिया गया। यह अनुभव किया गया कि बदलती हुई परिस्थितियों में भी घर तथा परिवार की आंतरिक देखभाल का दायित्व प्राय: स्त्रियों पर ही रहेगा। इसके लिए भी आवश्यक है कि स्त्री की शिक्षा पर विशेष बल दिया जाए।

सहशिक्षा के बारे में आयोग का मत था कि जहाँ तक संभव हो, लड़कियों के लिए स्कूल पृथक् रूप से खोले जाएँ; क्योंकि ऐसी परिस्थिति में लड़कियों के लिए अधिक-से-अधिक सुविधाएँ जुटाना संभव है। सभी राज्यों में लड़कियों के स्कूल खोलने पर बल दिया जाए। परंतु जहाँ अभिभावकों को कोई आपत्ति न हो, सहशिक्षावाले स्कूल खोले जाएँ।

आयोग ने अनुभव किया कि राज्य सरकारें प्राय: लड़कों के स्कूल खोलने में तत्परता दिखाती हैं। इस संदर्भ में आयोग का दृढ़ मत था कि नए समाज की स्थापना के लिए इस मनोवृत्ति को छोड़ना होगा। दोनों लिंगों के प्रति समान दृष्टिकोण अपनाना चाहिए। जनतांत्रिक समाज व्यवस्था में नागरिक एवं सामाजिक उत्तरदायित्व निभाने के लिए दोनों लिंगों को समान समझना उचित होगा।

आयोग ने इस बात पर भी चिंता व्यक्त की कि सहशिक्षा संस्थाओं में प्राय: लड़कियों की विशेष आवश्यकताओं पर ध्यान नहीं दिया जाता है। ऐसी संस्थाओं में स्टाफ दोनों वर्गों के हों। गृहविज्ञान, संगीत, चित्रकारी आदि की शिक्षा का प्रबंध किया जाए। लड़कियों के लिए शौचालयों आदि की व्यवस्था की जाए। उन स्कूलों में भी जहाँ लड़कियों की संख्या बहुत कम हो, एक अध्यापिका अवश्य नियुक्त की जाए। इसी प्रकार अध्यापिकाओं के लिए अलग से स्टाफरूम हो।

लड़कियों के लिए पाठांतर क्रियाओं की व्यवस्था की जाए।

सहशिक्षा संस्थाओं की प्रबंध समितियों में महिला सदस्य भी होनी चाहिए।

कोठारी शिक्षा आयोग (1964-66) की नारी शिक्षा पर विशेष संस्तुतियाँ

लड़कियों की शिक्षा पर महत्त्व

लड़कियों की शिक्षा का कितना महत्त्व है, इसपर जितना जोर दिया जाए, उतना ही थोड़ा है। हमारे मानवीय संसाधनों के पूर्ण विकास, घरों के सुधार और शैशव के सर्वाधिक संस्कारग्राही वर्षों में बच्चों के चरित्र निर्माण के लिए स्त्रियों की शिक्षा पुरूषों की शिक्षा से भी ज्यादा महत्त्वपूर्ण है। स्त्रियों की शिक्षा प्रसवनदर घटाने में काफी सहायता कर सकती है। आधुनिक संसार में स्त्रियों का कार्यक्षेत्र और संतान पालन से भी कहीं दूर तक जाता है। वे अब अपने निज के पेशे अपना रही हैं और समान विकास

के सभी पहलुओं के उत्तरदायित्व में पुरूषों के साथ हिस्सा बंटा रही हैं। यही दिशा है, जिसकी ओर हमें बढ़ना पड़ेगा। स्वतंत्रता संघर्ष में भारतीय नारियाँ भी पुरूषों के साथ-साथ लड़ी थीं। भूख, गरीबी, अज्ञानता और बीमारियों के विरूद्ध लड़ाई में भी यह समान साझेदारी जारी रखनी होगी।

घर की चारदीवारी के बाहर स्त्रियों का कार्य आज देश के सामाजिक और आर्थिक जीवन का एक महत्त्वपूर्ण अंग बन गया है और आगामी वर्षों में वह और बड़ा आकार धारण कर लेगा, जिसका प्रभाव अधिकतर स्त्रियों पर पड़ने लगेगा। इसलिए यह आवश्यक होगा कि स्त्रियों को प्रशिक्षण और रोजगार देने की समस्याओं की ओर पर्याप्त ध्यान दिया जाए।

अनुसूचित तथा आदिम जातियों की शिक्षा की समस्या का रूप–यह आवश्यक है कि पिछड़े वर्गों के, जिनमें अनुसूचित जातियाँ, अनुसूचित आदिम जातियाँ और अनुसूचित जनजातियाँ और कुछ खानाबदोश एवं अर्द्ध-खानाबदोश समूह शामिल हैं, बच्चों की शिक्षा की ओर विशेष ध्यान दिया जाए।

महिलाओं की आवश्यकताओं की पूर्ति की विशिष्ट दृष्टि से उच्चतर शिक्षा के पाठ्यक्रम–लड़कों की ही भाँति महिला विद्यार्थियों को कला, मानविकी, विज्ञान और शिल्पविज्ञान के पाठ्यक्रमों में मुक्त भाव से प्रवेश मिलना चाहिए। उनके विषय-चुनाव को संकीर्ण बनाना अथवा उन्हें विशिष्ट पाठ्यक्रमों को लेने के लिए विवश करना गलत होगा। कॉलेज अथवा विश्वविद्यालय के स्तर पर अनुसंधान या अध्यापनचर्या का या शिल्पविज्ञान जैसी वृत्तियों का अनुशीलन करने की महत्त्वाकांक्षा रखने वाली अधिक विद्याव्यासनी कन्याओं को ऐसा करने के लिए हर प्रकार का प्रोत्साहन और प्रेरणा मिलनी चाहिए।

महिला विद्यार्थियों की विशाल संख्या के लिए यह आवश्यक है कि उच्चतर शिक्षा को ऐसी आजीविकाओं के विशिष्ट भागों से जोड़ दिया जाए, जहाँ प्रशिक्षित और शिक्षित महिलाओं की तत्काल जरूरत है। ऐसे पाठ्यक्रमों में तकनीकी और व्यावसायिक तत्व पर बल देना जरूरी है। जिन वृत्तिक क्षेत्रों में महिलाओं की सेवा की माँग है और जिनमें फिलहाल महिलाओं की कमी है, उनमें से कुछ ये हैं–शिक्षा (अध्यापन), समाज कल्याण, परिचर्या, व्यावसायिक क्षेत्रों की श्रृंखला जैसे–पौष्टिक आहारिकी, संस्थागत प्रबंध आदि-आदि।

शिक्षा आयोग (1964-66) की स्त्रियों संबंधी प्रमुख सिफारिशें

1. स्त्रियों की शिक्षा को अगले कुछ वर्षों के लिए शिक्षा का एक बड़ा कार्यक्रम माना जाना चाहिए और उसमें आने वाली कठिनाइयों का सामना करने एवं पुरुषों और स्त्रियों की शिक्षा के मौजूदा अंतर को यथाशीघ्र कम करने के लिए साहसपूर्ण प्रयत्न किये जाने चाहिए।

2. इस प्रयोजन के लिए विशेष योजनाएँ बनाई जानी चाहिए और उनके लिए आवश्यक धन प्राथमिकता के आधार पर जुटाया जाना चाहिए।
3. केन्द्र और राज्यों, दोनों जगह में, स्त्रियों की शिक्षा पर नजर रखने के लिए एक विशेष तंत्र होना चाहिए। इस तंत्र को चाहिए कि वह स्त्रियों की शिक्षा के कार्यक्रमों के आयोजन और क्रियान्वयन में सरकारी और गैर-सरकारी व्यक्तियों को एक जगह लाए।
4. इसके अलावा सभी स्तरों पर और सभी क्षेत्रों में लड़कियों की शिक्षा की ओर पर्याप्त ध्यान देना भी जरूरी है।
5. घरों की चारदीवारों से बाहर स्त्रियों का कार्य देश के सामाजिक और आर्थिक जीवन का एक महत्त्वपूर्ण अंग बन गया है और आने वाले वर्षों में वह और भी महत्त्वपूर्ण बन जाएगा। इस दृष्टिकोण से स्त्रियों के प्रशिक्षण और रोजगार की समस्याओं पर अधिक ध्यान देना पड़ेगा।
6. अंशकालिक रोजगार के अवसर, जिनसे स्त्रियाँ अपने घरों की देखभाल भी कर सकें और बाहर जीवन के लिए कोई पेशा भी अपना सकें, बड़े पैमाने पर बढ़ाने होंगे।
7. इस समय उच्चतर शिक्षा में महिला विद्यार्थियों का पुरुष विद्यार्थियों से अनुपात 1 : 4 है। विविध क्षेत्रों में शिक्षित महिलाओं की आवश्यकताओं को पूरा करने के लिए इस अनुपात को बढ़ाकर लगभग 1 : 3 कर देना चाहिए। इस उद्देश्य से छात्रवृत्तियों की व्यवस्था तथा किफायती छात्रावास स्थान का एक कार्यक्रम विकसित करना चाहिए।
8. पूर्व-स्नातक स्तर पर, यदि स्थानीय माँग हो तो महिलाओं के लिए पृथक् कॉलेज स्थापित किए जा सकते हैं। बहरहाल, स्नातकोत्तर स्तर पर पृथक् संस्थाओं की कोई संगति नहीं है।
9. कला, मानविकी, विज्ञान और शिल्पविज्ञान के पाठ्यक्रमों में महिला विद्यार्थियों का मुक्त प्रवेश होना चाहिए। गृहविज्ञान, परिचर्या, शिक्षा और सामाजिक कार्य के पाठ्यक्रमों को विकसित करना जरूरी है; क्योंकि ये कन्याओं में से अधिकांश को आकर्षित करते हैं। व्यापार, प्रशासन और प्रबंध कार्य के उच्चतर प्रशिक्षण की सुविधाओं की भी व्यवस्था होनी चाहिए।
10. विशेष रूप से महिलाओं की शिक्षा पर काम करने के लिए एक या दो विश्वविद्यालयों में अनुसंधान एकक स्थापित किए जाने चाहिए।

शिक्षा आयोग की अध्यापिकाओं से संबंधित सिफारिशें

1. शिक्षा के सभी स्तरों, और सभी क्षेत्रों में अध्यापिकाओं की नियुक्ति को प्रोत्साहन दिया जाए।

2. काफी बड़ी संख्या में अध्यापिकाओं की अंशकालिक नियुक्ति करने की व्यवस्था की जाए, ताकि विवाहित महिलाएँ अध्यापन कार्य के साथ-साथ अपने घर-बार की भी देख-रेख कर सकें।
3. अध्यापिकाओं के लिए, विशेषकर देहाती क्षेत्रों में, आवास के प्रबंध को उच्च प्राथमिकता देनी चाहिए।
4. देहाती क्षेत्रों में अध्यापिकाओं की कमी को दूर करने के उद्देश्य से प्रौढ़ महिलाओं के लिए संक्षिप्त पाठ्यक्रम को, जिसे आजकल केन्द्रीय समाज कल्याण बोर्ड चला रहा है, बढ़ावा दिया जाए। देहाती क्षेत्रों की होनहार लड़कियों को शिक्षित होने तथा प्रशिक्षण प्राप्त करने के लिए छात्रवृत्ति दी जाए, ताकि वे अध्यापिकाएँ बन सकें।

सामाजिक वातावरण में महिलाएँ अपने को अकेली और अयोग्य पाती हैं, जिसमें उनकी अपनी बेटियाँ और पोतियाँ पूर्णरूप से खप जाती हैं। परंतु उनके असंतोष का कारण यह भी है कि वे अपने को पुरुषों के समान बनाने और उनकी रुचियों के अनुरूप बनने का प्रयत्न करती हैं।

आयोग का विचार था कि इन समस्याओं को हल करने का उत्तरदायित्व उन लोगों पर है जो स्त्री शिक्षा के जिम्मेदार हैं और उनका ही उत्तरदायित्व है कि स्त्रियों के लिए शिक्षा की ऐसी रूपरेखा बनाएँ जो उनका जीवन सफल बनाने में सहायक हो। एक शिक्षक ने लिखा कि स्त्री शिक्षा तो एक घटना मात्र थी। इसके लिए किसी ने योजना नहीं बनाई थी।

सिफारिशें

1. कॉलेज में जीवन की जो सुविधाएँ प्रारंभ में लड़कों को दी गई थीं, वे लड़कियों को भी उपलब्ध कराई जाएँ, भले ही वे कॉलेज पहले लड़कों के लिए खोले गए हों।
2. स्त्री शिक्षा में कमी न की जाए, बल्कि इसे बढ़ावा दिया जाए।
3. स्त्रियों को उनकी शिक्षा की वास्तविक अभिरुचियों से अवगत कराने के लिए उचित शिक्षा निर्देशन का कार्य योग्य व्यक्ति करें, जिससे वे पुरुषों का अनुकरण न करें; बल्कि पुरुषों की भाँति अच्छी शिक्षा प्राप्त करें और अपना ध्येय बनाएँ। स्त्रियों और पुरुषों में कुछ समानता होनी चाहिए, परंतु वह एक-सी न हो, जैसी कि आज है।
4. छात्राओं की इस प्रकार साधारणतया सहायता करनी चाहिए कि वे सामान्य समाज में अपना स्थान सभ्य नागरिक के रूप में पहचान लें और अपने को इसके अनुरूप बना सकें। कॉलेज की शिक्षा इस प्रकार की हो कि यह लक्ष्य प्राप्त हो सके।

5. शिक्षा निर्देशन कार्य इस प्रकार किया जाए कि लड़कियाँ गृहविज्ञान के अध्ययन के प्रति उदासीन न रहें।
6. सहशिक्षा वाले कॉलेजों में पुरुषों पर इस बात का दबाव डाला जाए कि वे शालीनता रखें और सामाजिक जिम्मेदारी का अनुभव करें।
7. जहाँ लड़के-लड़कियों के लिए नए कॉलेज बनाए जाएँ। वहाँ इस बात का ध्यान रहे कि वे वास्तव में सहशिक्षा संस्थाएँ हों। इनमें स्त्री और पुरुषों की आवश्यकताओं का पूरा ध्यान रखा जाए।
8. समान कार्य के लिए स्त्री और पुरुष अध्यापकों को समान वेतन दिए जाएँ।

तेरह से अठारह वर्ष की आयु तक के लड़के-लड़कियों के लिए अलग-अलग स्कूल–विश्वविद्यालय शिक्षा आयोग का विचार था कि लोगों की राय ऐसी मालमू होती है कि तेरह या चौदह वर्ष की आयु से लगभग अठारह वर्ष की आयु तक लड़के-लड़कियों के विद्यालय अलग-अलग हों। आयोग ने अनुभव किया कि यह स्पष्ट नहीं होता कि इस विचारधारा का आधार रीति-रिवाज हैं अथवा अनुभव।

कॉलेज में सहशिक्षा–आयोग की सिफारिशों के अनुसार कॉलेज में प्रवेश की आयु लगभग अठारह वर्ष होगी। अत: कॉलेज में सहशिक्षा हो सकती है, जैसा कि आज तक मैडिकल कॉलेजों में हैं। इस स्तर पर अलग-अलग कॉलेजों के बनाने में आवश्यक रूप से व्यय की वृद्धि होगी। लड़के-लड़कियों के लिए अलग-अलग कॉलेज बनाने से दोहरे उपकरणों की आवश्यकता होगी, जो अभी पर्याप्त नहीं हैं और साथ इनका भार हमारे सीमित साधनों पर पड़ेगा। लड़कियों के अलग कॉलेजों में साधारणतया हीन उपकरण, अपेक्षाकृत कम योग्यतावाले अध्यापक और अनुपयुक्त विद्यालय भवन होते हैं। यथासंभव कॉलेज स्तर पर सहशिक्षा को प्रोत्साहन दिया जाए।

राष्ट्रीय शिक्षा नीति (1986) तथा संशोधित शिक्षा नीति (1992) में नारी शिक्षा (Women Education in 1986 and Modified NPE, 1992)

राष्ट्रीय शिक्षा नीति (1986) के भाग चार में नारी शिक्षा के बारे में निम्नलिखित बातों का उल्लेख है–

महिलाओं की समानता हेतु शिक्षा

4.2 शिक्षा को महिलाओं के स्तर में बुनियादी परिवर्तन लाने के लिए एक साधन के रूप में इस्तेमाल किया जाएगा। अतीत से चली आ रही विकृतियों और विषमताओं को खत्म करने के लिए महिलाओं को सुविचारित समर्थन दिया जाएगा। महिलाओं को शक्तिसंपन्न बनाने के लिए शिक्षा पद्धति द्वारा एक ठोस भूमिका निभाई जाएगी और यह हस्तक्षेप के रूप में होगी। नए पाठ्यक्रम, पाठ्य पुस्तकों तथा शिक्षकों, निर्णयकर्त्ताओं और प्रशासकों के प्रशिक्षण और अनुस्थापन एवं शिक्षा संस्थाओं के सक्रिय सहयोग द्वारा नए

मूल्यों के विकास को बढ़ावा दिया जाएगा। यह काम विश्वास और सामाजिक निर्माण के माध्यम से संभव हो सकेगा। महिलाओं से संबंधित अध्ययनों को विभिन्न पाठ्यक्रमों के अंतर्गत प्रोत्साहन दिया जाएगा और शिक्षा संस्थाओं को महिला विकास से संबंधित कार्यक्रम शुरू करने के लिए प्रेरित किया जाएगा।

4.3 महिला निरक्षरता को दूर करने के काम को सर्वोच्च प्राथमिकता दी जाएगी। इसी प्रकार उन रुकावटों को दूर करने की हर संभव कोशिश की जाएगी, जिनके कारण महिलाएँ प्रारंभिक शिक्षा भी पूरी नहीं कर पातीं। इस काम के लिए विशेष सहायक सेवाओं की व्यवस्था की जाएगी, लक्ष्य निर्धारित किए जाएँगे और निरीक्षण को कारगर बनाया जाएगा। विभिन्न स्तरों पर जीविका संबंधी तकनीकी और व्यावसायिक शिक्षा में महिलाओं की भागीदारी पर प्रमुख जोर दिया जाएगा। भेदभाव न बरतने की नीति पर जोरदार तरीकों से अमल किया जाएगा, ताकि जीविका संबंधी तथा व्यावसायिक पाठ्यक्रमों में लिंग के आधार पर भेदभाग को खत्म किया जा सके तथा गैर-परंपरागत काम-धंधों में महिलाओं की हिस्सेदारी को बढ़ाया जा सके। इसी प्रकार पहले से मौजूद और नई टेक्नोलॉजी में भी महिलाओं की हिस्सेदारी बढ़ाई जाएगी।

प्रौढ़ शिक्षा

4.11 आज कुशलताओं को सतत रूप से बढ़ाना विकास का महत्त्वपूर्ण मुद्दा है, ताकि समाज के लिए अपेक्षित जनशक्ति के संसाधन उचित किस्म और मात्रा में तैयार किए जा सकें। विकास संबंधी कार्यक्रमों, जैसे–निर्धनता हटाने, राष्ट्रीय एकता, पर्यावरण संरक्षण, लोगों की सांस्कृतिक क्रियाशीलता को बल प्रदान करने, छोटे परिवार के आदर्श का पालन करने, महिलाओं को बराबरी देने आदि में लाभ उठाने वाले लोगों का सहयोग बहुत महत्त्वपूर्ण है, इसलिए प्रौढ़ शिक्षा के ऐसे और भी कार्यक्रम आयोजित किए जाएंगे और वर्तमान कार्यक्रमों की समीक्षा करके उन्हें मजबूत बनाया जाएगा।

4.12 समूचे राष्ट्र को विशेष रूप से 15-35 आयु वर्ग में निरक्षरता के उन्मूलन के लिए निष्ठापूर्वक कटिबद्ध होना होगा। केन्द्रीय और राज्य सरकारों, राजनीतिक दलों तथा उनके जन संगठनों, जन संचार माध्यमों और शिक्षा संस्थाओं को विविध प्रकार के जन साक्षरता कार्यक्रमों के प्रति स्वयं वचनबद्धता निभानी होगी। इस कार्य में शिक्षकों, छात्रों, युवकों, स्वैच्छिक संस्थाओं, नियोजकों आदि को बड़े पैमाने पर शामिल करना होगा। विभिन्न शोध संस्थानों को कार्य में लगाने के ठोस प्रयास किए जाएंगे, ताकि प्रौढ़ साक्षरता के शैक्षिक पहलुओं में सुधार लाया जा सके। जन साक्षरता कार्यक्रम में साक्षरता के अलावा, कार्यात्मक ज्ञान और कुशलताओं तथा सामाजिक एवं आर्थिक वास्तविकता एवं इसको बदलने और इसमें सुधार करने की संभावना के संबंध में शिक्षार्थियों में जागरूकता पैदा करनी होगी।

सन् 1992 की संशोधित शिक्षा नीति

4.12 चूँकि विकास कार्यक्रमों में साक्षरता अभियानों के सहभागियों को शामिल करना अत्यंत महत्त्वपूर्ण है, इसलिए राष्ट्रीय साक्षरता मिशन को निर्धनता उन्मूलन, राष्ट्रीय एकता, पर्यावरण संरक्षण, छोटे परिवार के आदर्श, महिला समानता को बढ़ावा, प्राथमिक शिक्षा का सर्वसुलभीकरण, प्राथमिक स्वास्थ्य की देखभाल आदि जैसे राष्ट्रीय लक्ष्यों के अनुरूप ढालना होगा। यह लोगों की सांस्कृतिक सृजनात्मकता में गतिशीलता लाने और विकास प्रक्रिया में उनकी भागेदारी को सुकर भी बनाएगा।

विद्यालयों में सुविधाएँ (राष्ट्रीय शिक्षा नीति–1986)

5.7 प्राथमिक विद्यालयों में कम-से-कम दो उचित आकार के कमरे जो हर मौसम में काम आ सकें, खिलौने, नक्शे, चार्ट तथा ब्लैकबोर्ड और अन्य जरूरी सामान भी मुहय्या कराए जाएँगे। शुरू में हर प्राथमिक शाला में दो शिक्षकों की व्यवस्था की जाएगी–एक महिला होगी और दूसरा पुरुष। बाद में हर कक्षा के लिए एक-एक शिक्षक का इंतजाम किया जाएगा। इसके लिए बड़ी संख्या में शिक्षकों की भर्ती की जाएगी और उनको प्रशिक्षण दिया जाएगा। उसके बाद प्राथमिक स्कूलों की हालत सुधारने के लिए 'ऑपरेशन ब्लैकबोर्ड' नाम की मुहिम शुरू की जाएगी। इसमें सरकार, स्थानीय निकायों, स्वयंसेवी एजेंसियों और व्यक्तियों को शामिल किया जाएगा।

प्राथमिक स्कूलों में अनिवार्य सुविधाओं की व्यवस्था की जाएगी। सभी मौसमों में उपयोग में आने योग्य पर्याप्त रूप से तीन बड़े कमरों तथा ब्लैकबोर्डों, नक्शों, चार्टों, खिलौनों, अन्य आवश्यक अध्ययन सामग्री और स्कूल पुस्तकालय की व्यवस्था करने के लिए 'ऑपरेशन ब्लैकबोर्ड' के क्षेत्र को बढ़ावा दिया जाएगा। कम-से-कम तीन शिक्षकों को प्रत्येक स्कूल में कार्य के लिए नियुक्त किया जाएगा। यह संख्या यथाशीघ्र एक कक्षा के लिए एक शिक्षक के आधार पर बढ़ा दी जाए। भविष्य में भर्ती किए जाने वाले शिक्षकों में कम-से-कम पचास प्रतिशत महिलाएँ होंगी। 'ऑपरेशन ब्लैकबोर्ड' का विस्तार कर उसे उच्च प्राथमिक स्तर पर भी लागू किया जाएगा। स्कूल भवनों के निर्माण को 'जवाहर रोजगार योजना निधियों' में प्राथमिकता दी जाएगी।

अनौपचारिक शिक्षा (राष्ट्रीय शिक्षा नीति–1986)

5.8 स्कूल की शिक्षा बीच में छोड़ने वालों, बिना स्कूल की बस्तियों के बच्चों, उन कामकाजी बच्चों तथा लड़कियों के लिए, जो पूरा दिन स्कूल नहीं जा सकतीं, अनौपचारिक शिक्षा का एक विशाल तथा व्यवस्थित कार्यक्रम शुरू किया जाएगा।

5.8 स्कूल छोड़नेवालों, बिना स्कूलोंवाली बस्तियों के बच्चों, कामकाजी बच्चों और पूरे दिन स्कूल में न रह सकने वाली बालिकाओं के लिए तैयार किए गए अनौपचारिक शिक्षा कार्यक्रम को सुदृढ़ बनाया जाएगा तथा उसका विस्तार किया जाएगा।

नारी शिक्षा में विकास
(Progress of Women's Education)

निम्न तालिका में स्वतन्त्रता पूर्व भारत में नारी शिक्षा की स्थिति दर्शायी गई है। नारी शिक्षा का नामांकन 1946-47 में केवल 6 प्रतिशत था।

तालिका 9.1: स्वतंत्रता पूर्व भारत में नारी शिक्षा: नामांकन

वर्ष	नारी शिक्षा का प्रतिशत	प्राथमिक स्कूल नामांकन	उच्च प्राथमिक स्कूल नामांकन	माध्यमिक विद्यालय नामांकन	यूनिवर्सिटी एवं कॉलेज नामांकन	अन्य संस्थाएं नामांकन	योग
1881-82	0.2	124481	–	2054	6	515	127066
1901-02	0.7	345397	34386	10309	264	2812	393168
1921-22	1.8	1198550	92466	36698	1529	11599	1340842
1946-47	6.0	3475165	321508	280772	23207	56090	4156742

तालिका 9.2: नारी साक्षरता दरों में विकास (1951 से 2000)

जनगणना वर्ष	कुल दर	पुरुष	महिला	पुरुष-नारी दर में अन्तर
1951	18.33	27.16	8.86	18.30
1961	28.30	40.40	15.75	25.05
1971	34.45	45.96	21.98	23.98
1981	43.37	56.38	29.76	26.62
1991	52.21	64.13	39.29	24.84
2001	65.38	75.85	54.16	21.69

टिप्पणी: साक्षरता बढ़ने के बावजूद लगभग 19 करोड़ महिलाएँ निरक्षर थीं। (सात वर्ष तथा इसके ऊपर)।

तालिका 9.3: सात वर्ष तथा उससे ऊपर साक्षर तथा निरक्षरों की संख्या (1991 तथा 2001)

साक्षर/निरक्षर	कुल संख्या	पुरुष	महिला
साक्षर			
1991	358,402,626	228,983,134	129,419,492
2001	562,010,745	336,969,695	225,041,048
1991 में 2001 से बढ़ोत्तरी	203,608,117	107,986,561	95,621,556
निरक्षर			
1991	328,167,288	128,099,211	200,068,077
2001	296,208,952	106,654,066	189,554,886
कमी	31,958,336	21,445,145	10,513,191

तालिका 9.4: लड़कियों का कुल नामांकन में प्रतिशत: स्तर अनुसार 1950-51 से

वर्ष	प्राथमिक (I-V)	मिडिल (VI-VIII)	माध्यमिक, उच्च माध्यमिक 10+2/इण्टर	उच्च शिक्षा स्नातक तथा अपर
1950-51	28.1	16.1	13.3	10.0
1960-61	32.6	23.9	20.5	16.0
1970-71	37.4	29.3	25.0	20.0
1980-81	38.6	32.9	29.6	26.7
1990-91	41.5	36.7	32.9	
2000-2001	44.0	40.5	39.0	38.6

तालिका 9.5: प्राथमिक स्तर पर लड़कियों के सकल नामांकन दर (1950-51 से)

वर्ष	कक्षा (I-V) लड़कियाँ	कुल	कक्षा (VI-VIII) लड़कियाँ	कुल
1950-51	24.8	42.6	4.6	12.7
1960-61	41.4	62.4	11.3	22.5
1970-71	60.5	78.6	20.8	33.4
1980-81	64.1	80.5	28.6	41.9
1990-91	85.5	100.1	47.0	62.1
2000-2001	85.9	95.7	49.07	58.6
2003-2004	95.6	98.2	57.6	62.0

तालिका 9.6: लिंग वार तथा स्तर वार 1951 से नामांकन (मिलियन में)

वर्ष	प्राथमिक			माध्यमिक/उच्च प्राथमिक			उच्च/उच्च माध्यमिक		
	लड़के	लड़कियाँ	योग	लड़के	लड़कियाँ	योग	लड़के	लड़कियाँ	योग
1950-51	13.8	5.4	19.2	2.6	0.5	3.1	1.3	0.2	1.5
1960-61	23.6	11.4	35.0	5.1	1.6	6.7	2.7	0.7	3.4
1970-71	35.7	21.3	57.0	9.4	3.9	13.3	5.7	1.9	7.6
1980-81	45.3	28.5	73.8	13.9	6.8	20.9	7.6	3.4	11.0
1990-91	57.0	40.4	97.4	21.5	12.5	34.0	12.8	6.3	19.12
2000-2001	64.0	49.8	113.8	25.3	17.5	42.8	16.9	10.7	27.6
2003-2004	68.4	59.9	128.3	27.3	21.4	48.7	20.6	14.3	34.9

टिप्पणियाँ–

1. प्राथमिक स्तर पर लड़कियों के नामांकन में लगभग 12 गुणा वृद्धि हुई, जबकि लड़कों की 5 गुणा।
2. मिडिल स्तर पर लड़कियों का नामांकन 34 गुणा। हाई तथा उच्च सेकेण्डरी स्तर पर लड़कियों के नामांकन में 18 गुणा से ऊपर तथा लड़कों के नामांकन में 13 गुणा।

तालिका 9.7: लिंगवार बीच में ही स्कूल छोड़ने वालों की दरें (1960-61 से 2003-2004)

	1960-61	*1970-71*	*1980-81*	*1990-91*	*1992-93*	*1997-98*	*2003-2004*
कक्षा I-V							
लड़के	61.7	64.5	56.2	40.1	43.83	38.23	33.7
लड़कियाँ	70.9	70.9	62.5	46.0	46.67	41.34	28.6
योग	64.9	67.0	58.7	42.6	45.01	39.58	31.5
कक्षा I-VIII							
लड़के	75.0	74.6	68.0	59.1	58.23	50.72	51.8
लड़कियाँ	83.4	79.4	65.1	65.21	58.61	60.09	53.9
योग	78.3	77.9	72.7	60.9	61.10	54.14	52.3

तालिका 9.8: कक्षा I से X के बीच लिंगवार बीच में स्कूल छोड़ने वालों की लिंगवार दरें (2003-2004)

बालक	बालिका	कुल
60.9	64.9	62.7

तालिका 9.9: स्कूल-स्तर लिंग-अनुसार अध्यापकों के स्तरवार संख्या (2003-2004)

	पुरुष	*महिला*	*कुल*
प्राथमिक स्तर	1259892	836966	2096858
माध्यमिक स्तर	943786	648501	1592287
माध्यमिक/उच्च माध्यमिक स्तर	1250029	774449	2024478

उच्च शिक्षा में महिलाओं के नामांकन में वृद्धि (Increase in Women Enrolment at The Higher Education Stage)

स्वतंत्रता प्राप्ति के बाद उच्च शिक्षा में नामांकित महिला छात्रों की संख्या में उल्लेखनीय वृद्धि हुई है। स्वतंत्रता प्राप्ति के समय महिला नामांकन 10 प्रतिशत से कम था। वर्ष 2002-2003 के दौरान महिला नामांकन बढ़कर 40.05 प्रतिशत हो गया।

विशेषत: गत दो दशकों के दौरान महिला नामांकन समिति की गति तेज हो रही है। सारणी में दिए गए आँकड़ों से यह पता चलता है कि वर्ष 1950-51 से 2002-2003 के दौरान पंजीकृत प्रति सौ पुरुष महिलाओं के नामांकन में लगभग पाँच गुना वृद्धि हुई है।

व्यावसायिक पाठ्यक्रम–2003–2004 में कुल दाखिल महिलाओं में से केवल 120.40 प्रतिशत महिलाएँ थीं।

तालिका 9.10: प्रति सौ पुरुष छात्र महिला नामांकन

वर्ष	*कुल महिला नामांकन*	*प्रति सौ पुरुष महिला नामांकन*
1950–51	40,000	14
2003–2004	40,003	67

राज्य के अनुसार महिला नामांकन का वितरण (Distribution of Women Enrolment State-wise)

महिला नामांकन का राज्यवार वितरण

वर्ष 2002–2003 के दौरान सभी राज्यों में कुल नामांकन की तुलना में महिलाओं के नामांकन में प्रतिशत वृद्धि स्थिर रही। वर्ष 2002–2003 के दौरान कुल नामांकन के प्रतिशत के रूप में महिला नामांकन की दृष्टि से केरल का स्थान, 60 प्रतिशत, सबसे ऊपर रहा। उसके बाद गोआ (58.5 प्रतिशत), पंजाब (52.7 प्रतिशत) आदि का स्थान रहा। ऐसे 17 राज्य थे जिनमें 39.84 की प्रतिशतता की तुलना में महिलाओं का नामांकन अधिक था। शेष राज्यों में नामांकित महिलाओं की प्रतिशतता राष्ट्रीय स्तर से कम थी। बिहार में सबसे कम; केवल 23.8 प्रतिशत महिला नामांकन थीं।

महिला नामांकन का स्तरवार वितरण (Stage-wise Distribution of Women Enrolment)

वर्ष 2002–2003 के दौरान उच्च शिक्षा अर्थात् स्नातक, स्नातकोत्तर, अनुसंधान तथा डिप्लोमा/प्रमाण पत्र के सभी स्तरों पर कुल नामांकन की प्रतिशतता के रूप में महिलाओं के नामांकन में लगातार वृद्धि होती रही है।

महिलाओं के नामांकन के संबंध में उल्लेखनीय बात यह है कि वह अन्य सभी स्तरों की तुलना में स्नातकोत्तर स्तर पर सबसे अधिक रहा।

तालिका 9.11: उच्च शिक्षा में महिला नामांकन का स्तरवार वितरण

स्तर	*कुल नामांकन*	*महिला नामांकन*	*महिलाओं की प्रतिशतता*
(क) स्नातक	82,27,417	32,85,544	39.93
(ख) स्नातकोत्तर	8,46,556	3,55,893	42.04
(ग) अनुसंधान	62,213	23,609	37.95
(घ) डिप्लोमा/प्रमाणपत्र	91,647	30,918	33.74
कुल	**92,27,833**	**36,95,964**	**40.05**

तालिका 9.12: महिला कॉलेजों की संख्या (1986-87 से 2003-2004)

वर्ष	महिला कॉलेजों की संख्या
1986-87	780
1996-97	1195
1998-99	1359
1999-2000	1503
2000-2001	1578
2001-2002	1625
2002-2003	1650
2003-2004 (अन्तिम) (Provisional)	1798

नारी शिक्षा की वांछित प्रगति के कारण तथा समस्याएँ (Reasons for the Desirable Progression of Women Education and Problems)

1. पुरुष प्रधान समाज
2. सामान्यत: नारी शिक्षा में रुचि की कमी
3. समाज में अज्ञानता
4. बाल विवाह
5. गरीबी
6. दोषयुक्त पाठ्यक्रम
7. सहशिक्षा का विरोध
8. सुविधाओं का अभाव
9. अपव्यय
10. सरकार की नारी शिक्षा के प्रति उदासीन नीति
11. परदा प्रथा
12. कई क्षेत्रों में अध्यापिकाओं की कमी।
13. अप्रभावी पाठ्यक्रम।

नारी शिक्षा की अवहेलना के कुछ उदाहरण

राष्ट्रीय शिक्षा नियोजन एवं प्रशासन संस्थान के एक अध्ययन के अनुसार, 2003-2004 में अधिकांश शालाओं में लड़कियों के लिए शौचालय तक नहीं थे। बिहार और छत्तीसगढ़ में कुल तीन से पाँच प्रतिशत शालाओं में ही यह सुविधा थी। मध्य प्रदेश, महाराष्ट्र, आन्ध्र प्रदेश, गुजरात, राजस्थान और हिमाचल प्रदेश की 12 से 16 प्रतिशत प्राथमिक शालाओं में लड़कियों के लिए शौचालय की व्यवस्था थी। पेयजल, ब्लैकबोर्ड, कक्षाओं संबंधी आँकड़े आशा नहीं जगाते।

शिक्षा नीति 1986 तथा संशोधित शिक्षा नीति 1992 के संदर्भ में नारी शिक्षा के विकास के उपाय
(Measures for the Promotion of Women Education in the Context of NPE 1986 and Modified NPE 1992)

1. राष्ट्रीय शिक्षा नीति में इस बात की परिकल्पना की गई है कि शिक्षा को महिलाओं के स्तर में मौलिक परिवर्तन के लिए एक अभिकर्त्ता के रूप में प्रयोग किया जाए।
2. महिलाओं को अधिकार दिलाने में शिक्षा सही मध्यस्थतावाली भूमिका निभाये।
3. पाठ्य पुस्तकों, पाठ्यचर्या, शिक्षकों, निर्णयकर्त्ताओं तथा प्रशासकों के प्रशिक्षण एवं अभिनवन तथा शिक्षा संस्थाओं के सक्रिय सहयोग से नए मूल्यों के विकास को बढ़ावा दिया जाए।
4. महिलाओं के अध्ययनों को विभिन्न पाठ्यक्रम के रूप में प्रोन्नत किया जाए।
5. महिलाओं को अधिकार दिलाने में सही भूमिका निभाने के लिए शिक्षा प्रणाली को अनुकूल बनाया जाए।
6. महिलाओं के विकास के लिए सक्रिय कार्यक्रम चलाने के लिए शैक्षिक संस्थानों को प्रोत्साहन दिया जाए।
7. औद्योगिक, तकनीकी तथा व्यावसायिक शिक्षा के कार्यक्रमों में महिलाओं की शिक्षा को व्यापक बनाया जाए।
8. पाठ्य पुस्तकों से लिंग पक्षपात और महिलाओं के प्रति दुराग्रहवाले अंशों को हटाया जाए।
9. महिलाओं से संबंधित विषयों को हाथ में लेने के लिए अध्यापकों और अनुसंधानकर्त्ताओं का अनुस्थापन और सामान्य विषयों में महिलाओं के आयामों को शामिल किया जाए।
10. पाठ्यचर्या की पुन:संरचना करने के लिए कार्यशालाओं का आयोजन किया जाए।
11. शैक्षिक संस्थाओं को उन कार्यक्रमों को आरंभ करने के लिए प्रोत्साहित किया जाए, जो समुदाय को प्रत्यक्ष लाभ पहुँचाए और महिलाओं में सामर्थ्य उत्पन्न करें।
12. प्रत्येक शिक्षा संस्थान द्वारा 1995 तक महिलाओं की स्थिति का अध्ययन करने, जागृति पैदा करने और महिलाओं में संप्रेषण तथा संगठन की प्रोन्नति के लिए तथा उनके विकास के लिए सक्रिय कार्यक्रम शुरू किए जाएँ।
13. सभी शिक्षकों तथा गैर-औपचारिक शिक्षा/प्रौढ़ शिक्षा अनुदेशकों को महिलाओं को अधिकार दिलाने वाले एक एजेंट के रूप में प्रशिक्षित किया जाए। शिक्षकों तथा प्रौढ़ शिक्षा/गैर-औपचारिक शिक्षा के शिक्षकों के सभी प्रशिक्षण कार्यक्रमों

को शामिल करने के लिए रा. शै. अ. प्र. प. प्रौ. शि. नि. आदि द्वारा विशेष प्रशिक्षण कार्यक्रम विकसित किए जाएँ, जो उन्हें महिलाओं को अधिकार दिलाने के लिए प्रेरित करें।

14. महिलाओं के विकास के लिए स्वैच्छिक एजेंसियों तथा क्रियात्मक वर्गों को प्रशिक्षण कार्यक्रमों में शामिल किया जाए।
15. प्रौढ़/गैर-औपचारिक शिक्षा कार्यक्रमों में महिला शिक्षकों तथा महिला अनुदेशकों को विशेष प्रशिक्षण दिया जाए, ताकि वे महिलाओं की समानता के लिए सक्रिय भूमिका अदा कर सकें।
16. अनुसंधान संस्थानों, स्वैच्छिक संस्थाओं और कलाकारों द्वारा महिलाओं में चेतना उत्पन्न करने और अपने व्यक्तित्व को उन्नत करने के लिए विशेष कार्यक्रम तैयार किए जाएँ।
17. प्रचार माध्यम (रेडियो और दूरदर्शन) को योजना की स्पष्ट मार्गदर्शी रूपरेखाएँ तैयार करनी चाहिए।
18. स्कूल स्तर के अध्यापकों की भर्ती के लिए महिलाओं को वरीयता दी जानी चाहिए। इससे ग्रामीण क्षेत्रों में अधिक विश्वास की भावना उत्पन्न होगी और अभिभावक लड़कियों को स्कूल भेजने के लिए प्रेरित होंगे।
19. सामान्य कोर पाठ्यचर्या महिलाओं की नई स्थिति के अनुरूप मूल्यों के संस्थापन के लिए तथा उनकी शक्ति बढ़ाने के लिए एक शक्तिशाली साधन है। रा.शै.अ.प्र.प. की महिला सेल को फिर चालू किया जाए और उसे महिलाओं की समानता से संबंधित पाठ्यक्रम को तैयार करने की जिम्मेदारी दी जाए। इस सेल को स्कूली पाठ्यक्रमों से लिंग पक्षपात को दूर करने के लिए तेजी से कार्य करना चाहिए।
20. रा.शै.अ.प्र.प. और राज्य स्तर की एजेंसियों द्वारा आरंभिक प्रशिक्षण, सेवाकालीन प्रशिक्षण और पुनश्चर्या पाठ्यक्रमों के जरिए अध्यापकों, प्रशिक्षकों, आयोजकों और प्रशासकों को महिलाओं के मामलों में संवेदनशील बनाया जाए।
21. एक बड़ी संख्या में शैक्षिक कार्मिकों को शामिल करने हेतु एक देशव्यापी लिंग संवेदनशीलता का कार्यक्रम आरंभ किया जाए; ताकि शैक्षिक प्रशासकों, शिक्षकों और शिक्षक-प्रशिक्षकों को शामिल किया जा सके। इस रणनीति का अनुपूरक, संचार अभियान और बालिका शिक्षा हेतु सकारात्मक वातावरण तैयार करने के लिए अभिभावक जागरूकता कार्यक्रम होगा। महिलाओं को अधिकार देने और बालिका शिक्षा के बुनियादी मुद्दों पर महिला दलों की गतिशीलता को तीव्र किया जाए।
22. सभी शिक्षकों और प्रशिक्षकों को महिलाओं को अधिकार दिलवाने वाले एजेंटों के रूप में प्रशिक्षित किया जाए। प्रशिक्षण कार्यक्रम रा.शै.अ.प्र.प., परमाणु ऊर्जा

विभाग, राज्य स्रोत केन्द्रों, जिला शैक्षिक प्रौद्योगिकी संस्थानों, राज्य शै.अ.प्र. परिषदों और विश्वविद्यालय प्रणाली द्वारा विकसित किए जाएँ। नवाचार प्रशिक्षण कार्यक्रम संबंधित संगठनों और महिला दलों की सहायता तैयार किए जाएँ।

23. रा.शै.अ.प्र.प. ग्रामीण क्षेत्रों में महिला शिक्षकों की भर्ती और तैनाती की समस्याओं का अध्ययन करे, ताकि अड़चनों और व्यवहार्य समाधानों का पता लगाया जा सके।
24. लिंग रूढ़िबद्धता को तोड़ते हुए सभी स्तरों पर बालिकाओं को अधिकाधिक व्यावसायिक तकनीकी और पेशेवार शिक्षा सुलभ कराने के लिए उपाय किए जाएँ।
25. ऐसी सहायक सेवाओं का सृजन करने के लिए, जिससे बालिकाएँ शिक्षा प्राप्त कर सके, विभिन्न विभागों के कार्यक्रमों और योजनाओं को अभिमुख करने पर बल दिया जाए। महिला एवं बाल विकास विभाग और राज्य सरकारों का सक्रिय सहयोग प्राप्त किया जाए।
26. महिला और बाल विकास विभाग द्वारा विकसित कानूनी साक्षरता सामग्रियों का दूर-दूर तक प्रचार किया जाए, ताकि वे स्कूली पाठ्यचर्या, साक्षरता अभियानों और महिलाओं की गतिशीलता का अंग बन सकें। विशेषकर, सूचना और प्रसारण मंत्रालय की मीडिया (संचार) सहायता माँगी जाए।
27. बालिकाओं की मीडिल और माध्यमिक शिक्षा तक पहुँच को बढ़ाने के लिए दूरस्थ शिक्षा का विस्तार किया जाए। राष्ट्रीय मुक्त स्कूल बालिकाओं को दूरस्थ शिक्षा में लाने में सफल रहे हैं तथा और अधिक मीडिल स्कूल की बालिकाओं को शिक्षा देने में सहायता देने हेतु इस संयोजन को बढ़ाया जाए।
28. महिला शिक्षा के नवाचारी कार्यक्रमों को बढ़ावा देने और उनके प्रलेखन पर बल दिया जाए।

यद्यपि इनमें से कई क्षेत्रों में कार्यवाही की गई है परन्तु गति धीमी है। गति को तेज करने की आवश्यकता है।

नारी समानता हेतु विशेष शैक्षिक प्रावधान/योजनाएँ
(Special Educational Provisions/Schemes for Women's Equality)

1. ऑपरेशन ब्लैकबोर्ड: महिला शिक्षा की विशेष योजनाएँ–विभाग की विद्यमान योजनाओं के अधीन महिलाओं के लिए विशेष प्रावधान किए गए हैं। ऑपरेशन ब्लैकबोर्ड योजना के अधीन संशोधित नीति निर्धारण में एक शर्त यह है कि भविष्य में नियुक्त किए जाने वाले शिक्षकों में 50 प्रतिशत महिलाएँ होनी चाहिए।

2. छात्रावास योजना–छात्रावासों के निर्माण की योजना का संचालन इस उद्देश्य से किया जा रहा है कि अधिक-से-अधिक बालिकाएँ माध्यमिक शिक्षा से लाभ उठा सकें।

3. **अनौपचारिक बालिका शिक्षा केन्द्र**–मानव संसाधन विकास मंत्रालय की अनौपचारिक शिक्षा योजना के अधीन ऐसे अनौपचारिक शिक्षा केन्द्रों को, जो केवल बालिकाओं के लिए हैं, 90 प्रतिशत सहायता दी जाती है। बालिकाओं के अनौपचारिक शिक्षा केन्द्रों का संचित योग 1.18 लाख है। केन्द्रों की कुल संख्या 2.41 लाख है।

4. **नवोदय विद्यालयों की लड़कियाँ**–सचेतन कार्यवाई से नवोदय विद्यालयों में बालिकाओं का दाखिला लगभग 31 प्रतिशत तक सुनिश्चित हो गया है।

5. **महिला साक्षरता अभियान**–पूर्ण साक्षरता अभियानों में महिलाओं को पूर्ण अधिकार देने के उद्देश्य पर विशेष ध्यान दिया गया है। चूँकि देश में महिला साक्षरता दर पुरुषों से काफी कम है, अतः ऐसा प्रतीत होता है कि पूर्ण साक्षरता अभियानों के अंतर्गत महिला अध्येता पुरुष अध्येताओं को पीछे छोड़ जाएंगी। अब तक वंचित वर्गों को अधिकार देने के संबंध में सामाजिक जागरूकता महत्त्वपूर्ण है, जैसा कि कुल जिलों में निर्माण संबंधी कार्य करने वालों को उचित वेतन के सीधे भुगतान, शराब की दुकानें बंद करने, सभी अभियान-जिलों में नामांकन की माँग में वृद्धि आदि जैसे कुछ आन्दोलनों/गतिविधियों में पाया गया है। यह मुख्यतः महिलाओं की शिक्षा की वजह से हुआ है। प्रौढ़ शिक्षा और उत्तर साक्षरता शिक्षा केन्द्रों में महिलाओं के नामांकन पर विशेष ध्यान दिया जा रहा है।

6. **महिला उच्च शिक्षा**–उच्च शिक्षा के क्षेत्र में, सामान्य और तकनीकी दोनों दृष्टियों से महिलाओं के लिए शैक्षिक अवसरों में असाधारण/अद्भूत विस्तार हुआ है। विश्वविद्यालय और कॉलेज स्तरों पर महिला शिक्षा में विविधता आई है और समाज, उद्योग और व्यापार की बदलती आवश्यकताओं के अनुसार उसका प्रबोधन किया गया है।

7. **महिला अध्ययन**–विश्वविद्यालय अनुदान आयोग विश्वविद्यालयों को महिला अध्ययन में अनुसंधान की सु-परिभाषित परियोजनाएँ आरंभ करने और अवर स्नातक और स्नातकोत्तर स्तरों पर पाठ्यचर्या के विकास तथा संबद्ध विस्तार क्रिया-कलापों के लिए भी वित्तीय सहायता प्रदान कर रहा है। आयोग ने सामाजिक विज्ञान तथा इंजीनियरी एवं प्रौद्योगिकी सहित विज्ञान और मानविकी में महिला उम्मीदवारों के लिए अंशकालिक रिसर्च एसोशिएटशिप के चालीस पदों का भी सृजन किया है। सितम्बर 1996 तक महिला अध्ययनों के उद्देश्य से संबद्ध तैंतीस अनुसंधान परियोजनाएँ अनुमोदित की गईं। विभिन्न प्रस्तावों की जाँच करने के बाद महिला अध्ययन स्थायी समिति ने भी क्रमशः महिला अध्ययन केन्द्रों और कक्षों की स्थापना हेतु इक्कीस विश्वविद्यालयों और ग्यारह कॉलेजों/विश्वविद्यालयों विभागों को सहायता देने की सिफारिश की।

8. **यूनिसेफ महिला श्रमिक विद्यापीठ**–वर्ष 1992 के दौरान श्रमिक विद्यापीठ के बहुसंयोजनक प्रौढ़ शिक्षा कार्यक्रम के अधीन यूनिसेफ ने दक्षता आधारित साक्षरता कार्यक्रम आयोजित करने हेतु दस चुनिंदा श्रमिक विद्यापीठों को विशेष सहायता प्रदान की। प्रत्येक श्रमिक विद्यापीठ द्वारा एक हजार महिलाओं/बालिकाओं को साक्षर बनाया जाएगा।

9. **महिला समाख्या**–महिला शिक्षा और उन्हें अधिकार देने के लिए शिक्षा विभाग, भारत सरकार द्वारा बहुत से विशेष कार्यक्रम आरंभ किए गए। महिला समाख्या (महिला समानता के लिए शिक्षा) कार्यक्रम डच सहायता से अप्रैल 1989 में आरंभ किया गया। यह परियोजना राष्ट्रीय शिक्षा नीति (1986) के अनुसरण पर तैयार की गई। वे कठिनाइयाँ, जिनसे महिलाओं और बालिकाओं को शैक्षिक निवेश की सुलभता में बाधा आई है, इस परियोजना में मुख्य केन्द्र बिंदु है। यह परियोजना महिलाओं की आत्मछवि और आत्मविश्वास और उनके बारे में समाज के बोध के मुद्दों को संबोधित करते हुए आरंभ की गई है। महिला समाख्या परियोजना में इस बात की पूर्वकल्पना की गई है कि शिक्षा महिला समानता में एक निर्णायक हस्तक्षेप कर सकती है। इस परियोजना का कुल समग्र उद्देश्य ऐसी परिस्थितियाँ पैदा करना है, जिनमें महिलाएँ अपनी दशा को बेहतर ढंग से समझ सकें, अधिकार न देने की दयनीय स्थिति से ऐसी स्थिति में जा सकें, जिसमें वे अपने-अपने जीवन को नियत कर सकें और अपने-अपने वातावरण को प्रभावित कर सकें तथा साथ-साथ अपने और अपने परिवार के लिए एक शैक्षिक अवसर भी पैदा कर सकें, जिससे कि विकास की प्रक्रिया को मदद मिल सके। उत्तर प्रदेश की बुनियादी शिक्षा परियोजना और बिहार की शिक्षा परियोजना में महिला समाख्या घटक को महिला शिक्षा की रणनीति का अंश बनाया जा रहा है।

इस कार्यक्रम में उत्तर प्रदेश के दस जिले, कर्नाटक और गुजरात शामिल हैं। आठवीं योजना अवधि के दौरान इस कार्यक्रम का विस्तार दस अन्य जिलों और आन्ध्र प्रदेश के तीन जिलों में किया जा रहा है। महिला समाख्या रणनीति की सफलता से प्रोत्साहित होकर इस कार्यक्रम को देश की अनेक अन्य बुनियादी शिक्षा परियोजनाओं के साथ जोड़ा जा रहा है।

10. **महिला निरीक्षिका**–कार्रवाई योजना (1992) में विभाग में शिक्षा के कार्यक्रमों के निरीक्षण के लिए महिला कक्ष की स्थापना करने की व्यवस्था हैं। इस उद्देश्य के लिए शिक्षा विभाग, भारत सरकार के आयोजना ब्यूरो में एक कक्ष पहले ही स्थापित किया जा चुका है।

11. **योजना तंत्र**–कार्रवाई योजना 1992 के कार्यान्वयन की पुनरीक्षा करने, बालिकाओं की शिक्षा से संबद्ध नीतियों और कार्यक्रमों पर सरकार को सलाह देने और अनिवार्य सहायक सेवा के प्रावधान, जिससे शिक्षा में बालिकाओं और महिलाओं की सहभागिता बढ़ेगी, को सुनिश्चित करने के लिए और आयोजना तंत्र को गति देने के लिए मानव संसाधन विकास मंत्रालय के शिक्षा विभाग ने महिला शिक्षा के वास्ते एक उच्चस्तरीय अंतर मंत्रालय समिति की भी व्यवस्था की है। ऐसी समिति को विधिवत् गठित किया गया है और राज्यों से भी इसी तरह की समितियाँ गठित करने का अनुरोध किया गया है। लगभग सभी राज्यों में यह समितियाँ गठित की गई हैं।

12. **नारी शिक्षा एवं राष्ट्रीय शैक्षिक अनुसंधान और प्रशिक्षण परिषद्**–रा.शै.अ.प्र.प. ने महिला शिक्षा पर विशेष कार्यक्रम आयोजित किए हैं।

1. परिषद् ने प्रारंभिक स्कूल प्रणाली में बालिकाओं द्वारा शिक्षा जारी रखने और न रखने के कारणों पर एक अध्ययन पूरा किया।
2. परिषद् ने हरियाणा में एक मुख्य समेकित बहुस्तरीय अनुसंधान एवं प्रशिक्षण परियोजना आरंभ की है, जहाँ तीन सौ शैक्षिक कार्मिकों को ग्रामीण और दूरस्थ क्षेत्रों की बालिकाओं और प्रतिकूल वर्गों के बीच प्राथमिक शिक्षा को सर्वसुलभ बनाने हेतु प्रशिक्षित किया जा रहा है।
3. पाठ्य पुस्तकों में से लिंग भेदभाव को हटाने के लिए दिशा-निर्देश, लिंगों के बीच समानता को बढ़ावा देने हेतु शिक्षकों के लिए पुस्तिका और महिला शिक्षा प्रशिक्षण नियमावली विकसित की जा रही है।
4. परिषद् ने हावड़ा शिक्षक मंच के सहयोग से एक कार्यक्रम का भी आयोजन किया, ताकि ग्रामीण बालिकाओं को प्राथमिक शिक्षा सर्वसुलभ कराने हेतु दिशा-निर्देशों का एक सेट तैयार किया जा सके।
5. शिक्षक-प्रशिक्षकों और शैक्षिक प्रशासकों के लिए लिंग संवेदनशीलता पर तीन कार्यशालाएँ–दो दिल्ली में और एक पश्चिम बंगाल में आयोजित की गई।

10

दूरस्थ शिक्षाः मुक्त विश्वविद्यालय, पत्राचार पाठ्यक्रम
(Distance Education: Open University, Correspondence Courses)

दूरस्थ शिक्षा का अर्थ
(Meaning of Distance Education)

मोटे तौर पर दूरस्थ शिक्षा वह शिक्षा है जो उन व्यक्तियों के द्वार पर पहुँचती है जो किसी कारणों से औपचारिक शिक्षा का लाभ उठाने से वंचित रह जाते हैं। इसका अर्थ तथा कार्यक्षेत्र स्पष्ट करने के लिए कुछ विचारकों के विचार नीचे दिए गए हैं–

1. जैक फॉक्स (Jack Focks) के शब्दों में, "दूरस्थ शिक्षा अधिगम विधि वह अधिगम विधि है, जिसमें कुछ ऐसी विशेषताएँ हैं जो परिसर में स्थित शिक्षा संस्थाओं की विधियों से भिन्न हैं।"
2. बोर्ज होम्बर्ग (Bo Holmberg) के विचार में "दूरस्थ अध्ययन या दूरस्थ अध्ययन कोर्स एक कृत्रिम संवाद अवसर है जिसमें सीखने वाले तथा सिखलाने वाले के बीच भौगोलिक तथा संगठनात्मक दूरी को एक कृत्रिम निर्देशन द्वारा दूर किया जाता है।"
3. पीटर्स (Peters) ने दूरस्थ शिक्षा को इस प्रकार परिभाषित किया है, "दूरस्थ शिक्षा अप्रत्यक्ष अनुदेशन की विधि है जिसमें शिक्षक तथा छात्र में भौगोलिक एवं भावात्मक पृथक्ता रहती है, जबकि शिक्षा की मुख्यधारा में शिक्षक एवं छात्र का कक्षा में संबंध सामाजिक नियमों पर आधारित रहता है। दूरस्थ शिक्षा में यह संबंध प्रौद्योगिक नियमों पर आधारित रहता है।"
4. एफ. रीव एडम्स (F. Reev Adams) के अनुसार, "दूरस्थ शिक्षण पद्धति ऐसी शिक्षण पद्धति है जिसमें शिक्षक ऐसे छात्रों को ज्ञान तथा कौशल प्रदान करने

का दायित्व सँभालता है जो आमने-सामने रूप में शिक्षा प्राप्त नहीं कर सकते परन्तु ऐसे समय तथा स्थान पर शिक्षा प्राप्त करना चाहते हैं जो उनकी व्यक्तिगत परिस्थितियों के अनुरूप हो।"

दूर शिक्षा अथवा दूरस्थ शिक्षा का नामकरण (Nomenclature of Distance Education)

दूर शिक्षा (Distance Education), पत्राचार शिक्षा (Correspondence Education), पत्राचार स्कूल (Correspondence School), पत्राचार अधिगम (Correspondence Learning), पत्राचार शिक्षण (Correspondence Teaching), दूर-अधिगम (Distance Learning), दूर-शिक्षण (Distance Teaching), बाह्य डिग्री प्रोग्राम (External Degree Programme), बाह्य अध्ययन (External Studies)] बाह्य पद्धति (External System), घर-अध्ययन (Home Study), स्वतन्त्र अधिगम (Independent Learning), जीवन पर्यन्त शिक्षा (Life Long Education), अनौपचारिक शिक्षा (Non-Formal Education), मुक्त शिक्षा (Open Education), खुली शिक्षा (Open Education), खुला विश्वविद्यालय (Open University), मुक्त विश्वविद्यालय (Open University), स्कूल से बाहर की शिक्षा (Out of School Education), पोस्टल पाठ्यक्रम (Postal Education), स्वयं पढ़ाओ प्रोग्राम (Teach Yourself Programme), टेली विश्वविद्यालय (Tele University), एयर विश्वविद्यालय (University in the Air), चारदीवारी के बिना विश्वविद्यालय (University without Walls) आदि शब्दों का लगभग एक जैसा ही अर्थ है। विभिन्न देश अपनी-अपनी परिस्थितियों के अनुसार इस प्रकार की शिक्षा का नाम अपने ढंग से दिए हुए हैं। दूरी शिक्षा मुख्यत: वह शिक्षा है जो उच्च शिक्षा के प्रवेश द्वार को उन सबके लिए खोलती है जो किसी-न-किसी कारणवश पूर्णकालीन विद्यार्थी नहीं बन सकते परन्तु अंशकालीन आधार पर अध्ययन करना चाहते हैं। दूरी शिक्षा अब स्कूल स्तर पर भी दी जाने लगी है–

1. दूरस्थ शिक्षा का मुख्य उद्देश्य उच्चतर शिक्षा के व्यापक अवसरों को मार्ग प्रस्तुत करना।
2. उन सीखने वालों को सीखने के व्यापक तथा सुगम अवसर प्रदान करना जो किसी कारणवश–कम आय, अधिक आयु तथा दूरी के कारण पूर्णकालिक शिक्षा प्राप्त करने में सक्षम रहे हैं।
3. शिक्षित व्यक्तियों को जो अपने कैरियर का सुधार चाहते हैं। उन के लिए उचित तथा प्रभावी शिक्षा के अवसर प्रदान करना।
4. उन सीखने वालों को अपनी रुचि के विषयों को अपनी गति से तथा सुविधनुसार सीखने के योग्य बनाना जो इसको औपचारिक शिक्षा के कठोर नियमों के कारण नहीं सीख सके।

5. आर्थिक तथा सामाजिक रूप से पिछड़े वर्गों को उचित शिक्षा के अवसर प्रदान करके समाज के उपयोगी नागरिक बनने में सहायता देना।
6. रोजगार में लगे व्यक्तियों को उनके कार्य में बाधा उत्पन्न किए बिना विकास तथा उन्नति के अवसर प्रदान करना।
7. सीखने वालों को उनकी रुचियों से सम्बन्धित विभिन्न क्षेत्रों में हो रही प्रगति तथा सुधारों से अवगत कराना।
8. कुशल परन्तु कम-खर्ची शिक्षा प्रक्रिया प्रदान करना।
9. वे व्यक्ति जो प्रेरणा के अभाव के कारण अपनी शिक्षा पूरी नहीं कर सके परन्तु अब अपनी शिक्षा पूरी करने के लिए प्रेरित हैं।
10. व्यक्तियों को आधुनिकतम ज्ञान-विज्ञान से परिचित कराना।
11. विकलांग व्यक्तियों को शिक्षा के अवसर प्रदान करना।
12. सेवा-युक्त या जो व्यक्ति शौक में अथवा अपने आप को व्यस्त रखना चाहते हैं। उन्हें इस शिक्षा में अवसर प्रदान करना।

दूरस्थ शिक्षा की विशेषताएँ (Characteristics of Distance Education)

1. अध्यापक-छात्र आमने-सामने नहीं होते। दोनों में दूरी होती है।
2. अध्ययन सामग्री डाक द्वारा भेजी जाती है। इसके साथ-साथ दूरदर्शन तथा आकाशवाणी आदि का भी प्रयोग किया जाता है। कुछ देशों में दूरी-शिक्षा का माध्यम दूरभाष भी है।
3. दूरी-शिक्षा में छात्रों का आपस में बहुत कम मेल-मिलाप होता है।
4. छात्र अपनी गति से पाठ्यक्रम पूरा कर सकते हैं। इसमें समय का कोई बन्धन नहीं होता है।
5. अध्ययन प्रक्रिया की अवधि में अध्यापक-छात्र का सम्बन्ध बहुत कम होता है।
6. शिक्षा में समान शिक्षा अवसरों को प्रदान करने की क्षमता है। समाज के गरीब लोगों तथा जो सुदूर और अत्यन्त निर्जन प्रदेशों में रहते हैं उनके दरवाजे तक शिक्षा पहुँचाने की शक्ति इसमें है।
7. यह शिक्षा प्रौढ़ों, औपचारिक शिक्षा से वंचित और काम करने वालों के लिए अनुकूल है।
8. यह शिक्षा प्रणाली सभी स्तर के और विविध प्रकार के लोगों को शिक्षा दे सकती है।
9. यह प्रणाली सीखने वालों को अपने विषय/विषयों के चुनाव तथा उसे पूर्ण करने के समय आदि के बारे में बहुत स्वतन्त्रता देती है।
10. दूरस्थ शिक्षा जन-शक्ति की प्रणाली है।
11. दूरस्थ शिक्षा प्रवेश की दृष्टि से बहुत लचीली है।
12. दूरस्थ शिक्षा संस्थागत नहीं होती है।

दूरस्थ शिक्षा की आवश्यकता

औपचारिक और पारम्परिक शिक्षा प्रणाली उस समय विकसित हुई जब शिक्षा सिर्फ कुछ ही लोगों के लिए सीमित थी और जब मौखिक शब्दों के सिवाय अन्य शैक्षिक तकनीकें उपलब्ध नहीं थी। आज स्थिति ऐसी नहीं है। शैक्षिक प्रौद्योगिकी के क्षेत्र में क्रान्तिकारी प्रगति हो रही है जिससे देश के कोने-कोने में रहने वालों की शिक्षा का प्रबन्ध आसान हो गया है।

दूरी-शिक्षा के विकास का दूसरा कारण है 'सबके लिए शिक्षा।' भारत के लिए तो यह पद्धति और भी महत्त्वपूर्ण है, क्योंकि शिक्षा के क्षेत्र में संविधान द्वारा निदेशित लक्ष्यों की प्राप्ति से हम अभी भी बहुत दूर हैं। साक्षरता भी केवल लगभग 65 प्रतिशत है। उच्च शिक्षा में प्रवेश भी केवल 7% है।

दूर-शिक्षा के विकास का तीसरा कारण है 'ज्ञान का विस्फोट'। औपचारिक शिक्षा द्वारा नये परिवर्तनों को अपने में समाना बहुत कठिन है।

चौथा कारण है, औद्योगिक समाजों का उभरना।

पाँचवां कारण है, औपचारिक शिक्षा की सीमाएँ–

(i) अध्ययन की लम्बी अवधि तथा समय,

(ii) प्रवेश के लिए कम स्थान,

(iii) परीक्षा सम्बन्धी निर्धारित योग्यताएँ,

(iv) पाठ्यक्रमों का वास्तविक परिस्थितियों के अनुकूल न होना,

(v) प्रति व्यक्ति अधिक खर्चा।

छठी आवश्यकता है, सुदूर ग्रामीण क्षेत्रों, पहाड़ी क्षेत्रों आदि में रहने वाले व्यक्तियों की शिक्षा सम्बन्धी आवश्यकता को पूरा करना।

सातवीं आवश्यकता है, नौकरी अथवा निजी रोजगार में लगे लोगों को शिक्षित करना।

आठवीं आवश्यकता है, व्यवसाय अथवा समृद्ध जीवन सम्बन्धी कौशल बढ़ाने के लिए शिक्षा के अवसर प्रदान करना।

दूरस्थ शिक्षा तथा परम्परागत शिक्षा
(Difference Between Distance Education and Formal Education)

दूरस्थ शिक्षा	*परम्परागत शिक्षा*
1. दूर-शिक्षा में अध्यापक छात्र से दूर होता है।	1. परम्परागत शिक्षा में विद्यार्थी तथा अध्यापक पास-पास होते हैं।
2. दूरी-शिक्षा विद्यार्थी की आवश्यकता पर ध्यान देती है।	2. अध्यापक केन्द्रित है।
3. लचीली है, कोर्स कई वर्षों में पूरा किया जा सकता है।	3. कोर्स को निश्चित समय पर पूरा करना होता है।

(क्रमशः)

दूरस्थ शिक्षा	परम्परागत शिक्षा
4. रेडियो, दूरदर्शन तथा अन्य कई प्रकार के माध्यमों को प्रयोग में लाया जाता है।	4. इसमें मौखिक शब्द की प्रधानता है।
5. यह अंशकालिक है।	5. यह पूर्णकालिक है।
6. प्रवेश के बहुत कम बन्धन हैं।	6. प्रवेश के लिए अनेक बन्धन हैं।
7. एक छात्र दूसरे छात्रों से प्राय: अलग रहता है।	7. छात्रों का निकटतम सम्पर्क होता है।
8. यह डिग्री तथा प्रमाण-पत्र के लिए होती भी है और नहीं भी।	8. डिग्री तथा प्रमाण-पत्र उत्तीर्ण होने पर अवश्य दिए जाते हैं।
9. अध्यापक को छात्रों की कठिनाइयों का तुरन्त पता नहीं चलता।	9. छात्रों की कठिनाइयों का तुरन्त पता चल जाता है; प्रतिपुष्टि (Feed Back) उसी समय मिल जाता है।
10. यह जन शिक्षा (Mass Education) पद्धति है।	10. यह कक्षा पद्धति है।
11. यह उन स्थानों पर भी उपलब्ध है जहाँ कोई स्कूल अथवा कॉलेज नहीं होते।	11. केवल शैक्षिक संस्थाओं में ही उपलब्ध है।
12. यह उनको भी उपलब्ध है जो बीमारी या अन्य कारण से शैक्षिक संस्थाओं में नहीं जा सकते हैं।	12. यह केवल उन्हीं को उपलब्ध है जो शैक्षिक संस्था में जा सकते हैं।

दूरस्थ शिक्षा प्रदान करने के माध्यम (Media of Imparting Distance Education)

1. अध्ययन सामग्री (Study Material)
2. दत्तकार्य के लिए उत्तर-पुस्तिकाएँ (Response Sheets)
3. व्यक्तिक सम्पर्क कार्यक्रम (Personal Contact Programme)
4. दूरदर्शी।
5. उपग्रह शिक्षण-दर्शन का प्रयोग (Satellite Instructional Television Experiment)
6. भारत का राष्ट्रीय उपग्रह (इन्सेट I-B) (Indian National Satellite—INSET I-B)

दूरस्थ शिक्षा की विवेचना
(Evaluation of Distance Education)

दूरस्थ शिक्षा के गुण अथवा लाभ

1. व्यक्तिगत अध्ययन पर बल दिया जाता है।
2. समान शिक्षा अवसरों को प्रदान कराने की क्षमता दूरी-शिक्षा में है। समाज के गरीब और सुदूर तथा निर्जन प्रदेशों में रहने वाले लोगों के दरवाजे तक शिक्षा पहुँच जाती है।

3. यह शिक्षा उन लोगों के अनुकूल है जो स्वयं काम करते हैं या नौकरी में हैं और जो औपचारिक शिक्षा से वंचित रह गए हों।
4. इस शिक्षा में समृद्धि शिक्षा (Enrichment Education) का प्रबन्ध सुगमता से हो जाता है।
5. छात्र अपनी गति से पाठ्यक्रम पूरा कर सकते हैं, क्योंकि इसमें अवधि का कोई बन्धन नहीं होता है।
6. यह छात्र-केन्द्रित शिक्षा है; इसलिए इसमें सीखने वाले पर अधिक जिम्मेदारी है।
7. यह प्रणाली सीखने वाले को अपने विषय के चुनाव, उसे पूरा करने का समय आदि के बारे में पूर्ण स्वतन्त्रता देती है।
8. इस शिक्षा प्रणाली में सभी स्तरों और विविध प्रकार के लोगों को शिक्षित करने की क्षमता है।
9. यह प्रणाली परम्परागत विश्वविद्यालयों व महाविद्यालयों के सीमित प्रवेश के दबाव को कम करती है।

दूर-शिक्षा की सीमाएँ

1. समय गुजरने पर दूर-शिक्षा के कोर्स दृढ़ (Stereo typed) हो जाते हैं। उनमें लचक नही रहती।

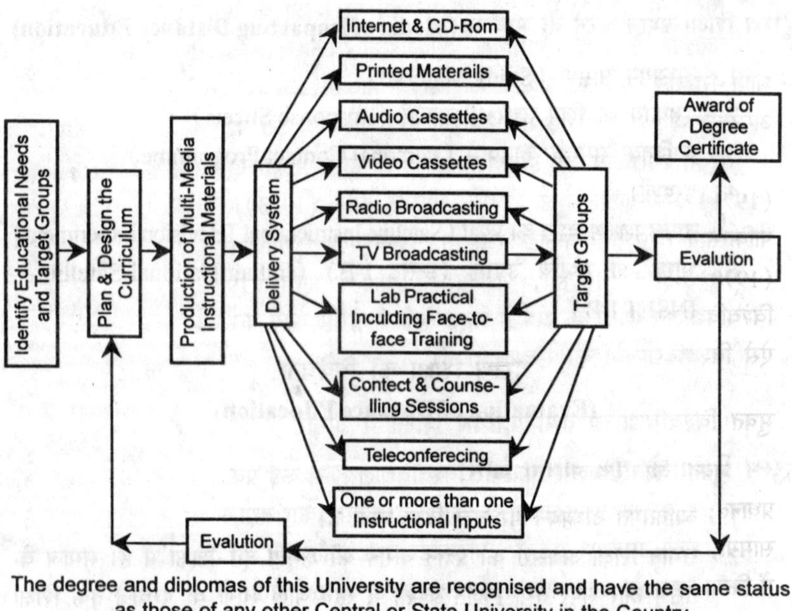

The degree and diplomas of this University are recognised and have the same status as those of any other Central or State University in the Country
(IGNOU, Public Information Unit)

2. प्रयोगात्मक कार्य के लिए बहुत कम गुंजाइश है।
3. अध्ययन केन्द्रों पर पाठ्य सामग्री की बहुत कमी रहती है।
4. पढ़ाने वालों के पास इस प्रकार के साधन नहीं होता जिससे वे जान सकें कि छात्रों को उचित प्रकार की सामग्री दी जा रही है या नहीं।
5. छात्रों के उत्तरों से उनके विकास के स्तर का पूरा पता नहीं चलता।
6. पाठ्य सामग्री की उपादेयता के बारे में प्राय: छात्रों की राय नहीं ली जाती।
7. पाठ्यक्रम सामग्री कई बार समय पर नहीं भेजी जाती।
8. सम्पर्क प्रोग्रामों में छात्रों की समस्याओं का दूर करने के बहुत कम प्रयास किए जाते हैं।
9. दूर-शिक्षा प्राय: पत्राचार शिक्षा ही रह गई है। नवीन साधनों का बहुत कम उपयोग किया जाता है।

दूरस्थ शिक्षा का इतिहास
(History of Distance Education)

भारत में दूर शिक्षा का इतिहास बहुत पुराना है। महाभारत युद्ध में कुरुक्षेत्र में हो रहे युद्ध की जानकारी दूर बैठे हस्तिनापुर में महाराज धृतराष्ट्र को संजय द्वारा दी गई।

पं. नेहरू द्वारा लिखे गए 'पत्र पिता के, पुत्री के नाम' भी दूर शिक्षा का उदाहरण है।

विदेश में प्लेटो द्वारा लिखे गए पत्र भी दूर शिक्षा के अन्तर्गत आ जाते हैं।

पत्राचार शिक्षा की आधुनिक प्रणाली का विकास 1856 में जर्मनी में हुआ जबकि भाषा सिखाने के लिए बर्लिन में पत्राचार माध्यम अपनाया गया। इंग्लैंड में 1894 में, अमरीका में 1891 में यह पद्धति चालू हुई। धीरे-धीरे इस पद्धति का विकास होता गया।

मुक्त विद्यालय का इतिहास—विश्व में सबसे पहला खुला विश्वविद्यालय ब्रिटेन में (1971) में स्थापित हुआ, उसके पश्चात् स्पेन (1973), पश्चिमी जर्मनी (1975), पाकिस्तान (1975), कनाडा (1975), वेनेजुएला (Venezuela) 1977, कोस्टा रिका (1978), ईरान (1978), थाईलैण्ड (1980), भारत (1982) आदि देशों में खुले विश्वविद्यालय शिक्षा के क्षेत्र में बहुत तेजी से प्रसार कार्य कर रहे हैं। इस समय संसार में ऐसे विश्वविद्यालयों की संख्या 40 है।

मुक्त विश्वविद्यालय तथा पत्राचार शिक्षा में अन्तर

मुक्त विश्वविद्यालय 'पत्राचार विश्वविद्यालय' से कई प्रकार से भिन्न है। यह भिन्नता प्रधानत: इनकी शिक्षण-विधियों के कारण है। जिस प्रकार तथा मात्रा में श्रव्य-दृश्य सहायक सामग्री, श्रव्य उपकरण रेडियो, टेपरिकॉर्डर तथा टेलीविजन का प्रयोग मुक्त विश्वविद्यालय में किया जाता है। उतना पत्राचार विश्वविद्यालय में नहीं होता। फिर भी यह तो मानना होगा कि 'पत्राचार विश्वविद्यालय' तथा 'मुक्त विश्वविद्यालय' में काफी समानता है।

मुक्त अथवा खुले विश्वविद्यालय की विशेषताएँ

1. आयु की कोई सीमा नहीं है।
2. देश के किसी भी क्षेत्र का निवासी प्रवेश ले सकता है।
3. कोर्स पूरा करने में लचीलापन है। समय की बाध्यता नहीं है।
4. कोई विश्वविद्यालय परिसर (Complex) नहीं है।
5. औपचारिक शिक्षा की किसी भी डिग्री के बिना प्रवेश मिल सकता है।
6. घर पर शिक्षा प्राप्त की जा सकती है।
7. आधुनिक संचार साधनों का प्रयोग किया जाता है।
8. देश के अनेक भागों में अध्ययन केन्द्र खोले गए हैं।
9. समुदाय के लिए अनेक नवाचार तथा सतत अथवा अनुवर्ती कोर्स खोलने का प्रावधान है।

खुले विश्वविद्यालय की आवश्यकता के बारे में नई शिक्षा नीति 1986 में इस प्रकार कहा गया है: "खुला विश्वविद्यालय पद्धति उच्च शिक्षा के लिए अवसरों में वृद्धि प्रदान करती है, उच्च शिक्षा में पहुँच सुनिश्चित करती है। लागत को कम करने वाली है तथा एक नमनीय एवं अभिनव प्रणाली की शिक्षा पद्धति को प्रोत्साहित करती है। संचार माध्यमों से इस प्रणाली की गुणात्मकता बढ़ेगी।"

भारत में दूरस्थ शिक्षा की आवश्यकता

सामाजिक विकास एवं परिवर्तन के लिए शिक्षा एक शक्तिशाली संयंत्र है। परम्परागत शिक्षण व्यवस्था का विश्लेषण करने पर ज्ञात होता है कि वह व्यवस्था आधुनिक विकास में पर्याप्त प्रभावी नहीं रही है। वैज्ञानिक उपलब्धियों ने सामाजिक क्रान्ति उत्पन्न करके अनेक जटिलताओं को उत्पन्न किया है। शिक्षा की औपचारिक तथा सीमित व्यवस्था, बढ़ती जनसंख्या, विस्तृत क्षेत्र तथा अप्राप्य सुविधाओं के कारण स्वतन्त्रता के कई दशकों के पश्चात् भी भारत निर्धारित लक्ष्यों को प्राप्त करने में असमर्थ रहा है। केवल 65 प्रतिशत लोग ही साक्षर हो पाए हैं।

हमारे देश में दूर-शिक्षा की आवश्यकता अधिक है, क्योंकि विकासशील देश होने के कारण इच्छा व रुचि रखने वाले सभी विद्यार्थियों को नियमित शिक्षण संस्थाओं में शिक्षा प्राप्त करना सम्भव नहीं हो पा रहा है। अनेक युवक-युवतियाँ पारिवारिक, आर्थिक और अधिक दूरी आदि की मजबूरी के कारण पूर्णकालिक शिक्षा प्राप्त करने में सक्षम नहीं हैं।

संक्षेप में भारत में दूर-शिक्षा की निम्न कारणों से आवश्यकता है–

1. बढ़ती हुई जनसंख्या को शिक्षित करने हेतु।
2. सुदूर ग्रामीण तथा पहाड़ी क्षेत्रों में रहने वाले व्यक्तियों के लिए।
3. नौकरी या व्यवसाय में लगे लोगों की शिक्षा हेतु।
4. शैक्षिक रूप से असमान वर्गों की शिक्षा हेतु।

5. 'सबके लिए शिक्षा' जनतन्त्र की इस माँग को पूरा करने हेतु।
6. औपचारिक शिक्षा की सीमित क्षमताओं को देखते हुए पूरक शिक्षा प्रणाली के रूप में।

भारत में दूर-शिक्षा का इतिहास तथा प्रसार

भारत में सब से पहले दिल्ली विश्वविद्यालय ने बी.ए. (आर्टस) में पत्राचार प्रणाली 1962 में आरम्भ की। इसके पश्चात् पंजाबी विश्वविद्यालय (1968), मेरठ (1969), तथा अन्य विश्वविद्यालयों में अनेक विषयों तथा डिग्रियों के लिए पत्राचार कोर्स आरम्भ किए गए। पहला खुला विद्यालय 1982 में आन्ध्र प्रदेश में खोला गया और दूसरा 1987 में नई दिल्ली में (इन्दिरा गाँधी राष्ट्रीय खुला विद्यालय (Indira Gandhi National Open University—IGNOU)) इस समय लगभग 13 लाख छात्र दूरस्थ शिक्षा के माध्यम से उच्च शिक्षा प्राप्त कर रहे हैं।

मुक्त स्कूली शिक्षा का राष्ट्रीय संस्थान (National Institute of Open Schooling)

1989 में राष्ट्रीय मुक्त विद्यालय (National Open School) खोला गया। यह केन्द्रीय सरकार (शिक्षा विभाग, मानव संसाधन विकास मंत्रालय) की स्वायत्त शैक्षिक संस्था है। इसका मुख्य उद्देश्य शिक्षा के माध्यम से समाज के वंचित वर्गों को शिक्षा के अवसर प्रदान करना है। मुक्त विद्यालय द्वारा दिये गये प्रमाण-पत्रों को उच्च शिक्षा में प्रवेश करने के लिए मान्यता मिली हुई है। इस विद्यालय में अध्ययन तथा परीक्षा का ढंग लचीला है। इसने अनेक अध्ययन केन्द्र खोले हुए हैं जो छात्रों को सहायता सेवा उपलब्ध कराते हैं। इस मुक्त विद्यालय में प्रतिवर्ष दो लाख नामांकन होते हैं। देश और विदेश में 10 क्षेत्रीय केन्द्र तथा लगभग 1,700 अध्ययन केन्द्र हैं। आदिवासी भारतीय तथा विदेशी छात्रों के लिए शिक्षा को सहज बनाने के लिए राष्ट्रीय मुक्त विद्यालय के मान्यता केन्द्र प्राप्त दुबई, आबूधावी, कुवैत, नेपाल तथा कनाडा में हैं। अब मुक्त विद्यालय का नाम बदलकर 'National Institute of Open Schooling' कर दिया गया है।

इन्दिरा गाँधी राष्ट्रीय खुला विश्वविद्यालय

मुक्त शिक्षा के प्रसार के लिए सितम्बर 1985 (इन्दिरा गाँधी खुला विश्वविद्यालय दिल्ली) में स्थापित किया गया। इस विश्वविद्यालय को देश में दूरस्थ शिक्षा के समन्वय तथा इसके स्तर निर्माण का उत्तरदायित्व सौंपा गया है। इस विश्वविद्यालय के निम्नलिखित कार्य हैं:

1. देश की जनसंख्या के एक बड़े भाग को, विशेषकर सुविधाहीन वर्ग, को उच्च शिक्षा के अवसर सुलभ कराना।
2. विशिष्ट वर्गों जैसे महिलाओं, पिछड़े क्षेत्रों जैसे पर्वतीय क्षेत्रों आदि में रहने वाले लोगों के लिए उच्च शिक्षा के विशेष कार्यक्रम आरम्भ करना।

3. जानकारी तथा कुशलता बढ़ाने के लिए सतत् शिक्षा के कार्यक्रम आयोजित करना।

इन्दिरा गाँधी मुक्त महाविद्यालय ने 1987 में कार्य आरम्भ किया। आज तक इसने 82 कार्यक्रम चलाए हैं जिनके अन्तर्गत 800 कोर्स हैं। पी.एच.डी. कोर्स का भी प्रावधान है। लगभग 1,120 अध्ययन केन्द्र हैं जिनमें स्त्रियों, अनुसूचित जातियों तथा जनजातियों के लिए हैं। इस समय देश में 11 मुक्त विश्वविद्यालय हैं।

दूरस्थ शिक्षा परिषद (Distance Shiksha Parishad)

1992 में गठित दूरस्थ शिक्षा परिषद के निम्नलिखित कार्य हैं:

1. राज्य मुक्त विश्वविद्यालयों के लिए मार्ग निर्देश तैय्यार करना।
2. सेवारत व्यक्तियों की सतत शिक्षा की पूर्ति हेतु कार्यक्रम तैय्यार करना।
3. स्वरोजगार से सम्बन्धित क्षेत्रों में शिक्षण के कार्यक्रमों की व्यवस्था करना।
4. राज्य मुक्त विश्वविद्यालयों तथा दूरस्थ शिक्षा संस्थाओं का एक ऐसा नेटवर्क तैय्यार करना जिससे इस क्षेत्र में कार्यरत संस्थाएँ एक दूसरे के साथ संबंध स्थापित करके लाभान्वित हो सकें।

दूरस्थ शिक्षा परिषद् के लाभ

दूरस्थ शिक्षा परिषद् में निम्न प्रकार से प्रतिनिधित्व है–

1. इन्दिरा गाँधी राष्ट्रीय मुक्त विद्यालय-इग्नू (IGNOU) के प्रतिनिधि।
2. भारत सरकार के शिक्षा विभाग के प्रतिनिधि।
3. विश्वविद्यालय अनुदान आयोग के प्रतिनिधि।
4. राज्य मुक्त विश्वविद्यालयों के प्रतिनिधि।
5. परम्परागत विश्वविद्यालयों में पत्राचार संस्थाओं के प्रतिनिधि।
6. प्रख्यात शिक्षाविद्।

भारत में दूर-शिक्षा की सीमाएँ तथा समस्याएँ (Problems of Distance Education)

1. भारत में संचार के साधन सुगम नहीं हैं।
2. दूरदर्शन द्वारा बहुत ही कम समय शैक्षिक कार्यों के लिए दिया जाता है।
3. दूरदर्शन की शैक्षिक सेवाओं का निर्धन पूरा लाभ नहीं उठा पाते।
4. दूर-शिक्षा को घटिया किस्म की शिक्षा माना जाता है।
5. दूर-शिक्षा के कार्यक्रमों के लिए सरकार की ओर से वित्तीय सहायता की बहुत कमी है।

6. सम्पर्क प्रोग्रामों में भाग लेने के लिए रेलगाड़ी किराए या आरक्षण की विशेष सुविधाएँ नहीं हैं।
7. अध्ययन केन्द्रों पर पाठ्य सामग्री तथा अन्य सामग्री का अभाव रहता है।
8. डाक सेवाएँ इतनी कुशल नहीं हैं। बहुधा पाठ्य सामग्री छात्र तक पहुँचती ही नहीं।
9. मल्टीमीडिया का प्रयोग पर्याप्त मात्रा में नहीं किया जा रहा है।

दूर-शिक्षा की समस्याएँ एवं इन्हें प्रभावपूर्ण बनाने के उपाय (Problems of Distance Education Measures for Making Distance Education Effective)

1. **कोर्स का विवरण**–छात्रों के प्रवेश लेने पर दूर-शिक्षा के अधिकारियों को चाहिए कि वे छात्रों को कोर्स की व्यवस्था के बारे में पूरी जानकारी दें। कब-कब पाठ्य सामग्री आएगी, सम्पर्क कोर्स कब-कब और कहाँ-कहाँ आयोजित किए जाएँगे आदि।

2. **पाठ्य सामग्री**–छात्रों को पर्याप्त पाठ्य सामग्री उपलब्ध कराई जाए। पाठ्य सामग्री के साथ-साथ सुगमतापूर्वक उपलब्ध होने वाली संदर्भ पुस्तकों आदि की सूची भी भेजी जाए। जहाँ तक सम्भव हो पत्राचार पाठ स्वयं में पूर्ण हों ताकि दूर-शिक्षा पाने वाले छात्रों को इधर-उधर न भटकना पड़े।

3. **पत्रचार पाठ आदि की छपाई**–छपाई स्पष्ट हो। छपाई के अक्षर इस प्रकार के हों कि उन्हें पढ़ने से आँखों पर कोई विशेष प्रभाव न पड़े। छपाई में गलतियाँ न हों।

4. **लेखकों का चयन**–पत्राचार पाठ तथा पूरक सामग्री लिखने से पूर्व लेखकों की बैठकें अथवा सेमिनार बुलाए जाएँ तथा लेखकों को पाठ्य सामग्री लेखन सम्बन्धी स्पष्ट निर्देश दिए जाएँ और बताया जाए कि पाठ्य पुस्तकों की सामग्री दूर-शिक्षा की सागग्री में अन्तर है।

5. **अध्ययन केन्द्र**–अध्ययन केन्द्रों का चुनाव सावधानीपूर्वक किया जाए। अध्ययन केन्द्र तक रेल तथा मोटर से आसानी से पहुँचा जा सके। कोर्स के निदेशक जहाँ तक सम्भव हो, कॉलेज के प्रिंसिपल अथवा वरिष्ठ अध्यापक हों। अध्ययन केन्द्र में बहु-माध्यम (Multi-media) के प्रयोग की व्यवस्था हो। छात्रों के ठहरने के प्रबन्ध की आवश्यकता को ध्यान में रखा जाए।

6. **सम्पर्क कार्यक्रम**–इस कार्य का नियोजन इस ढंग से किया जाए ताकि छात्रों को अपनी कठिनाइयों के हल ढूँढने में सुविधा हो। उन्हें एक-दूसरे से मिलने को पर्याप्त अवसर दिए जाएँ।

7. **मार्गदर्शन तथा परामर्श**–इन सम्पर्क कार्यक्रमों में छात्रों के उचित मार्गदर्शन तथा परामर्श के लिए विशिष्ट अनुभव प्राप्त व्यक्तियों को आमंत्रित किया जाए।

8. **उत्तर पुस्तिकाओं की जाँच**–उत्तर पुस्तकों पर ट्यूटर द्वारा टिप्पणियाँ इस प्रकार दी जाएँ जिससे छात्रों को वास्तविक लाभ हो। इस प्रकार की टिप्पणियाँ हों; तर्क ठीक है, उत्तर देते समय उक्त बातों की चर्चा, आदि। टिप्पणियाँ ऐसी नहीं होनी चाहिए; इधर-उधर की बातें कही गई हैं, कुछ समझ में नहीं आता, प्रश्न को बिल्कुल नहीं समझा, आदि। उत्तर पुस्तिकाएँ शीघ्र लौटा देनी चाहिएँ।

9. **पाठ्य सामग्री भेजने की व्यवस्था**–डाक अथवा रेल अधिकारियों से उचित सम्पर्क स्थापित किए जाएँ ताकि छात्रों को समय पर पाठ्य सामग्री मिल सके।

10. **शैक्षिक तकनीकी का उपयोग**–इस बात पर ध्यान दिया जाए कि दूर-शिक्षा केवल पत्राचार शिक्षा प्रणाली ही न बन जाए। यथासम्भव दृश्य-श्रव्य साधनों का पूरा-पूरा इस्तेमाल किया जाए।

11. **परीक्षा परिणाम**–प्राय: यह देखा गया है कि परीक्षा परिणाम समय-समय पर नहीं घोषित किए जाते और छात्रों को घोषित परिणाम जानने के लिए बहुत कठिनाइयाँ आती हैं। उन्हें प्रमाण-पत्र भी देर से मिलते हैं। इन सभी बातों के उचित समाधन निकाले जानें चाहियें।

11

अध्यापक शिक्षा
(Teacher Education)

अध्यापक शिक्षा का अर्थ
(Meaning of Teacher Education)

मुनरो शिक्षा शब्दकोष (Munro's Encyclopaedia of Education) के अनुसार, "अध्यापक शिक्षा में वे सभी शिक्षात्मक अनुभव सम्मिलित हैं जो किसी भी व्यक्ति को स्कूल में शिक्षण के लिए तैयार कराते हैं। परन्तु आमतौर पर इसका अर्थ उन कोर्सों तथा अनुभवों से लिया जाता है जिनका एक शिक्षा संस्था द्वारा इच्छुक व्यक्तियों को शिक्षण व्यवसाय में तैयार करने के लिए प्रावधान किया जाता है। ये कोर्स उनकी शिक्षण योग्यता को समृद्ध करते हैं। इस प्रकार की अध्यापक शिक्षा की व्यवस्था अध्यापक कॉलेजों, नॉर्मल स्कूलों तथा विश्वविद्यालयों में की जाती है।"

गुड के शिक्षा शब्दकोष (Good's Dictionary of Education) के अनुसार "अध्यापक शिक्षा में वे सभी औपचारिक क्रियाएँ तथा अनुभव सम्मिलित हैं जो किसी भी व्यक्ति को शिक्षण-व्यवसाय के सदस्य का दायित्व सँभालने की योग्यता प्रदान करते हैं।"

ऊपर लिखित विचारों से स्पष्ट होता है कि:

1. अध्यापक शिक्षा किसी शैक्षिक संस्था में दी जाती है।
2. अध्यापक शिक्षा में अनौपचारिक एवं अनौपचारिक अनुभव तथा क्रियाएँ सम्मिलित हैं।
3. अध्यापक शिक्षा व्यक्ति को शिक्षण व्यवसाय के सदस्य का दायित्व सँभालने की योग्यता प्रदान करती है।
4. कई वर्षों से अध्यापक शिक्षा न कि अध्यापक प्रशिक्षण शब्दों का प्रयोग किया जाता है। इसी कारण अध्यापक ट्रेनिंग कॉलेज न कह कर अध्यापक शिक्षा कॉलेज कहा जाता है।
5. अध्यापक शिक्षा का क्षेत्र व्यापक है। इसमें दोनों प्रकार की शिक्षा अर्थात् पूर्व सेवाकालीन तथा सेवाकालीन आ जाती हैं।

राष्ट्रीय शिक्षा नीति 1986 ने अध्यापक शिक्षा के बारे में इस प्रकार लिखा, "शिक्षक की शिक्षा एक सतत प्रक्रिया है और इसके सेवापूर्व और सेवाकालीन अंशों को अलग नहीं किया जा सकता।"

अध्यापक शिक्षा का महत्त्व तथा उद्देश्य (Significance and Aims of Teacher Education)

शिक्षा का स्तर अध्यापकों के गुणों पर निर्भर करता है और अध्यापकों के गुण उनके प्रशिक्षण अथवा उनकी शिक्षा पर निर्भर करते हैं। इसमें कोई सन्देह नहीं कि प्रशिक्षित अध्यापक शिक्षा स्तर को बढ़ाने में महत्त्वपूर्ण योगदान देते हैं। शिक्षा आयोग 1964-66 ने अध्यापक शिक्षा (प्रशिक्षण) का महत्त्व इस प्रकार बताया, "शिक्षा के गुणात्मक सुधार के लिए यह अनिवार्य है कि अध्यापकों के लिए वृत्तिक (व्यावसायिक) शिक्षा का एक समुचित कार्यक्रम हो। अध्यापकों के प्रशिक्षण पर किए गए व्यय का प्रतिफल सचमुच काफी मूल्यवान होगा क्योंकि उसके परिणामस्वरूप लाखों छात्रों की शिक्षा में जितना सुधार होगा, उसकी तुलना में आर्थिक व्यय की मात्रा बहुत कम होगी।"

अच्छे अध्यापक पैदा कम होते हैं, अधिकतर बनाये जाते हैं। अध्यापक को प्रशिक्षित करना उतना ही आवश्यक है जितना कि किसी को डॉक्टर आदि बनाने का प्रशिक्षण देना।

अध्यापक शिक्षा के महत्त्व पर प्रकाश डालते हुए राष्ट्रीय शिक्षक आयोग (स्कूल अध्यापक, 1983-85) ने लिखा, "किसी भी प्रशिक्षण कार्यक्रम की मूलभूत आवश्यकता यह है कि वह प्रशिक्षणार्थी के मूलभूत कौशलों को सीखने और अच्छे शिक्षक की योग्यता प्राप्त करने में सहायक हो, जैसे विभिन्न योग्यता वाले छात्रों की कक्षा को सँभालने, विचारों को स्पष्ट और तर्कसंगत ढंग से प्रस्तुत करने, शिक्षण को प्रभावी बनाने के लिए उपलब्ध टेक्नालॉजी का प्रयोग करने, शिक्षाप्रद अनुभव को कक्षा से बाहर आयोजित करने, समुदाय के साथ मिलकर काम करने और छात्रों को भी ऐसा करने में सहायता देने की क्षमताएँ।"

किसी भी शिक्षा प्रणाली में अध्यापक का महत्त्वपूर्ण स्थान है। अध्यापकों के उचित प्रशिक्षण तथा शिक्षा के बिना वे बच्चे के उचित निर्माता नहीं बन सकते और न ही वे अपने शिक्षण व्यवसाय में पर्याप्त सफलता प्राप्त कर सकते हैं। इसमें कोई सन्देह नहीं कि स्कूल भवन, शिक्षण सामग्री, पाठ्यपुस्तकें, शिक्षण विधियाँ आदि शिक्षा की प्रगति के लिए आवश्यक हैं, परन्तु अच्छे प्रशिक्षित अध्यापकों के बिना ये सब निरर्थक एवं निर्जीव हैं।

अध्यापक शिक्षा के निम्नलिखित उद्देश्य हैं–

1. **आत्मविश्वास निर्माण के लिए**–प्रशिक्षण से अध्यापकों में आत्मविश्वास पैदा होता है। इससे अध्यापक अपने अध्यापन के आरम्भिक काल में उत्पन्न चिन्ताओं से मुक्त होने की क्षमता का निर्माण करते हैं।

2. **अध्यापन विधियों की जानकारी**–प्रभावी तथा सृजनात्मक विद्या प्राप्त करके अध्यापक अपने अध्यापक को रोचक तथा प्रभावी बना सकते हैं।

3. **बच्चों को भली प्रकार समझाना**–शिक्षा मनोविज्ञान का ज्ञान अध्यापकों को इस योग्य बना देता है कि वे बच्चों की रुचियों तथा स्वभावों को भली प्रकार जानकर उनका ठीक प्रकार मार्गदर्शन कर सकें।

4. **विषय को रोचक तथा सरल बनाना**–अध्यापक अपने शिक्षण से विषय को रोचक तथा सरल बनाकर छात्रों का ध्यान विषय की ओर आकर्षित कर सकते हैं। वह छात्रों की शंकाओं का उन्मूलन करने में सहायक होते हैं।

5. **शिक्षा क्षेत्र की नवीन पद्धतियों से जानकारी**–विज्ञान तथा शैक्षिक मनोविज्ञान ने बहुत प्रगति की है जिसके परिणामस्वरूप बदलती हुई परिस्थिति से अध्यापन को प्रभावपूर्ण बनाने के लिए उनसे परिचित होना बहुत आवश्यक है।

6. **शिक्षा का स्तर**–इसमें कोई सन्देह नहीं कि प्रशिक्षित अध्यापक शिक्षा स्तर को बढ़ाने में योगदान देते हैं।

7. **शिक्षा के क्षेत्र में नई चुनौतियों का मुकाबला करना**–राष्ट्रीय शिक्षक आयोग 1983-85 ने इसे इस प्रकार स्पष्ट किया है, "आने वाले शिक्षकों को इन सामान्य अपेक्षाओं के अलावा नए शिक्षक की जो तस्वीर हमारे मन में है उसके अनुसार उसको पहले राष्ट्रीय लक्ष्यों को शैक्षिक कार्यकलापों में ढालना होगा। उसे अपने छात्रों को राष्ट्रीय अखण्डता और एकता की भावना और उसका महत्त्व, वैज्ञानिक दृष्टिकोण की आवश्यकता, कार्य और व्यवहार के स्तर में उत्कृष्टता के प्रति निष्ठा और समाज में दिलचस्पी लेना सिखाना होगा। वह तब तक ऐसा नहीं कर सकता जब तक वह स्वयं इन मूल्यों के प्रति प्रतिबद्ध न हो। विश्व स्तर पर उसे मानव दुविधा, जनसंख्या विस्फोट, पर्यावरण प्रदूषण, न्यूक्लियर विध्वंस के खतरे और विश्वशान्ति की समझ होनी चाहिए। अध्यापक प्रशिक्षण में सबसे अधिक महत्त्वपूर्ण यह है कि अध्यापक प्रशिक्षण से सम्बन्धित कौशलों में निपुणता प्राप्त करने के अतिरिक्त वे सही अभिवृत्तियों और मूल्यों को ग्रहण करे।"

अध्यापक शिक्षा अथवा प्रशिक्षण संस्थाओं के प्रकार (Types of Teacher Education)

1. **पूर्व प्राथमिक प्रशिक्षण संस्थाएँ तथा केन्द्र**–इन प्रशिक्षण संस्थाओं तथा केन्द्रों में माण्टेसरी, नर्सरी, किण्डरगार्डन, प्री-बेसिक, शिशु मन्दिर, बाल विहार आदि स्कूलों में पढ़ाने वाले शिक्षकों का प्रशिक्षण किया जाता है। प्राय: यह देखा गया है कि इनमें प्रशिक्षण पाने वाली अधिकांश महिलाएँ ही होती हैं। इन संस्थाओं में विभिन्न प्रकार के प्रशिक्षण पाठ्यक्रम चलाए जा रहे हैं। इनमें प्रवेश के न्यूनतम शिक्षा स्तर अलग-अलग हैं। इस क्षेत्र में राज्यों द्वारा मान्यता प्राप्त संस्थाओं की संख्या लगभग नहीं के बराबर है। इनकी मान्यता प्राय: राज्य शिक्षा संस्थान द्वारा दी जाती है। इनमें सरकारी तथा गैर-सरकारी सहायता प्राप्त संस्थाएँ हैं। हाल ही में निजी प्रयासों द्वारा अनेक मान्यता प्राप्त संस्थाएँ स्थापित की गई हैं जिनका मुख्य लक्ष्य केवल धन कमाना ही है।

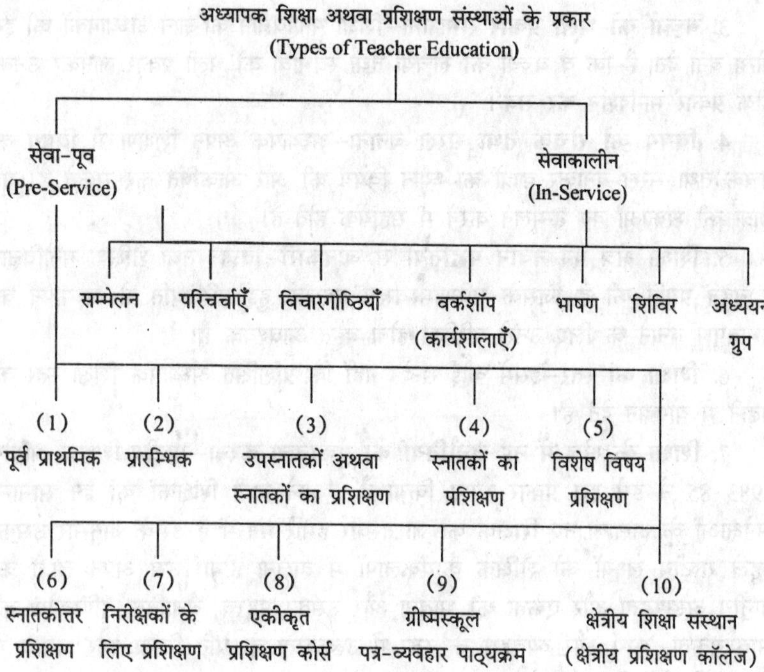

2. **प्राथमिक अथवा प्रारम्भिक कक्षाओं के लिए अध्यापकों के लिए प्रशिक्षण**–प्राय: इस प्रशिक्षण में हाई अथवा हायर सेकेण्डरी पास दो-वर्षीय पाठ्यक्रम के लिए छात्र प्रविष्ट किए जाते हैं। पास होने के पश्चात् अध्यापकों को दिए जाने वाले प्रमाण-पत्र इन नामों से पुकारे जाते हैं–जूनियर बेसिक ट्रेनिंग सर्टीफिकेट, डिप्लोमा इन टीचिंग, जे.टी. आदि। यह प्रशिक्षण दो प्रकार का है–बुनियादी तथा गैर-बुनियादी।

3. **माध्यमिक प्रशिक्षण विद्यालय**–इन प्रशिक्षण विद्यालयों में केवल वे ही व्यक्ति प्रवेश पा सकते हैं जो हाई स्कूल या इण्टरमीडिएट पास हों। किसी राज्य में इस प्रशिक्षण की अवधि 1 वर्ष है और किसी में 2 वर्ष। प्रशिक्षण के पश्चात् सी.टी. (C.T.) आदि डिप्लोमा दिया जाता है। डिप्लोमा प्राप्त अध्यापकों को लोअर सेकेण्डरी स्कूलों में नियुक्त किया जाता है। धीरे-धीरे इस प्रकार की संस्थाओं की संख्या कम हो रही है।

4. **स्नातकों के लिए सेकेण्डरी प्रशिक्षण कॉलेज**–इनका प्रशिक्षण कॉलेजों में एक वर्ष का पाठ्यक्रम होता है। प्रवेश के लिए न्यूनतम शैक्षिक योग्यता स्नातक है।

उत्तीर्ण होने वालों को विश्वविद्यालय द्वारा बी.एड. (B.Ed.) की डिग्री दी जाती है। विभिन्न राज्यों में पाठ्यक्रम एक जैसे नहीं हैं। अधिकतर प्रशिक्षण संस्थाओं में सुविधाओं का अभाव है। पहले एल.टी. (L.T.) तथा बी.टी. (B.T.) उपाधियाँ दी जाती हैं।

5. **विशेष विषय प्रशिक्षण संस्थाएँ**–हिन्दी, संस्कृत, अंग्रेजी, कला, संगीत, शारीरिक शिक्षा अध्यापकों के प्रशिक्षण के लिए विशेष संस्थाएँ खोली गई हैं।

6. **स्नातकोत्तर अध्यापकों के लिए अध्यापक शिक्षा तथा अनुसंधान संस्थाएँ**–लगभग सभी विश्वविद्यालयों में स्नातकोत्तर शिक्षा एवं अनुसंधान कार्य के लिए सुविधाएँ प्राप्त हैं।

7. **क्षेत्रीय शिक्षा संस्थान** (Regional Institutes of Education)–पहले इन्हें क्षेत्रीय प्रशिक्षण कॉलेज कहा जाता था। 1963 में एन.सी.ई.आर.टी. ने तीन कॉलेज स्थापित किए। अब ये पाँच कॉलेज हैं–भुवनेश्वर, अजमेर, मैसूर, भोपाल तथा शिलाँग। ये संस्थान परम्परागत पद्धति से हट कर अध्यापक शिक्षा के कोर्स चलाते हैं। इन संस्थाओं के निम्नलिखित कार्य हैं–

(i) अपने-अपने क्षेत्र में शिक्षा-स्तर में सुधार लाने के प्रयास करना।
(ii) माध्यमिक स्कूलों के सेवारत अध्यापकों के लिए अध्यापक शिक्षा की व्यवस्था करना।
(iii) तकनीकी विषय जैसे शिल्प, विज्ञान, गृह विज्ञान, वाणिज्य आदि के लिए अध्यापकों का प्रशिक्षण।
(iv) नए-नए प्रयोगों द्वारा उपयोगी शिक्षण सामग्री का निर्माण करना।
(v) अपने क्षेत्र में शिक्षा विभागों से सम्पर्क स्थापित करना और उनके अधिकारियों तथा शिक्षकों को नई विधियाँ और शिक्षण सामग्री के बारे में जानकारी प्रदान करना।
(vi) अनुसंधानों द्वारा नवीन शिक्षण विधियों की खोज करना।
(vii) विशेषज्ञों के लिए स्नातकोत्तर कोर्सों की व्यवस्था करना।
(viii) रा.शि.अनु.प्र.परि. की शैक्षिक गतिविधियों का अपने क्षेत्र में प्रसार करना।

8. **राज्य शिक्षा संस्थान (State Institutes of Education)**–केन्द्रीय सरकार की सहायता से सन् 1964 में 15 बड़े राज्यों में राज्य शिक्षा संस्थानों की स्थापना की गई। इन राज्य शिक्षा संस्थानों का मूल उद्देश्य निरीक्षकों के लिए प्रशिक्षण व्यवस्था करना और राज्य के बड़े शिक्षा अधिकारियों के लिए शिक्षा सम्मेलन या कार्य गोष्ठियों का आयोजन करना और बड़े प्रशिक्षण संस्थाओं के विस्तार विभाग द्वारा आरम्भ किए गए पत्र-पाठ्यक्रम की निरीक्षण व्यवस्था करना तथा राज्यों में शिक्षा सुधारों के कार्यरूप में राज्य सरकारों को सहयोग देना था। देश के सभी राज्यों तथा कई संघ प्रशासित क्षेत्रों में राज्य शिक्षा संस्थान स्थापित हो चुके हैं। इनकी इस समय संख्या 30 है।

9. **जिला शिक्षा तथा प्रशिक्षण संस्थान (District Institutes of Education and Training—DIETs)**–प्राथमिक स्कूलों में काम करने वाले शिक्षकों और गैर-औपचारिक तथा प्रौढ़ शिक्षा में कार्य कर रहे कार्यकर्ताओं के लिए सेवा-पूर्व तथा सेवारत पाठ्यक्रमों का आयोजन करने के लिए जिला शिक्षा तथा प्रशिक्षण संस्थान स्थापित किए जा रहे हैं। राष्ट्रीय शिक्षक शिक्षा परिषद् (National Council of Teacher Education) इन संस्थानों का उचित मार्ग दर्शन करती है।

इस समय 599 जिलों में लगभग 500 संस्थान स्थापित किए जा चुके हैं।

10. **अध्यापक शिक्षा का पत्राचार कोर्स संस्थान (Institutes for Teacher Education—Correspondence Courses)**–अप्रशिक्षित अध्यापकों को प्रशिक्षण देने

के लिए पत्राचार पाठ्यक्रम बहुत उपयुक्त है। इस योजना के अधीन अध्यापकों को अधिक समय के लिए स्कूल से बाहर नहीं रहना पड़ता।

11. **राष्ट्रीय शैक्षिक अनुसंधान और प्रशिक्षण परिषद (रा. शै. अनु. प्र. परि.)**– रा. शै. अनु. प्र. परिषद् का शिक्षक विभाग अध्यापक शिक्षा के क्षेत्र में अनुसंधान शिक्षण सामग्री तैयार करने तथा प्रशिक्षण विस्तार सेवाओं के कार्य करता है।

जिला शिक्षा एवं प्रशिक्षण संस्थान
(District Institutes of Education and Training)

भूमिका–जिला शिक्षा प्रशिक्षण संस्थान–जि.शि.प्र.सं. की अवधारणा शिक्षा नीति 1986 की उपज है। शिक्षा नीति में प्राथमिक स्तर पर अध्याप शिक्षा को सुदृढ़ करने के लिए इस अभिकरण की संस्तुति की गयी। इस संदर्भ में क्रियान्वयन कार्यक्रम (Programme of Activity) में कहा गया कि प्रत्येक जिले में एक DIET की स्थापना की जाएगी।

वर्ष 2004 तक 599 जिलों में से 498 जिलों में ये संस्थान स्थापित किये गये थे।

जिला शिक्षा एवं प्रशिक्षण संस्थान के मुख्य कार्य (Main Functions of DIETs)

प्राथमिक स्तर पर सेवाकालीन तथा सेवापूर्व अध्यापक शिक्षा कार्यक्रमों को व्यवस्थित करना।

राज्यवार डाइटों की संख्या (Statewise Number of DIETs)

क्र. सं.	*राज्य*	*संख्या*	*क्र. सं.*	*राज्य*	*संख्या*
1.	आन्ध्र प्रदेश	23	19.	नागालैण्ड	06
2.	अरुणाचल प्रदेश	11	20.	उड़ीसा	17
3.	असम	19	21.	पंजाब	17
4.	बिहार	24	22.	राजस्थान	30
5.	छत्तीसगढ़	07	23.	सिक्किम	03
6.	गोवा	01	24.	तमिलनाडु	29
7.	गुजरात	07	25.	त्रिपुरा	04
8.	हरियाणा	17	26.	उत्तर प्रदेश	70
9.	हिमाचल प्रदेश	12	27.	उत्तरांचल	10
10.	जम्मू तथा कश्मीर	04	28.	पश्चिम बंगाल	16
11.	झारखण्ड	10	29.	अण्डमान व निकोबार	01
12.	कर्नाटक	20	30.	चण्डीगढ़	–
13.	केरल	14	31.	दादरा और नागर हवेली	–
14.	मध्य प्रदेश	38	32.	दमन और दीव	–
15.	महाराष्ट्र	30	33.	दिल्ली	07
16.	मणिपुर	08	34.	लक्षद्वीप	01
17.	मेघालय	07	35.	पाण्डिचेरी	1
18.	मिजोरम	08		**कुल**	**498**

राष्ट्रीय शिक्षक शिक्षा परिषद्
(National Council for Teacher Education—NCTE)

राष्ट्रीय शिक्षक शिक्षा परिषद् की स्थापना (Establishment of NCTE)

कोठारी शिक्षा आयोग की संस्तुतियों के पश्चात् 1973 में केन्द्रीय और राज्य सरकारों को अध्यापक शिक्षा के क्षेत्र में व्याप्त समस्याओं एवं विभिन्न कठिनाइयों के निराकरण हेतु आवश्यक सुझाव देने के लिए ही मूलतः इस परिषद् का गठन किया गया। सन् 1993 में 'National Council for Teacher Education Act' बनाया गया तथा इसका मुख्यालय दिल्ली में स्थापित किया गया। 1995 में इस परिषद् को वैधानिक दर्जा दिया गया और एन.सी.ई.आर.टी. के समान ही स्वायत्तशासी होने का अधिकार भी मिल गया। नई दिल्ली में आज इस परिषद् का अपना पृथक् कार्यालय है।

1993 से पूर्व राष्ट्रीय अध्यापक परिषद् के मुख्य कार्य (Main Functions of NCTE before 1993)

1. अध्यापक शिक्षा से सम्बन्धित समस्त विषयों में भारत सरकार को सुझाव एवं परामर्श प्रदान करना और सेवापूर्व तथा सेवाकालीन अध्यापक शिक्षा पाठ्यक्रम का मूल्यांकन करना और सुधार हेतु योजना निर्माण करना।
2. राज्य सरकारों को भी आवश्यकतानुसार अध्यापक शिक्षा के क्षेत्र में किसी योजना के गठन में सहायता एवं सुझाव प्रदान करना।
3. पंचवर्षीय योजनाओं में जिन योजनाओं को अध्यापक शिक्षा के परिप्रेक्ष्य में तैयार किया गया हो, उनकी निरन्तर प्रगति की समीक्षा करना।
4. सरकार को इस बारे में निर्णय ग्रहण में सहयोग करना कि देश में अध्यापक शिक्षा के स्तर को किस प्रकार से अपेक्षित एवं अभीष्ट वर्गीय बनाया जाए।
5. परिषद् से किसी सम्बन्धित आयाम के सन्दर्भ में यदि सरकार के द्वारा राय माँगी जाती है तो उपयुक्त सुझाव एवं अभिमत प्रस्तुत करना।

1995 के अधिनियम के अनुसार कार्य

1995 के एन.सी.टी.ई. अधिनियम के तहत इस परिषद् के कार्यक्षेत्र में विस्तारण हो पाया जिन्हें अग्रानुसार प्रस्तुत किया जा सकता है–

1. **मान्यता प्रदान करना**–अध्यापक शिक्षा के विभिन्न स्तरीय पाठ्यक्रमों के संचालन के लिए विश्वविद्यालय, महाविद्यालय या संस्थानों के शिक्षा विभागों को परिषद् द्वारा मान्यता प्राप्त करना आवश्यक माना गया और संसाधन एवं सुविधाओं की उचित जाँच करने के बाद जो कि सम्बन्धित विभाग में उपलब्ध हो, परिषद् का कार्य उन्हें मान्यता प्रदान करना है।

2. **प्रमाणीकरण करना**–अध्यापक शिक्षा हेतु निर्धारित मानकों को ध्यान में रखते हुए परिषद् का कार्य अध्यापक शिक्षा संस्थानों की निरीक्षण समितियों के माध्यम से जाँच करने के बाद उनका प्रमाणीकरण करना भी है। मान्यता में जहाँ उपाधि को वैध करार दिया जाता है वहीं पर प्रमाणीकरण में संस्थान को अध्यापक शिक्षा के किसी भी स्तरीय पाठ्यक्रम को संचालित करने के लिए योग्य माना जाता है जो कि शिक्षण-प्रशिक्षण सम्बन्धी आवश्यक साधन एवं सुविधाओं की पर्याप्तता पर निर्भर करता है।

3. **अधिकार-पत्र प्रदान करना**–इसके तहत परिषद् को उपयुक्त उपाधिधारी किसी व्यक्ति को शिक्षण कार्य को करने के लिए अधिकार-पत्र प्रदान करना आता है। पहले इसे दो वर्ष तक के लिए और पुनः बाद में 5 या 10 वर्ष की अवधि हेतु और अन्ततः आजीवन वैध अधिकार प्रदान किये जाने का प्रावधान किया गया है।

4. **अन्य कार्य**–इन प्रमुख कार्यों के अतिरिक्त जिन अन्य कार्यों को परिषद् के लिए निर्दिष्ट किया गया है उनमें से अध्यापक शिक्षा के क्षेत्र में विभिन्न वैषयिक सर्वेक्षण को कराना और प्राप्त परिणामों का प्रकाशन करना, अध्यापक शिक्षा कार्यक्रमों के लिए समन्वयन और नियमन (कोऑर्डीनेटिंग मॉनीटरिंग) करना, अध्यापक-शिक्षकों के लिए न्यूनतम योग्यता सम्बन्धी दिशा-निर्देश तैयार करना, किसी स्तर पर अध्यापक शिक्षां पाठ्यक्रम में सम्मिलित होने के लिए मानक (न्यूनतम शैक्षिक योग्यता, कुशलता, दक्षता आदि) को निर्धारित करना, अध्यापक शिक्षा में नवीन पाठ्यक्रम एवं कार्यक्रमों के प्रारम्भीकरण के लिए उपयुक्त दिशा-निर्देश और विशिष्ट आवश्यकताओं की सूची तैयार करना जिनमें सामान्य तथा विशिष्ट दोनों ही स्तरीय अध्यापक शिक्षा शामिल हों (वर्तमान में विशिष्ट अध्यापक शिक्षा के क्षेत्र में भारतीय पुनर्वास परिषद् के द्वारा सम्बन्धित दिशा-निर्देशन तथा अपेक्षा सूची तैयार की गई)। नियमित रूप से नवचारिक और शोध सम्बन्धी गतिविधियों को अध्यापक शिक्षा के क्षेत्र में संचालित करना, समस्त अध्यापक शिक्षा कार्यक्रमों का निरीक्षण एवं अनुदान हेतु प्रबन्ध करना, अध्यापक शिक्षा के क्षेत्र में अन्तर्राष्ट्रीय सम्बन्धों को विकसित करना, सेवाकालीन अध्यापक शिक्षा योजना निर्माण और उनका क्रियान्वयन करना ताकि सेवारत अध्यापक अध्यापिकाओं को नवीनतम अनुसंधान और सूचनाओं के बारे में अभिज्ञता प्राप्त हो सके, अन्य संगठनों की सहभागिता को अध्यापक शिक्षा के क्षेत्र में सुनिश्चित करना ताकि व्यवस्था का विकेन्द्रीकरण हो सके, अध्यापक शिक्षा के क्षेत्र में वाणिज्यीकरण को रोकते हुए गुणवत्ता स्तर के उन्नयन एवं नियन्त्रण को सुनिश्चित करना, अध्यापक शिक्षा कार्यक्रमों को उत्तम अध्यापक/अध्यापिकाओं की तैय्यारी के लिए दायित्वशील बनाना आदि प्रमुख हैं।

अध्यापक परिषद् के क्षेत्रीय कार्यालय

अध्यापक परिषद् ने चार क्षेत्रीय कार्यालय स्थापित किए हैं।

अध्यापक परिषद् के कार्य का मूल्यांकन

आशा की गई थी कि देश में अध्यापक परिषद् की स्थापना के पश्चात् अध्यापक प्रशिक्षण में पर्याप्त सुधार हो सकेगा। परन्तु परिणाम उत्साहजनक नहीं निकले। अध्यापक शिक्षा में वाणिज्यीकरण का बोलबाला है। ठोस कदम उठाए बिना शिक्षक शिक्षा में सुधार होना सम्भव नहीं है।

अध्यापक शिक्षा में दोष (Shortcomings in Teacher Education)

समय-समय पर आयोगों, समितियों तथा गोष्ठियों में अध्यापक शिक्षा के दोषों पर प्रकाश डाला गया है तथा उनको दूर करने के उपाय बताए गए हैं। जहाँ पर केवल दो आयोगों के विचारों का विवरण दिया जा रहा है।

1. शिक्षा आयोग 1964-66
2. राष्ट्रीय शिक्षक आयोग I स्कूल शिक्षक आयोग 1983-85 (National Teacher Commission I for School Teachers)

शिक्षा आयोग 1964 तथा अध्यापक शिक्षा के दोष

1. साधारणत: प्राथमिक और माध्यमिक स्कूलों के अध्यापकों की शिक्षा संस्थाएँ विश्वविद्यालयों के शैक्षिक जीवन की धारा से अलग रही हैं।
2. साधारणत: प्राथमिक और माध्यमिक स्कूलों के अध्यापकों की शिक्षा संस्थाएँ स्कूलों की दैनिक समस्याओं से अलग रही हैं।
3. थोड़े-से अपवादों को छोड़ दिया जाए तो सामान्यत: शिक्षा संस्थाएँ मध्यम या घटिया कोटि की ही होती हैं।
4. पाठ्यक्रम अधिकतर परम्परागत होते हैं।
5. कार्यक्रम अधिकतर परम्परागत हैं।
6. कार्यक्रमों में वास्तविकता बहुत कम है।
7. कार्यक्रमों में सजीवता नहीं होती है।
8. शिक्षण के अभ्यास के लिए नीरस तकनीकें हैं।
9. शिक्षण के अभ्यास के लिए परम्परागत पद्धतियाँ अपनाई जाती हैं।
10. आज की आवश्यकताओं पर बहुत कम ध्यान रखा जाता है।

शिक्षक सुधार हेतु आयोग द्वारा दिए गए सुझाव

1. शिक्षक-शिक्षा की पृथकता का अन्त करना।
2. अध्यापकों की वृत्तिक शिक्षा में सुधार।
3. प्रशिक्षण-काल।
4. प्रशिक्षण-संस्थाओं में सुधार।

5. प्रशिक्षण-सुविधाओं में विस्तार।
6. उच्च शिक्षा के शिक्षकों की व्यावसायिक तैयारी।
7. अध्यापक-शिक्षा के स्तर।

शिक्षक-शिक्षा का पृथकता दूर करना

1. 'शिक्षा' विषय को विश्वविद्यालयों के प्रथम और द्वितीय डिग्री कोर्सों (अर्थात् बी.ए. और एम.ए.) के पाठ्यक्रमों में स्थान दिया जाए।
2. चुने हुए विश्वविद्यालयों में अध्यापक-शिक्षा के कार्यक्रमों के विकास, अध्ययन और अनुसंधान के लिये 'शिक्षा-विभागों' (Schools of Education) की स्थापना की जाए।
3. प्रत्येक प्रशिक्षण-संस्था में 'प्रसार-सेवा-विभाग' (Extension Service Department) की स्थापना की जाए।
4. प्रशिक्षण-संस्थाओं में 'पुरातन छात्र-संघों' (Old Boys' Associations) की स्थापना की जाए। ये छात्र शिक्षकों के साथ शिक्षा के विभिन्न विषयों, समस्याओं और पाठ्यक्रमों पर विचार-विमर्श करें।
5. प्रशिक्षण-काल में छात्राध्यापकों से मान्यता-प्राप्त स्कूलों में ही शिक्षण का अभ्यास कराया जाए।
6. सरकार द्वारा इन स्कूलों को उपयुक्त शिक्षण-सामग्री और साज-सज्जा के लिये विशेष अनुदान दिया जाए।
7. प्रशिक्षण-विद्यालयों और उनके सम्बद्ध अध्यापन-अभ्यास (Teaching-Practice) के स्कूलों के शिक्षकों में समय-समय पर विनिमय (Exchange) किया जाए।
8. विभिन्न प्रकार की शिक्षण-संस्थाओं की पृथकता को दूर करने के लिए सब को 'ट्रेनिंग कॉलेजों' की संज्ञा दी जाए, और उनको विश्वविद्यालयों से सम्बद्ध किया जाए।
9. प्रत्येक राज्य में 'कॉम्प्रीहेन्सिव कॉलेजों' (Comprehensive Colleges) का निर्माण किया जाए, जिनमें शिक्षा के विभिन्न स्तरों के लिए अध्यापकों को प्रशिक्षण दिया जाए।
10. प्रत्येक राज्य में 'अध्यापक-शिक्षा की राज्य परिषद् (State Board of Teacher-Education) स्थापित किया जाए। यह बोर्ड सब स्तरों और सब क्षेत्रों में अध्यापक-शिक्षा के लिए उत्तरदायी बनाया जाए; यथा–
    (अ) प्रशिक्षण-संस्थाओं के लिए स्तरों का निर्धारण;
    (ब) शिक्षक-शिक्षा के पाठ्यक्रमों, कार्यक्रमों, परीक्षाओं, पाठ्य-पुस्तकों, तथा शिक्षण-सामग्री में सुधार;
    (स) प्रशिक्षण-संस्थाओं की मान्यता के लिए प्रतिबन्धों का निर्धारण;

(द) इन संस्थाओं के निरीक्षण की व्यवस्थता;

(य) प्रशिक्षण-शिक्षा के विकास के लिए तात्कालिक तथा दीर्घकालीन योजनाओं का निर्माण।

वृत्तिक व्यावसायिक शिक्षा में सुधार (Improvement in Professional Education)

1. प्रशिक्षण-विद्यालयों के पाठ्यक्रमों की दशा और विषय-सामग्री को इस प्रकार परिवर्तित किया जाए कि छात्राध्यापकों को स्कूलों में पढ़ाए जाने वाले विषयों की जटिलताओं, धारणाओं और उद्देश्यों का पूर्ण ज्ञान हो जाए।
2. विश्वविद्यालयों में सामान्य और वृत्तिक व्यावसायिक शिक्षा के एकीकृत (Integrated) पाठ्यक्रम प्रारम्भ किए जाएँ।
3. वृत्तिक व्यावसायिक अध्ययन को सजीव बनाया जाए और शिक्षा में अनुसंधान का विकास करके इसको भारतीय स्थितियों पर आधारित किया जाए।
4. शिक्षण और मूल्यांकन की प्रगतिशील विधियों का प्रयोग किया जाए।
5. अध्यापन के अभ्यास में गुणात्मक सुधार किया जाए।
6. विशिष्ट पाठ्यक्रमों और कार्यक्रमों का निर्माण किया जाए।
7. अध्यापक-शिक्षा के सब स्तरों पर पाठ्यक्रमों और कार्यक्रमों को दोहराया जाए। ऐसा करते समय उन आधारभूत उद्देश्यों को ध्यान में रखा जाए, जिनको प्राप्त करने के लिए शिक्षकों को तैयार किया जा रहा है।

प्रशिक्षण काल (Training Period)

1. प्राइमरी स्कूलों के उन शिक्षकों के लिए जो सेकेण्डरी कोर्स पास हैं, प्रशिक्षण की अवधि 2 वर्ष की रखी जाए।
2. माध्यमिक स्कूलों के उन शिक्षकों के लिए, जो स्नातक हैं; प्रशिक्षण की अवधि कुछ समय तक 1 वर्ष की रखी जाए, पर इस अवधि को बढ़ा कर 2 वर्ष कर दी जाए।
3. यदि माध्यमिक विद्यालयों के शिक्षकों के प्रशिक्षण-काल को 2 वर्ष का करना सुगम न हो, तो उनको एक वर्ष में 230 दिन प्रशिक्षण दिया जाए।
4. शिक्षा में स्नातकोत्तर पाठ्यक्रम की अवधि को बढ़ाकर 4 सत्र (Terms) अथवा 1½ वर्ष का कर दिया जाए।

प्रशिक्षण संस्थाओं में सुधार (Improvement in Training Institutes)

1. प्रशिक्षण कॉलेजों में अध्यापकों के पास दो स्नातकोत्तर उपाधियाँ (Master's Degrees) होनी चाहिए। इन उपाधियों के साथ-साथ उनके पास शिक्षा की उपाधि (Degree in Education) भी होनी चाहिए।

2. प्रशिक्षण कॉलेजों के अध्यापकों में से कुछ के पास 'डॉक्टर' (Ph.D.) की उपाधि होनी चाहिए।
3. विज्ञान, समाजशास्त्र, विज्ञान या गणित ऐसे विषयों को पढ़ाने के लिए योग्य विशेषज्ञों को नियुक्त किया जाना चाहिए, भले ही वे अप्रशिक्षित (Untrained) हों।
4. स्कूलों में कार्य करने वाले अप्रशिक्षित अध्यापकों को प्रशिक्षण देने के लिए 'ग्रीष्मकालीन संस्थाओं' (Summer Institutes) का आयोजन किया जाए।
5. उसी छात्र को किसी विषय के शिक्षण में विशेष योग्यता प्राप्त करने की अनुमति दी जाए, जिसने उस विषय में प्रथम उपाधि (B.A. etc.) या उसके समकक्ष परीक्षा पास की हो।
6. राज्यों तथा संघीय क्षेत्रों को यह नियम बनाना चाहिए कि माध्यमिक-स्कूलों में शिक्षक उन्हीं विषयों को पढ़ा सकते हैं, जिनका उन्होंने विश्वविद्यालय-उपाधि के लिए अध्ययन किया हो। यदि वे किसी अन्य विषय को पढ़ाएँ तो उन्हें उस विषय में पत्र-व्यवहार द्वारा या समर-इन्स्टीट्यूट में विशेष कोर्स का अध्ययन करना चाहिए।
7. प्रशिक्षण-कॉलेजों में प्रथम तथा द्वितीय श्रेणी प्राप्त छात्रों को प्रवेश देने का प्रयास किया जाए और उनको उपयुक्त छात्रवृत्तियाँ दी जाएं।
8. प्राइमरी स्कूलों के शिक्षकों को प्रशिक्षण देने वाली संस्थाओं के अध्यापक या तो शिक्षा विषय में एम.ए. (M.A. in Education) हों, या किसी अन्य विषय में स्नातकोत्तर उपाधि (M.A., M. Sc. आदि) के साथ बी.एड. (B. Ed.) की उपाधि प्राप्त कर चुके हों।
9. प्राथमिक स्कूलों में नये शिक्षकों की नियुक्ति उन व्यक्तियों में से की जाए, जो 10 वर्ष की 'सामान्य शिक्षा' (General Education) पूर्ण कर चुके हों। इस प्रतिबन्ध को जन-जातीय क्षेत्रों में तथा अध्यापिकाओं के लिए कठोरता के साथ लागू न किया जाए।
10. प्राथमिक स्कूलों में जो अप्रशिक्षित शिक्षक कार्य कर रहे हैं, उनके लिए पत्र-व्यवहार द्वारा शिक्षा की व्यवस्था की जाए और उन्हें अध्ययन करने के लिए अवकाश दिया जाए, जिससे वे अपनी योग्यता में उन्नति कर सकें।
11. प्राथमिक स्कूलों में आने वाले स्नातक शिक्षकों के लिए विशेष पाठ्यक्रमों का आयोजन किया जाए।
12. प्रशिक्षण संस्थाओं में छात्रों से शुल्क न लिया जाए और उनके लिए छात्रवृत्तियों तथा ऋण की व्यवस्था की जाए।
13. प्रत्येक प्रशिक्षण-संस्था से सम्बद्ध एक प्रयोगात्मक (Experimental) स्कूल होना चाहिए।

14. छात्राध्यापकों तथा शिक्षकों को आवास की उपयुक्त सुविधाएँ प्रदान की जाएं।
15. प्रचलित प्रशिक्षण-संस्थाओं में पुस्तकालयों, प्रयोगशालाओं, वर्कशॉपों आदि की स्थिति बहुत असन्तोषजनक है। अतः इनकी दशा में सुधार किया जाए।

राष्ट्रीय शिक्षक आयोग I स्कूल शिक्षक आयोग 1983-1985 की अध्यापक प्रशिक्षण के लिए संस्तुतियाँ (Recommendations of National Teacher Commission I—School Teacher Commission)

राष्ट्रीय शिक्षक आयोग I ने निम्न संस्तुतियाँ कीं–

1. **एकीकृत चार वर्षीय पाठ्यक्रम (Integrated Four-Year Course)**– माध्यमिक स्कूलों में कार्य करने वाले अध्यापकों के प्रशिक्षण हेतु उच्चतर माध्यमिक शिक्षा के बाद एक चार वर्षीय एकीकृत प्रशिक्षण पाठ्यक्रम (कोर्स) तथा यदि हो सके तो पाँच वर्ष का आरम्भ किया जाए। इस प्रकार के चार वर्षीय कोर्स के कॉलेज को अपनी भौतिक सुविधाओं को बढ़ाने व सुधारने के लिए 20 लाख रुपए की अनुदान राशि की आवश्यकता होगी। जिसे पूरा किया जाए।

एक वर्षीय बी.एड. कोर्स में कार्य के घण्टे बढ़ाकर 220 दिनों को सुनिश्चित किया जाए।

संघटित चार वर्षीय पाठ्यक्रम वाली शिक्षा की डिग्री के लिए दो घटकों को होना चाहिए, साधारण शिक्षा एवं व्यावसायिक उपक्रम।

साधारण शिक्षा में शामिल हों–

1. भाषा का अध्ययन।
2. स्कूल में पढ़ाए गए विषयों में से तीन या चार विषय।
3. सेमिनार, परियोजनाएँ तथा अध्ययन भ्रमण।

व्यावसायिक भाग में निम्नलिखित शामिल हों–

(i) शैक्षिक मनोविज्ञान, शैक्षिक समाजशास्त्र तथा शैक्षिक दर्शनशास्त्र सहित शिक्षा का अध्ययन विषय के रूप में।
(ii) शिक्षण का अभ्यास तथा इसके विषय व पद्धति तंत्र; तथा
(iii) अध्यापक के कार्य से सम्बन्धित विभिन्न शैक्षिक तकनीक का पठन जिसमें शैक्षिक तकनीकी विज्ञान तथा सॉफ्टवेयर की तैयारी सम्मिलित हो।

2. **शैक्षिक तकनीकी अथवा प्रौद्योगिकी**–शैक्षिक तकनीकी में अध्यापक शिक्षकों का एक वर्ग बनाया जा सकता है। एक ऐसा प्राध्यापक शिक्षक शिक्षा के प्रत्येक कॉलेज में नियुक्त किया जा सकता है।

3. **अध्यापक शिक्षा संयुक्त जिम्मेवारी (Teacher Education-A Cooperative Affair)**–अध्यापक का निर्माण शिक्षक कॉलेज व अभ्यास प्रशिक्षण स्कूल की संयुक्त जिम्मेदारी जानी चाहिए।

सहपाठ्यक्रम (Co-curricular Activities) अध्यापन के तरीकों के अतिरिक्त छात्र अध्यापकों को अन्य भूमिकाओं में अनुभव प्राप्त होना चाहिए जैसे सह-पाठ्यक्रम कार्य-कलापों का संगठन तथा समुदाय के साथ कार्य करना।

4. **नयी शब्दावली**–अध्यापन के तरीकों के अतिरिक्त छात्र अध्यापकों को अन्य भूमिकाओं में अनुभव प्राप्त होना चाहिए जैसे सह-पाठ्यक्रम कार्य-कलापों का संगठन तथा समुदाय के साथ कार्य करना।

इन्टर्नशिप (Internship) की अवधि अध्ययन काल के तीसरे वर्ष में चार सप्ताह व चौथे वर्ष में तीन सप्ताह से कम नहीं होनी चाहिए। इस अवधि में, अन्य क्रियाओं के साथ-साथ, ब्लैकबोर्ड पर लिखने, आरेखण कला, अध्ययन के लिए सहायक एवं सुधार लाने से संबंधित पुस्तक बनाने तथा तकनीकी उपकरणों का प्रयोग करने पर जोर देना चाहिए। सह-पाठ्यक्रम कार्य-कलापों में भाग लेना जैसे, खेल, क्रीड़ा, संगीत, नाच, नाटक अनिवार्य होना चाहिए।

5. **मूल्यांकन (Assessment)**–संकाय (Faculty) को कक्षा में छात्र-अध्यापक के निष्पादन के मूल्यांकन के लिए सही उपकरण बनाने चाहिए तथा कार्य की ओर रुझान, बच्चों के लिए प्यार, वैज्ञानिक दृष्टिकोण आदि जैसे तत्त्वों पर भी ध्यान रखना चाहिए। स्वयं आकलन (Self Assessment) तथा पाठ-पूर्व एवं पाठ-पश्चात् के चर्चा को बढ़ावा देना चाहिए।

6. **शिक्षक शिक्षा पाठ्यक्रम का पुनरीक्षण (Review of Teacher Education)**– अध्यापक शिक्षा की राष्ट्रीय परिषद् 1978 द्वारा निर्मित अध्यापक शिक्षा के पाठ्यक्रम का विभिन्न विश्वविद्यालयों के बोर्ड ऑफ स्टडीज इन एजूकेशन द्वारा पुनरीक्षण होना चाहिए और उचित तरीके से उसमें सुधार होना चाहिए।

7. **अध्यापक शिक्षकों की योग्यताएँ (Qualifications of Teacher Educators)**– अध्यापक शिक्षक की न्यूनतम योग्यता विषय में स्नातकोत्तर डिग्री तथा बी.एड. होनी चाहिए। यदि एम.एड. डिग्री हो तो अति उत्तम।

अध्यापकों के प्रशिक्षण कॉलेजों में कुछ प्राध्यापक सौंपे गए विषयों को पढ़ाने में योग्य नहीं हैं। ऐसी मुश्किल के निवारण के लिए, यह वांछनीय होगा कि अध्यापन प्रशिक्षण कॉलेज ऐसे विषय रखें जिनके पढ़ाने के लिए उनके पास निर्धारित योग्यता वाले शिक्षक हों।

अध्यापक प्रशिक्षकों को स्वयं उन कुशलताओं के प्रयोग में दक्ष होना चाहिए जिन्हें वे अपने प्रशिक्षणार्थियों में विकसित करने की खोज में हैं। विशेष तौर पर, उन्हें शैक्षिक तकनीकी विज्ञान की सामग्री के प्रयोग एवं अनुरक्षण में दक्ष होना चाहिए तथा सम्बन्धित सामग्री के लिए प्राप्य स्रोतों की जानकारी होनी चाहिए।

8. **शिविरों आदि का आयोजन (Organisation of Camps)**–कॉलेजों को अपने अध्यापक प्रशिक्षणार्थियों के लिए शिविर आयोजित करके सह-पाठ्यक्रम कार्यकलापों में संगठनात्मक कुशलताओं को विकसित करने चाहिए। इस कार्य के लिए बाल भवन (Bal

Bhawan), नेशनल स्कूल ऑफ ड्रामा (National School of Drama) तथा नेशनल फिल्म इन्स्टीट्यूट (National Film Institute) जैसी संस्थाओं की मदद ली जा सकती है।

9. **कुशलताओं का विकास (Promotion of Skills)**–वृत्तिक व्यावसायिक तैयारी के लिए शिक्षण कुशलताओं का विकास, जैसे कहानी सुनाना, पाठ, ब्लैकबोर्ड पर लिखना, नई तकनीक का प्रयोग आदि महत्त्वपूर्ण हैं। इसी प्रकार कला, संगीत, क्राफ्ट तथा नाच पर अधिक बल देना जरूरी है।

10. **शिक्षक प्रशिक्षकों का अलग केडर (Separate Cadre for Teacher Educators)**–आयोग ने यह नोट किया कि कभी-कभी कम प्रभावी स्कूलों के जिला इन्स्पेक्टरों का तबादला अध्यापक प्रशिक्षण संस्थाओं में कर दिया जाता है। आगे से इस प्रक्रिया को समाप्त करने की संस्तुति दी है। यदि आवश्यक हो तो अध्यापक प्रशिक्षण, सेवारत शिक्षा और अनुसंधान कार्य में लगे व्यक्तियों का एक अलग से संवर्ग बनाया जाए।

11. **पत्राचार कोर्स (Correspondence Course)**–बी.एड. प्रशिक्षण के लिए पत्राचार-व-संपर्क पाठ्यक्रमों के लिए कोई आपत्ति नहीं होनी चाहिए। यदि अभ्यास तथा निरीक्षण की संतोषजनक व्यवस्था हो उन्हें स्वीकार कर लेना चाहिए।

12. **शिक्षक कॉलेजों के लिए मापदण्ड (Norms for Colleges of Education)**–आरम्भिक तथा माध्यमिक अध्यापक प्रशिक्षण संस्थाओं के भौतिक तथा स्टॉफ स्रोतों के लिए एन.सी.टी.ई. द्वारा विकसित मानदण्ड, विशेषतया हमारी सिफारिशों के आधार पर चार वर्षीय संगठित पाठ्यक्रम तथा व्यावहारिक कुशलताओं को प्राप्त करने के और अधिक प्रयास के पक्ष में पुनरीक्षित किए जाएं।

13. **वित्तीय सहायता (Financial Grants)**–प्रत्येक कॉलेज को उसकी चलने वाले प्रशिक्षण आधारिक-संरचना को सुधारने के लिए अनावर्ती अनुदान दिया जाना चाहिए।

14. **अध्यापक प्रशिक्षण के लिए चुनाव (Selection of Candidates for Teacher Training)**–अध्यापक को प्रशिक्षण के लिए चुनते समय निम्नलिखित बातों का ध्यान रखना चाहिए–

(i) अच्छा स्वास्थ्य,
(ii) भाषा योग्यता तथा सम्प्रेषण दक्षताएँ,
(iii) मानसिक कुशलता,
(iv) संसार की सामान्य जानकारी,
(v) जीवन का निश्चित दृष्टिकोण, तथा
(vi) अच्छे मानवीय संबंधों की क्षमता।

प्रशिक्षणार्थियों का चयन ऑब्जेक्टिव टैस्ट, श्रेणी के मापदण्ड, ग्रुप-विचार विनिमय तथा वैयक्तिक साक्षात्कारों के माध्यम से होना चाहिए।

15. **पहले भर्ती फिर चुनाव (First Appointment then Training)**–अप्रशिक्षित

प्रथम श्रेणी के स्नातक/स्नातकोत्तर की भर्ती करने, तथा बाद में उन्हें सेवाकाल में पत्राचार या संपर्क प्रोग्राम द्वारा पूर्ण प्रशिक्षण देने का प्रयास भी किया जा सकता है।

प्राथमिक स्कूलों के अध्यापकों के लिए प्रशिक्षण (Education/Training of Teachers for Primary Schools)

राष्ट्रीय अध्यापक आयोग ने निम्नलिखित सिफारिशें की हैं–

1. प्राथमिक अध्यापकों के लिए कक्षा बारह के बाद दो साल का प्रशिक्षण कोर्स अपेक्षित है। प्राथमिक अध्यापकों के प्रशिक्षण के लिए इस पैटर्न को सामान्य पैटर्न के रूप में स्थापित करने में यथाशीघ्र कदम उठाए जा सकते हैं। कक्षा दस के बाद चार वर्षीय संघटित प्रोग्राम के विकास की संभावना के सब ऊर्ध्ववर्ती गतिशीलता की गठित व्यवस्था (In Built Provision for Upward Mobility) के बारे में खोज भी की जानी चाहिए।
2. प्राथमिक अध्यापकों के लिए प्रशिक्षण पाठ्यक्रम में सामान्य शिक्षा और व्यावसायिक तैयारी भी शामिल हो। भाषा में पाण्डित्य और संचार कुशलताओं तथा प्रशिक्षणार्थियों के मूल्य अभिविन्यास पर पर्याप्त बल देने की आवश्यकता है।
3. प्राथमिक प्रशिक्षण संस्थान के लिए अध्यापक प्रशिक्षक पहले अभ्यासरत प्राथमिक स्कूलों के संवर्ग से लेने चाहिए। अन्य स्टाफ की कम से कम योग्यता स्नातकोत्तर डिग्री के साथ बी.एड. प्रशिक्षण होना चाहिए। उनकी सेवारत शिक्षा उतनी ही महत्त्वपूर्ण है।

राष्ट्रीय शिक्षा नीति 1986 तथा 1992 तथा अध्यापक प्रशिक्षण (National Policy on Education and Teacher Education)

राष्ट्रीय शिक्षा नीति के भाग 9 के अन्तर्गत शिक्षकों की भूमिका तथा प्रशिक्षण के लिए निम्न प्रकार के निर्देशनों का विवरण है–

9.1 अध्यापक का दर्जा समाज के सामाजिक-सांस्कृतिक स्वरूप को प्रदर्शित करता है; ऐसी कहावत है कि लोग अपने अध्यापकों के स्तर से ऊपर नहीं उठ सकते। सरकार और समुदाय को ऐसी परिस्थितियाँ उत्पन्न करने के लिए प्रयास करने चाहिए जो रचनात्मक और सक्रिय रूपरेखाओं पर अध्यापकों को गतिशील बनाने और उनके प्रेरणा देने में सहायक होंगी। अध्यापकों के समुदाय की आवश्यकताओं और उनसे संबंधित योग्यताओं के अनुरूप क्रियाकलापों और संचार के नए तथा उपयुक्त तौर-तरीके ईजाद करने के लिए स्वतंत्र होना चाहिए।

9.2 अध्यापकों की भर्ती प्रणालियों का पुनर्गठन किया जाएगा ताकि योग्यता तथा उद्देश्यात्मकता को सुनिश्चित किया जा सके और वे कार्यात्मक आवश्यकताओं के अनुरूप हों। अध्यापकों के वेतन और सेवा-शर्तों को उनके सामाजिक और व्यावसायिक उत्तरदायित्वों के अनुरूप बनाना होगा ताकि इस व्यवसाय के प्रति प्रतिभाशाली व्यक्तियों को आकर्षित किया जाए सके। देश-भर में अध्यापकों के लिए समान परिलब्धियों, सेवा-शर्तों तथा

शिकायत निवारक तंत्र वांछनीय उद्देश्य को सुनिश्चित करने की रूपरेखाएँ तैयार की जाएंगी। अध्यापकों के लिए एक स्पष्ट मूल्यांकन सहभागिता और आँकड़ों पर आधारित एक प्रणाली का सृजन किया जाएगा जिसमें उच्च ग्रेड में पदोन्नति के लिए समुचित अवसर प्रदान किए जाएंगे। अच्छे कार्य संपादन के लिए प्रेरणा देने के लिए उपयुक्त मानदण्ड निर्धारित किए जाएंगे और कार्य-निष्पादन न करने के लिए उन्हें प्रोत्साहन नहीं दिया जाएगा। शैक्षिक कार्यक्रमों को तैयार करने और उनके कार्यान्वयन में अध्यापक निरंतर महत्त्वपूर्ण भूमिका निभाएंगे।

9.3 अध्यापक संघों को अपनी व्यावसायिक सत्यनिष्ठा को बनाए रखने और अध्यापकों की गरिमा में वृद्धि करने के लिए उत्कृष्ट भूमिका निभानी चाहिए; उन्हें व्यावसायिक अवचार को दूर करने के लिए भी सहायता करनी चाहिए। सरकार के सहयोग से अध्यापकों से राष्ट्रीय स्तर के संघों को अध्यापकों के लिए एक राष्ट्रीय व्यावसायिक नीतिपरक संहिता तैयार करनी होगी और वे देखें कि उनका सुचारू रूप से पालन हो।

शिक्षक प्रशिक्षण (शिक्षा)

9.4 शिक्षक प्रशिक्षण भी एक सतत् प्रक्रिया है और इससे पूर्व-सेवा और सेवारत घटक अभिभाज्य है। एक पहले उपाय के रूप में शिक्षक शिक्षा प्रणाली की पूरी तरह से जाँच की जाएगी।

9.5 शिक्षक शिक्षा के नए कार्यक्रम सतत् शिक्षा और इस नीति में बताई गई महत्त्वपूर्ण बातों पर बल देंगे।

9.6 प्रारम्भिक स्कूली शिक्षकों और गैर-औपचारिक तथा प्रौढ़ शिक्षा में कार्य कर रहे कार्मिकों के लिए पूर्व-सेवा और सेवारत पाठ्यक्रमों का आयोजन करने की क्षमताओं वाले जिला शिक्षा तथा प्रशिक्षण संस्थान स्थापित किए जाएंगे। जैसे ही जिला शिक्षा तथा प्रशिक्षण संस्थान स्थापित हो जाएंगे तो निचले स्तर की संस्थाएँ समाप्त हो जाएंगी। चुनिंदा माध्यमिक शिक्षक-प्रशिक्षण कॉलेजों को राज्य शैक्षिक अनुसंधान तथा प्रशिक्षण परिषदों के कार्य को पूरा करने के लिए उन्नत किया जाएगा। राष्ट्रीय शिक्षक शिक्षा परिषद् को शिक्षक शिक्षा की संस्थाओं को मान्यता प्रदान करने की क्षमता और अपेक्षित संसाधन उपलब्ध कराए जाएं तथा पाठ्यचर्चा और प्रविधियों से संबंधित मार्गदर्शन प्रदान किया जाएगा। शिक्षक शिक्षा संस्थाओं तथा विश्वविद्यालय शिक्षा विभागों के बीच बाना बुनने से संबंधित प्रबंधों का सृजन किया जाएगा।

अध्यापकों की सेवाकालीन शिक्षा
(In Service Education of Teachers)

अध्यापकों की सेवाकालीन शिक्षा का अर्थ–इस शिक्षा का आशय अध्यापक की उस शिक्षा से है, जो वह सेवा में आने पर और प्रशिक्षण प्राप्त कर लेने के पश्चात् प्राप्त करता

है। इसके अधीन वे सभी शैक्षिक, सामाजिक या दूसरे कार्यक्रम आते हैं जिनमें अध्यापक भाग लेता है। इसके अधीन अध्यापक की वह सभी शिक्षा आती है, जो वह विभिन्न संस्थान में वृत्तिक उन्नयन पाठ्यक्रम और अभिनवन करने वाले पाठ्यक्रमों तथा भ्रमण द्वारा प्राप्त करता है। इन सभी से उसके अनुभव और दृष्टिकोण का विकास होता है।

अमरीका के अध्यापक शिक्षा आयोग ने इसे इस प्रकार स्पष्ट किया है, "अध्यापकों की निरन्तर शिक्षा का अर्थ उनकी कमियों को दूर करने से अधिक है। इसका अर्थ अध्यापन योग्यता को निरन्तर बढ़ाना है। इसका अर्थ मानव-विकास और उसके जीवन की जानकारियों को विकसित करना है। अब स्कूल इतिहास में इसका अर्थ अध्यापकों के उस विकास से लिया जाता है, जिससे वह अध्यापन कार्य के लिए विभिन्न क्रियाओं का उचित प्रयोग कर सके और अभिभावकों, सामाजिक नेताओं और विभिन्न आयु के बच्चों से उचित व्यवहार कर सकें।"

अध्यापकों के लिए सेवाकालीन शिक्षा का महत्त्व तथा आवश्यकता (Significance and Need for In-Service Education of Teachers)

इंग्लैण्ड के विख्यात स्कूल रगबी (Rugby) के प्रसिद्ध प्राध्यापक थॉमस आरनल्ड (Thomas Arnold) ने अध्यापक सेवाकालीन शिक्षा के बारे में बहुत ही सुन्दर शब्दों में इस प्रकार लिखा, "मैं इस बात को पसन्द करता हूँ कि मेरे छात्र खड़े पानी को पीने की बजाय बहती नदी से पानी पीएँ।"

भारत के प्रसिद्ध विचारक तथा शिक्षाविद् रवीन्द्रनाथ टैगोर ने बहुत ही सारगर्भित शब्दों में सेवाकालीन शिक्षा का महत्त्व इस प्रकार बताया, "एक दीपक दूसरे दीपक को कभी भी प्रज्ज्वलित नहीं कर सकता जब तक उसकी अपनी ज्योति जलती न रहे। एक अध्यापक कभी भी वास्तविक अर्थों में नहीं पढ़ा सकता जब तक वह स्वयं न सीखता रहे।"

इसी संदर्भ में विश्वविद्यालय शिक्षा आयोग 1948-49 ने कहा, "यह एक अनोखी बात है कि हमारे स्कूल अध्यापक जो कुछ भी सीखते हैं वह 24 या 25 वर्ष की आयु तक सीखते हैं और इसके पश्चात् भावी शिक्षा को अनुभव पर छोड़ देते हैं, जिसका दूसरा नाम स्थिरता है। हमें यह समझ लेना चाहिए कि अनुभव तभी पूर्ण होता है, जब उसका प्रयोग कर लिया जाता है। इसलिए अध्यापक को सचेत रहने के लिए समय-समय पर सीखने की क्रिया में भाग लेना चाहिए। सीखने और सिखाने की क्रिया से ही अनुभव होता है और पुरानी क्रियाओं का नई क्रियाओं द्वारा परीक्षण करना चाहिए।"

कोठारी शिक्षा आयोग 1964-66 के अनुसार, "शिक्षा के सभी क्षेत्रों में तेजी से हो रही उन्नति के कारण और अध्यापन के सिद्धान्तों और प्रयोगों में निरन्तर हो रहे विकास के कारण सेवाकालीन शिक्षा की आवश्यकता बहुत बढ़ गई है।"

राष्ट्रीय शिक्षा आयोग 1983-85 (National Commission on Teachers) ने सेवाकालीन शिक्षा के महत्त्व पर इस प्रकार प्रकाश डाला, "ज्ञान के विस्फोट हो जाने, संचार के क्षेत्र में क्रान्ति आ जाने, समसामयिक घटनाओं पर तत्काल ध्यान देने की

आवश्यकता पैदा होने, मूल्यों में गिरावट आ जाने के कारण शिक्षकों को वर्तमान परिस्थितियों की पूरी जानकारी होनी चाहिए, इस बात से इन्कार नहीं किया जा सकता।"

इंग्लैण्ड के शिक्षा मंत्रालय ने इसे इस प्रकार बताया है, "अच्छा अध्यापक वह है, जो निरन्तर सीखता रहता है और बालकों के प्रति जानकारियाँ प्राप्त करने का निरन्तर प्रयास करता रहता है। संक्षेप में, आज का अध्यापक पुराने अध्यापक से अधिक शिक्षित है और वह भविष्य में भी अधिक शिक्षित होगा; क्योंकि वह ज्ञान और विचार तथा अपने साथियों और अपने जीवन के प्रति अधिक जानने के लिए जागरूक है।"

राष्ट्रीय शिक्षा नीति 1986 में कहा गया है, "अध्यापकों की शिक्षा एक सतत् प्रक्रिया है और इसके सेवापूर्व और सेवाकालीन अंशों को अलग नहीं किया जा सकता।"

सेवाकालीन शिक्षा के उद्देश्य

संक्षेप में सेवाकालीन शिक्षा का उद्देश्य इस प्रकार है–

1. स्कूलों के अध्यापकों को उनके व्यवसाय में लगातार उन्नति कराना।
2. अध्यापकों को नई खोजों से परिचित कराना।
3. अध्यापकों को व्यवसाय सम्बन्धी विचार-विमर्श के अवसर प्रदान कराना।
4. अध्यापकों को नये पाठ्यक्रम से परिचित कराना।
5. नए अध्यापक को किसी विशेष स्कूल स्थान की परिस्थितियों से परिचित कराना।
6. शिक्षा-सम्बन्धी समस्याओं का समाधान निकालना।
7. शिक्षा एक गतिशील प्रक्रिया है अतः इस गतिशील प्रक्रिया में शिक्षक को भी गतिशील बने रहना है।

सेवाकालीन अध्यापक शिक्षा की कमियाँ

राष्ट्रीय शिक्षक आयोग (1983-85) ने सेवारत अध्यापक शिक्षा के बारे में इस प्रकार टिप्पणी की, "सेवारत शिक्षा की वर्तमान सुविधाएँ प्राथमिक व माध्यमिक दोनों स्तर के अध्यापकों के लिए मात्रा की दृष्टि से दुर्भाग्यवश अपर्याप्त हैं तथा प्रासंगिक व महत्त्व की दृष्टि से बहुत खराब हैं।" अध्यापक सेवाकालीन शिक्षा के निम्नलिखित दोष हैं–

1. कार्यक्रम का ठीक प्रकार से नियोजन न करना।
2. अध्यापक की वास्तविक कठिनाइयों को न समझना।
3. विशेषज्ञों का वास्तविक स्थिति से परिचित न होना।
4. सुचारू उपकरणों तथा फर्नीचर की कमी।
5. अध्यापकों को प्रेरणा देने वाले तत्त्वों की कमी।
6. संस्थाओं के मुख्याओं का ऐसे कार्यों में रुचि न लेना।
7. अध्यापक को सेवाकालीन कार्यक्रम में भेजने के पश्चात् स्कूल में अध्यापक की कमी का अनुभव करना।

सेवाकालीन अध्यापक शिक्षा में सुधाार

राष्ट्रीय शिक्षक आयोग ने इस सम्बन्ध में शिक्षक सेवाकालीन शिक्षा के लिए निम्नलिखित सुझाव दिए हैं–

1. कार्यक्षेत्र के सर्वेक्षण व अध्ययन द्वारा अध्यापकों की कक्षा तथा इससे बाहर व्यावहारिक आवश्यकताओं को पहचानना चाहिए।
2. आगामी प्रोग्रामों की काफी पहले घोषणा कर देनी चाहिए और उन्हें अधिक लोकप्रिय आवश्यकता पर आधारित व प्रभावी बनाने के लिए कार्यक्षेत्र से सुझाव आमंत्रित करने चाहिए।
3. स्रोत साधन व्यक्तियों (Resource Persons) को केवल शिक्षकों की श्रेणियों से नहीं आना चाहिए, उनको दूसरे क्षेत्रों, जैसे उद्योग तथा कृषि से तथा जिसमें विश्वविद्यालय से विशेषज्ञ एवं अभ्यासरत अध्यापक तथा सर्वेक्षण सम्मिलित हैं, लिए जा सकते हैं।
4. प्रत्येक कोर्स सामान्यत: कार्यशिविर की प्रकृति का होना चाहिए, जिसमें वास्तविक क्रियात्मक कार्य को करने का अवसर हो तथा अनुदेशक सामग्री को तैयार करना हो जिसे भाग ले रहे अध्यापक अपने साथ अपने स्कूलों में प्रयोग के लिए ले जा सकें।
5. सेवारत प्रोग्रामों में रेडियो, टेलीविजन ऑडियो तथा वीडियो कैसेटों, ओवरहैड प्रोजेक्टर, फिल्म प्रोजेक्टर तथा कम्प्यूटर का विस्तृत प्रयोग होना चाहिए।
6. भाग लेने वालों को स्थानीय सामग्री के उत्पादन में प्रशिक्षण को प्रधानता देनी चाहिए।
7. कोर्स के अन्त में प्रोग्रामों का मूल्यांकन निष्पक्ष व खुले वातावरण में करना चाहिए।
8. कुछ मुख्य क्षेत्र, जहाँ सेवारत शिक्षा अध्यापकों के गुणात्मक सुधार में वास्तविक सहयोग दे सकती है, निम्न हैं–
   (क) संदर्भ और अध्ययन कुशलताओं का विकास।
   (ख) पाठ्य-पुस्तक तथा सम्बन्धित सामग्री जैसे पाठ्यक्रम निर्देशिका, यूनिट परीक्षण आदि का निर्माण।
   (ग) सह-पाठ्यक्रम के कार्यकलापों का क्राफ्ट, नाट्यशास्त्र, सहगान, लोकनृत्य इत्यादि के जरिये संवर्धन।
   (घ) विशिष्ट क्षेत्र में अच्छा काम कर रहे प्रतिभाशाली अध्यापकों को पहचानना तथा उन्हें विजिटिंग फैलोशिप, अध्ययन अवकाश और उच्च शिक्षा के केन्द्रों पर कार्य करने के लिए प्रतिनियुक्ति के जरिए पुरस्कार देकर प्रोत्साहित करना।
9. सेवारत शिक्षा प्रोग्रामों में भाग लेने पर उदार पद्धति के आधार पर प्रमाणीकरण।

10. प्रत्येक अध्यापक के लिए कम से कम पाँच वर्ष में एक बार सेवारत शिक्षा कोर्सों में उपस्थिति अनिवार्य होनी चाहिए। यह मान कर कि सेवारत प्रोग्राम औसतन दो सप्ताह की औसत अवधि का है, 500 रुपये प्रति प्रशिक्षाणार्थी दिए जाएँ, जिसमें 300 रुपये दैनिक भत्ते के लिए तथा 300 रुपये यात्रा आदि के लिए।
11. एजेन्सियाँ जो सेवारत शिक्षा में प्रशंसनीय कार्य कर रही हैं उन्हें उदारतापूर्वक सहायता दी जानी चाहिए जैसे स्टेट इंस्टीट्यूट ऑफ एजूकेशन तथा स्टेट काउंसिल ऑफ एजूकेशन रिसर्च एण्ड ट्रेनिंग (एस. सी. ई. आर. टी.) आदि। शिक्षा के क्षेत्रीय संस्थानों की भूमिका भी उतनी ही महत्त्वपूर्ण है।
12. **सेवारत अध्यापकों के लिए स्कूल के अन्तर्गत कार्यक्रम**–स्कूल में अनेक प्रकार के क्रियाकलाप किए जा सकते हैं। स्कूल में समय-समय पर फैकल्टी मीटिंग बुलाना, विशेषज्ञों को बुलाना, पुस्तकालय का प्रयोग, फिल्म प्रदर्शन आदि कार्यक्रमों का आयोजन किया जाए।

सेवाकालीन अध्यापक शिक्षा के क्रियाकलाप

1. गोष्ठी (Seminar)
2. कार्यशाला (Workshop)
3. अभिनव कोर्स (Orientation Course)
4. अध्ययन समूह (Study Group)
5. सम्मेलन (Conference)
6. व्यावसायिक विषयों पर निबंध आदि (Essay Writing on Professional Subjects)
7. भ्रमण यात्राएं (Educational Tours)

विचारगोष्ठी विधि (Seminar)

विचारगोष्ठी का अर्थ–विचारगोष्ठी शिक्षण की वह प्राविधि है, जिसमें विषय के जानकार व्यक्ति किसी समस्या पर अपने-अपने विचार सहभागियों के सम्मुख प्रस्तुत करते हैं। विचारगोष्ठी में उपस्थिति श्रोता प्रस्तुत किए गए विचारों को ध्यानपूर्वक सुनते हैं। समस्या पर विचारों को सुन कर चिंतन तथा मनन करते हैं। यह प्राविधि प्रायः स्कूल स्तर पर तथा अन्य उच्चस्तरीय कक्षाओं में प्रयोग की जाती है।

विचारगोष्ठी के प्रमुख उद्देश्य

1. सहभागियों को नये विचार अथवा नवीन ज्ञान देने हेतु।
2. सहभागियों की विश्लेषण शक्ति का विकास करने हेतु।

3. सहभागियों को नए अनुभवों से साक्षात्कार प्राप्त करने हेतु।
4. सहभागियों की तर्क शक्ति की विकास करने हेतु।
5. सहभागियों में विचार-प्रस्तुतीकरण कौशल का विकास करने हेतु।

विचारगोष्ठी प्रक्रिया

विचारगोष्ठी के आयोजन के लिए सब से पहला पग है आयोजकों द्वारा विषय का चयन करना जिस पर विचारगोष्ठी आयोजन की जानी हो।

दूसरा पग है विचारगोष्ठी के सम्पादन के लिए कार्ययोजना बनाना। जैसे विचारगोष्ठी की तिथि, समय, स्थान आदि।

तीसरा पग है विचारगोष्ठी के सभापति का चुनाव करना।

चौथा पग है सहभागियों का चुनाव।

पाँचवां पग है विचारगोष्ठी का संचालन तथा रिपोर्ट तैयार करना।

विचारगोष्ठी के लाभ

1. छात्रों को इससे नवीनतम ज्ञान सीखने को मिलता है।
2. छात्रों को विद्वानों के विचार प्रत्यक्ष रूप से सुनने को मिलते हैं।
3. छात्रों की तर्क शक्ति का विकास होता है।
4. छात्रों की प्रस्तुतीकरण करने की क्षमता में सहायता मिलती है।
5. छात्रों में स्वाध्याय की आदत का विकास होता है।
6. प्रविधि छात्र को विषय की गूढ़ता में जाने के लिए प्रेरित करती है।
7. इससे छात्र में वाद-विवाद कौशल का विकास होता है।

विचारगोष्ठी की सीमाएँ

1. इसका प्रयोग केवल उच्च स्तर के शिक्षण में ही किया जा सकता है।
2. इसमें अधिक बोलने वाला वक्ता कभी-कभी अपनी बात मनवाने में सफल हो जाता है।
3. यह प्रविधि शर्मीले छात्रों के लिए उपयुक्त नहीं है।
4. इसका केवल उसी प्रकरण के शिक्षण में प्रयोग किया जा सकता है जहाँ वाद-विवाद की संभावना अधिक हो।

सम्मेलन
(Conference)

शैक्षिक सम्मेलन का अर्थ–शैक्षिक सम्मेलन का अर्थ उस शैक्षिक आयोजन से है

जिसमें बड़ी संख्या में छात्र, अध्यापक, निर्देशक तथा विशेषज्ञ आदि एकत्रित होकर वाद-विवाद तथा चिंतन के द्वारा एक निश्चित समय में किसी निश्चित समस्या का समाधान या विशिष्ट कार्य का सम्पादन करते हैं। सम्मेलन विशेष वर्गों के अलग-अलग भी होते हैं। जैसे शिक्षक सम्मेलन, शिक्षा अधिकारी सम्मेलन, अभिभावक सम्मेलन तथा छात्र सम्मेलन।

सम्मेलन के मुख्य तत्त्व

मूल रूप में शैक्षिक सम्मेलन में निम्नलिखित तत्त्व पाए जाते हैं–

1. सम्मेलन में सम्भागियों की संख्या अपेक्षाकृत अधिक होती है।
2. सीखने वाले तथा शिक्षण करने वाले दोनों ही समान रूप से भाग लेते हैं। वैसे यह स्थिति सम्मेलन के उद्देश्यों पर निर्भर करती है।
3. एक सम्मेलन प्रायः एक उद्देश्य तक ही सीमित रहता है।
4. मूल प्रकरण के उपखण्डों में विभक्त करके प्रत्येक उपखण्ड पर अपने विचार प्रस्तुत करने हेतु सहभागियों को भी उपखण्डों में विभक्त किया जाता है।
5. सम्मेलन के प्रमुख चरण इस प्रकार होते हैं–उद्घाटन, कार्य-वितरण, उपवर्ग कार्य, कार्य प्रस्तुतीकरण, समापन आदि।

शैक्षिक सम्मेलन के उद्देश्य

1. छात्रों को किसी विशेष प्रकरण से संबंधित तथ्यों, घटनाओं, प्रत्ययों तथा विचारों से अवगत कराना।
2. किसी विशेष प्रकरण से संबंधित तथ्यों, विचारों तथा प्रत्ययों का विश्लेषण, विवेचन तथा मूल्यांकन करने की क्षमता का छात्रों में विकास करना।
3. शिक्षण-अधिगम प्रक्रिया गें छात्रों की भागेदारी बढ़ाना।
4. छात्रों में स्वाध्याय की आदत का विकास करना।
5. छात्रों में तर्क देने, चिंतन करने तथा तथ्यों को प्रस्तुत करने की योग्यता का विकास करना।
6. छात्रों में भाव-प्रकाशन तथा भाव-ग्रहण करने के कौशलों का विकास करना।
7. छात्रों में भाषण कला का विकास करना।
8. छात्रों में सुन कर अर्थ-ग्रहण की योग्यता का विकास करना।
9. छात्रों को विषय-विशेषज्ञों के विचार सुनने का अवसर प्राप्त होना।

कार्यशाला अथवा कार्य गोष्ठी
(Workshop)

कार्यशाला का अर्थ–कार्यशाला जैसा कि इसके नाम से ही ज्ञात होता है, इसमें 'कार्य'

पर विशेष बल दिया जाता है। कार्य-गोष्ठी अथवा कार्यशाला एक ऐसा प्राथमिक समूह है, जिसमें सामाजिक अन्त:क्रिया अधिक निकटवर्ती तथा प्रत्यक्ष होती है तथा जिसमें सदस्यों पर अधिक सामाजिक नियन्त्रण रहता है। कार्यशाला प्रत्यय इंजीनियरिंग से शिक्षा में लिया गया है।

कार्यशाला की विशेषताएँ

कार्यशाला में प्राय: 'भाषण' अथवा 'बोलने' के स्थान पर 'क्रिया' पर बल दिया जाता है। उदाहरणार्थ–गणित की कार्यशाला में गणित के प्रश्नों का हल कार्यशाला में भाग लेने वाले स्वयं निकालते हैं।

कार्यशाला में सिद्धान्त की अपेक्षा 'कौशल' पर बल दिया जाता है। सिद्धान्तों के आधार पर समस्याओं के क्रियात्मक हल निकालने को प्राथमिकता दी जाती है।

कार्यशाला के उद्देश्य

कार्यशाला उद्देश्यों के अनुसार दो प्रकार की हो सकती हैं:

1. वे उद्देश्य जो कौशल के उन्नयन के लिए होते हैं।
2. वे उद्देश्य जो किसी निर्णय करने के लिए होते हैं।

शैक्षिक सम्मेलन तथा शैक्षिक गोष्ठी में भाषणों तथा वाद-विवाद पर बल दिया जाता है परन्तु कार्यशाला में क्रियात्मकता पर।

कार्य गोष्ठी में गत्यात्मकता प्रधान कौशल होता है।

कार्य गोष्ठी में कुछ विशिष्ट समस्याओं के संबंध में सामूहिक निर्णय लिए जाते हैं।

कार्य गोष्ठी में ठोस कार्य किया जाता है।

कार्यशाला के लिए कुछ विषय

1. पाठ-योजना का नया रूप।
2. उद्देश्यों को व्यवहारात्मक शब्दावली में लिखना।
3. कक्षा-समस्याओं पर क्रियात्मक अनुसंधान।
4. सूक्ष्म शिक्षण।
5. उद्देश्य आधारित वस्तुनिष्ठ प्रश्नों का निर्माण।
6. अध्यापक आचार संहिता निर्माण।
7. भारत तथा विभिन्न राज्यों के विभिन्न प्रकार के मानचित्र बनाना।

कार्यशाला के प्रमुख लाभ

1. उच्च बोधात्मक तथा गत्यात्मक कौशल का विकास करना।
2. नवीन शैक्षिक अवधारणाओं से छात्रों को परिचित करना।

3. व्यावसायिक क्षमता बढ़ाना।
4. ग्रुपकार्य को बढ़ावा देना।

कार्यशाला की सीमाएँ

1. प्रत्येक समस्या समाधान के लिए कार्यशाला का आयोजन नहीं किया जा सकता।
2. बड़े समूहों के लिए कार्यशालाओं के आयोजन में अनेक कठिनाइयाँ आती हैं।
3. अध्यापक प्राय: वर्कशॉप में उत्साह नहीं दिखाते क्योंकि इसमें सभी को स्वयं कुछ क्रियात्मक तथा ठोस कार्य करना पड़ता है।
4. कार्यशाला के संचालन के लिए अनेक प्रकार की सुविधाओं तथा उपकरणों की आवश्यकता पड़ती है जो प्राय: उपलब्ध नहीं होते हैं।

अध्ययन समूह (Study Group)–इन अध्ययन समूह का गठन एक प्रकार के ही विषय, व्यावसायिक उत्तरदायित्व एवं रुचियों वाले कुछ अध्यापक मिलकर करते हैं तथा समय-समय पर बैठकें करते हैं।

सम्मेलन (Conference)–शिक्षा सम्बन्धी विषयों पर व्यापक रूप से विचार-विमर्श करने के लिए बड़ी संख्या में शिक्षक बुलाए जाते हैं। इनका आयोजन जिला, रीजनल या राज्य स्तरों पर किया जाता है।

व्यावसायिक विषयों पर निबन्ध आदि (Essay Writing on Professional Subjects)–एन.सी.ई.आर.टी. तथा राज्य शिक्षा संस्थान आदि कई प्रकार की ऐसी प्रतियोगिताओं का आयोजन करते हैं जिनमें सेवारत अध्यापक शैक्षिक विषयों पर अपने अनुभव निबन्ध के रूप में भेजते हैं।

विविध कार्यक्रम (Miscellaneous Activities)–ये इस प्रकार हैं–

(i) शिक्षा सम्बन्धी यात्राएँ,
(ii) अध्यापकों का आदान-प्रदान,
(iii) रेडियो तथा दूरदर्शन कार्यक्रम,
(iv) फिल्म प्रदर्शन,
(v) शिक्षण प्रदर्शन कार्यक्रम,
(vi) विशेषज्ञों के भाषण,
(vii) अध्यापक पुस्तकालय तथा वाचनालय का प्रयोग (Use of Teacher's Reference Library and Reading Room) आदि।

अभिनव कोर्स (Orientation or Refresher Courses)–इन कोर्सों का उद्देश्य नई शिक्षण विधियों, नये शिक्षा उद्देश्यों, नये प्रयोगों आदि से अध्यापकों को अवगत कराना है। वास्तव में ऊपर लिखे गए सारे कार्यक्रम इसके अन्तर्गत आ जाते हैं।

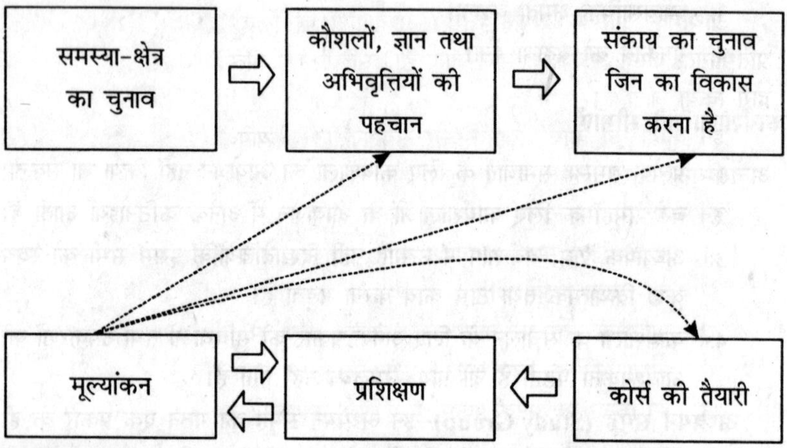

चित्र: शिक्षक सेवाकालीन मॉडल (Teacher In-Service Education Model)

1. **समस्या क्षेत्र का चुनाव**–समस्या क्षेत्र का चुनाव सर्वेक्षण, साहित्य का अध्ययन तथा परिचर्चा द्वारा किया जा सकता है।

2. **कौशलों आदि की पहचान**–समस्या के आधार पर तत्सम्बन्धी कौशलों, ज्ञान तथा अभिवृत्तियों की पहचान की जानी चाहिए।

3. **संकाय का चयन**–सेवाकालीन शिक्षा के लिए उपयुक्त शिक्षाविदों का चुनाव किया जाए जो वास्तविक स्थिति से परिचित हों।

4. **मूल्यांकन**–इसका संबंध 2 के संदर्भ में उद्देश्य को परिभाषित करना है तथा उनको पूरा करने के लिए कार्यक्रमों का क्षेत्र निर्धारण करना।

प्रशिक्षण: इसका सम्बन्ध दैनिक समय चक्र विभाग बनाना है।

कोर्स का तैयार करना–इससे तात्पर्य है कोर्स की सार्थकता का मूल्यांकन करना, अर्थात् यह जानना कि कोर्स किस प्रकार से अध्यापकों के लिए लाभदायक सिद्ध हुआ है।

अध्यापक केन्द्र (Teacher Centre—TC)

अध्यापक केन्द्र मुख्यतः उन अध्यापकों के लिए होते हैं जो सेवारत हैं, अर्थात् स्कूल में शिक्षण कार्य कर रहे होते हैं। प्रायः यह केन्द्र एन.सी.ई.आर.टी. के विस्तार सेवा विभाग (Extension Services) तथा उससे सम्बन्धित राज्य इकाइयों में सेवारत अध्यापकों को निरन्तर अद्यतन ज्ञान तथा कौशल से सुसज्जित करने के लिए ग्रीष्मकालीन पाठ्यक्रम आदि की व्यवस्था की जाती है जो कि विस्तार शिक्षा के लिए अपरिहार्य है। विशेषकर विभिन्न विषयों में नवीन शिक्षण तकनीकों, प्रविधियों एवं व्यूह-रचनाओं के बारे में नवीनतम ज्ञान तथा कौशल प्राप्त करने की सुविधा इस प्रकार के आयोजनों से प्राप्त हो जाती है।

प्राथमिक और माध्यमिक स्तरीय अध्यापकों के लिए इस प्रकार के कार्यक्रमों में प्रतिभागिता करना आवश्यक माना जाता है। इसलिए उन्हें प्रोत्साहन देने का कार्य इन केन्द्रों द्वारा किया जाता है।

इन केन्द्रों का कार्य सेवापूर्व और सेवाकालीन अध्यापक शिक्षा कार्यक्रमों के मध्य अन्तर्सम्बन्ध और तालमेल बनाए रखना होता है।

इन केन्द्रों के महत्त्वपूर्ण लाभ इस प्रकार हैं–

1. ये कार्यक्रम प्राय: अवकाश काल में किये जाते हैं जिससे सेवारत अध्यापक लाभ उठा सकते हैं।
2. प्रादेशिक स्तर पर कार्यक्रम आयोजन करने से विभिन्न स्थानों से आए हुए अध्यापकों के लिए आदान-प्रदान सरल हो जाता है।
3. इन केन्द्रों पर अनेक प्रकार के शैक्षिक कार्यक्रमों अर्थात् संगोष्ठी, सम्मेलन तथा कार्यशाला का आयोजन किया जाता है।
4. संदर्भ ग्रंथ पढ़ने के लिए मिलते हैं।
5. अध्यापकों को समुचित प्रेरणा मिल सकती है।

केन्द्रों में कार्यक्रमों का इस प्रकार से आयोजन किया जाए कि वे शिक्षकों की वास्तविक शिक्षण-अधिगम की समस्याओं का समाधान करने में सहायक हों। केवल पुस्तकीय ज्ञान की बातें न हों। कार्यक्रम क्रियात्मक हो।

सारांश

अध्यापक शिक्षा प्रशिक्षण में सुधार के उपाय

1. प्रशिक्षण संस्थाओं को विश्वविद्यालयों के शैक्षिक जीवन की धारा से जोड़ना।
2. शिक्षण संस्थाओं का स्कूलों के साथ धनिष्ठ सम्बन्ध स्थापित करना।
3. शिक्षण संस्थाओं का आपसी अलगाव दूर करना।
4. प्रशिक्षण कार्यक्रमों और प्रशिक्षण संस्थाओं में गुणात्मक सुधार लाना।
5. प्रशिक्षण सुविधाओं का विस्तार करना।
6. अध्यापकों की शिक्षा के स्तर को बनाए रखने के लिए केन्द्र और राज्य सरकारों द्वारा उपयुक्त अभिकरणों का निर्माण करना।
7. सभी अध्यापकों के सतत वृत्तिक शिक्षण की समुचित व्यवस्था करना।
8. प्रशिक्षण केन्द्रों के मानदण्ड तथा उनमें संशोधन करना।
9. स्वतन्त्र वातावरण की व्यवस्था करना।
10. शोध कार्यों की पर्याप्त व्यवस्था करना।
11. व्यर्थता की समस्या का उचित समाधन करना।
12. प्रवेश के लिए उचित नीति का निर्माण करना।

प्रशिक्षण कॉलिजों में प्रवेश के मापदण्ड

अध्यापक प्रशिक्षण कॉलिज में प्रवेश देने की विधियाँ बहुत ही दोषपूर्ण हैं। प्राय: यह देखा गया है, कि योग्यता तथा रुचि को आधार न बनाकर गैर-सरकारी संस्थाओं में 'जान-पहचान' 'दान' अथवा 'चन्दा' आदि ही प्रवेश का आधार बनाए जाते हैं। परिणामस्वरूप बहुत-से अनुपयुक्त व्यक्ति अध्यापक बनकर सारी शिक्षण व्यवस्था को दाग लगा देते हैं।

प्रवेश के लिए एक निश्चित विधि बनाई जाए जिसमें व्यक्तिगत प्रभाव को कम-से-कम किया जाए। अध्यापन विषय में 'रुचि' को जानने के लिए मनोवैज्ञानिक परीक्षा होनी चाहिए। यदि चुनाव करने के कुल अंक 100 हैं तो साक्षात्कार के लिए 10 से अधिक अंक नहीं रखने चाहिएँ। मापदण्ड इस प्रकार रखा जा सकता है–

1.	प्रत्याशी की शैक्षिक योग्यता (विभिन्न परीक्षाओं के परीक्षाफल के आधार पर)	30 अंक
2.	अन्य उपलब्धियाँ	10 अंक
3.	रुचि को जाँचने के लिए मनोवैज्ञानिक परीक्षा	30 अंक
4.	साधारण ज्ञान परीक्षा	20 अंक
5.	साक्षात्कार	10 अंक

पर्याप्त स्वतंत्र वातावरण की व्यवस्था

प्राय: देखा गया है कि अध्यापक प्रशिक्षण कॉलेजों में छात्र-अध्यापकों को कठोर नियमों का पालन करना पड़ता है। छात्राध्यापकों को विचाराभिव्यक्ति के बहुत कम अवसर मिलते हैं। प्रशिक्षण संस्थाओं को 'स्वतंत्र एवं सक्रिय समाज' में संगठित किया जाए। उन्हें प्रशिक्षण काल में नए-नए परीक्षण करने की स्वतन्त्रता प्रदान की जाए।

अध्यापन की पद्धतियों में सुधार–विचार गोष्ठियों, वर्कशापों, प्रसार भाषणों, पुस्तकालय पठनों आदि पर जोर देना चाहिए। श्रव्य-दृश्य सामग्री का भी प्रयोग करना चाहिए।

मूल्यांकन की पद्धतियों में सुधार–(i) आन्तरिक परीक्षा रीतिबद्ध, सुदृढ़ तथा स्तरीय होनी चाहिए।

(ii) निबन्ध प्रणाली के साथ वस्तुनिष्ठ पद्धति भी अपनायी जाए।

(iii) प्रत्येक छात्र सम्बन्धी रिकॉर्ड सँभालकर रखे जाएँ तथा उन का मूल्यांकन किया जाए।

अभ्यास अध्यापन–(i) लघु-खण्ड अभ्यास तथा दीर्घ-खण्ड अभ्यास अध्यापन ठीक ढंग से आयोजित किए जाएँ।

(ii) विषय-विशेषज्ञों द्वारा दिए जाने वाले प्रदर्शन पाठों की संख्या बढ़ाई जानी चाहिए।

(iii) छात्र-अध्यापक द्वारा दिए गए पाठ के मूल्यांकन के लिए कसौटी तैयार की जानी चाहिए।

(iv) छात्रों का विषयों के चुनाव, संदर्भ सामग्री चुनाव, श्रव्य-दृश्य सामग्री चुनाव, पाठ-टिप्पणियाँ आदि में निरीक्षकों द्वारा मार्गदर्शन किया जाना चाहिए।

व्यावहारिक पाठ्यक्रम–इस समय अध्यापक प्रशिक्षण का पाठ्यक्रम अधिकतर सिद्धान्तक है इसे व्यावहारिक बनाने की आवश्यकता है।

अध्यापक संबंधी आँकड़े

तालिका 11.1: प्राथमिक स्कूलों में अध्यापकों की संख्या (1950-51 से 2003-2004) (हजारों में)

वर्ष	*प्राथमिक*			*अपर प्राथमिक*		
	पुरुष	*स्त्री*	*योग*	*पुरुष*	*स्त्री*	*योग*
1950-51	456	82	538	73	13	86
1960-61	615	127	742	262	83	645
1970-71	835	225	1060	463	175	638
1980-81	1021	342	1363	598	253	851
1990-91	1143	473	1616	717	356	1073
1999-2000	1236	683	1919	829	469	1298
2002-2003	1166	746	1912	936	645	1581
2003-2004	1259	837	2096	944	648	1592

तालिका 11.2: हाई/हायर सेकेण्डरी/इण्टरमिडिएट स्तरों पर अध्यापकों की संख्या (1950-51 से 2003-2004)

(हजारों में)

वर्ष	*पुरुष*	*स्त्री*	*योग*
1950-51	107	20	127
1955-56	155	35	190
1960-61	234	62	296
1965-66	368	111	479
1970-71	474	155	629
1975-76	559	200	759
1980-81	669	257	926
1985-86	793	339	1132
1990-91	917	417	1334
1991-92	931	450	1381
1992-93	941	454	1395
1993-94	953	492	1445
1994-95	986	495	1481
1995-96	1030	519	1549

(क्रमशः)

वर्ष	पुरुष	स्त्री	योग
1996-97	1069	544	1613
1997-98	1086	558	1644
1998-99	1168	579	1747
1999-2000	1142	578	1720
2000-2001	1184	577	1761
2001-2002	1157	620	1777
2003-2004	1250	774	2024

तालिका 11.3: प्रशिक्षित अध्यापकों की संख्या

स्तर	*1990-91*	*2002-2003*
प्राथमिक स्तर	89.81	86.00
मिडिल स्कूल	91.04	87.00
सेकेण्डरी स्कूल	90.10	89.00
उच्च माध्यमिक स्कूल	92.39	90.00

तालिका 11.4: अध्यापक प्रशिक्षण स्कूल तथा कॉलेज

वर्ष	*अध्यापक प्रशिक्षण*	*प्रशिक्षण कॉलेज*
1990-91	1167	506
2000-2001	1283	834

तालिका 11.5: अध्यापक प्रशिक्षण कॉलेज तथा नामांकन

वर्ष	*कॉलेजों की संख्या*	*कुल नामांकन*
1950-51	36	4100
1960-61	125	19000
1965-66	193	33600
1970-71	258	56900
1975-76	315	76600
1980-81	331	71200
1985-86	403	82700
1990-91	506	99600
1995-96	565	147700
2001-2002	834	150000